Roemer/Stephany/Vaupel

NotarFormulare Übergabe landwirtschaftlicher Betriebe

NOTARFORMULARE

HERAUSGEGEBEN VOM
DEUTSCHEN NOTARVEREIN

NotarFormulare
Übergabe landwirtschaftlicher Betriebe

Muster – Verträge – Erläuterungen

2. Auflage

von

Notar a.D. **Dr. Heiner Roemer**,
Königswinter,

Rechtsanwalt und Steuerberater **Ralf Stephany**,
Bonn

und

Notar **Dr. Christian Vaupel**,
Jülich

DeutscherNotarVerlag

Zitiervorschlag:
Roemer/Stephany/Vaupel, NotF Übergabe landwirtschaftlicher Betriebe, § 1 Rn 1

Benutzer-Hinweis für Muster
Für den Download der Mustertexte gehen Sie auf
https://www.notarverlag.de/notarformulare-uebergabe-lwb
Dort erhalten Sie Zugriff auf das zip-Archiv: nv_6353_musterdownload.zip

Hinweis
Die Ausführungen in diesem Werk wurden mit Sorgfalt und nach bestem Wissen erstellt. Sie stellen jedoch lediglich Arbeitshilfen und Anregungen für die Lösung typischer Fallgestaltungen dar. Die Eigenverantwortung für die Formulierung von Verträgen, Verfügungen und Schriftsätzen trägt der Benutzer. Herausgeber, Autoren und Verlag übernehmen keinerlei Haftung für die Richtigkeit und Vollständigkeit der in diesem Buch enthaltenen Ausführungen und der per Download bereitgestellten Daten.

Anregungen und Kritik zu diesem Werk senden Sie bitte an
info@notarverlag.de
Autoren und Verlag freuen sich auf Ihre Rückmeldung.

Umschlaggestaltung: gentura, Holger Neumann, Bochum
Satz: Reemers Publishing Services GmbH, Krefeld
Druck: Hans Soldan Druck GmbH, Essen
ISBN 978-3-95646-353-2

Bibliografische Information der Deutschen Bibliothek
Die Deutsche Bibliothek verzeichnet diese Publikation in der Deutschen Nationalbibliografie; detaillierte bibliografische Daten sind im Internet über
http://dnb.d-nb.de abrufbar.

Vorwort zur 2. Auflage

Die im Jahre 2021 erschienene erste Auflage dieses Buches ist erfreulich positiv aufgenommen worden. Für die nun vorgelegte zweite Auflage haben wird das Buch aktualisiert und erweitert. Hinzugefügt haben wir zwei neue Kapitel zum Kostenrecht (§ 15) und zur Nachfolge in den landwirtschaftlichen Betrieb aufgrund Verfügung von Todes wegen (§ 18) mit einem Muster (Testament des Eigentümers eines Hofes im Sinne der HöfeO). Wir folgen damit Anregungen, die uns aus dem Kreis der Leserinnen und Leser erreicht haben. Trotz des zusätzlichen Kapitels über die Rechtsnachfolge aufgrund Verfügung von Todes wegen bleibt allerdings die lebzeitige Übergabe landwirtschaftlicher Betriebe der eindeutige Schwerpunkt des Buches.

Eingearbeitet wurde das am 1.1.2025 in Kraft getretene Gesetz zur Änderung der Höfeordnung und zur Änderung der Verfahrensordnung für Höfesachen, das die Voraussetzungen für die Hofeigenschaft und die Abfindung der weichenden Erben bei Höfen im Sinne der Höfeordnung neu geregelt hat.

Rechtsprechung und Literatur sind bis Januar 2026 berücksichtigt.

Ein besonderer Dank gilt Frau Birgit Rehm vom Deutschen Notarverlag, die die Fertigstellung dieser zweiten Auflage mit großer Geduld, Hilfsbereitschaft und Ausdauer gefördert hat.

Königswinter, Jülich und Bonn, im Februar 2026

Heiner Roemer Christian Vaupel Ralf Stephany

Vorwort zur 1. Auflage

Die Übergabe landwirtschaftlicher Betriebe stellt im Rahmen der Beratung und Vertragsgestaltung der vorweggenommenen Erbfolge, die an sich schon kein ganz einfaches Rechtsgebiet ist, noch einmal eine Besonderheit für sich dar. Diese resultiert zum einen aus der Eigenart der zu beachtenden Vorschriften des materiellen Rechts und des Verfahrensrechts. Das gilt vor allem für die Übergabe eines Hofes im Sinne der Höfeordnung, da die Bestimmungen der Höfeordnung ganz erheblich von den Vorschriften des allgemeinen Rechts des BGB abweichen und zudem höfespezifische verfahrensrechtliche Vorgaben im Rahmen der Vorbereitung, Ausgestaltung und Abwicklung einer Hofübergabe zu berücksichtigen sind.

Auch der Gegenstand des Übergabevertrages, der ihm zugrundeliegende Lebenssachverhalt und die durch den Vertrag zu regelnden Fragen weisen Besonderheiten auf, die die Übergabe eines landwirtschaftlichen Betriebes als eigenständigen Vertragstyp kennzeichnen, und zwar nicht nur im Geltungsbereich der Höfeordnung, also in Nordrhein-Westfalen, Niedersachsen, Schleswig-Holstein und Hamburg, sondern auch in den übrigen Teilen Deutschlands.

Hinzu kommen die historisch gewachsenen und regionaltypischen Gepflogenheiten rund um die Nachfolge und die Übergabe landwirtschaftlicher Betriebe, die oft schon seit Generationen in Familienhand fortgeführt werden.

Das Steuerrecht spielt aufgrund seiner schon traditionellen Besonderheiten im Bereich der Übergabe landwirtschaftlicher Betriebe eine wichtige Rolle. Die steuerrechtlichen Aspekte werden daher ebenfalls berücksichtigt und in § 15 ausführlich erläutert. Das Jahressteuergesetz 2020, das gerade für die lebzeitige Übertragung landwirtschaftlicher Betriebe wesentliche Klarstellungen getroffen hat, ist eingearbeitet.

Ein besonderer Dank gilt Frau Uta Greferath-Russ vom Deutschen Notarverlag, die die Fertigstellung dieses Buches mit bewundernswerter Geduld und Ausdauer gefördert hat.

Jülich und Bonn, im März 2021

Heiner Roemer | Christian Vaupel | Ralf Stephany

Bedanken möchte sich der Verlag, auch im Namen von Herrn Dr. Roemer, beim C.H. Beck Verlag. Da Herr Dr. Roemer Mitautor bei den im C.H. Beck Verlag veröffentlichten Werken „*Beck'sches Formularbuch Immobilienrecht*" und „*Formularbuch Vermögens- und Unternehmensnachfolge*" ist bzw. war, konnte er erst auf der Grundlage der Genehmigung durch den C.H. Beck Verlag an dem Buch „NotarFormulare Übergabe landwirtschaftlicher Betriebe" als Mitautor mitwirken. Die in diesem Buch enthaltenen Muster und Erläuterungen stimmen teilweise mit den vom Autor verfassten Texten in den genannten im C.H. Beck Verlag veröffentlichten Werken überein oder lehnen sich an diese an.

Inhaltsverzeichnis

Musterverzeichnis

Autoren- und Bearbeiterverzeichnis

Notar a.D. Dr. Heiner Roemer, Königswinter
Kapitel §§ 1 bis 6
Kapitel § 9
Kapitel § 11
Kapitel §§ 14 und 15
Kapitel §§ 17 und 18

Notar Dr. Christian Vaupel, Jülich
Kapitel §§ 7 und 8
Kapitel § 10
Kapitel § 12

Notar a.D. Dr. Roemer und Notar Dr. Vaupel
Kapitel § 13

Rechtsanwalt und Steuerberater, Geschäftsführer PARTA, Ralf Stephany, Bonn
Kapitel § 16

Abkürzungsverzeichnis

AA	Auswärtiges Amt
a.A.	anderer Auffassung
a.a.O.	am angegebenen Ort
abgedr.	abgedruckt
abl.	ablehnend
ABl	Amtsblatt
Abs.	Absatz
Abschn.	Abschnitt
Abt.	Abteilung
a.E.	am Ende
ÄndG	Änderungsgesetz
a.F.	alte Fassung
AG	Aktiengesellschaft; Amtsgericht; Arbeitgeber; Auftraggeber; Ausführungsgesetz
AGBGB	Ausführungsgesetz zum Bürgerlichen Gesetzbuch
ALG	Gesetz über die Alterssicherung der Landwirte
Alt.	Alternative
a.M.	anderer Meinung
AnfG	Anfechtungsgesetz
Anh.	Anhang
AnwG	Anwaltsgericht
AnwGH	Anwaltsgerichtshof
AO	Abgabenordnung
ArbG	Arbeitsgericht
ARGE	Arbeitsgemeinschaft
Art.	Artikel
Aufl.	Auflage

BAA	Bundesausgleichsamt
BaFin	Bundesanstalt für Finanzdienstleistungsaufsicht
BayObLG	Bayerisches Oberstes Landesgericht
BayVerfGH	Bayerischer Verfassungsgerichtshof
BayVGH	Bayerischer Verwaltungsgerichtshof
BbgHöfeOG	Gesetz über die Höfeordnung für das Land Brandenburg
BerlVerfGH	Berliner Verfassungsgerichtshof
Beschl.	Beschluss
BewG	Bewertungsgesetz
BezG	Bezirksgericht
BFH	Bundesfinanzhof
BG	Berufsgenossenschaft
BGB	Bürgerliches Gesetzbuch
BGBl	Bundesgesetzblatt
BGH VGrS	Bundesgerichtshof, Vereinigter Großer Senat
BIP	Bruttoinlandsprodukt
BMA	Bundesministerium für Arbeit
BMEL	Bundesministerium für Ernährung und Landwirtschaft
BMF	Bundesministerium der Finanzen
BMI	Bundesministerium des Innern
BMJ	Bundesministerium der Justiz
BMLEH	Bundesministerium für Landwirtschaft, Ernährung und Heimat
BPatG	Bundespatentgericht
BRAK	Bundesrechtsanwaltskammer
BRH	Bundesrechnungshof
BStBl	Bundessteuerblatt
BV	Betriebsvereinbarung, Bestandsverzeichnis
BVerfG	Bundesverfassungsgericht
bzgl.	bezüglich
bzw.	beziehungsweise

DA	Dienstanweisung
dB	Dezibel
DFG	Deutsche Freiwillige Gerichtsbarkeit
DIS	Deutsche Institution für Schiedsgerichtsbarkeit e.V.
DiszH	Disziplinarhof
DNotI	Deutsches Notarinstitut
DPA	Deutsches Patentamt
DVEV	Deutsche Vereinigung für Erbrecht und Vermögensnachfolge e.V.
EG	Europäische Gemeinschaft, Einführungsgesetz
EGBGB	Einführungsgesetz zum Bürgerlichen Gesetzbuche
eGbR	eingetragene Gesellschaft bürgerlichen Rechts
EGMR	Europäischer Gerichtshof für Menschenrechte
EGV	Vertrag zur Gründung der Europäischen Gemeinschaft
EGZVG	Einführungsgesetz zu dem Gesetz über die Zwangsversteigerung und die Zwangsverwaltung
EinigungsV	Einigungsvertrag
Einl.	Einleitung
EKMR	Europäische Kommission für Menschenrechte
eLP	eingetragene Lebenspartnerschaft
EMRK	Europäische Menschenrechtskonvention
EPA	Europäisches Patentamt
ErbStG	Erbschaftsteuer- und Schenkungsteuergesetz
ErbStR	Erbschaftsteuerrichtlinien
ES	Entscheidungssammlung
EStG	Einkommensteuergesetz
EuG	Europäisches Gericht Erster Instanz
EuGH	Europäischer Gerichtshof
EuGHMR	Europäischer Gerichtshof für Menschenrechte
EV	Eidesstattliche Versicherung

evtl.	eventuell
EWG	Europäische Wirtschaftsgemeinschaft
f., ff.	folgende, fortfolgende
FamFG	Gesetz über das Verfahren in Familiensachen und in den Angelegenheiten der freiwilligen Gerichtsbarkeit
FG	Finanzgericht, Freiwillige Gerichtsbarkeit
FS	Festschrift
G	Gericht, Gesetz, Gesellschaft
GAP	Gemeinsame Agrarpolitik
GBA	Grundbuchamt
GBO	Grundbuchordnung
GbR	Gesellschaft bürgerlichen Rechts
GDV	Gesamtverband der Deutschen Versicherungswirtschaft e.V.
gem.	gemäß
GenStaAnw	Generalstaatsanwalt
GF	Grundfläche
GFZ	Geschossflächenzahl
ggf.	gegebenenfalls
GmbH	Gesellschaft mit beschränkter Haftung
GmbH i. Gr.	GmbH in Gründung
GrdStVG	Grundstückverkehrsgesetz
GrESTG	Grunderwerbsteuergesetz
GRStS	Großer Senat in Strafsachen
GRZ	Grundflächenzahl
GRZS	Großer Senat in Zivilsachen
GS	Großer Senat, Gedächtnisschrift
GVBl	Gesetz- und Verordnungsblatt

HessStGH	Hessischer Staatsgerichtshof
h.M.	herrschende Meinung
HöfeO	Höfeordnung
HöfeVfO	Verfahrensordnung für Höfesachen
HReg	Handelsregister
i.G.	in Gründung
IGH	Internationaler Gerichtshof
InsO	Insolvenzordnung
IP	Internetprotokoll
IPR	Internationales Privatrecht
i.S.d.	im Sinne des/der
i.S.v.	im Sinne von
Kap.	Kapitel
KfH	Kammer für Handelssachen
KG	Kommanditgesellschaft; Kammergericht
KGaA	Kommanditgesellschaft auf Aktien
LAG	Landesarbeitsgericht; Lastenausgleichsgesetz
LG	Landgericht
lit.	litera (Buchstabe)
LN	Landwirtschaftliche Nutzfläche
LPartG	Gesetz über die eingetragene Lebenspartnerschaft
LRH	Landesrechnungshof
LSG	Landessozialgericht
LVA	Landesversicherungsanstalt
LWG	Landwirtschaftsgericht

mind.	mindestens
MiZi	Allgemeine Verfügung über Mitteilungen in Zivilsachen
m.w.N.	mit weiteren Nachweisen
NachlG	Nachlassgericht
ne.	nichtehelich
n.F.	neue Fassung
Nr.	Nummer
OLG	Oberlandesgericht
p.a.	pro anno
Pkw	Personenkraftwagen
PrKlG	Preisklauselgesetz
pVV	positive Vertragsverletzung
RAG	Reichsarbeitsgericht
RdErl	Runderlass
Rdn	Randnummer in diesem Werk
RdSchr	Rundschreiben
Red.	Redaktion
Reg.	Regierung, Register
RegEntw	Regierungsentwurf
RFH	Reichsfinanzhof
Rn	Randnummer in anderen Werken
Rspr.	Rechtsprechung
RVA	Reichsversicherungsamt
S.	Satz, Seite
SG	Sozialgericht
SGB	Sozialgesetzbuch

Slg.	Sammlung
sog.	sogenannte/r/s
StV	Strafverteidiger
SÜ	Sicherheitsübereignung
SVS	Speditionsversicherungsschein
u.a.	unter anderem
UNO	United Nations Organization
UNCITRAL	United Nations Commission on International Trade Law
Univ.	Universität
UntStFG	Unternehmenssteuerfortentwicklungsgesetz
UR.	Urkundenrolle
URL	Uniform Resource Locators
UStG	Umsatzsteuergesetz
u.U	unter Umständen
VBL	Versorgungsanstalt des Bundes und der Länder
vgl.	vergleiche
VGrS	Vereinigter Großer Senat
VGT	Verkehrsgerichtstag
VO	Verordnung
VOBl	Verordnungsblatt
Vor	Vorbemerkung
VPI	Verbraucherpreisindex
VZ	Veranlagungszeitraum
WA	Warschauer Abkommen
WP	Wirtschaftsprüfer
WRV	Weimarer Reichsverfassung
WTO	World Trade Organization (Welthandelsorganisation)

z.B.	zum Beispiel
Ziff.	Ziffer
ZPO	Zivilprozessordnung
z.T.	zum Teil
zust.	zustimmend
ZVK	Zusatzversorgungskassen

Literaturverzeichnis

Becker/Bolte/Lückemeier, Höfeordnung mit Höfeverfahrensordnung, 5. Aufl. 2023

Beck OK EStG, Kirchhof/Kulosa/Ratschow, 23. Edition 2025

Beck OK GBO, Hügel, 59. Edition 2025

Beck OK Kostenrecht, Dörndorfer/Wendtland/Diehn/Uhl, 51. Edition 2025

Beck'sches Formularbuch Erbrecht, 5. Aufl. 2023

Beck'sches Formularbuch Immobilienrecht, 4. Aufl. 2023

Beck'sches Notar-Handbuch, 8. Aufl. 2024

Bormann/Diehn/Sommerfeldt, GNotKG Kommentar, 5. Aufl. 2025

Diehn, Notarkostenberechnungen, 10. Aufl. 2025

Düsing/Martinez, Agrarrecht, 2. Aufl. 2022

Faßbender, Notariatskunde, 21. Aufl. 2025

Faßbender/Hötzel/von Jeinsen/Pikalo, Höfeordnung, Höfeverfahrensordnung und Überleitungsvorschriften, Kommentar, 3. Aufl. 1994

Graß, Das Landwirtschaftserbrecht, 12. Aufl. 2024

Grüneberg, BGB, 85. Aufl. 2026

Hannes, Formularbuch Vermögens- und Unternehmensnachfolge, 2. Aufl. 2017

Kersten/Bühling, Formularbuch und Praxis der freiwilligen Gerichtsbarkeit, 27. Aufl. 2023

Kössinger/Najdecki/Zintl, Handbuch der Testamentsgestaltung, 7. Aufl. 2024

Korintenberg, Gerichts- und Notarkostengesetz, 22. Aufl. 2022

Krauß, Vermögensnachfolge in der Praxis, 7. Aufl. 2025

Kreutziger/Schaffner/Stephany, Bewertungsgesetz, 6. Aufl. 2024

Langenfeld/Günther, Grundstückszuwendungen zur lebzeitigen Vermögensnachfolge, 6. Aufl. 2009

Leingärtner, Besteuerung der Landwirte, 49. Aufl. 2025

Lüdtke-Handjery/v. Jeinsen, HöfeO, 11. Aufl. 2015

Mayer/Geck, Der Übergabevertrag, 3. Aufl. 2013

Meincke/Hannes/Holtz, Erbschaftsteuer- und Schenkungsteuergesetz, 19. Aufl. 2025

MüKo-BGB, Münchner Kommentar zum BGB, 10. Aufl. 2026

Münchener Anwaltshandbuch Agrarrecht, 3. Aufl. 2022 (herausgegeben v. Prof. Matthias Dombert und Karsten Witt)

Neie, Überlassungsvertrag, 3. Aufl. 2024

Netz, Grundstücksverkehrsgesetz, 9. Aufl. 2022

Piltz, Recht und Bewertung landwirtschaftlicher Betriebe, 3. Aufl. 2020

Schmidt, Einkommensteuergesetz: EstG, 44. Aufl. 2025

Schmitte, Landwirtschaftliches Familien- und Erbrecht, 2. Aufl. 2014

Schöner/Stöber, Grundbuchrecht, 16. Aufl. 2020

Seutemann, Landwirtschaftssachen, 2020

Toussaint, Kostenrecht Kommentar, 55. Aufl. 2025

v. Hoyenberg, Vorweggenommene Erbfolge, 2010

Wegmann, Grundstücksüberlassung, 2. Aufl. 1999

Weirich/Ivo, Grundstücksrecht, 4. Aufl. 2015

§ 1 Einführung

A. Der Übergabevertrag als Regelfall der Vermögensnachfolge in einen landwirtschaftlichen Betrieb

Die lebzeitige Übertragung durch Übergabevertrag ist der in der Praxis weitaus häufigste Fall der Vermögensnachfolge in einen landwirtschaftlichen Betrieb.[1] Man schätzt, dass ca. 90 % der landwirtschaftlichen Betriebe einschließlich solcher außerhalb des Geltungsbereichs der HöfeO zu Lebzeiten des Eigentümers durch Übergabevertrag an den (Hof-) Nachfolger übertragen werden,[2] also nicht erst mit dem Tode des Eigentümers übergehen. Daher liegt der Schwerpunkt dieses Formularbuches auf dem Übergabevertrag. Verfügungen von Todes wegen, welche die Vererbung landwirtschaftlicher Betriebe zum Gegenstand haben, werden jedoch in einem kurzen Abschnitt (§ 18) und in einem eigenen Musterformular behandelt.[3] 1

B. Gründe für eine vorweggenommene Hoferbfolge

Die lebzeitige Übertragung des landwirtschaftlichen Betriebes durch Übergabevertrag ist der Nachfolge durch (Hof-) Erbfall vorzuziehen. Eine Hofnachfolge, die erst mit dem Tode des Eigentümers stattfindet und dazu führt, dass der Hoferbe den landwirtschaftlichen Betrieb erst in weit fortgeschrittenem Alter übernimmt, ist diesem zumeist nicht zuzumuten.[4] Dies gilt insbesondere im Hinblick auf den Strukturwandel in der Landwirtschaft. Der vorgesehene Nachfolger, in der Regel ein Kind oder sonstiger naher Angehöriger des Veräußerers, hat häufig bereits viele Jahre und gegen meist bescheidene Entlohnung im Betrieb des Übergebers mitgearbeitet und sich auf seine künftige Stellung als Betriebsinhaber und Hofeigentümer vorbereitet. Der Übergabevertrag verschafft ihm das Eigentum am Hof und verhindert, dass berechtigte Erwartungen, Berufs- und Lebensplanungen des Übernehmers durch eine spätere Willensänderung des Übergebers enttäuscht werden. 2

Neben dem Vorteil eines rechtzeitigen Generationenwechsels hat die lebzeitige Übergabe des landwirtschaftlichen Betriebes noch weitere Vorzüge. Der Übergabevertrag kann, wenn an seinem Abschluss, was zu empfehlen ist, die pflichtteilsberechtigten weichenden Erben beteiligt sind, deren Ansprüche in Bezug auf den landwirtschaftlichen Betrieb 3

1 Ausführlich zum Hofübergabevertrag in der notariellen Praxis *Roemer*, AUR 2025, 42 ff. (Teil 1) und AUR 2025, 82 ff. (Teil 2).

2 *Ruby*, ZEV 2006, 351, 352.

3 Insoweit den Anregungen folgend, die in einigen Rezensionen der Vorauflage geäußert wurden, vgl. *Becker*, RdL 2021, 387; *Müller-Engels*, DNotI-Report 2021, 102, 103.

4 Vgl. hierzu und zum Folgenden Hannes/*Roemer*, S. 1339 ff.

abschließend regeln, flankiert durch Verzichte, insbesondere gegenständlich beschränkte Pflichtteilsverzichte und – im Geltungsbereich der HöfeO – Abfindungsverzichte. Die wirtschaftlichen und persönlichen Bedürfnisse und Interessen des Übergebers und seines Ehegatten, deren Altersversorgung häufig zumindest teilweise mit aus dem Betrieb zu erwirtschaftenden Zahlungen sichergestellt und denen ein lebenslanges Wohnen auf dem Hof – gegebenenfalls mit häuslicher Pflege und Betreuung durch den Übernehmer – ermöglicht werden soll, können durch eine entsprechende Ausgestaltung des (Hof-) Übergabevertrages angemessen berücksichtigt werden. Ein unter Beteiligung der weichenden Erben geschlossener Übergabevertrag dient darüber hinaus dem Familienfrieden und dem Zusammenhalt der mitwirkenden Familienmitglieder.

4 Liegt der landwirtschaftliche Betrieb, der übertragen werden soll, im Geltungsbereich der **Höfeordnung** (HöfeO), also gemäß § 1 Abs. 1 S. 1 HöfeO in **Hamburg**, **Niedersachsen**, **Nordrhein-Westfalen** oder **Schleswig-Holstein**,[5] und erfüllt er die Voraussetzungen des § 1 Abs. 1 HöfeO, so hat der Übergabevertrag die vom allgemeinen Recht abweichenden Vorschriften der HöfeO zu beachten, einschließlich der hieraus folgenden verfahrensrechtlichen Besonderheiten. In diesem Buch werden sowohl der Übergabevertrag über einen Hof im Sinne der HöfeO (Hofübergabevertrag) als auch der Übergabevertrag über einen landwirtschaftlichen Betrieb, der nicht Hof im Sinne der HöfeO ist, behandelt. Da die HöfeO dem Hofeigentümer die Möglichkeit eröffnet, die Hofeigenschaft aufzuheben (§ 1 Abs. 4 HöfeO), können auch im Geltungsbereich der HöfeO Übergabeverträge über landwirtschaftliche Betriebe abgeschlossen werden, auf welche die HöfeO keine Anwendung findet, wenn der Hofeigentümer zuvor gemäß § 1 Abs. 4 HöfeO die Hofeigenschaft durch Hofaufgabeerklärung (negative Hoferklärung) und anschließende Löschung des Hofvermerks im Grundbuch beseitigt hat. Zur Hofaufgabeerklärung vgl. ausführlich § 3 Abschn. D, § 3 Rdn 29 ff.

5 Häufiger Anlass für eine lebzeitige Übergabe des landwirtschaftlichen Betriebes war bis zum Jahre 2018 auch das Bestreben, die sozialversicherungsrechtlichen Vorgaben für den Bezug der gesetzlichen Altersrente des abgebenden Landwirts zu erfüllen.[6] Nach § 11 Abs. 1 des Gesetzes über die Alterssicherung der Landwirte (ALG) bestand nämlich ein Anspruch auf Regelaltersrente nur dann, wenn – neben der Erreichung der Regelalterszeit und der Erfüllung der Wartezeit von 15 Jahren – das Unternehmen der Landwirtschaft **abgegeben** war (§ 11 Abs. 1 Nr. 3 ALG). Eine solche Abgabe lag nach § 21 Abs. 1 ALG vor, wenn das Eigentum an den landwirtschaftlich genutzten Flächen mit Ausnahme der stillgelegten Flächen auf einen Dritten übergegangen ist.[7] Mit Beschl.

5 Die HöfeO wird nach ihrem Geltungsbereich auch als **nordwestdeutsche HöfeO** bezeichnet.

6 *Ruby*, ZEV 2006, 351, 352; Hannes/*Roemer*, S. 1340.

7 Neben der Eigentumsübertragung sah das ALG noch weitere Möglichkeiten der Abgabe des landwirtschaftlichen Betriebes vor, so z.B. in § 21 Abs. 2 Nr. 1 ALG die langjährige Verpachtung der landwirtschaftlich genutzten Flächen, wobei die Pachtdauer mindestens neun Jahre betragen musste.

v. 23.5.2018 hat das BVerfG jedoch § 11 Abs. 1 Nr. 3 ALG für verfassungswidrig und unanwendbar erklärt, da das ALG keine Härtefallregelung für die Fälle einer Unzumutbarkeit der Hofabgabe vorgesehen habe.[8] In Reaktion auf diese Entscheidung hat der Gesetzgeber nicht etwa eine Härtefallregelung eingeführt, sondern § 11 Abs. 1 Nr. 3 sowie § 21 und § 22 ALG ersatzlos aufgehoben.[9] Eine Hofabgabe ist somit nicht mehr Voraussetzung für den Bezug der Altersrente nach dem ALG.

C. Die Zersplitterung des Landwirtschaftserbrechts

Der BGB-Gesetzgeber konnte sich nicht zu einer umfassenden und einheitlichen Sonderregelung für die Vererbung und Übergabe landwirtschaftlicher Betriebe entscheiden. Er beließ es vielmehr bei der Aufnahme weniger Einzelbestimmungen in das BGB (§§ 2049, 2312, 1515 Abs. 2 BGB). Gleichzeitig ließ er in Art. 64 EGBGB das Fortbestehen der bei Inkrafttreten des BGB geltenden landesgesetzlichen Vorschriften über das Anerbenrecht hinsichtlich land- und forstwirtschaftlicher Grundstücke zu, jedoch mit der Vorgabe, dass die Landesgesetze das Recht des Erblassers, über die dem Anerbenrecht unterliegenden Grundstücke von Todes wegen zu verfügen, nicht beschränken können. Der Rechtszustand ist nach wie vor zersplittert. Es können folgende Geltungsbereiche unterschieden werden: 6

I. Die HöfeO

Die HöfeO ist ein **Bundesgesetz**, das jedoch als **partiell geltendes Bundesrecht** (Art. 124 GG) nur in den Bundesländern der ehemaligen britischen Zone, also in **Hamburg**, **Nordrhein-Westfalen**, **Niedersachsen** und **Schleswig-Holstein** gilt. Sie wird auch als **nordwestdeutsche Höfeordnung** bezeichnet. 7

Hof i.S.d. HöfeO ist nach § 1 Abs. 1 S. 1 HöfeO eine land- oder forstwirtschaftliche Besitzung, die im Gebiet eines der vier genannten Bundesländer liegt und folgende weitere Voraussetzungen erfüllt:

- sie muss eine zu ihrer Bewirtschaftung geeignete Hofstelle haben,
- der für die Besitzung zuletzt festgestellte Grundsteuerwert muss mindestens 54.000 EUR betragen,[10]

8 BVerfG NJW 2018, 3007.

9 Durch Gesetz vom 18.12.2018, BGBl I, 2651.

10 Eine Besitzung mit einem Grundsteuerwert von weniger als 54.000 EUR, jedoch von mindestens 27.000 EUR wird gemäß § 1 Abs. 1 S. 2 HöfeO Hof, wenn der Eigentümer die Hofeigenschaft durch Hofeinführungserklärung und Eintragung des Hofvermerks im Grundbuch begründet. Zur Hofeinführungserklärung näher in § 3 Rdn 15 ff.

- die Besitzung muss im Alleineigentum einer natürlichen Person oder im gemeinschaftlichen Eigentum von Ehegatten stehen oder zum Gesamtgut einer fortgesetzten Gütergemeinschaft gehören (§ 1 Abs. 1 HöfeO) oder im gemeinschaftlichen Eigentum von Lebenspartnern nach dem Lebenspartnerschaftsgesetz (§ 19 HöfeO) stehen.

8 **Kennzeichnend** für die HöfeO sind insbesondere: (zu weiteren Einzelheiten der HöfeO vgl. § 2 Rdn 1 ff.)

- die höferechtliche **Sondernachfolge**:
  der Hof geht mit dem Tode des Hofeigentümers auf den Hoferben über (§ 4 HöfeO), der mit dem Hoferbfall ohne weitere Vollzugsakte Alleineigentümer des Hofes wird. Hoferbe und lebzeitiger Hofnachfolger kann immer nur **eine** Person werden, § 4 S. 1 HöfeO;[11]
- **Wirtschaftsfähigkeit** des Hofnachfolgers:
  Hoferbe und lebzeitiger Hofnachfolger kann grundsätzlich nur werden, wer wirtschaftsfähig ist (§ 6 Abs. 6 HöfeO), d.h. nach seinen Fähigkeiten, Kenntnissen und seiner Persönlichkeit in der Lage ist, den Hof selbstständig ordnungsgemäß zu bewirtschaften (§ 6 Abs. 7 HöfeO)
- Abfindungsprivilegien des Hoferben:
  Im Interesse des Fortbestands des Hofes erhalten die weichenden Erben nur eine Abfindung, die weit unter dem Verkehrswert des Hofes liegt (§ 12 HöfeO);
- Nachabfindungsansprüche der weichenden Erben:
  Falls der Hoferbe innerhalb von zwanzig Jahren den Hof oder Teile des Hofes veräußert oder in sonstiger Weise nichtlandwirtschaftlich gewinnbringend nutzt, so stehen den weichenden Erben gemäß § 13 HöfeO Nachabfindungsansprüche zu.
- Fakultatives Höferecht:
  Der Eigentümer, der die Geltung der HöfeO nicht wünscht, kann die Hofeigenschaft aufheben (§ 1 Abs. 4 S. 1 Höfe). Er kann sie auch (wieder) einführen (§ 1 Abs. 4 S. 2 HöfeO). Ausführlich hierzu § 3 Abschn. A., § 3 Rdn 1 ff.

II. Landesrechtliche Anerbengesetze

9 In einigen Bundesländern bestehen – als **Landesrecht** – teilweise eigene **Anerbenrechte** über land- und forstwirtschaftliche Betriebe, die über Art. 64 EGBGB fortgelten oder später erlassen worden sind. So in **Bremen** das Bremische Höfegesetz für Höfe, die in der Höferolle eingetragen sind, in **Rheinland-Pfalz** das Rheinland-Pfälzische Gesetz über die Höfeordnung für land- und forstwirtschaftliche Betriebe, die in der Höferolle

11 Ausnahme Ehepaare: Ein Hof kann auch an ein Ehepaar vererbt oder übertragen werden, vgl. BGH NJW 1960, 1251.

eingetragen sind, in **Hessen** die Hessische Landgüterordnung für Landgüter, die in der Landgüterrolle eingetragen sind, sowie in **Baden-Württemberg** in Teilen des ehemaligen Landes Baden das „Badische Gesetz, die geschlossenen Hofgüter betreffend" für Schwarzwaldhöfe, die als geschlossene Hofgüter im Grundbuch eingetragen sind.[12] Diese Landesanerbengesetze, die im Übrigen fakultativ sind, spielen in der Praxis nur eine geringe Rolle[13] und werden hier nicht behandelt.

In **Brandenburg** gilt seit dem 21.6.2019 eine eigenständige Höfeordnung.[14] Die Bran- 10
denburgische HöfeO lehnt sich sehr eng an die nordwestdeutsche HöfeO an.[15]

Die landesrechtlichen Anerbengesetze sehen für die Rechtsnachfolge in den Hof unter- 11
schiedliche Systeme vor. Einige Bundesländer folgen dem System, das für die nordwestdeutsche HöfeO kennzeichnend ist: Der Hof geht mit dem Tode des Erblassers im Wege der Sonderrechtsnachfolge unmittelbar und ohne weitere Vollzugsakte in das Alleineigentum des Hoferben über. Diesem System folgen die landesrechtlichen Anerbengesetze in Brandenburg, Bremen und Rheinland-Pfalz.

Demgegenüber sehen die Hessische Landgüterordnung und das Badische Gesetz, die geschlossenen Hofgüter betreffend ein Übernahmerecht des Hoferben vor: Der Hoferbe wird, wenn mehrere Erben vorhanden sind, nicht bereits mit dem Tode des Erblassers Eigentümer des Hofes. Vielmehr erhält er das Recht, den Hof, der zunächst in den allgemeinen Nachlass fällt, zu Alleineigentum zu übernehmen.

III. Landgutrecht des BGB: Einzelheiten

In den **übrigen Bundesländern**, in denen weder die HöfeO noch eigene Landesanerben- 12
gesetze gelten – das trifft zu auf **Bayern**, **Berlin**, **Mecklenburg-Vorpommern**, **Sachsen**, **Sachsen-Anhalt** das **Saarland und** auf **Teile von Baden-Württemberg** – oder die Parteien ihre Anwendung ausgeschlossen haben,[16] gilt das **Landgutrecht des BGB** mit **Bewertungsprivilegien** für den Erben oder Übernehmer des Landguts (§§ 2049, 2312 BGB). Ferner besteht dort die Möglichkeit einer gerichtlichen Zuweisung des landwirtschaftlichen Betriebes an einen von mehreren Miterben gemäß § 13 GrdStVG.

12 Zu Einzelheiten dieser Landesanerbenrechte vgl. Grüneberg/*Weidlich*, Art. 64 EGBGB Rn 2; die Landesanerbengesetze sind abgedruckt bei *Graß*, Landwirtschaftserbrecht, S. 551 ff.

13 Die Landesanerbengesetze werden als weitgehend „totes Recht" bezeichnet, *Netz*, RdL 2004, 1, 3; *Ruby*, ZEV 2006, 351, 352.

14 GVBl für das Land Brandenburg Nr. 28 v. 20.6.2019.

15 Zu Einzelheiten vgl. *Seutemann*, RdL 2019, 280, sowie *Tumlirsch*, AUR 2020, 6. Zu ersten Erfahrungen mit der Brandenburgischen Höfeordnung vgl. *Seutemann*, RdL 2023, 113.

16 Wie insbesondere im Geltungsbereich der HöfeO durch Hofaufgabeerklärung gemäß § 1 Abs. 4 S. 1 HöfeO.

1. Bewertungsprivileg

13 Das Landgutrecht des BGB begünstigt den Übernehmer eines Landguts, indem es für die Bewertung des Landguts nicht den Verkehrswert, sondern den in der Regel **deutlich niedrigeren Ertragswert** ansetzt (§§ 2049, 2312 BGB). Die Begünstigung wird mit dem agrarpolitischen Interesse an der Erhaltung leistungsfähiger landwirtschaftlicher Betriebe in einer Hand begründet.[17]

Nach § 2049 BGB Abs. 1 BGB ist im Zweifel anzunehmen, dass das Landgut zum Ertragswert angesetzt werden soll, wenn der Erblasser angeordnet hat, dass ein Miterbe das Recht haben soll, ein zum Nachlass gehörendes Landgut zu übernehmen.

14 Nach § 2312 BGB ist der **Ertragswert** des Landguts aber auch für die **Berechnung des Pflichtteils** maßgebend, und hier entfaltet das Bewertungsprivileg in der Praxis seine besondere Bedeutung. Die Ansprüche der Pflichtteilsberechtigten bemessen sich gemäß § 2312 BGB nach dem – niedrigeren – Ertragswert, wenn, bei Vorhandensein mehrerer Erben, der Erblasser angeordnet hat oder nach § 2049 BGB anzunehmen ist, dass einer von mehreren Erben das Recht haben soll, ein zum Nachlass gehörendes Landgut zum Ertragswert zu übernehmen (§ 2312 Abs. BGB) oder, bei Vorhandensein nur eines Erben, wenn der Erblasser angeordnet hat, dass der Berechnung des Pflichtteils der Ertragswert zugrunde gelegt werden soll (§ 2312 Abs. 2 BGB).

15 Die Vorschriften der §§ 2049 und 2312 BGB gelten nicht nur in den Fällen, in denen der Erblasser das Übernahmerecht und die Geltung des Ertragswerts durch Verfügung von Todes wegen angeordnet hat, sondern auch **im Falle einer lebzeitigen Übergabe des Landguts**.[18] Voraussetzung hierfür ist, dass der Erblasser im Übergabevertrag eine dahingehende Willenserklärung abgegeben hat und die Eigenschaft als Landgut im Zeitpunkt des Erbfalls noch oder wieder besteht.[19] Ist der Ertragswert höher als der Verkehrswert, so ist der Verkehrswert maßgeblich.[20]

Nicht mit dem Ertragswert, sondern – zur Vermeidung einer „Überprivilegierung" des Erben – mit dem Verkehrswert anzusetzen sind hingegen diejenigen zum Landgut gehörende Grundstücke, die baureif oder – aufgrund amtlicher Genehmigung zum Abbau von Kiesvorkommen – auskiesungsreif sind, sofern sie sich ohne Gefahr für die dauernde Lebensfähigkeit des Landguts aus diesem herauslösen lassen.[21]

17 BGH NJW 1995, 1352; BGH NJW-RR 1992, 770; Grüneberg/*Weidlich*, § 2049 Rn 1.
18 BGH NJW 1964, 1414, 1415; BGH NJW 1995, 1352.
19 BGH NJW 1995, 1352, insoweit unter Aufgabe von BGH NJW 1964, 1414, 1416.
20 MüKo-BGB/*Ann*, § 2049, Rn 8.
21 BGH NJW 1987,1260 zu baureifen Grundstücken; BGH NJW-RR 1992, 66 zu auskiesungsreifen Grundstücken.

2. Begriff des Landguts

Der Begriff „Landgut", der vom Gesetz nicht definiert wird, setzt nach allgemeiner Meinung eine „Besitzung voraus, die eine zum selbstständigen Betrieb der Landwirtschaft einschließlich der Viehzucht oder der Forstwirtschaft geeignete und bestimmte Wirtschaftseinheit darstellt, und mit den nötigen Wohn- und Wirtschaftsgebäuden versehen ist".[22] Sie muss eine gewisse Größe erreichen und für den Inhaber eine selbstständige Nahrungsquelle darstellen, sie muss aber nicht eine bäuerliche Durchschnittsfamilie ernähren können.[23] Der Betrieb kann, wenn er zum erheblichen Teil zum Lebensunterhalt seines Inhabers beiträgt, auch nebenberuflich geführt werden.[24] Stets zusätzlich erforderlich ist die begründete Erwartung, dass der Betrieb weitergeführt oder, wenn die Bewirtschaftung aufgegeben ist, künftig wieder aufgenommen wird.[25] 16

3. Bestimmung des Ertragswertes

Der Ertragswert bestimmt sich gemäß § 2049 Abs. 2 BGB nach dem Reinertrag, den das Landgut nach seiner bisherigen wirtschaftlichen Bestimmung bei ordnungsgemäßer Bewirtschaftung nachhaltig gewähren kann. Wie der Ertragswert im Einzelnen festzustellen ist, sollte nach den Vorstellungen des Gesetzgebers nach Art. 137 EGBGB den landesrechtlichen Vorschriften vorbehalten bleiben.[26] Die meisten Bundesländer haben **Kapitalisierungsfaktoren** festgelegt, mit denen der jährliche Reinertrag zu multiplizieren ist, um zum Ertragswert des Landguts zu gelangen. Der Vervielfältiger beträgt in einigen Bundesländern 18, in anderen Bundesländern 25,[27] so dass etwa in Nordrhein-Westfalen der Ertragswert des Landguts mit dem 25-fachen des jährlichen Reinertrags anzusetzen ist. Von der Ermächtigung, auch zu bestimmen, **wie** der Reinertrag zu ermitteln ist, haben die Bundesländer **keinen** Gebrauch gemacht.[28] In der Praxis ist daher der Reinertrag regelmäßig durch ein Bewertungsgutachten eines Sachverständigen zu ermitteln.[29] 17

22 BGH NJW 1964, 1414, 1416; BGH NJW 1987, 951.

23 BGH NJW 1987,951; Grüneberg/*Weidlich*, § 2312 Rn 7.

24 BGH NJW 1987, 951.

25 BGH NJW-RR 1992, 770.

26 *Graß*, Landwirtschaftserbrecht, § 2049 BGB Rn 77.

27 Überblick über die Regelungen der einzelnen Bundesländer in *Graß*, Landwirtschaftserbrecht, § 2049 BGB Rn 88 ff.

28 Grüneberg/*Weidlich*, § 2049 Rn 2; *Graß*, Landwirtschaftserbrecht, § 2049 Rn 78. Ausführlich zur Bewertung landwirtschaftlicher Betriebe s. *Pilz*, Recht und Bewertung landwirtschaftlicher Betriebe, 3. Aufl. 2020.

29 *Graß*, Landwirtschaftserbrecht, § 2049 BGB Rn 78; *von Garmissen* in: Münchener Anwaltshandbuch Agrarrecht, § 11, Rn 163.

4. Begünstigter Personenkreis

18 Das pflichtteilrechtliche Bewertungsprivileg für Landgüter gilt nach § 2312 Abs. 3 BGB nur dann, wenn der Erbe oder Übernehmer, der das Landgut erwirbt, selbst zu den nach § 2303 BGB **pflichtteilsberechtigten Personen gehört**. Nicht erforderlich ist, dass er im konkreten Fall tatsächlich pflichtteilsberechtigt ist, so dass auch das durch seine Eltern wegen § 2309 BGB ausgeschlossene Enkelkind zu dem nach § 2312 Abs. 3 BGB begünstigen Personenkreis gehört.[30]

19 Privilegiert ist darüber hinaus nur der Erwerb des Landguts durch eine **Einzelperson**, nicht aber der Erwerb durch mehrere Personen, z.B. zu Miteigentum nach Bruchteilen.[31] Insoweit bestehen Parallelen zum Höferecht der HöfeO, das nur die Vererbung oder lebzeitige Übertragung des Hofes an **eine** Person zulässt.[32] Wird daher das Landgut an mehrere Personen übertragen oder hat der Erblasser durch Verfügung von Todes wegen angeordnet, dass mehrere Erben das Landgut erhalten sollen, so ist es mit dem Verkehrswert und nicht lediglich mit dem Ertragswert anzusetzen.[33]

Das Bewertungsprivileg des § 2312 BGB soll ferner dann nicht anwendbar sein, wenn lediglich ein Miteigentumsanteil an einem Landgut vererbt oder übertragen wird.[34] Dies würde bei Landgütern, die im Miteigentum von Ehegatten stehen, zu dem unbefriedigenden Ergebnis führen, dass dem überlebenden Ehegatten, der den Miteigentumsanteil des anderen Ehegatten als dessen Alleinerbe oder als Übernahmeberechtigter erhält und den Betrieb fortführt, die Bewertungsvergünstigung des § 2312 BGB verwehrt bliebe. Daher wird in diesen Fällen teilweise die Anwendbarkeit der §§ 2049, 2312 BGB bejaht und dem überlebenden Ehegatten der Ansatz des Ertragswertes zugebilligt.[35]

Anders als im Höferecht der HöfeO (vgl. § 6 Abs. 6 S. 1 HöfeO) muss der Übernehmer eines Landguts nicht wirtschaftsfähig sein.[36]

5. Nachabfindungsansprüche

20 Das Landgutrecht des BGB enthält, anders als die HöfeO in § 13 BGB oder die meisten Landesanerbengesetze,[37] keine Bestimmungen zur Nachabfindungspflicht für den Fall,

30 *Ruby*, ZEV 2007, 263, 265.

31 BGH FamRZ 1977, 195; *Ruby*, ZEV 2007, 263, 265; *Graß*, Landwirtschaftserbrecht, § 2049 BGB Rn 53.

32 Ausnahme: Vererbung oder Übertragung an Ehegatten, vgl. BGH NJW 1960, 251; *Roemer*, RNotZ 2015, 556.

33 BGH NJW 1973, 995; BGH FamRZ 1977, 195; *Graß*, Landwirtschaftserbrecht, § 2049 BGB Rn 53; MüKo-BGB/*Fest*, § 2049, Rn 5.

34 BGH NJW 1973, 995. Ausnahme: Die Vererbung eines gütergemeinschaftlichen Anteils an einem Landgut, BGH FamRZ 1983, 1220.

35 *Ruby*, ZEV 2007, 263, 266; *Weidlich*, ZEV 1996, 380.

36 *Graß*, Landwirtschaftserbrecht, § 2049 BGB Rn 66 ff., die dieses Ergebnis allerdings kritisiert.

37 Z.B das Rheinland-Pfälzische Gesetz über die Höfeordnung in § 26.

dass der Erbe oder Übernehmer eines Landguts dieses nach dem Erwerb ganz oder teilweise veräußert. Nachabfindungsansprüche gegen den Erben oder Übernehmer eines Landguts kommen daher nach Ansicht des BGH nicht in Betracht.[38] In der Literatur wird dagegen teilweise mit unterschiedlicher Begründung eine Nachabfindungspflicht insbesondere im Falle einer späteren Veräußerung auch für Landgüter im Sinne der §§ 2049, 2312 BGB befürwortet.[39]

Regelungen zur Nachabfindung können jedoch vertraglich vereinbart werden, z.B. in Anlehnung an § 13 HöfeO.[40]

IV. Die Zuweisung landwirtschaftlicher Betriebe nach dem GrdStVG

Ein landwirtschaftlicher Betrieb, der einer durch **gesetzliche** Erbfolge entstandenen **Erbengemeinschaft** gehört, kann nach § 13 GrdStVG durch Beschluss des **Landwirtschaftsgerichts** auf Antrag einem Miterben zu **Alleineigentum** zugewiesen werden. 21

Die Zuweisung ist nach § 14 Abs. 1 GrdStVG nur zulässig, wenn der Betrieb mit einer zur Bewirtschaftung geeigneten Hofstelle versehen ist und seine Erträge ohne Rücksicht auf die privatrechtlichen Belastungen im Wesentlichen zum Unterhalt einer bäuerlichen Familie ausreichen. Die Zuweisung ist darüber hinaus nur zulässig, wenn sich die Erben über die Auseinandersetzung nicht einigen oder eine von ihnen vereinbarte Auseinandersetzung nicht vollzogen werden kann (§ 14 Abs. 2 GrdStVG). Die Zuweisung ist nach § 14 Abs. 3 GrdStVG unzulässig, solange die Auseinandersetzung nach § 2044 BGB ausgeschlossen oder ein zu ihrer Bewirkung berechtigter Testamentsvollstrecker vorhanden ist oder ein Miterbe ihren Aufschub nach §§ 2043, 2045 BGB verlangen kann.

Der landwirtschaftliche Betrieb ist demjenigen Miterben zuzuweisen, dem er nach dem wirklichen oder mutmaßlichen Willen des Erblassers zugedacht war. Bei der Zuweisung nach dem mutmaßlichen Erblasserwillen kommt einem Abkömmling kein grundsätzlicher Vorrang vor dem überlebenden Ehegatten zu.[41] Die Zuweisung an einen Miterben, der nicht Abkömmling oder Ehegatte des Erblassers ist, ist nur zulässig, wenn dieser den Betrieb bewohnt und bewirtschaftet oder mitbewirtschaftet. Einem Miterben, der 22

38 Vgl. BGH NJW 1987, 1260, 1262, dem zufolge es im Bereich der §§ 2049, 2312 BGB „nach dem Gesetzeswortlaut und nach allgemeiner Auffassung keine ‚Nachabfindungen' gibt". Kritisch *Graß*, Landwirtschaftserbrecht, § 2312 BGB, Rn 2 ff. Vgl. aber auch die Entscheidung BGH NJW-RR 1992, 66, in welcher zum Landgut gehörende auskiesungsreife Grundstücke mit dem Verkehrswert angesetzt wurden, u.a. mit der Begründung, dass auf diese Weise zugleich für solche Fälle vorgebeugt werde, „in denen sich die Rechtsprechung andernfalls bei späteren Grundstücksverkäufen des Erben genötigt sehen könnte, nach Wegen für ‚Nachabfindungen' zu suchen".

39 *Graß*, Landwirtschaftserbrecht, § 2312 BGB Rn 2 ff.

40 *von Garmissen* in: Münchener Anwaltshandbuch Agrarrecht, § 11, Rn 171.

41 OLG Brandenburg ZErb 2016, 81 m. Anm. *Wirich*.

zu einer Übernahme des Betriebes nicht bereit oder zu seiner ordnungsgemäßen Bewirtschaftung nicht geeignet ist, darf der Betrieb nicht zugewiesen werden (§ 15 GrdStVG). Für die Frage der persönlichen Eignung des Zuweisungsempfängers kommt es nicht auf den Zeitpunkt des Erbfalls, sondern auf den Zeitpunkt der gerichtlichen Zuweisungsentscheidung an.[42]

23 Wird der Betrieb einem Miterben zugewiesen, so steht den anderen Miterben anstelle ihres Erbteils ein Anspruch auf **Geldabfindung** zu. Die Abfindung bemisst sich nach dem Wert ihres Anteils am zugewiesenen Betrieb. Hierbei ist der Betrieb jedoch im Interesse seiner Fortführung nicht mit dem Verkehrswert, sondern lediglich mit dem – in der Regel erheblich niedrigeren – **Ertragswert anzusetzen** (§ 16 Abs. 1 GrdStVG). Auf Antrag eines Miterben kann das Landwirtschaftsgericht bei der Zuweisung anordnen, dass der Miterbe statt in Geld ganz oder teilweise durch Übereignung eines Grundstücks abzufinden ist (§ 16 Abs. 4 GrdStVG).

Ähnlich wie die HöfeO[43] und die Landesanerbengesetze sieht auch das Grundstücksverkehrsgesetz **Nachabfindungsansprüche** vor, wenn der Erwerber des zugewiesenen landwirtschaftlichen Betriebes innerhalb von **fünfzehn Jahren** nach dem Erwerb durch Veräußerung oder auf andere Weise, die den Zwecken der Zuweisung fremd ist, erhebliche Gewinne aus dem Betrieb zieht (§ 17 Abs. 1 GrdStVG).

42 BGH AUR 2025, 111.
43 Vgl. § 13 HöfeO.

§ 2 Vertragsgegenstand „landwirtschaftlicher Betrieb“

A. Hof im Sinne der HöfeO

I. Begriff des Hofes

Hof im Sinne der HöfeO ist nach § 1 Abs. 1 S. 1 HöfeO eine im Gebiet der Bundesländer **Hamburg, Niedersachsen, Nordrhein-Westfalen oder Schleswig-Holstein** belegene land- oder forstwirtschaftliche Besitzung mit einer zu ihrer Bewirtschaftung geeigneten Hofstelle, die im Alleineigentum einer natürlichen Person oder im gemeinschaftlichen Eigentum von Ehegatten (Ehegattenhof) oder im gemeinschaftlichen Eigentum von Lebenspartnern nach dem Lebenspartnerschaftsgesetz (Lebenspartnerhof, § 19 HöfeO) steht oder zum Gesamtgut einer fortgesetzten Gütergemeinschaft gehört, sofern der für die Besitzung zuletzt festgestellte Grundsteuerwert mindestens 54.000 EUR beträgt (sog. **Ist-Hof**). Eine Besitzung, die einen Grundsteuerwert von weniger als 54.000 EUR, mindestens jedoch einen solchen von 27.000 EUR hat, wird gemäß § 1 Abs. 1 S. 2 HöfeO Hof, wenn der Eigentümer erklärt, dass sie Hof sein soll und der Hofvermerk daraufhin im Grundbuch eingetragen wird (sog. **Kann-Hof**). 1

Die Hofvoraussetzungen „Grundsteuerwert von mindestens 54.000 EUR“ (beim Ist-Hof) bzw. „Grundsteuerwert von mindestens 27.000 EUR“ (beim Kann-Hof) sind durch das Gesetz zur Änderung der Höfeordnung und zur Änderung der Verfahrensordnung für Höfesachen vom 4.12.2024[1] mit Wirkung vom 1.1.2025 an die Stelle der bisherigen Hofvoraussetzungen „Wirtschaftswert von 10.000 EUR“ (beim Ist-Hof) bzw. „Wirtschaftswert von mindestens 5.000 EUR“ (beim Kann-Hof) getreten.[2]

Der Notar, der mit der Vorbereitung und Gestaltung eines Hofübergabevertrages befasst ist, sollte sich daher stets den Grundsteuerbescheid über den landwirtschaftlichen Betrieb vorlegen lassen. Er benötigt ihn im Übrigen auch für die Berechnung der Gebühren gemäß § 48 GNotKG.

Zum Hof im Sinne der HöfeO gehören die Bestandteile gemäß § 2 HöfeO sowie das Hofeszubehör nach § 3 HöfeO (hierzu näher unten Abschn. V., Rdn 20 ff.). 2

1 BGBl 2024 I Nr. 395.

2 Das Gesetz ist notwendig geworden, weil nach dem Grundsteuerreformgesetz vom 26.11.2019, das in Reaktion auf das Urteil des Bundesverfassungsgerichts (BVerfG NJW 2018, 1451) zur Verfassungswidrigkeit der Einheitswerte für Zwecke der Grundsteuerbemessung ergangen war, ab dem 1.1.2025 keine Einheitswerte mehr festgestellt werden. Die HöfeO in ihrer bis zum 31.12.2024 geltenden Fassung hatte jedoch an zwei Stellen auf Einheitswerte abgestellt: In § 1 Abs. 1 S. 1 und 2 HöfeO bei der Festlegung eines Mindest-Wirtschaftswertes als Hofvoraussetzung (der Wirtschaftswert bildete zusammen mit dem Wohnungswert den Einheitswert) und in § 12 Abs. 1 S. 2 und Abs. 2 HöfeO bei der Bestimmung des für die Abfindung der weichenden Erben maßgebenden Hofeswertes, der sich nach dem 1,5-fachen des Einheitswertes richtete.

II. Fakultatives Höferecht

3 Für die lebzeitige Übertragung und die Vererbung eines Hofes im Sinne der HöfeO gelten die besonderen Vorschriften der HöfeO, die von den Bestimmungen des allgemeinen Rechts des BGB teilweise erheblich abweichen. Die Geltung der HöfeO ist jedoch nicht zwingend. Vielmehr ist das Höferecht der HöfeO **vom Eigentümer frei wählbar und ausschließbar (fakultatives Höferecht).**[3] Die HöfeO gewährt dem Hofeigentümer das Recht, durch negative Hoferklärung **(Hofaufhebungserklärung)** gemäß § 1 Abs. 4 S. 1 HöfeO und anschließende Löschung des Hofvermerks im Grundbuch die Hofeigenschaft aufzuheben und damit die Anwendung der HöfeO auszuschließen. Ebenso hat er die Möglichkeit, durch positive Hoferklärung **(Hofeinführungserklärung)** gemäß § 1 Abs. 4 S. 2 HöfeO und anschließende Eintragung des Hofvermerks die Hofeigenschaft (wieder) einzuführen, sofern der für die Besitzung zuletzt festgestellte Grundsteuerwert mindestens 27.000 EUR beträgt (§ 1 Abs. 1 S. 2 HöfeO) und auch die übrigen Voraussetzungen des § 1 Abs. 1 S. 1 HöfeO erfüllt sind. Zu den Einzelheiten der Hofaufhebungs- und der Hofeinführungserklärung vgl. die nachfolgenden Ausführungen in § 3.

4 Der Eigentümer, der seinen Hof durch Hofübergabevertrag übertragen möchte, muss sich daher vor Abschluss des Hofübergabevertrages entscheiden, ob er die Geltung der HöfeO wünscht. Wünscht er sie nicht und ist er Eigentümer eines Hofes im Sinne der HöfeO, so muss er die Hofeigenschaft zuvor durch negative Hoferklärung aufheben. Wünscht er dagegen die Geltung der HöfeO und ist seine Besitzung nicht Hof im Sinne der HöfeO, so muss er die Hofeigenschaft durch positive Hoferklärung einführen.

Die Entscheidung für oder gegen die HöfeO setzt zunächst einige Kenntnisse der wesentlichen Besonderheiten der HöfeO voraus. Hierzu gehören insbesondere die folgenden Regelungen.

III. Rechtsfolgen der Hofeigenschaft

1. Höferechtliche Sondernachfolge

5 Ein Hof im Sinne der HöfeO kann immer nur an **eine** Person vererbt werden. Dies folgt aus § 4 HöfeO. Danach fällt der Hof als Teil der Erbschaft nur einem der Erben (dem Hoferben) zu. Auf diesen geht der Hof mit dem Erbfall über. Eine Erbengemeinschaft am Hof mit Gesamthandseigentum der Miterben hieran entsteht nicht.[4] Der Hoferbe wird

3 BGH NJW-RR 2009, 1 330; Brinkmann in: Lüdtke-Handjery/v. Jeinsen/*Brinkmann*, § 1 HöfeO Rn 68; *Graß*, Landwirtschaftserbrecht, § 1 HöfeO Rn 90 ff.

4 BFH BStBl II 1987, 561; *v. Jeinsen*, in: Faßbender/Hötzel/v. Jeinsen/Pikalo, § 4 HöfeO Rn 5 a.E.

mit dem Tode des Eigentümers ohne weitere Vollzugsakte Alleineigentümer des Hofes.[5] Der Eigentümer kann die höferechtliche Sondernachfolge des § 4 HöfeO durch Verfügung von Todes wegen nicht ausschließen (§ 16 HöfeO). Eine Verfügung von Todes wegen, die gegen § 4 HöfeO verstößt, ist nach § 134 BGB nichtig. Die Berufung mehrerer Personen zu Hoferben stellt daher einen gemäß § 16 HöfeO unzulässigen und damit nichtigen Ausschluss von der Erbfolge kraft Höferechts dar.[6]

Für den Hofübergabevertrag als vorweggenommene Erbfolge gilt über § 17 Abs. 1 HöfeO, der auf § 16 HöfeO verweist, die gleiche Einschränkung. Der Hof kann daher auch durch **Übergabevertrag** nur an **eine** Person übertragen werden; die Hofübergabe an mehrere Personen ist unzulässig.[7] 6

Eine Ausnahme vom Verbot der Vererbung und Übertragung an mehrere Personen gilt bei **Ehegatten**. Da die HöfeO den Ehegattenhof kennt (§ 1 Abs. 1 S. 1 HöfeO), lässt sie auch zu, dass der Hof ohne Verstoß gegen § 4 HöfeO an ein Ehepaar vererbt oder durch Hofübergabevertrag übertragen wird.[8] Gleiches gilt über § 19 HöfeO für gleichgeschlechtliche Lebenspartner nach dem Lebenspartnerschaftsgesetz.[9]

2. Höferechtliche Anforderungen an den Hofnachfolger

a) Wirtschaftsfähigkeit

Hofnachfolger, sei es von Todes wegen, sei es aufgrund Hofübergabevertrages, kann nach der HöfeO nur werden, wer **wirtschaftsfähig** ist (§§ 6 Abs. 6, 7 Abs. 1 S. 2 HöfeO), d.h. nach seinen körperlichen und geistigen Fähigkeiten, nach seinen Kenntnissen und seiner 7

5 Ob es sich bei der Hofnachfolge in den Hof um eine Ausnahme vom Grundsatz der Universalsukzession handelt (so *Graß*, Landwirtschaftserbrecht, § 4 HöfeO Rn 7 ff.) oder um eine vom Gesetz mit dem Erbfall durchgeführte Auseinandersetzung ähnlich einer dinglich wirkenden Teilungsanordnung (so Lüdtke-Handjery/v. Jeinsen/*v. Jeinsen*, § 4 HöfeO Rn 5 ff.), ist umstritten. Einigkeit besteht aber darüber, dass der Hoferbe mit dem Tod des Hofeigentümers ohne Zwischenerwerb der Miterben sogleich Alleineigentümer des Hofes wird, BFH BStBl II 1992, 669.

6 BGH ZEV 2004, 335, 336; BGH RdL 1983, 65; BGHZ 26, 298, 303; Lüdtke-Handjery/v. Jeinsen/*Roemer*, § 16 HöfeO Rn 8; *Graß*, Landwirtschaftserbrecht, § 16 HöfeO Rn 4.

7 Lüdtke-Handjery/v. Jeinsen/*Roemer*, § 17 HöfeO Rn 47; *Faßbender*, in: Faßbender/Hötzel/v. Jeinsen/Pikalo, § 17 HöfeO Rn 219; *Graß*, Landwirtschaftserbrecht, § 17 HöfeO Rn 34. Teilweise wird die Ansicht vertreten, im Falle der Übertragung an mehrere Personen könne im Hofübergabevertrag konkludent eine Hofaufgabeerklärung gemäß § 1 Abs. 4 S. 1 HöfeO liegen, so *Faßbender* a.a.O. und *Graß*, Landwirtschaftserbrecht, § 17 HöfeO Rn 106; kritisch Lüdtke-Handjery/v. Jeinsen/*Roemer*, § 17 HöfeO Rn 49.

8 BGH NJW 1960, 1251; *v. Jeinsen*, in: Faßbender/Hötzel/v. Jeinsen/Pikalo, § 7 HöfeO Rn 5, jeweils betr. Vererbung an ein Ehepaar; BGH RdL 157, 10; *Wöhrmann/Graß*, § 17 HöfeO Rn 35, jeweils betr. Übertragung an ein Ehepaar.

9 Durch das Gesetz zur Einführung des Rechts der Eheschließung für Personen gleichen Geschlechts vom 20.7.2017, BGBl I. S. 2787, wurden bereits eingetragene Lebenspartnerschaften nicht automatisch in Ehen umgewandelt. Die Paare haben vielmehr insoweit nach § 20a des Lebenspartnerschaftsgesetzes ein Wahlrecht (*Knoop*, NJW-Spezial 2017, 580).

Persönlichkeit in der Lage ist, den Hof selbstständig ordnungsmäßig zu bewirtschaften.[10] An die Wirtschaftsfähigkeit ist ein strenger objektiver Maßstab zu stellen, wobei die Anforderungen von der Art, Größe und der in Betracht kommenden Bewirtschaftung des Hofes abhängen.[11] Neben landwirtschaftlich-technischen Fähigkeiten und Kenntnissen, die erforderlich sind, um einen landwirtschaftlichen Betrieb ordnungsgemäß zu bewirtschaften, müssen auch organisatorisch-kalkulatorische und betriebswirtschaftliche Kenntnisse und Fähigkeiten vorhanden sein.[12] Diese müssen jeweils den aktuellen, heutigen Anforderungen einer selbstständigen landwirtschaftlichen Betriebsführung entsprechen.[13] Allein die Fähigkeit, für eine Verpachtung der Ländereien zu sorgen und die Rechte und Pflichten eines Verpächters wahrzunehmen, reicht nicht aus.[14] Vielmehr muss der Hoferbe/Erwerber in der Lage sein, den Hof jederzeit in Eigenbewirtschaftung zu übernehmen.[15] Eine Ausbildung zum Landwirt begründet die Vermutung der Wirtschaftsfähigkeit.[16] Maßgeblicher Zeitpunkt für die Beurteilung der Wirtschaftsfähigkeit ist bei Hofübergabeverträgen der Zeitpunkt des Vertragsabschlusses.[17]

8 **Ausnahmen** vom Erfordernis der Wirtschaftsfähigkeit bestehen gemäß § 6 Abs. 6 S. 2 HöfeO, wenn der Hof an den **Ehegatten** des Hofeigentümers vererbt oder übertragen wird, sowie dann, wenn **alleiniger Grund** der Wirtschaftsunfähigkeit[18] die mangelnde Altersreife ist. Der Ausnahmetatbestand der mangelnden Altersreife soll verhindern, dass ein Minderjähriger allein wegen altersbedingter Unerfahrenheit als Hofnachfolger ausscheidet. Er kommt daher nicht in Betracht, wenn der Minderjährige in Verhältnissen aufwächst, die sein Hineinwachsen in die Wirtschaftsfähigkeit nicht erwarten lassen.[19] Erforderlich ist insoweit eine Prognoseentscheidung bezogen auf Zeitpunkt des Hoferbfalls.[20] Ist der Hof nach Größe und Ausstattung lediglich als Nebenerwerbsbetrieb geeignet, steht eher nicht zu erwarten, dass ein Kind später eine landwirtschaftliche Ausbildung

10 Das Erfordernis der Wirtschaftsfähigkeit gilt nicht nur für den gesetzlichen Hoferben (§ 6 Abs. 6 HöfeO) und für den durch Verfügung von Todes wegen berufenen Hoferben (§ 7 Abs. 1 S. 2 HöfeO), sondern gleichermaßen für den Übernehmer, der den Hof zu Lebzeiten des Übergebers durch Hofübergabevertrag erwirbt, allgemeine Meinung, vgl. Lüdtke-Handjery/v. Jeinsen/*Roemer*, § 17 HöfeO Rn 44 m w N

11 OLG Oldenburg BeckRS 2011, 9450. Ausführlich zur Wirtschaftsfähigkeit Lüdtke-Handjery/v. Jeinsen/*v. Jeinsen*, § 6 HöfeO Rn 89 ff.

12 OLG Oldenburg BeckRS 2011, 9450; OLG Hamm RNotZ 2014, 50; OLG Hamm ErbR 2022, 61.

13 OLG Oldenburg BeckRS 2011, 9450.

14 OLG Hamm RNotZ 2014, 50; OLG Hamm ErbR 2022, 61.

15 OLG Hamm RNotZ 2014, 50; OLG Hamm ErbR 2022, 61.

16 Lüdtke-Handjery/v. Jeinsen/*v. Jeinsen*, § 6 HöfeO Rn 105; *Raude*, RNotZ 2016, 69, 79; OLG Oldenburg RdL 2011, 191.

17 Lüdtke-Handjery/v. Jeinsen/*v. Jeinsen*, § 6 HöfeO Rn 104; *Raude*, RNotZ 2016, 69, 79.

18 OLG Hamm BeckRS 2024, 24669, Rn 31.

19 BGH RdL 1951, 302 (Zu einem in großstädtischen Verhältnissen aufwachsenden Minderjährigen); Lüdtke-Handjery/v. Jeinsen/*v. Jeinsen*, § 6 HöfeO Rn 115.

20 OLG Oldenburg BeckRS 2021,47477; OLG Hamm BeckRS 2024, 24669.

absolvieren oder auf andere Weise wirtschaftsfähig werden wird.[21] Eine Sonderregelung gilt für den Fall, dass sämtliche Abkömmlinge des Hofeigentümers wegen Wirtschaftsunfähigkeit ausscheiden und ein wirtschaftsfähiger Ehegatte des Hofeigentümers nicht vorhanden ist. In diesem Fall kann ausnahmsweise auch ein nicht wirtschaftsfähiger Abkömmling zum Hoferben bestimmt werden (§ 7 Abs. 1 S. 2 HöfeO).

b) Erwerb nur durch natürliche Person

Hoferbe und Hofübernehmer kann, wie aus § 1 Abs. 1 S. 1 HöfeO folgt, immer nur eine 9
natürliche Person werden. Daher ist die Berufung einer juristischen Person, etwa einer GmbH, eines Vereins oder einer Stiftung zum Hoferben ebenso unzulässig wie die Hofübergabe an eine juristische Person.[22] Gleiches gilt für die Übergabe oder Vererbung des Hofes an eine Gesellschaft bürgerlichen Rechts oder eine Personengesellschaft des Handelsrechts.[23]

3. Gesetzliche Hoferbfolge

Hat der Erblasser, der Eigentümer eines Hofes im Sinne der HöfeO ist, keinen Hoferben 10
bestimmt, so tritt die gesetzliche Hoferbfolge ein. Die gesetzliche Hoferbfolge nach der HöfeO weicht ganz erheblich von der gesetzlichen Erbfolge nach dem allgemeinem Erbrecht des BGB ab. Hierzu wird auf die nachfolgenden Ausführungen in § 18 Rdn 11 verwiesen.

4. Der verwaiste Hof

Ausnahmsweise vererbt sich eine land- oder forstwirtschaftliche Besitzung, die im Zeit- 11
punkt des Todes des Erblassers Hof im Sinne der HöfeO war, nach dem allgemeinen Erbrecht des BGB – und **nicht** nach der HöfeO – wenn nach den Vorschriften der HöfeO kein Hoferbe vorhanden oder wirksam bestimmt ist (§ 10 HöfeO). Ein derartiger sogenannter **verwaister Hof** liegt vor, wenn beim Erbfall keiner der nach § 5 HöfeO zur gesetzlichen Hoferbfolge berufenen Personen lebt oder alle durch Ausschlagung, Erbverzicht, Wirtschaftsunfähigkeit oder Erbunwürdigkeit ausscheiden und der Erblasser auch keinen Hoferben bestimmt hat.[24] Näher hierzu nachfolgend § 18 Rdn 12.

21 OLG Oldenburg BeckRS 2021,47477; OLG Hamm BeckRS 2024, 24669.

22 Lüdtke-Handjery/v. Jeinsen/*Roemer*, § 17 HöfeO Rn 50; *Graß*, Landwirtschaftserbrecht, § 17 HöfeO Rn 6 und 34; *Schulte*, RdL 1967, 175; BGH ZEV 2017, 422 = notar 2018, 325 m. Anm. *Roemer*.

23 Lüdtke-Handjery/v. Jeinsen/*Roemer*,§ 17 HöfeO Rn 50. Ob eine nur aus einem Ehepaar bestehende Gesellschaft bürgerlichen Rechts Inhaber eines Hofes im Sinne der HöfeO sein kann, ist, nachdem ihr die Rechtsprechung des BGH im Außenverhältnis (Teil-)Rechtsfähigkeit zugebilligt hat, zweifelhaft, Lüdtke/Handjery/v. Jeinsen/*Brinkmann*, § 1 HöfeO Rn 59.

24 Lüdtke-Handjery/v. Jeinsen/*v. Jeinsen*, § 19 HöfeO Rn 1.

5. Höferechtliche Abfindung

12 Den Miterben, die nicht Hoferbe geworden sind (weichende Erben) steht – vorbehaltlich einer anderweitigen Regelung durch Übergabevertrag oder Verfügung von Todes wegen – an Stelle eines Anteils am Hof nach § 12 HöfeO ein Anspruch gegen den Hoferben auf Zahlung einer Geldabfindung zu. Überträgt der Eigentümer den Hof an einen Abkömmling, so gilt gemäß § 17 Abs. 2 HöfeO zugunsten der anderen Abkömmlinge der Hoferbfall mit dem Zeitpunkt der Übertragung als eingetreten **(Fiktion des Erbfalls)**.[25] In diesem Fall werden die Abfindungsansprüche der Abkömmlinge aus § 12 HöfeO daher bereits zu **Lebzeiten des Übergebers** fällig, und zwar mit **Umschreibung des Eigentums** auf den Hofübernehmer.[26]

13 Die Abfindungsansprüche der weichenden Erben richten sich nach dem sog. **Hofeswert**. Dieser beträgt gemäß § 12 Abs. 2 HöfeO lediglich 60 Prozent des zuletzt für den Hof festgestellten Grundsteuerwertes[27] des Betriebs der Land- und Forstwirtschaft und begrenzt die Abfindung der weichenden Erben damit auf ein Maß, das deutlich hinter dem Verkehrswert der landwirtschaftlichen Besitzung zurückbleibt. Nur bei Vorliegen besonderer Umstände können gemäß § 12 Abs. 2 S. 3 HöfeO auf Verlangen Zuschläge oder Abschläge nach billigem Ermessen verlangt werden.[28]

6. Wirksamkeitshindernisse aufgrund vorheriger Bindung des Erblassers und Übergebers

a) Höferechtliche Bindung

14 Hat der Hofeigentümer einem seiner Abkömmlinge gemäß § 6 Abs. 1 Nr. 1 HöfeO die Bewirtschaftung des Hofes auf Dauer übertragen, ohne sich ihm gegenüber die Bestimmung des Hoferben ausdrücklich vorbehalten zu haben, so ist, solange dieser den Hof bewirtschaftet, eine vom Eigentümer nach Übertragung der Bewirtschaftung vorgenommene Bestimmung eines anderen zum Hoferben gemäß § 7 Abs. 2 S. 1 HöfeO insoweit

25 Ausführlich zur Fiktion des Erbfalls nach § 17 Abs. 2 HöfeO *Roemer*, RdL 2025, 133.

26 BGHZ 1, 343; BGHZ 8, 213; *Lückemeier*, in: Becker/Bolte/Lückemeier, § 17 HöfeO Rn 27; Lüdtke-Handjery/v. Jeinsen/*Roemer*, § 17 HöfeO Rn 131.

27 Der Grundsteuerwert des land- und forstwirtschaftlichen Betriebes (60 % dieses Grundsteuerwertes) als Bemessungsgrundlage der Abfindung ist mit Wirkung ab 1.1.2025 an die Stelle des Einheitswertes getreten. Bis zum 31.12.2024 galt nach § 12 Abs. 2 S. 2 HöfeO a.F. als Hofeswert das Eineinhalbfache des Einheitswertes. Die Änderung beruht auf dem Gesetz zur Änderung der HöfeO und der HöfeVfO vom 4.12.2024 (BGBl 2024 I Nr. 395).

28 § 12 Abs. 2 S. 2 HöfeO gilt nach der zu § 12 Abs. 2 a.F. HöfeO ergangenen Entscheidung BGH NJW 2001, 1726 entsprechend, wenn sich die bei Inkrafttreten der Höferechtsnovelle im Jahre 1976 zugrunde gelegte Wertrelation zwischen Einheitswert und Ertragswert infolge der Entwicklung der allgemeinen wirtschaftlichen Verhältnisse und der unterbliebenen Anpassung der steuerlichen Einheitswerte erheblich verschoben hat.

unwirksam, als durch sie der Hoferbenberechtigte von der Hoferbfolge ausgeschlossen würde. Gleiches gilt nach § 7 Abs. 2 S. 2 HöfeO, wenn der Hofeigentümer nach § 6 Abs. 1 Nr. 2 HöfeO durch Art und Umfang der Beschäftigung eines hoferbenberechtigten Abkömmling auf dem Hof hat erkennen lassen, dass dieser den Hof übernehmen soll. Unwirksam ist in diesen Fällen nicht nur die abweichende testamentarische oder erbvertragliche Bestimmung eines anderen zum Hoferben, sondern auch die Übergabe des Hofes an einen anderen durch Hofübergabevertrag.[29]

b) Erbrechtliche Bindung

Hat der Hofeigentümer den Hoferben durch gemeinschaftliches Testament oder Erbvertrag bindend bestimmt, so ist ein **späterer Hofübergabevertrag**, durch den der Hof einem anderen übergeben wird, **unwirksam**.[30] Die Unwirksamkeit folgt aus einer analogen Anwendung des § 2289 Abs. 1 S. 2 BGB.[31] **15**

7. Höferechtliche Nachabfindung

Die höferechtliche Sondernachfolge sowie die Abfindungsregelung des § 12 HöfeO sollen nicht die privatwirtschaftlichen Interessen des Hofnachfolgers fördern, sondern dienen dem öffentlichen Interesse an der Erhaltung leistungsfähiger Höfe in bäuerlichen Familien. Zu diesem Zweck soll die HöfeO der Zerschlagung landwirtschaftlicher Betriebe, der Zersplitterung des Grund und Bodens und der bei der Abfindung weichender Erben drohenden Gefahr der Überschuldung entgegenwirken.[32] Der Grund für die mit der Abfindungsbeschränkung des § 12 Abs. 2 HöfeO verbundene Bevorzugung des Hofnachfolgers und das den weichenden Erben insoweit auferlegte Opfer entfällt, wenn der Hofnachfolger den Hof oder hofzugehöriges Vermögen innerhalb von **zwanzig Jahren** nach dem Erwerb des Hofes ganz oder teilweise veräußert oder auf andere Weise als land- oder forstwirtschaftlich gewinnbringend nutzt.[33] In diesen Fällen schreibt § 13 HöfeO eine **Nachabfindung** (Abfindungsergänzung) vor.[34] **16**

29 *Faßbender*, in Faßbender/Hötzel/v. Jeinsen/Pikalo, § 17 HöfeO Rn 34; Lüdtke-Handjery/v. Jeinsen/*Roemer*, § 17 HöfeO Rn 57; *Steffen*, RdL 1976, 200, 201.

30 BGH RdL, 1952, 132; BGH RdL 1976, 321, 322; BGH NJW 1988, 710, 711; Lüdtke-Handjery/v. Jeinsen/*Roemer*, § 17 HöfeO Rn 58; *Graß*, Landwirtschaftserbrecht, § 17 HöfeO Rn 30.

31 OLG Celle RdL 2005, 78; Lüdtke-Handjery/v. Jeinsen/*Roemer*, § 17 HöfeO Rn 58; *Graß*, Landwirtschaftserbrecht, § 17 HöfeO Rn 30.

32 BVerfG NJW 1963, 947; BVerfG NJW 1985, 1329; BVerfG NJW 1995, 2977; BGH NJW-RR 2013, 713, 716.

33 BGH ZEV 2017, 422, 423 = notar 2018, 325 m. Anm. *Roemer*; *Hötzel*, in: Faßbender/Hötzel/v. Jeinsen/Pikalo, § 13 HöfeO Rn 1; Lüdtke-Handjery/v. Jeinsen/*Haarstrich*, § 13 HöfeO Rn 1.

34 Zu den Einzelheiten der Nachabfindung vgl. die Kommentierungen zu § 13 HöfeO, z.B. in Lüdtke-Handjery/v. Jeinsen/*Haarstrich*, HöfeO. Siehe auch die nachfolgenden Ausführungen in Abschnitt § 13 Rdn 13 ff.

8. Genehmigung des Landwirtschaftsgerichts

17 Der Hofübergabevertrag i.S.d. HöfeO bedarf, da er die Übertragung von land- oder forstwirtschaftlichen Grundstücken zum Gegenstand hat, der Genehmigung nach dem Grundstücksverkehrsgesetz (§ 2 GrdstVG). Zuständig für die Erteilung der Genehmigung ist jedoch nicht die Grundstücksverkehrsbehörde, sondern gemäß § 17 Abs. 3 HöfeO das **Landwirtschaftsgericht**. Das **Angehörigenprivileg** des § 8 Nr. 2 GrdstVG, wonach die Genehmigung zu erteilen ist **(Genehmigungszwang)**, wenn ein land- oder forstwirtschaftlicher Betrieb im Wege der vorweggenommenen Erbfolge geschlossen auf einen Erwerber übertragen wird, der mit dem Veräußerer verheiratet, in gerader Linie oder bis zum dritten Grad in der Seitenlinie verwandt oder bis zweiten Grad verschwägert ist, gilt kraft ausdrücklicher gesetzlicher Anordnung **nicht** für Höfe i.S.d. HöfeO (§ 31 GrdstVG). Zu den Einzelheiten der landwirtschaftsgerichtlichen Genehmigung des Hofübergabevertrages vgl. die Ausführungen in § 14.

IV. Beweggründe für die Aufhebung und die Einführung der Hofeigenschaft

1. Beweggründe für die Aufhebung der Hofeigenschaft

18 Beweggründe für die **Aufhebung** der Hofeigenschaft durch negative Hoferklärung (§ 1 Abs. 4 S. 1 HöfeO) können sein:

- die beabsichtigte Übertragung des Hofes an **mehrere** Personen,
- die beabsichtigte Übertragung des Hofes an eine **juristische Person** oder an eine **Gesellschaft**,
- die beabsichtigte Übertragung des Hofes an eine **nicht** wirtschaftsfähige Person oder an eine Person, an deren Wirtschaftsfähigkeit Zweifel bestehen,
- die Herbeiführung des **Genehmigungszwangs** gemäß § 8 Nr. 2 GrdstVG, wenn Zweifel an der Genehmigungsfähigkeit des beabsichtigten Hofübergabevertrages bestehen, z.B. wegen des Vorbehalts von Rückforderungsrechten,[35]
- die Vermeidung von **Nachabfindungsansprüchen** gemäß § 13 HöfeO.[36]

Ausführlich zu den möglichen Beweggründen für die Aufhebung der Hofeigenschaft vgl. § 3 Rdn 34 ff.

35 Vgl. hierzu näher § 3 Rdn 36.
36 Vgl. hierzu § 3 Rdn 37.

2. Beweggründe für die Einführung der Hofeigenschaft

Beweggründe für die **(Wieder-) Einführung der Hofeigenschaft** durch positive Hoferklärung (§ 1 Abs. 4 S. 2 HöfeO) können sein: 19

- die **Reduzierung der Abfindungslast** des Erwerbers auf das in § 12 HöfeO vorgesehene, den Verkehrs- und Ertragswert des Hofes deutlich unterschreitende Maß,
- die **Reduzierung des Pflichtteils** der weichenden Erben in Bezug auf den Hof, da dieser Pflichtteil nur die Hälfte der nach § 12 HöfeO vorgesehenen Abfindung beträgt.[37]

Die weichenden Erben sind aber nicht bereits dadurch auf den höferechtlichen Pflichtteil gesetzt, dass ein anderer zum Hoferben berufen oder ihm der Hof übertragen worden ist.[38]

Ausführlich zu den möglichen Beweggründen für die Einführung der Hofeigenschaft die Ausführungen in § 3 Rdn 19 ff.

V. Gegenstand des Hofes im Sinne der HöfeO

Die HöfeO bestimmt in § 2 und § 3 die Gegenstände, die zu einem Hof im Sinne der HöfeO gehören. Diese Vorschriften legen damit die sachliche Reichweite der höferechtlichen Sondernachfolge fest,[39] und zwar nicht nur für die Hofnachfolge von Todes wegen, sondern auch für lebzeitige Hofübergabe. Die in §§ 2 und 3 HöfeO genannten Gegenstände sind daher, sofern im Hofübergabevertrag nichts Abweichendes bestimmt ist, im Zweifel auf den Übernehmer mitübertragen (vgl. §§ 311c, 926 BGB).[40] Hofvermögen und steuerliches Betriebsvermögen sind nicht deckungsgleich; vgl. hierzu die Erläuterungen in § 16 Rdn 31 f. 20

1. Grundstücke

Nach § 2 Buchst. a) HöfeO gehören zum Hof insbesondere alle **Grundstücke des Hofeigentümers**, die regelmäßig von der **Hofstelle aus bewirtschaftet** werden, wobei eine zeitweilige Verpachtung oder ähnliche vorübergehende Benutzung durch andere die Hofzugehörigkeit nicht ausschließt. Eine regelmäßige Bewirtschaftung liegt vor, wenn die 21

37 BGH RdL 1957, 295, 296.

38 BGH RdL 1958, 317; BGH RdL 1963, 15, 16. Dies beruht darauf, dass im Höferecht der Ausschluss der Miterben von der Hoferbfolge der vom Gesetz vorausgesetzte Normalfall ist, da nach § 4 HöfeO nur **eine** Person Hoferbe werden kann, *Graß*, Landwirtschaftserbrecht, § 12 HöfeO, Rn 173. Will der Erblasser daher die weichenden Erben von der höferechtlichen Abfindung ausschließen, d.h. sie insoweit auf den Pflichtteil setzen, muss er dies deutlich zum Ausdruck bringen, *Fränkel*, RdL 1950, 297, 299 f.; Lüdtke-Handjery/v. Jeinsen/*Roemer*, § 17 HöfeO Rn 99.

39 Lüdtke-Handjery/v. Jeinsen/*Brinkmann*, § 2 HöfeO Rn 1.

40 Lüdtke-Handjery/v. Jeinsen/*Brinkmann*, § 3 HöfeO Rn 1; *Graß*, Landwirtschaftserbrecht, § 3 HöfeO Rn 3.

Grundstücke von der Hofstelle aus nach den Regeln der Land- oder Forstwirtschaft genutzt werden, also in den Bewirtschaftungsverbund des Hofes einbezogen sind.[41] Das gilt unabhängig davon, ob für jedes einzelne dieser Grundstücke ein Hofvermerk eingetragen ist.[42] Hofzugehörig sind danach insbesondere die **in Kultur befindlichen Ländereien** wie Äcker, Wiesen, Weiden und Gärten.[43] Die Hofstelle selbst ist nach § 1 Abs. 1 S. 1 HöfeO notwendige Voraussetzung einer Hofeigenschaft und gehört damit zwingend zum Hof. Unter Hofstelle ist eine mit Wohn- und Wirtschaftsgebäuden bebaute Fläche zu verstehen, von der aus die Bewirtschaftung der zur Besitzung gehörenden Grundstücke erfolgt.[44]

Regelmäßig zum Hof gehören auch das **Altenteilerhaus**[45] sowie das **Landarbeiterhaus**,[46] es sei denn, sie würden auf Dauer für hoffremde Zwecke (z.B. Vermietung an Familien- und Betriebsfremde) genutzt.[47]

22 Ein gewöhnliches **Mietshaus**, das nicht den Zwecken des Hofes dient, gehört nicht zum Hof.[48] Befindet sich das Mietshaus hingegen auf einem landwirtschaftlich genutzten Grundstück, ohne von diesem als eigenständige Parzelle abgetrennt zu sein, so ist es nach der bisherigen Rechtsprechung der Oberlandesgerichte hofzugehörig.[49] Ob an dieser Rechtsprechung auch nach der Entscheidung des BGH vom 26.6.2014[50] festgehalten werden kann, ist zweifelhaft. Nach dieser Entscheidung können jedenfalls katastermäßig abgegrenzte Teile eines Grundstücks im Rechtssinne hofzugehörig, andere dagegen, weil nicht landwirtschaftlich genutzt, hoffrei sein.[51] Bei einer gemischten Nutzung soll danach

41 Lüdtke-Handjery/v. Jeinsen/*Brinkmann*, § 2 HöfeO Rn 5; *Graß*, Landwirtschaftserbrecht, § 2 HöfeO Rn 15.

42 *Faßbender*, in: Faßbender/Hötzel/v. Jeinsen/Pikalo, § 2 HöfeO Rn 19; Lüdtke-Handjery/v. Jeinsen/*Brinkmann*, § 2 Rn 19; OLG Celle, RdL 2005, 78, 80.

43 Lüdtke-Handjery/v. Jeinsen/*Brinkmann*, § 2 HöfeO Rn 6.

44 BGHZ 8, 109 = RdL 1953, 16; Lüdtke-Handjery/v. Jeinsen/*Brinkmann*, § 1 HöfeO Rn 17; *Graß*, Landwirtschaftserbrecht, § 1 HöfeO Rn 32. Ob unter den veränderten Bedingungen und Lebensverhältnissen in der heutigen Landwirtschaft mit ihrer weitgehenden Spezialisierung die Hofstelle noch über eine Wohnung für den Betriebsinhaber und seine Familie verfügen muss, um den Anforderungen des § 1 Abs. 1 S. 1 HöfeO zu genügen, wird zunehmend bezweifelt, vgl. OLG Hamm AUR 2010, 138, 139; Lüdtke-Handjery/v. Jeinsen/*Brinkmann*, § 1 Rn 24; *Graß*, Landwirtschaftserbrecht, § 1 HöfeO Rn 34.

45 BGH RdL 1994, 43 = NJW 1994, 733, Lüdtke-Handjery/v. Jeinsen/*Brinkmann*, § 2 Rn 6; *Faßbender*, in: Faßbender/Hötzel/v. Jeinsen/Pikalo, § 2 HöfeO Rn 21; *Graß*, Landwirtschaftserbrecht, § 2 HöfeO Rn 21.

46 BGH RdL 1994, 43 = NJW 1994, 733; *Faßbender*, in: Faßbender/Hötzel/v. Jeinsen/Pikalo, § 2 HöfeO Rn 22.

47 Lüdtke-Handjery/v. Jeinsen/*Brinkmann*, § 2 Rn 6; *Graß*, Landwirtschaftserbrecht, § 2 HöfeO Rn 21 und 30.

48 *Faßbender*, in: Faßbender/Hötzel/v. Jeinsen/Pikalo, § 2 Rn 22; *Graß*, Landwirtschaftserbrecht, § 2 HöfeO Rn 31.

49 OLG Köln, RdL 1983, 76; OLG Celle, RdL 1984, 47, OLG Celle AUR 2010, 36. Nach OLG Köln, RdL 1983, 76 ist in einem solchen Fall ein Zuschlag nach § 12 Abs. 2 S. 2 in Betracht zu ziehen.

50 BGH FGPrax 2014, 192.

51 Im entschiedenen Fall waren mehrere Flurstücke unter einer Nummer des Bestandsverzeichnisses gebucht und bildeten daher **ein** Grundstück im Rechtssinne. Das Landwirtschaftsgericht hatte das Grundbuchamt ersucht, einige dieser als Bauland ausgewiesenen Flurstücke wegen fehlender Hofzugehörigkeit von dem mit dem Hofvermerk versehenen Grundbuch als hoffrei abzuschreiben, was das Grundbuchamt abgelehnt, der BGH aber als nach § 7 Abs. 3 HöfeVfO zulässig gebilligt hat.

maßgeblich sein, welche Nutzungsart überwiegt.[52] Überwiegt der land- oder forstwirtschaftlich genutzte Teil eines Grundstücks, so gehört das Grundstück als Ganzes zum Hofvermögen.[53] Der Hoferbe ist dann gegebenenfalls verpflichtet, den nicht landwirtschaftlich genutzten hoffreien Teil des Grundstücks, jedenfalls dann, wenn dieser Teil katastermäßig abgegrenzt ist, an die weichenden Erben zu übereignen.[54]

Die **Baulandqualität** eines Grundstücks, das von der Hofstelle aus nach wie vor landwirt- 23
schaftlich genutzt wird, führt noch nicht zum Wegfall seiner Hofzugehörigkeit.[55] Die Hofzugehörigkeit entfällt jedoch, wenn die landwirtschaftliche Nutzung des Baugrundstücks auf Dauer aufgegeben worden ist[56] oder Grundstücke in naher Zukunft durch bereits erfolgte Vermessung zur Veräußerung an Bauwillige auf Dauer aus der Bewirtschaftung ausgegliedert werden.[57]

Zum Hof können auch Grundstücke gehören, die außerhalb der vier HöfeO-Bundesländer gelegen sind, wenn sich die Hofstelle in einem HöfeO-Bundesland befindet und die auswärtigen Grundstücke von dieser Hofstelle aus bewirtschaftet werden (**sog. Ausmärkergrundstücke**).[58] Praktisch werden kann dies etwa bei Grundstücken in Hessen, die von einem in Nordrhein-Westfalen gelegenen Hof i.S.d. HöfeO aus bewirtschaftet werden.[59]

2. Miteigentumsanteile an Grundstücken

Die HöfeO geht in § 1 Abs. 1 S. 1 davon aus, dass, abgesehen von einem Ehegattenhof, 24
nur solche Grundstücke hofzugehörig sein können, die im Alleineigentum des Hofeigentümers stehen. Von diesem Grundsatz macht § 2 Buchst. b) HöfeO eine wichtige Ausnahme. Nach dieser Vorschrift gehören zum Hof auch **Miteigentumsanteile** an einem Grundstück, wenn diese Anteile dem Hof dienen und im Verhältnis zu dem sonstigen, den Hof bildenden Grundbesitz von nur untergeordneter Bedeutung sind. Diese Ausnahme vom höferechtlichen Gebot des Alleineigentums hat in der Praxis eine große Bedeutung, da der Hofeigentümer in vielen Fällen auch Miteigentümer von landwirtschaftlich genutzten Flächen ist.

52 BGH FGPrax 2014, 192 Rn 27.
53 Lüdtke-Handjery/v. Jeinsen/*Brinkmann*, § 2 HöfeO Rn 36.
54 BGH FGPrax 2014, 192, Rn 27; Lüdtke-Handjery/v. Jeinsen/*Brinkmann*, § 2 Rn 8.
55 Lüdtke-Handjery/v. Jeinsen/*Brinkmann*, § 2 HöfeO Rn 6.
56 *Graß*, Landwirtschaftserbrecht, § 2 HöfeO Rn 25; Lüdtke-Handjery/v. Jeinsen/*Brinkmann*, § 1 HöfeO Rn 6 u. § 1 Rn 85.
57 Lüdtke-Handjery/v. Jeinsen/*Brinkmann*, § 1 Rn 85; *Graß*, Landwirtschaftserbrecht, § 2 Rn 25.
58 BGHZ 22, 317; OLG Hamm AUR 2010, 138; *v. Proff*, RNotZ 2013, 27; Lüdtke-Handjery/v. Jeinsen/*Brinkmann*, § 1 HöfeO Rn 3.
59 So die Fälle BGHZ 22, 317 und OLG Hamm AUR 2010, 138. Vgl. auch OLG Jena FGPrax 2013, 252, das die Hofzugehörigkeit von in Thüringen gelegenen Grundstücken bejaht hat, die von einem in Niedersachsen gelegenen Hof i.S.d. Höfe aus bewirtschaftet werden.

25 Unter Miteigentum im Sinne des § 2 Buchst. b) ist sowohl Bruchteilseigentum als auch Gesamthandseigentum[60] zu verstehen.[61] Miteigentumsanteile an einem Grundstück dienen dem Hof insbesondere dann, wenn das Grundstück regelmäßig vom Hof aus bewirtschaftet oder genutzt wird.[62] Sie sind im Verhältnis zum sonstigen hofzugehörigen Grundbesitz von nur untergeordneten Bedeutung, wenn die Größe des im Miteigentum befindlichen Grundstücks im Vergleich zur Gesamtgröße der zum Hof gehörenden Alleineigentumsfläche nicht ins Gewicht fällt.[63]

3. Vollmacht zur Auflassung übersehener hofzugehöriger Grundstücke

26 Zu einem Hof im Sinne der HöfeO gehören häufig zahlreiche Grundstücke, die nicht selten in verschiedenen Grundbüchern, gelegentlich auch bei unterschiedlichen Grundbuchämtern eingetragen sind. Es kommt vor, dass einzelne Grundstücke oder Miteigentumsanteile an Grundstücken bei der Hofübergabe übersehen und deshalb im Übergabevertrag nicht aufgeführt werden. Zwar gelten auch diese übersehenen oder vergessenen Grundstücke und Miteigentumsanteile, wenn ein Hof i.S.d. HöfeO übertragen wird, im Zweifel als mitübertragen.[64] Zur Eigentumsumschreibung auf den Hofübernehmer müssen sie jedoch in grundbuchmäßiger Form bezeichnet und an ihn aufgelassen werden. Zur Erleichterung des späteren Vollzugs kann eine entsprechende Regelung mit Auflassungsvollmacht im Hofübergabevertrag vorgesehen werden. In Streit- oder Zweifelsfällen kann die Hofzugehörigkeit eines übersehenen Grundstücks in einem Feststellungsverfahren gemäß § 11 Abs. 1 Buchst. c) HöfeVfO geklärt werden.[65]

27 ▼

Muster 2.1: Auflassungsvollmacht für übersehene Grundstücke

2.1 Der Übergeber überträgt dem Übernehmer auch alle weiteren hofzugehörigen Grundstücke und hofzugehörige Miteigentumsanteile an Grundstücken, auch wenn diese vorstehend nicht gesondert aufgeführt sein sollten. Der Übergeber bevollmächtigt den Übernehmer, diese Grundstücke und Miteigentumsanteile in grundbuchmäßiger Form zu

60 AG Jülich AgrarR 1979, 264 zu einem von der Hofstelle aus bewirtschaftetem Grundstück im Eigentum einer Erbengemeinschaft, deren Mitglied der Hofeigentümer war.

61 *Graß*, Landwirtschaftserbrecht, § 2 HöfeO Rn 57; *Faßbender*, in: Faßbender/Hötzel/v. Jeinsen/Pikalo, § 2 HöfeO Rn 55.

62 *Faßbender*, in: Faßbender/Hötzel/v. Jeinsen/Pikalo, § 2 HöfeO Rn 56; *Graß*, Landwirtschaftserbrecht, § 2 HöfeO Rn 57.

63 Mit „untergeordneter Bedeutung“ stellt § 2 Buchst. b) auf die Größe des jeweiligen Grundbesitzes ab, *Graß*, Landwirtschaftserbrecht, § 2 HöfeO Rn 58. Beispiel aus der Rspr.: Der hälftige Miteigentumsanteil an einem 2,4 ha großen Weidegrundstück ist bei einem Hof in der Größe von 28,15 ha von untergeordneter Bedeutung und daher hofzugehörig, OLG Hamm, RdL 1950, 318; zustimmend *Graß*, Landwirtschaftserbrecht, § 2 HöfeO Rn 58.

64 *Faßbender*, in: Faßbender/Hötzel/v. Jeinsen/Pikalo, § 2 HöfeO Rn 67.

65 Münchener Anwaltshandbuch Agrarrecht/*v. Garmissen*, § 11 Rn 244.

bezeichnen und an sich aufzulassen sowie alle Erklärungen abzugeben und entgegenzunehmen, die zur Übertragung des Eigentums an diesen Grundstücken und Miteigentumsanteilen auf den Übernehmer erforderlich sind. Der Bevollmächtigte ist von den Beschränkungen des § 181 BGB befreit. Die Vollmacht erlischt nicht mit dem Tode des Übergebers.

▲

4. Mitgliedschaftsrechte, Nutzungsrechte und ähnliche dem Hof dienende Rechte

Zum Hof gehören nach § 2 Buchst. b) HöfeO ferner Mitgliedschaftsrechte, Nutzungsrechte und ähnliche dem Hof dienende Rechte. Mitgliedschaftsrecht in diesem Sinne ist jede dem Hof dienende Beteiligung an einem Verband, unabhängig von dessen Organisationsform (z.B. Genossenschaft, Personen- und Kapitalgesellschaft), sofern die Mitgliedschaft in einer sachlichen, wirtschaftlichen Beziehung zum Hof und dem land- oder forstwirtschaftlichen Betrieb steht.[66] Hierunter fallen z.B. Beteiligungen an einer Molkerei, Bezugs-, Kredit- oder Winzergenossenschaft und ähnlichen Absatz- und Verwertungsgesellschaften, die dem Vertrieb und der Ver- und Bearbeitung von Produkten des landwirtschaftlichen Betriebs dienen.[67] Als in diesem Sinne hofzugehörig wurden auch Zuckerrübenaktien eingestuft, mit denen ein Lieferrecht oder eine Lieferpflicht von Zuckerrüben verbunden war.[68] Auch Mitgliedschaftsrechte bei Zusammenschlüssen an einem Maschinenring kommen hier in Betracht.[69] 28

Nutzungsrechte i.S.d. § 2 Buchst. b) HöfeO sind insbesondere alte, aufgrund Landesrecht fortbestehende Nutzungsrechte an nicht hofzugehörigen Grundstücken wie etwa Forstnutzungsrechte und Anteile an Waldgenossenschaften, drüber hinaus auch Schank-, Jagd- und Fischereigerechtigkeiten.[70]

5. Hofeszubehör

Nach § 3 HöfeO gehört zum Hof auch das **Hofeszubehör**. Dieses umfasst nach der Legaldefinition in § 3 S. 2 HöfeO insbesondere das auf dem Hof für die Bewirtschaftung vorhandene Vieh, Wirtschafts- und Hausgerät, den vorhandenen Dünger und die für die Bewirtschaftung bis zur nächsten Ernte dienenden Vorräte an landwirtschaftlichen Erzeugnissen und Betriebsmittel. 29

66 Lüdtke-Handjery/v. Jeinsen/ *Brinkmann*, § 2 HöfeO Rn 24.
67 Lüdtke-Handjery/v. Jeinsen/*Brinkmann*, § 2 HöfeO Rn 25.
68 BGHZ 45,196; Lüdtke-Handjery/v. Jeinsen/*Brinkmann*, § 2 HöfeO Rn 25.
69 Lüdtke-Handjery/v. Jeinsen/*Brinkmann*, § 2 HöfeO Rn 25.
70 Lüdtke-Handjery/v. Jeinsen/*Brinkmann*, § 2 HöfeO Rn 26 ff.

§ 3 HöfeO geht als **Spezialregelung** den allgemeinen Vorschriften des BGB über Zubehör (§§ 97, 98 BGB) vor.[71] Die in § 3 S. 2 HöfeO genannten Gegenstände **sind** folglich Hofeszubehör, unabhängig davon, ob sie nach § 97 Abs. 1 S. 2 BGB auch im Verkehr als Zubehör angesehen werden oder i.S.d. § 97 Abs. 1 S. 1 BGB dem wirtschaftlichen Zweck des Hofes zu dienen bestimmt sind.[72] Ein Beispiel hierfür ist das Hausgerät, das kraft ausdrücklicher Bestimmung in § 3 S. 2 HöfeO Hofeszubehör ist, obwohl es dem privaten Lebensbereich des Hofeigentümers zuzurechnen ist.[73] Andererseits können auch die von Satz 2 des § 3 HöfeO nicht ausdrücklich erfassten Gegenstände gemäß § 3 S. 1 HöfeO Hofeszubehör sein; für diese muss dann jedoch über § 97 BGB ermittelt werden, ob sie dem wirtschaftlichen Zweck der Hauptsache zu dienen bestimmt sind und im Verkehr als Zubehör angesehen werden.[74]

30 Hofeszubehör ist danach insbesondere das **lebende Inventar** („Vieh“) und das **tote Inventar** („Wirtschaftsgerät“). Zum toten Inventar zählen die zur **Hofbewirtschaftung dienenden Maschinen und Geräte**, also z.B. Traktoren, Wagen, Dreschmaschinen, Mähmaschinen, Eggen, Pflüge, Melkanlagen, die Werkstatteinrichtung, auch Bürogeräte wie etwa PC, Fotokopierer, Fax und Telefonanlage sowie der (zumindest auch) betrieblich genutzte Pkw.[75] Diese Gegenstände sind jedoch nur dann Hofeszubehör, wenn sie sich auch im **Eigentum des Hofeigentümers** befinden.[76]

31 Hofeszubehör sind auch die für die Bewirtschaftung bis zur nächsten Ernte dienenden **Betriebsmittel**. Das sind zum einen die auf dem Hof vorhandenen für die Bewirtschaftung erforderlichen **Hilfsmittel**, die von der übrigen Aufzählung in § 3 HöfeO nicht erfasst werden, wie etwa Heiz-, Kraft- und Schmierstoffe, Spritzmittel und Werkzeuge.[77] Betriebsmittel können aber auch **Finanzmittel** sein, wie **Bargeld, Bankguthaben und Forderungen**, jedoch nach dem Gesetzeswortlaut grundsätzlich nur insoweit, als sie für die Bewirtschaftung bis zur nächsten Ernte erforderlich sind.[78] Der Hofeigentümer ist nicht berechtigt, durch einfache Erklärung oder Überweisung Finanzmittel zum Hofeszubehör zu widmen und sie damit zu Lasten der weichenden Erben dem hoffreien Vermögen zu entziehen.[79]

71 Lüdtke-Handjery/v. Jeinsen/*Brinkmann*, § 3 HöfeO Rn 2.

72 *Graß*, Landwirtschaftserbrecht, § 3 HöfeO Rn 8; Lüdtke-Handjery/v. Jeinsen/*Brinkmann*, § 3 HöfeO Rn 4.

73 *Graß*, Landwirtschaftserbrecht, § 3 HöfeO Rn 8.

74 *Graß*, Landwirtschaftserbrecht, § 3 HöfeO Rn 9.

75 Siehe *v. Jeinsen*, in: Faßbender/Hötzel/v. Jeinsen/Pikalo, § 3 Rn 11; Lüdtke-Handjery/v. Jeinsen/*Brinkmann*, § 3 HöfeO Rn 11; *Graß*,Landwirtschaftserbrecht § 3 HöfeO Rn 14.

76 Siehe *v. Jeinsen*, in: Faßbender/Hötzel/v. Jeinsen/Pikalo, § 3 Rn 4; Lüdtke-Handjery/v. Jeinsen/*Brinkmann*, § 3 HöfeO Rn 3; *Graß*, Landwirtschaftserbrecht, § 3 HöfeO Rn 14.

77 Lüdtke-Handjery/v. Jeinsen/*Brinkmann*, § 3 HöfeO Rn 17; *v. Jeinsen*, in: Faßbender/Hötzel/v. Jeinsen/Pikalo, § 3 Rn 15.

78 OLG Hamm RNotZ 2010, 340 betr. Bankguthaben; *v. Jeinsen*, in: Faßbender/Hötzel/v. Jeinsen/Pikalo, § 3 HöfeO Rn 15 ff.; weitergehend Lüdtke-Handjery/v. Jeinsen/*Brinkmann*, § 3 HöfeO Rn 18 ff.

79 BGHZ 59, 220 = NJW 1972, 1987; *Gehse*, RNotZ 2010, 344.

Da die Einzelheiten zur Frage der Hofzugehörigkeit von Finanzmitteln umstritten sind,[80] sollte im Hofübergabevertrag ausdrücklich geregelt werden, welche Finanzmittel dem Hofübernehmer übertragen werden.[81] Da in der HöfeO das **Surrogationsprinzip nicht gilt**,[82] werden Erlöse und Forderungen, die aus dem Verkauf von hofzugehörigen Grundstücken oder Hofgegenständen resultieren, **nicht** Hofesbestandteil und auch **nicht** als Betriebsmittel Hofeszubehör, und zwar selbst dann nicht, wenn der Hofeigentümer den Erlös zur Wiederverwendung für betriebliche Zwecke eingeplant hat.[83]

Sollen Gegenstände, die zum Hofeszubehör i.S.d. § 3 HöfeO gehören, **nicht** an den Hofübernehmer übertragen werden, so ist eine entsprechende Vereinbarung, da diese Gegenstände sonderrechtsfähig sind, zivilrechtlich möglich.[84] Ein solcher Zurückbehalt ist auch höferechtlich zulässig, sofern er nicht zu einer weitgehenden Entblößung des Hofes vom Hofinventar führt.[85] Steuerlich kann hierin allerdings eine einkommensteuerpflichtige Entnahme liegen. 32

▼ 33

Muster 2.2: Rückbehalt von Hofeszubehör 2.2

An den Erwerber nicht mitübertragen werden folgende Gegenstände:

- der Pkw der Marke VW- Passat mit dem amtlichen Kennzeichen ;
- der Rasenmäher-Traktor der Marke John Deere;
- der Oldtimer-Traktor des Fabrikats Hanomag Perfekt 300, Baujahr 1963;
- die gesamte Wohnungseinrichtung und sämtliche Gegenstände des Hausrats, die sich in der vom Veräußerer und seiner Ehefrau bewohnten Erdgeschosswohnung der Hofstelle befinden.

▲

VI. Gegenstand der Übertragung

Auch wenn die HöfeO in §§ 2 und 3 recht detailliert regelt, welche Gegenstände zu einem Hof im i.S.d. HöfeO gehören und damit im Zweifel als mitübertragen zu gelten haben, 34

80 Lüdtke-Handjery/v. Jeinsen/*Brinkmann*, § 3 HöfeO Rn 18 ff.; *Gehse*, RNotZ 2010, 342, 344.

81 *Graß*, Landwirtschaftserbrecht, § 3 HöfeO Rn 22; *Gehse*, RNotZ 2010, 345.

82 BGHZ 59, 220 = NJW 1972, 1987; BGH NJW 1991, 2836, 2838; OLG Hamm RNotZ 2010, 340 m. Anm. *Gehse*; *v. Jeinsen*, in: Faßbender/Hötzel/v. Jeinsen/Pikalo, § 3, Rn 19; Lüdtke-Handjery/v. Jeinsen/*Brinkmann*, § 3 HöfeO Rn 19.

83 BGHZ 59, 220 = NJW 1972, 1987; OLG Hamm RNotZ 2010, 340, 342; *v. Jeinsen*, in: Faßbender/Hötzel/v. Jeinsen/Pikalo, § 3 HöfeO Rn 19; Lüdtke-Handjery/v. Jeinsen/*Brinkmann*, § 3 HöfeO Rn 19.

84 Siehe *v. Jeinsen*, in: Faßbender/Hötzel/v. Jeinsen/Pikalo, § 3 Rn 33; Lüdtke-Handjery/v. Jeinsen/*Brinkmann*, § 3 Rn 37; *Graß*, Landwirtschaftserbrecht, § 3 HöfeO Rn 3 und 4.

85 Siehe *v. Jeinsen*, in: Faßbender/Hötzel/v. Jeinsen/Pikalo, § 3 HöfeO Rn 33; *Graß*, Landwirtschaftserbrecht, § 3 HöfeO Rn 3.

sollte der Gegenstand der Übertragung im Hofübergabevertrag möglichst genau festgelegt werden. Das bedeutet nicht, dass jeder einzelne zum übertragenen Hof gehörende Gegenstand, also etwa jede landwirtschaftliche Maschine, jedes Werkzeug oder Tier, gesondert bezeichnet und aufgeführt werden muss.[86]

Unabdingbar ist dies freilich, aus sachenrechtlichen und grundbuchverfahrensrechtlichen Gründen, bei der Bestimmung der zu übertragenden **Grundstücke**. Diese sind im Einzelnen aufzuführen und grundbuchmäßig zu bezeichnen.[87] Werden Grundstücke vergessen oder übersehen, gilt das vorstehend in Rdn 26 Gesagte.

Auch **Gesellschaftsbeteiligungen**, z.B. an Waren- und Kreditgenossenschaften, Molkereien und Biogasunternehmen, die an den Hofübernehmer mit übertragen werden sollen, werden im Hofübergabevertrag regelmäßig im Wege der Einzelaufführung als Gegenstand der Übertragung benannt.[88]

35 Die Gegenstände des lebenden und tote **Inventars** und des **sonstigen Hofeszubehörs** i.S.d. § 3 HöfeO, welche der Übernehmer im Rahmen der Hofübergabe erwerben soll, werden in der Regel nicht im einzelnen Stück für Stück im Übergabevertrag aufgelistet oder in Form von Bestands- und Inventarverzeichnissen als Anlage zum Vertrag genommen, sondern in einer zusammenfassenden, an § 3 HöfeO angelehnten Umschreibung als Übergabegenstand benannt. Entsprechendes gilt für andere Sach- und Rechtsgesamtheiten des übertragenen Vermögens.

36 Hilfreich kann eine **negative Abgrenzung** der **nicht** übertragenen Vermögensgegenstände des Veräußerers sein.[89] Das gilt nicht nur für solche Gegenstände, die unzweifelhaft hofzugehörig sind, wie zum Beispiel landwirtschaftliche Maschinen des Hofeigentümers, die aber gleichwohl nicht übertragen werden sollen, trotz der damit verbundenen steuerschädlichen Folgen (Entnahme); diese müssen ausdrücklich von der Übertragung ausgenommen werden, da sie andernfalls als mitübertragen gelten. Eine Bezeichnung derjenigen Gegenstände, die **nicht** Gegenstand der Übertragung sein sollen, kann sich darüber hinaus auch in Zweifelsfällen oder zum Zwecke der Klarstellung empfehlen, etwa wenn ein Pkw des Hofeigentümers zurückbehalten werden soll oder die Wohnungseinrichtung und der Hausrat im Wohngebäude der Hofstelle[90] nicht auf den Erwerber übergehen sollen.[91]

86 Für Zubehör vgl. BGH NJW 2000, 354, 357: „Zubehör muss in der Urkunde nur aufgeführt werden, wenn es nicht mitveräußert wird.“

87 *Krauß*, Vermögensnachfolge, S. 3118.

88 *Krauß*, Vermögensnachfolge, S. 3118.

89 Münchener Anwaltshandbuch zum Agrarrecht/*v. Garmissen*, § 11 Rn 247; *Krauß*, Vermögensnachfolge, S. 3118.

90 Die Wohnungseinrichtung und der Hausrat sind, was den Beteiligten häufig nicht bewusst sein wird, als Hausgerät nach § 3 S. 2 HöfeO hofzugehörig.

91 Münchener Anwaltshandbuch zum Agrarrecht/*v. Garmissen*, § 11 Rn 247.

▼

Muster 2.3: Gegenstand der Übertragung bei einem Hof i.S.d. HöfeO 2.3

1. Der Veräußerer ist Eigentümer der landwirtschaftlichen Besitzung „Lindenhof" in J. Es handelt sich um einen Hof im Sinne der HöfeO. Der Hofvermerk ist im Grundbuch eingetragen.

2. Zum Hof gehört folgender Grundbesitz:

   (Es folgt die Auflistung und grundbuchmäßige Bezeichnung des gesamten hofzugehörigen Grundbesitzes).

3. Der Grundbesitz ist im Grundbuch wie folgt belastet:

   (Es folgt das Verzeichnis der im Grundbuch eingetragenen Belastungen).

4. Der Veräußerer überträgt dem Erwerber den gesamten in Ziff.2. näher bezeichneten Grundbesitz nebst allen wesentlichen Bestandteilen, insbesondere allen Gebäuden und baulichen Anlagen, allen zugehörigen Rechten und dem gesamtem Zubehör gemäß § 2 und § 3 HöfeO, soweit nachstehend nicht von der Übertragung ausgenommen.

   Übertragen an den Erwerber werden auch alle sonstigen Aktiva und Passiva des landwirtschaftlichen Betriebes, soweit sie nicht im Folgenden von einer Übertragung ausgenommen sind.

5. Mitübertragen an den Erwerber werden insbesondere:

   a) das gesamte lebende und tote landwirtschaftliche Inventar, soweit nachstehend nichts anderes vereinbart ist,

   b) die aufstehende Saat und alle landwirtschaftlichen Vorräte,

   c) das bei der Sparkasse D. geführte betriebliche Konto mit der IBAN nebst allen mit diesem Konto verbundenen Rechten und Ansprüchen,

   d) das bei der Sparkasse D. geführte Sparbuch mit der Nr. . Das auf diesem Sparbuch befindliche Guthaben hat der Veräußerer für betriebliche Instandsetzungs- und Investitionsmaßnahmen angespart. Der Anspruch auf Auszahlung des Guthabens nebst etwa hierauf noch gutzuschreibender Zinsen wird an den Erwerber abgetreten,

   e) sämtliche Anteile des Veräußerers an der Genossenschaft „Volksbank B. eG",

   f) sämtliche Anteile des Veräußerers an der Molkerei-Genossenschaft „D.-Milch eG,

   g) die Beteiligung des Veräußerers an der Gesellschaft bürgerlichen Rechts mit der Bezeichnung „Landwirtschaftlicher Maschinenring D. GbR",

   h) alle Ansprüche des Veräußerers auf landwirtschaftliche Beihilfen und Agrarförderung, insbesondere sämtliche Zahlungsansprüche, Prämien- und Ausgleichsansprüche im Rahmen der Gemeinsamen Agrarpolitik (GAP) der Europäischen Union.

6. Der Veräußerer überträgt dem Erwerber auch alle weiteren hofzugehörigen Grundstücke und hofzugehörigen Miteigentumsanteile an Grundstücken sowie alle sonstigen hofzugehörigen Rechte, auch wenn diese vorstehend nicht gesondert aufgeführt sein sollten. Der Veräußerer bevollmächtigt den Erwerber, diese Grundstücke und Miteigentumsanteile in grundbuchmäßiger Form zu bezeichnen und an sich aufzulassen sowie alle Erklärungen abzugeben und entgegenzunehmen, die zur Übertragung des Eigentums an diesen Grundstücken und Miteigentumsanteilen auf den Erwerber erforderlich sind. Der Bevollmächtigte ist von den Beschränkungen des § 181 BGB befreit. Die Vollmacht erlischt nicht mit dem Tode des Veräußerers.

7. An den Erwerber ausdrücklich nicht mitübertragen werden:

   a) der Pkw der Marke VW-Passat mit dem amtlichen Kennzeichen ,

   b) der Rasenmäher-Traktor der Marke John Deere,

   c) der Oldtimer-Traktor des Fabrikats Hanomag Perfekt 300, Baujahr 1963,

   d) die gesamte Wohnungseinrichtung und sämtliche Gegenstände des Hausrats, die sich in der vom Veräußerer und seiner Ehefrau bewohnten Erdgeschosswohnung der Hofstelle befinden.

8. Der Erwerber nimmt die vorstehenden Übertragungen an.

▲

B. Gegenstand der Übertragung bei einem landwirtschaftlichen Betrieb außerhalb der HöfeO

37 Für Höfe i.S.d. HöfeO bestimmt die HöfeO in § 2 und § 3 ausführlich, welche Vermögensgegenstände zum Hof gehören. Die dort genannten Vermögensgegenstände sind, wenn der Hof im Wege der Hofübergabe übertragen wird, im Zweifel auch Gegenstand der Übertragung, und werden, sofern der Hofübergabevertrag nichts Abweichendes bestimmt, damit an den Hofübernehmer mitübertragen.[92]

Auf landwirtschaftliche Betriebe, die nicht Hof i.S.d. Höfe sind, sind § 2 und § 3 HöfeO nicht anwendbar. Das bedeutet jedoch nicht, dass bei der Übergabe eines landwirtschaftlichen Betriebes außerhalb der HöfeO sich der Gegenstand der Übertragung

92 Vgl. oben Rdn 20.

von demjenigen der Übertragung eines Hofes i.S.d. HöfeO grundlegend unterscheidet. Das gilt insbesondere für die Übertragung der zum Betrieb gehörenden Grundstücke.

I. Grundstücke

Zwar fehlt im allgemeinen Zivilrecht eine dem § 2 HöfeO vergleichbare Bestimmung, welche die Grundstücke, die von der Hofstelle aus bewirtschaftet werden, zum Bestandteil des landwirtschaftlichen Betriebes erklärt. Trotzdem ist nicht zweifelhaft, dass sie es sind. Dies folgt zum einem aus dem allgemeinen Begriff des Unternehmens, unter dem alle Vermögensrechte zusammengefasst werden, die dem Unternehmenszweck als organisatorische Einheit zu dienen bestimmt sind;[93] zu ihnen gehört bei landwirtschaftlichen Betrieben insbesondere auch der betrieblich genutzte Grundbesitz. Zum anderen folgt dies aus dem Landgutrecht des BGB (§§ 1515, 2049, 2312 BGB), welches den Begriff des Landguts zwar nicht definiert, aber als selbstverständlich davon ausgeht, dass hierzu der Grundbesitz der landwirtschaftlichen Besitzung gehört. Nach der Definition des Begriffs „Landgut" durch den BGH setzt Landgut eine Besitzung voraussetzt, „die eine zum selbstständigen und dauernden Betrieb der Landwirtschaft einschließlich der Viehzucht und der Forstwirtschaft geeignete und bestimmte Wirtschaftseinheit darstellt und mit den nötigen Wohn- und Wirtschaftsgebäuden versehen ist."[94] Auch das Steuerrecht bestimmt in § 158 Abs. 3 BewG, dass zum Vermögen eines land- und forstwirtschaftlichen Betriebes insbesondere der Grund und Boden und die Wohn- und Wirtschaftsgebäude gehören. 38

Auch bei der Übertragung eines Hofes i.S.d. HöfeO müssen jedoch die hofzugehörigen Grundstücke trotz § 2 HöfeO aus sachenrechtlichen und grundbuchverfahrensrechtlichen Gründen im Hofübergabevertrag aufgeführt und grundbuchmäßig bezeichnet werden. Für die Grundstücke eines landwirtschaftlichen Betriebes, der nicht Hof i.S.d. HöfeO ist, gilt das Gleiche. Auch diese müssen im Übertragungsvertrag aufgeführt und in der von § 28 GBO geforderten Weise bezeichnet werden. 39

Für „vergessene" oder „übersehene" Grundstücke, die zum Betrieb gehören, aber versehentlich nicht mitübertragen wurden, hilft bei einem Hof i.S.d. HöfeO zwar § 2 HöfeO, der diese Grundstücke, sofern sie regelmäßig von der Hofstelle aus bewirtschaftet werden, als hofzugehörig ansieht, wodurch diese im Zweifel auch zum Gegenstand der Übertragung werden. Gleichwohl bedarf es zum Vollzug der Übertragung auch bei vergessenen hofzugehörigen Grundstücken noch der Auflassung, zu der der Erwerber im Hofübergabevertrag allerdings bevollmächtigt werden kann,[95] und der Eigentumsumschreibung.

93 MüKo-BGB/*Stresemann*, § 90 Rn 46.
94 BGH NJW 1964, 1414, 1416; *Graß*, Landwirtschaftserbrecht, § 2049 BGB Rn 7.
95 Vgl. oben Rdn 26.

Bei der Übertragung eines landwirtschaftlichen Betriebes, der nicht Hof i.S.d. HöfeO ist und auf den folglich § 2 HöfeO nicht anwendbar ist, kann hinsichtlich solcher vergessenen Grundstücke ein vergleichbares Ergebnis durch entsprechende Vertragsgestaltung erreicht werden.

40 ▼

Muster 2.4: Auflassungsvollmacht für übersehene Grundstücke

Mitübertragen an den Erwerber werden auch alle sonstigen Grundstücke des Veräußerers, die wirtschaftlich zum übertragenen landwirtschaftlichen Betrieb gehören, auch wenn diese vorstehend nicht aufgeführt sind. Dies gilt auch für Miteigentumsanteile an solchen Grundstücken.

Der Veräußerer bevollmächtigt den Erwerber, diese Grundstücke und Miteigentumsanteile in grundbuchmäßiger Form zu bezeichnen und an sich aufzulassen sowie alle Erklärungen abzugeben und entgegenzunehmen, die zur Übertragung des Eigentums an diesen Grundstücken und Miteigentumsanteilen auf den Erwerber erforderlich sind. Der Bevollmächtigte ist von den Beschränkungen des § 181 BGB befreit. Die Vollmacht erlischt nicht mit dem Tode des Veräußerers.

▲

Im Übrigen erstreckt sich nach herrschender Ansicht die schuldrechtliche Verpflichtung zur Veräußerung eines Unternehmens nach dem Rechtsgedanken des § 311c BGB im Zweifel auch auf die dem Unternehmenszweck dienenden Rechte und Sachen.[96]

II. Zubehör

41 Bei Höfen i.S.d. HöfeO gehört das Hofeszubehör nach § 3 HöfeO zum Hof. Auch die in § 2 Buchst. b) HöfeO genannten Rechte sind bei ihnen hofzugehörig.

Auf landwirtschaftliche Betriebe, die nicht Hof i.S.d. HöfeO sind, finden § 2 und § 3 HöfeO keine Anwendung. Anders als § 2 HöfeO und anders als entsprechende Vorschriften in mehreren Landesanerbengesetzen[97] regelt das BGB nicht, was Bestandteil eines Landguts ist, ohne, z.B. weil es sich nicht um eine bewegliche Sache handelt, Zubehör i.S.d. §§ 97, 98 BGB zu sein.[98] Teilweise wird deshalb vorgeschlagen, zur Bestimmung der Bestandteile eines Landguts auf die steuerlichen Bewertungsvorschriften (§ 158 BewG) zum Begriff und zum Umfang des land- und forstwirtschaftlichen Vermögens zurückzugreifen.[99]

96 MüKo-BGB/*Stresemann*, § 97 Rn 14 m.w.N.

97 Z.B. §§ 6 und 7 des Bremischen Höfegesetzes, §§ 3 und 4 des Rheinland-Pfälzischen Gesetzes über die Höfeordnung.

98 *Graß*, Landwirtschaftserbrecht, §§ 97, 98 BGB Rn 4.

99 *Graß*, Landwirtschaftserbrecht, §§ 97, 98 BGB Rn 4.

Für das Zubehör eines Landguts bedeutsam ist vor allem § 98 Nr. 2 BGB. Gemäß § 98 Nr. 2 BGB i.V.m. § 97 BGB sind bei einem **Landgut** folgende Gegenstände **Zubehör**: „das zum Wirtschaftsbetrieb bestimmte Gerät und Vieh, die landwirtschaftlichen Erzeugnisse, soweit sie zur Fortführung der Wirtschaft bis zu der Zeit erforderlich sind, zu welcher gleiche oder ähnliche Erzeugnisse voraussichtlich gewonnen werden, sowie der vorhandene, auf dem Gut gewonnene Dünger“. Der Zubehörbegriff bei einem Landgut entspricht teilweise demjenigen bei einem Hof i.S.d. HöfeO, teilweise weicht er von ihm ab. Weitgehende Übereinstimmung besteht bei dem toten Inventar, das zum Wirtschaftsbetrieb bestimmt ist, insbesondere den landwirtschaftlichen Maschinen und Geräten. Diese sind Zubehör. Auch das lebende Inventar, das Vieh, gehört bei einem Landgut zum Zubehör, allerdings, im Gegensatz zu § 3 HöfeO, ohne die Überbestände an Vieh, die nicht für die Bewirtschaftung erforderlich sind.[100] Zweifelhaft ist, ob Vieh, das bereits die Verkaufsreife erreicht hat, die Zubehöreigenschaft verliert und zum Handelsvieh wird.[101] Die sog. umlaufenden Betriebsmittel wie Viehfutter, Saatgut, Ersatzteile sowie Schmier- und Kraftstoffe für den Maschinenpark sind zwar nicht in § 98 Nr. 2 BGB erwähnt, gehören aber nach § 97 Abs. 1 S. 1 BGB zum Zubehör.[102] Finanzmittel als Betriebsmittel (Guthaben, Forderungen) sind nach § 3 S. 2 HöfeO bei Höfen i.S.d. HöfeO Zubehör, nach BGB dagegen nicht.[103] 42

Nutzungsrechte, die mit dem Eigentum an einem zum Landgut gehörenden Grundstück verbunden sind, gelten nach § 96 BGB als Bestandteil des Grundstücks und gehen damit auf den Erwerber über.[104] Soweit die Nutzungsrechte dagegen dem Eigentümer eines Landguts nur persönlich zustehen, fehlt es an einer dem § 2 Buchst. b) HöfeO entsprechenden Vorschrift. Diese Rechte können, da es sich nicht um bewegliche Sachen handelt,[105] auch nicht Zubehör nach § 97 BGB sein.[106] 43

▼ 44

Muster 2.5: Gegenstand der Übertragung bei einem Landgut nach BGB 2.5

1. Der Veräußerer ist Eigentümer des landwirtschaftlichen Betriebes „Gut Hohenstein“ in B. Bei dem Betrieb handelt es sich nicht um einen Hof im Sinne der HöfeO.

2. Zum Betrieb gehört folgender Grundbesitz:

   (Es folgt die Auflistung und grundbuchmäßige Bezeichnung des gesamten zum Betrieb gehörenden Grundbesitzes).

100 *Graß*, Landwirtschaftserbrecht, §§ 97, 98 BGB Rn 9.

101 Bejahend MüKo-BGB/*Stresemann*, § 98 Rn 19; verneinend *Graß*, Landwirtschaftserbrecht, §§ 97, 98 BGB Rn 10. Zur entsprechenden Problematik im Höferecht Lüdtke-Handjery/v. Jeinsen/*Brinkmann*, § 3 HöfeO Rn 8.

102 *Graß*, Landwirtschaftserbrecht, §§ 97, 98 BGB Rn 13.

103 *Graß*, Landwirtschaftserbrecht, §§ 97, 98 BGB Rn 16.

104 *Graß*, Landwirtschaftserbrecht, §§ 97, 98 BGB Rn 17.

105 § 97 BGB erfasst nur bewegliche Sachen, keine Rechte, vgl. nur MüKo-BGB/*Stresemann*, § 97 Rn 3.

106 *Graß*, Landwirtschaftserbrecht, §§ 97, 98 BGB Rn 17.

3. Der Grundbesitz ist im Grundbuch wie folgt belastet:

   (Es folgt das Verzeichnis der im Grundbuch eingetragenen Belastungen)

4. Der Veräußerer überträgt dem Erwerber den gesamten in Ziff. 2) näher bezeichneten Grundbesitz nebst allen wesentlichen Bestandteilen, insbesondere allen Gebäuden und baulichen Anlagen, allen zugehörigen Rechten und dem gesamtem Zubehör, soweit nachstehend nicht von der Übertragung ausgenommen.

   Übertragen an den Erwerber werden auch alle sonstigen Aktiva und Passiva des landwirtschaftlichen Betriebes, soweit sie nicht im Folgenden von einer Übertragung ausdrücklich ausgenommen sind.

5. Mitübertragen an den Erwerber werden insbesondere:

   a) das gesamte lebende und tote landwirtschaftliche Inventar, soweit nachstehend nichts anderes vereinbart ist;

   b) die aufstehende Saat und alle landwirtschaftlichen Vorräte,

   c) das bei der Sparkasse D. geführte betriebliche Konto mit der IBAN nebst allen mit diesem Konto verbundenen Rechten und Ansprüchen;

   d) das bei der Sparkasse D. geführte Sparbuch mit der Nr. . Das auf diesem Sparbuch befindliche Guthaben hat der Veräußerer für betriebliche Instandsetzungs- und Investitionsmaßnahmen angespart. Der Anspruch auf Auszahlung des Guthabens nebst etwa hierauf noch gutzuschreibender Zinsen wird an den Erwerber abgetreten;

   e) sämtliche Anteile des Veräußerers an der Genossenschaft „Volksbank B. eG“;

   f) sämtliche Anteile des Veräußerers an der Molkerei-Genossenschaft „D.-Milch eG;

   g) die Beteiligung des Veräußerers an der Gesellschaft bürgerlichen Rechts mit der Bezeichnung „Landwirtschaftlicher Maschinenring D. GbR“,

   h) alle Ansprüche des Veräußerers auf landwirtschaftliche Beihilfen und Agrarförderung, insbesondere sämtliche Zahlungsansprüche, Prämien- und Ausgleichsansprüche im Rahmen der Gemeinsamen Agrarpolitik (GAO) der Europäischen Union.

6. Der Veräußerer überträgt dem Erwerber auch alle weiteren zum landwirtschaftlichen Betrieb des Veräußerers gehörenden und in seinem Eigentum befindenden Grundstücke und Miteigentumsanteile an Grundstücken, auch wenn diese vorstehend nicht gesondert aufgeführt sein sollten. Der Veräußerer bevollmächtigt den Erwerber, diese Grundstücke und Miteigentumsanteile in grundbuchmäßiger Form zu bezeichnen

und an sich aufzulassen sowie alle Erklärungen abzugeben und entgegenzunehmen, die zur Übertragung des Eigentums an diesen Grundstücken und Miteigentumsanteilen auf den Erwerber erforderlich sind. Der Bevollmächtigte ist von den Beschränkungen des § 181 BGB befreit. Die Vollmacht erlischt nicht mit dem Tode des Veräußerers.

7. An den Erwerber ausdrücklich nicht mitübertragen werden:

   a) der Pkw der Marke VW- Passat mit dem amtlichen Kennzeichen ;

   b) der Rasenmäher-Traktor der Marke John Deere,

   c) der Oldtimer-Traktor des Fabrikats Hanomag Perfekt 300, Baujahr 1963,

   d) die gesamte Wohnungseinrichtung und sämtliche Gegenstände des Hausrats, die sich in der vom Veräußerer und seiner Ehefrau bewohnten Erdgeschosswohnung der Hofstelle befinden.

8. Der Erwerber nimmt die vorstehenden Übertragungen an.

▲

§ 3 Die Hoferklärung (Hofeinführungs- und Hofaufhebungserklärung)

A. Allgemeines

I. Fakultatives Höferecht

Das Höferecht der HöfeO ist **fakultativ**, d.h. vom Eigentümer frei wählbar und ausschließbar.[1] 1

Der Eigentümer eines Hofes im Sinne der HöfeO, der die Geltung der HöfeO nicht wünscht, kann die Hofeigenschaft gemäß § 1 Abs. 4 S. 1 HöfeO aufheben, und zwar durch Erklärung gegenüber dem Landwirtschaftsgericht **(Hofaufhebungserklärung, negative Hoferklärung)**[2] und anschließende Löschung des Hofvermerks im Grundbuch. Eine gemäß § 1 Abs. 4 S. 1 HöfeO aufgehobene Hofeigenschaft kann der Eigentümer durch Abgabe einer **Hofeinführungserklärung (positive Hoferklärung)** und Eintragung des Hofvermerks im Grundbuch nach § 4 Abs. 4 S. 2 HöfeO wieder neu begründen, vorausgesetzt die Besitzung hat einen Grundsteuerwert von mindestens 27.000 EUR (§ 1 Abs. 1 S. 2 HöfeO) und erfüllt auch die sonstigen Voraussetzungen des § 1 Abs. 1 HöfeO. All dies kann auch mehrfach hintereinander geschehen. Das fakultative Höferecht ermöglicht daher auch eine von vornherein **zeitlich beschränkte** Aufhebung der Hofeigenschaft.[3] Hoferklärungen können daher vom Eigentümer gezielt zur Gestaltung der gewünschten Hofnachfolge eingesetzt werden.[4] Allerdings müssen hierbei jeweils die Folgewirkungen der Hoferklärung bedacht werden. So hat etwa die Hofaufhebungserklärung nicht nur zur Folge, dass als unerwünscht empfundene Fesseln der HöfeO abgestreift werden können, sondern auch, dass Privilegien der HöfeO, insbesondere die hinter dem Verkehrswert deutlich zurückbleibende Abfindung der weichenden Erben nach § 12 HöfeO, verloren gehen.[5]

II. Form und Adressat der Hoferklärung

Die Hofaufhebungserklärung und die Hofeinführungserklärung sind gemäß § 4 Abs. 1 2
der Verfahrungsordnung für Höfesachen (HöfeVfO) jeweils gegenüber dem **Landwirtschaftsgericht** abzugeben. **Örtlich zuständig** ist dasjenige Landwirtschaftsgericht, in dessen Bezirk sich die **Hofstelle** befindet (§ 10 des Gesetzes über das gerichtliche Verfah-

1 BVerfG RdL 1987, 295; BGH NJW-RR 2009, 517.
2 Zum Folgenden *Roemer*, RNotZ 2015, 557 ff.
3 BGH ZEV 2009, 144.
4 Lüdtke-Handjery/v. Jeinsen/*Brinkmann*, § 1 HöfeO Rn 88.
5 Vgl. *Graß*, Landwirtschaftserbrecht, § 1 HöfeO Rn 106, die der Beratungspraxis von „Manipulationen" in Bezug auf Hoferklärungen abrät.

ren in Landwirtschaftssachen). Dies spielt vor allem dann eine Rolle, wenn die hofzugehörigen Grundstücke, wie nicht selten, in mehreren Amtsgerichtsbezirken belegen sind.

3 Die Hoferklärung bedarf **der Form der öffentlichen Beglaubigung** (§ 4 Abs. 2 HöfeVfO). Wird die Erklärung nicht lediglich beglaubigt, sondern notariell beurkundet,[6] so ist darauf zu achten, dass dem Landwirtschaftsgericht eine **Ausfertigung** der Hoferklärung eingereicht wird. Die Einreichung einer lediglich beglaubigten Abschrift der beurkundeten Hoferklärung reicht nicht aus. Ein Verstoß gegen die Formvorschrift des § 4 Abs. 2 HöfeVfO führt jedoch nach herrschender Ansicht nicht zur Nichtigkeit der Hoferklärung, da es sich bei § 4 Abs. 4 HöfeVfO um eine § 29 GBO nachgebildete Vorschrift handelt, die lediglich dem Nachweis der Identität des Erklärenden dient.[7] Wird daher aufgrund einer privatschriftlichen Hofaufhebungserklärung der Hofvermerk im Grundbuch gelöscht, so entfällt die Hofeigenschaft.[8]

III. Die Wirkungen der Hoferklärung

1. Allgemeine Wirkungen

4 Die **Hofaufhebungserklärung** führt zum Wegfall der Hofeigenschaft, sofern auch der Hofvermerk im Grundbuch gelöscht wird (§ 1 Abs. 4 S. 1 HöfeO).[9] Die Löschung des Hofvermerks aufgrund Hofaufhebungserklärung erfolgt auf Ersuchen des Landwirtschaftsgerichts (§ 3 Abs. 1 Nr. 2 HöfeVfO). Wird der Hofvermerk gelöscht, so entfällt die Hofeigenschaft **rückwirkend** mit dem **Eingang** der Hofaufhebungserklärung beim Landwirtschaftsgericht (§ 1 Abs. 7 HöfeO).

5 *Beispiel:*

Gibt der Hofeigentümer am 30. Mai eine formgerechte Hofaufgabeerklärung ab, die am 31. Mai beim Landwirtschaftsgericht eingeht, und verstirbt er sodann am 1. Juni, so wirkt die nach seinem Tode erfolgte Löschung des Hofvermerks auf den 31. Mai zurück mit der Folge, dass die Hofeigenschaft bereits am 31. Mai und somit noch zu Lebzeiten des Erblassers erloschen ist und die Erbfolge sich folglich nach allgemeinem bürgerlichem Recht und nicht nach dem Anerbenrecht der HöfeO richtet.

6 Was in der Praxis häufiger geschieht und z.B. von Lüdtke-Handjery/v. Jeinsen/*v. Jeinsen*, § 4 HöfeVfO Rn 8 empfohlen wird.

7 OLG Hamm BeckRS 2012, 16054 bzgl. einer privatschriftlichen Hofaufhebungserklärung; *Bolte*, in: Becker/Bolte/Lückemeier, § 4 HöfeVfO Rn 8; Lüdtke-Handjery/v. Jeinsen/*v. Jeinsen*, § 4 HöfeVfO Rn 8; *Roemer*, RNotZ 2015, 558; a.A. – Formnichtigkeit ohne Heilung durch Eintragung oder Löschung des Hofvermerks –: *Faßbender*, in: Faßbender/Hötzel/v. Jeinsen/Pikalo, § 1 HöfeO Rn 100.

8 OLG Hamm BeckRS 2012, 16054.

9 Zur Zulässigkeit der Hofaufhebungserklärung, wenn trotz bestehender Hofeigenschaft kein Hofvermerk eingetragen ist, vgl. nachstehend Abschn. G., Rdn 45 ff.

In abwicklungstechnischer Hinsicht besteht daher Eilbedürftigkeit. Verstirbt der Eigentümer zwischen Abgabe der Hoferklärung und ihrem Eingang beim Landwirtschaftsgericht, so wird die Erklärung nur wirksam, sofern sie ordnungsgemäß und alsbald weitergeleitet worden ist.[10]

Die **Hofeinführungserklärung** begründet die Hofeigenschaft eines bisherigen Nicht- 6 hofes, sofern der Hofvermerk anschließend im Grundbuch eingetragen wird und sofern auch die Voraussetzungen des § 1 Abs. 1 HöfeO erfüllt sind (§ 1 Abs. 4 S. 2 HöfeO). Die Wirkungen der Hofeinführungserklärung treten mit Eintragung des Hofvermerks im Grundbuch ein, und zwar wiederum rückwirkend mit Eingang der Erklärung beim Landwirtschaftsgerichts (§ 1 Abs. 7 HöfeO). Die Eintragung des Hofvermerks erfolgt auf Ersuchen des Landwirtschaftsgerichts (§ 3 Abs. 1 Nr. 2 HöfeVfO).

2. Dauerwirkung der Hoferklärung

Die Hofaufhebungserklärung wirkt nicht lediglich für die Lebensdauer desjenigen, der 7 diese Erklärung abgegeben hat. Sie wirkt vielmehr für alle Rechtsnachfolger, die das Eigentum am Hof im Wege eines (auch vorweggenommenen) Erbgangs erworben haben, wobei es auf die konkrete Ausgestaltung des Erwerbsvorgangs (vorweggenommene Erbfolge, Schenkung von Todes wegen, Erbvertrag, Erbeinsetzung, Vermächtnis, Erbauseinandersetzung) nicht ankommt.[11] Entsprechendes gilt für die Hofeinführungserklärung.[12] Bei einem Erwerb aufgrund gesetzlicher Erbfolge, aufgrund Verfügung von Todes wegen, vorweggenommener Erbfolge oder Erbauseinandersetzung bleibt daher der durch die Hofaufhebungserklärung des Rechtsvorgängers eingetretene Verlust der Hofeigenschaft bestehen, ebenso wie bei einem entsprechenden Erwerb die durch Hofeinführungserklärung des Rechtsvorgängers eingetretene Hofeigenschaft bestehen bleibt, bis der Erwerber des Hofes jeweils eine entgegengesetzte Hoferklärung abgegeben hat.

Dagegen wird bei einem Erwerb des Hofes durch ein Verkehrsgeschäft unter Lebenden 8 die Dauerwirkung der Hoferklärung teilweise verneint.[13]

Beispiel:

Verkauft der Hoferbe E die von seinem Vater ererbte landwirtschaftliche Besitzung, deren Hofeigenschaft der Vater durch Hofaufhebungserklärung aufgehoben hatte,

10 *Faßbender*, in: Faßbender/Hötzel/v. Jeinsen/Pikalo, § 1 HöfeO Rn 101.

11 BGH NJW 1992, 2825; BGH AgrarR 1999, 283.

12 *Graß*, Landwirtschaftserbrecht, § 1 HöfeO Rn 96.

13 *Graß*, Landwirtschaftserbrecht, § 1 HöfeO Rn 96; *Schrimpff*, AgrarR 1984, 86; für Dauerwirkung auch in diesem Fall jedoch Lüdtke-Handjery/v. Jeinsen/*Brinkmann*, § 1 HöfeO Rn 87 sowie *Lückemeier*, in: Becker/Bolte/Lückemeier, § 1 HöfeO Rn 57 offengelassen in BGH NJW 1992, 2825.

durch Kaufvertrag an einen fremden Dritten, so kann die Hofeigenschaft in der Hand des Käufers wieder eintreten, sofern die Besitzung die Voraussetzungen des § 1 Abs. 1 HöfeO erfüllt. Möchte der Käufer dieses Ergebnis nicht, so kann er – notfalls vorsorglich[14] – die Hofeigenschaft durch negative Hoferklärung wieder aufheben.

IV. Unzulässigkeit partieller Hoferklärungen

9 Zum Hof im Sinne der HöfeO gehören nach § 2 Buchst. a) HöfeO alle Grundstücke, die regelmäßig von der Hofstelle aus bewirtschaftet werden. Gelegentlich möchte der Hofeigentümer für einzelne hofzugehörige Grundstücke die Anwendbarkeit der HöfeO ausschließen, sei es, dass er im Falle einer Hofeinführungserklärung wünscht, dass diese sich auf bestimmte Grundstücke nicht erstrecken solle, sei es, dass er im Rahmen einer Hofaufhebungserklärung wünscht, dass diese nur für einzelne Grundstücke gelten solle. Eine derartige **partielle Hoferklärung** ist **unzulässig**.[15] Die Hoferklärung, das gilt für die Hofeinführungserklärung ebenso wie für die Hofaufhebungserklärung, kann sich immer nur auf die **gesamte** landwirtschaftliche Besitzung erstrecken. Andernfalls entstünde eine unübersichtliche erbrechtliche Gemengelage, in dem für Grundstücke eines einheitlichen landwirtschaftlichen Betriebes unterschiedliche Erbrechte gelten würden, für einzelne Grundstück das allgemeine Erbrecht des BGB, für die übrigen das Sondererbrecht der HöfeO. Zudem würden die Vorschriften der HöfeO und des Grundstücksverkehrsgesetzes überspielt, die eine Abtrennung von Grundstücken vom Hof, etwa durch Vermächtnis, nur unter einschränkenden Voraussetzungen und Genehmigungen zulassen.[16]

10 Von der partiellen Hofaufhebungserklärung zu unterscheiden ist die **dauerhafte tatsächliche Herausnahme** eines Hofgrundstücks aus der **Bewirtschaftung**. Nach § 2 Buchst. a) HöfeO gehören zum Hof alle Grundstücke, die regelmäßig von der Hofstelle aus bewirtschaftet werden. Die Vorschrift gibt dem Hofeigentümer die Möglichkeit, die Hofzugehörigkeit eines Grundstücks dadurch entfallen zu lassen, dass er dieses Grundstück auf Dauer aus dem Bewirtschaftungsverbund ausgliedert.[17]

14 Zur vorsorglichen Hofaufhebungserklärung s. nachfolgend Abschn.F., Rdn 44 ff.

15 BGHZ 106, 245 = NJW 1989, 1222.

16 BGHZ 106, 245 = NJW 1989, 1222.

17 Lüdtke/Handjery/v. Jeinsen/*Brinkmann*, § 1 HöfeO Rn 83: bereits abgestecktes Bauland, dessen landwirtschaftliche Nutzung auf Dauer aufgegeben worden ist; BGHZ 106, 245 = NJW 1989, 1222.

V. Vertretung bei der Abgabe von Hoferklärungen

1. Gesetzliche Vertretung

Ist der Eigentümer nicht testierfähig, sei es, weil er das 16. Lebensjahr noch nicht vollendet hat (§ 2229 Abs. 1 BGB), sei es, weil er wegen krankhafter Störung der Geistestätigkeit, wegen Geistesschwäche oder wegen Bewusstseinsstörung nicht in der Lage ist, die Bedeutung einer von ihm abgegebenen Willenserklärung einzusehen und nach dieser Einsicht zu handeln (§ 2229 Abs. 4 BGB), so kann kraft **ausdrücklicher gesetzlicher Bestimmung in § 1 Abs. 6 S. 1 HöfeO** sein gesetzlicher Vertreter für ihn die Hofeinführungs- und die Hofaufhebungserklärung abgeben. Diese Regelung ist keineswegs selbstverständlich. Immerhin wird mit der Hoferklärung das Erbrechtsstatut bestimmt, da durch die Hofeinführungserklärung die Anwendung des Sondererbrechts der HöfeO und durch die Hofaufhebungserklärung das allgemeine Erbrecht des BGB gewählt wird.[18] Zum Schutz des Eigentümers hat der Gesetzgeber in § 1 Abs. 6 S. 2 HöfeO angeordnet, dass die durch den gesetzlichen Vertreter abgegeben Hoferklärung zu ihrer Wirksamkeit der gerichtlichen Genehmigung (Familien- oder Betreuungsgericht) bedarf. Vor der Entscheidung über den Genehmigungsantrag ist der Eigentümer zu hören ist (§ 1 Abs. 6 S. 3 HöfeO). 11

2. Rechtsgeschäftliche Vertretung

Während der gesetzliche Vertreter für den testierunfähigen Eigentümer nach § 1 Abs. 6 HöfeO eine positive oder negative Hoferklärung abgeben kann, ist eine **rechtsgeschäftliche Vertretung** bei der Abgabe der Hoferklärung nach allgemeiner Ansicht **nicht zulässig**.[19] Dies folgt aus einem Umkehrschluss zu § 1 Abs. 6 HöfeO sowie der testamentsähnlichen, die Erbfolge beeinflussenden Wirkung der Hoferklärung.[20] Der aufgrund Vorsorgevollmacht Bevollmächtigte kann daher für den später geschäftsunfähig gewordenen Eigentümer nicht die Hofaufhebung oder Hofeinführung gemäß § 1 Abs. 4 HöfeO erklären. Wird er (oder ein anderer) jedoch nunmehr zum Betreuer bestellt,[21] so kann er als gesetzlicher Vertreter gemäß § 1 Abs. 6 HöfeO mit Genehmigung des Betreuungsgerichts die Hoferklärung abgeben. 12

18 Lüdtke-Handjery/v. Jeinsen/*Brinkmann*, § 1 HöfeO Rn 77.

19 OLG Celle AgrarR 1980, 342; *Faßbender*, in: Faßbender/Hötzel/v. Jeinsen/Pikalo, § 1 HöfeO Rn 92; Lüdtke-Handjery/v. Jeinsen/*Brinkmann*, § 1 HöfeO Rn 79; *Lückemeier*, in: Becker/Bolte/Lückemeier, § 1 HöfeO Rn 68; *Graß*, Landwirtschaftserbrecht § 1 HöfeO Rn 100; *Roemer*, AUR 2025, 338, 342.

20 *Faßbender*, in: Faßbender/Hötzel/v. Jeinsen/Pikalo, § 1 HöfeO Rn 92; *Lückemeier*, in: Becker/Bolte/Lückemeier, § 1 HöfeO Rn 68; *Graß*, Landwirtschaftserbrecht, § 1 HöfeO Rn 100.

21 Mit dem – bei bereits bestehender Vorsorgevollmacht – beschränkten Wirkungskreis „Abgabe der Hoferklärung gem. § 1 Abs. 4 HöfeO".

3. Mitwirkung des Ehegatten

13 Die Hoferklärung zur Begründung und zur Aufhebung der Eigenschaft als Ehegattenhof erfordert die Mitwirkung beider Ehegatten (vgl. nachfolgend Abschnitt C. Ziff. IV., Rdn 20 ff. und Abschnitt E. Ziff. III, Rdn 40 ff.).

14 Möchte hingegen der Alleineigentümer einer land- oder forstwirtschaftlichen Besitzung die Hofeigenschaft durch positive Hoferklärung einführen oder durch negative Hoferklärung aufheben, so bedarf er hierzu nicht der Zustimmung seines Ehegatten, und zwar auch dann nicht, wenn er im gesetzlichen Güterstand der Zugewinngemeinschaft lebt und es sich bei der Besitzung um sein gesamtes oder nahezu gesamtes Vermögen handeln sollte. Die Vorschrift des § 1365 BGB ist auf Hoferklärungen nicht anwendbar.[22]

B. Die Hofeinführungserklärung (Positive Hoferklärung)

I. Muster einer Hofeinführungserklärung

15 ▼

Muster 3.1: Hofeinführungserklärung

An das Amtsgericht – Landwirtschaftsgericht –

in

Ich bin Alleineigentümer einer landwirtschaftlichen Besitzung. Der Grundbesitz dieser Besitzung ist eingetragen im Grundbuch von . Blatt 222. Die Hofstelle befindet sich in . Der Grundsteuerwert der Besitzung beträgt 40.000 EUR.

Ich erkläre hiermit, dass meine Besitzung Hof im Sinne der HöfeO sein soll.

Ich beantrage, den Hofvermerk im Grundbuch einzutragen.

Mir ist bekannt, dass meine Besitzung mit Eintragung des Hofvermerks im Grundbuch die Eigenschaft eines Hofes im Sinne der HöfeO erlangt. Über die damit verbundenen Rechtsfolgen hat mich der beglaubigende Notar belehrt. Er hat mich insbesondere darauf hingewiesen,

a) dass ein Hof im Sinne der HöfeO nur an **eine** Person vererbt oder übertragen werden kann,

b) dass nur eine wirtschaftsfähige natürliche Person Hoferbe oder lebzeitiger Hofnachfolger werden kann und wirtschaftsfähig nur derjenige ist, der nach seinen körperlichen und geistigen Fähigkeiten, nach seinen Kenntnissen und seiner Persönlichkeit in der Lage ist, den Hof selbstständig zu bewirtschaften,

22 Lüdtke-Handjery/v. Jeinsen/*Brinkmann*, § 1 HöfeO Rn 81; *Graß*, Landwirtschaftserbrecht, § 1 HöfeO Rn 103.

c) dass die gesetzliche Abfindung der weichenden Erben, also der Erben, die nicht Hoferbe werden, sich nicht nach dem Verkehrswert des Hofes richtet, sondern nach dem sogenannten Hofeswert, der lediglich 60 % des Grundsteuerwertes des landwirtschaftlichen Betriebes beträgt und damit deutlich niedriger ist als der Verkehrswert,

d) dass den weichenden Erben Nachabfindungsansprüche zustehen können, wenn der Hoferbe oder Hofübernehmer den Hof innerhalb von 20 Jahren ganz oder teilweise veräußert oder auf andere Weise als land- oder forstwirtschaftlich gewinnbringend nutzt,

e) dass bei einem Hof im Sinne der HöfeO eine bindende Hoferbenbestimmung eintreten kann, wenn der Hofeigentümer einem seiner Abkömmlinge die Bewirtschaftung des Hofes auf Dauer übertragen hat oder durch dessen Beschäftigung auf dem Hof hat erkennen lassen, dass dieser den Hof übernehmen soll.

A., den

(Notarielle Beglaubigung der Unterschrift)

▲

II. Sachverhalt

Das Muster betrifft eine landwirtschaftliche Besitzung, deren Grundsteuerwert geringer ist als 54.000 EUR und die deshalb gemäß § 1 Abs. 1 S. 1 HöfeO kein Hof im Sinne der HöfeO ist. Da ihr Grundsteuerwert jedoch den Betrag von 27.000 EUR erreicht, erlangt sie gemäß § 1 Abs. 1 S. 2 HöfeO die Hofeigenschaft, wenn der Eigentümer gegenüber dem Landwirtschaftsgericht erklärt, dass sie Hof sein soll, und der Hofvermerk im Grundbuch eingetragen wird (sog. **„Kann-Hof"**). 16

III. Form

Die Hofeinführungserklärung bedarf nach § 4 Abs. 2 HöfeVfO der Form der **notariellen Beglaubigung**. Sie ist gegenüber dem Landwirtschaftsgericht abzugeben (§ 4 Abs. 1 HöfeVfO). Vgl. im Einzelnen Abschn. A Ziff. II., Rdn 2 ff. 17

IV. Wirkungen

Die Hofeinführungserklärung und die anschließende Eintragung des Hofvermerks im Grundbuch, die das Grundbuchamt auf Ersuchen des Landwirtschaftsgerichts (§ 3 Abs. 1 Nr. 2 HöfeVfO) vornimmt, bewirken, dass die land- oder forstwirtschaftliche Besitzung Hof im Sinn der HöfeO wird (§ 1 Abs. 1 S. 2 HöfeO). Das gilt nicht nur für Kann-Höfe im Sinne des § 1 Abs. 1 S. 2 HöfeO, sondern auch für land- oder forstwirtschaftliche Besit- 18 zungen mit einem Grundsteuerwert von 54.000 EUR oder mehr, deren Hofeigenschaft aufgrund früherer Hofaufhebungserklärung entfallen war.

Wird der Hofvermerk im Grundbuch eingetragen, so entsteht die Hofeigenschaft rückwirkend mit dem Eingang der Hofeinführungserklärung beim Landwirtschaftsgericht (§ 1 Abs. 7 HöfeO). Ab diesem Zeitpunkt gilt für die Besitzung sodann das Sonderrecht der HöfeO.

Die Begründung der Hofeigenschaft durch Hofeinführungserklärung setzt voraus, dass neben einem Grundsteuerwert von mindestens 27.000 EUR auch die übrigen für das Entstehen eines Hofes notwendigen Voraussetzungen des § 1 Abs. 1 HöfeO vorliegen. Siehe auch Abschnitt A. Ziff. III.

V. Beweggründe für eine Hofeinführungserklärung

19 Die Begründung der Hofeigenschaft durch Hofeinführungserklärung[23] kommt vor allem dann in Betracht, wenn es nicht gelingt, die weichenden Erben, insbesondere sämtliche Kinder des Übergebers, am Abschluss des Übergabevertrags zu beteiligen, um deren Ansprüche in Bezug auf den Hof abschließend und einvernehmlich zu regeln. Bildet der Betrieb keinen Hof im Sinne der HöfeO, so richten sich die Ansprüche der weichenden Erben nach allgemeinem Recht. Maßgebend für die Berechnung der Pflichtteilsergänzungsansprüche der weichenden Erben (§ 2325 BGB) ist dann der Verkehrswert der Besitzung, sofern nicht der Übergeber gemäß § 2312 BGB die Heranziehung des Ertragswertes angeordnet hat. Auch der Ertragswert ist aber immer noch deutlich höher als der für die höferechtliche Abfindung nach § 12 HöfeO maßgebliche Hofeswert, der gemäß § 12 Abs. 2 HöfeO lediglich 60 % des für den landwirtschaftlichen Betrieb zuletzt festgestellten Grundsteuerwertes beträgt. Der Pflichtteil des weichenden Erben besteht folglich nur in der Hälfte dieser ohnehin geringen Abfindung (§ 12 Abs. 10 HöfeO).[24] Wer daher für die Berechnung der Abfindung und der Pflichtteilsansprüche der weichenden Erben den niedrigen Hofeswert wünscht, kann die Hofeigenschaft durch positive Hoferklärung und Eintragung des Hofvermerks begründen. Die Folge der Hofeinführung ist allerdings, dass bei einer Übergabe des Hofes an einen Abkömmling des Übergebers der Hoferbfall gemäß § 17 Abs. 2 HöfeO mit dem Zeitpunkt der Übertragung zugunsten der anderen Abkömmlinge als eingetreten gilt, so dass die Abfindungs- und Pflichtteilsansprüche dieser Abkömmlinge in Bezug auf den Hof bereits mit der Eigentumsumschreibung auf den Übernehmer und damit schon zu Lebzeiten des Übergebers fällig werden.[25]

23 Zum folgenden *Roemer*, RNotZ 2015, 557, 558.

24 Vgl. BGH RdL 1957, 295, 296; Lüdtke-Handjery/v. Jeinsen/*Roemer*, § 16 HöfeO Rn 80.

25 Unter „Zeitpunkt der Übertragung" im Sinne des § 17 Abs. 2 HöfeO ist die Umschreibung des Eigentums auf den Übernehmer zu verstehen, vgl. BGHZ 1, 343; BGHZ 8, 213; BGHZ 25, 293; *Lückemeier*, in: Becker/Bolte/Lückemeier, § 17 HöfeO Rn 26; *Faßbender*, in: Faßbender/Hötzel/v. Jeinsen/Pikalo, § 17 HöfeO Rn 175; *Roemer*, RdL 2025, 133.

C. Die Hoferklärung zur Begründung eines Ehegattenhofes

I. Der Ehegattenhof im Sinne der HöfeO

Die HöfeO unterscheidet zwischen **Ehegattenhöfen kraft Gesetzes** (§ 1 Abs. 1 S. 1 HöfeO) und **Ehegattenhöfen aufgrund Erklärung** (§ 1 Abs. 2 HöfeO). 20

Ein Ehegattenhof kraft Gesetzes liegt vor, wenn die landwirtschaftliche Besitzung im gemeinschaftlichen Eigentum von Ehegatten steht und auch die übrigen Voraussetzungen des § 1 Abs. 1 HöfeO erfüllt sind. Es ist nicht erforderlich, dass das gemeinschaftliche Eigentum, sei es zu Bruchteilen, sei es zur gesamten Hand, beiden Ehegatten zu gleichen Anteilen bzw. zu gleich großen Quoten zusteht.[26] Es muss sich jedoch um gemeinschaftliches Eigentum der Ehegatten handeln, so dass es nicht ausreicht, wenn die Besitzung aus Grundstücken besteht, die sich teils im Alleineigentum des einen und teils im Alleineigentum des anderen Ehegatten befinden.

Die Voraussetzung des gemeinschaftlichen Eigentums gilt jedoch nicht für Ehegattenhöfe aufgrund Erklärung (§ 1 Abs. 2 HöfeO). Bei diesen genügt es, wenn jeder Ehegatte Eigentum an einem Teil der Flächen hat, sei es als Alleineigentümer, sei es als Bruchteils- oder Gesamthandseigentümer,[27] sofern auch die übrigen Voraussetzungen für die Begründung der Hofeigenschaft vorliegen (wie insbesondere das Bestehen einer Hofstelle, von der aus die im Eigentum der Ehegatten befindlichen Grundstücke bewirtschaftet werden, sowie eines Grundsteuerwertes der landwirtschaftlichen Besitzung von mindestens 27.000 EUR). 21

Die Erklärung, eine landwirtschaftliche Besitzung solle Ehegattenhof sein, hat einen **doppelten Erklärungsinhalt**, nämlich die Besitzung solle Hof sein und darüber hinaus als Hof den besonderen Bedingungen eines Ehegattenhofes unterliegen.[28] Dies hat nicht nur theoretische Bedeutung. Wird z.B. die Ehe der Hofeigentümer geschieden, so entfällt gemäß § 1 Abs. 5 S. 1 HöfeO mit Rechtskraft der Scheidung zwar die Eigenschaft als Ehegattenhof. Gleichwohl kann trotz der Scheidung noch ein Hof vorliegen, und zwar ein Alleineigentümerhof, nämlich dann, wenn der frühere Ehegattenhof aus Grundstücken bestand, die teils im Alleineigentum des einen und teils im Alleineigentum des anderen Ehegatten standen, und der im Alleineigentum eines Ehegatten befindliche Grundbesitz für sich alle Voraussetzungen des § 1 Abs. 1 HöfeO erfüllt, wobei dann als Grundsteuerwert ausreicht, wenn dieser mindestens 27.000 EUR beträgt.[29] Will der 22

26 Lüdtke-Handjery/v. Jeinsen/*Brinkmann*, § 1 HöfeO Rn 57; *Graß*, Landwirtschaftserbrecht, § 1 HöfeO Rn 73; OLG Oldenburg AgrarR 1986, 322; teilweise a.A. *Faßbender*, in: Faßbender/Hötzel/v. Jeinsen/Pikalo, § 1 HöfeO Rn 153 ff.

27 Das Eigentum an einer „Furche Land" reicht aus, so *Faßbender*, in: Faßbender/Hötzel/v. Jeinsen/Pikalo, § 1 HöfeO Rn 176; Lüdtke-Handjery/v. Jeinsen/*Brinkmann*, § 1 HöfeO Rn 64.

28 Lüdtke-Handjery/v. Jeinsen/*Brinkmann*, § 1 HöfeO Rn 75.

29 Lüdtke-Handjery/v. Jeinsen/*Brinkmann*, § 1 HöfeO Rn 75.

Alleineigentümer-Ehegatte den Fortbestand als Einzelhof nicht, so kann er die Hofeigenschaft durch Hofaufhebungserklärung gemäß § 1 Abs. 4 S. 1 HöfeO beseitigen.

II. Hoferklärung zur Begründung eines Ehegattenhofes

23 ▼

Muster 3.2: Hoferklärung zur Begründung eines Ehegattenhofes

3.2

An das Amtsgericht – Landwirtschaftsgericht –

in

Wir sind Ehegatten.

Ich, der Ehemann , bin Alleineigentümer von landwirtschaftlich genutzten Grundstücken, die in folgenden Grundbüchern des Amtsgerichts B. eingetragen sind: Grundbuch von A. Blatt 820, Grundbuch von B. Blatt 430.

Ich, die Ehefrau, bin Alleineigentümerin von landwirtschaftlich genutzten Grundstücken, die in folgenden Grundbüchern des Amtsgerichts B. eingetragen sind: Grundbuch von B. Blatt Nrn. 100 und 340.

Die Hofstelle befindet sich in A. Sie steht im Alleineigentum des Ehemannes und ist eingetragen im Grundbuch von A. Blatt 820.

Sämtliche in den vorgenannten Grundbüchern eingetragenen Grundstücke werden von dieser Hofstelle aus bewirtschaftet.

Der Grundsteuerwert der landwirtschaftlichen Besitzung beträgt insgesamt 70.000 EUR.

Wir geben hiermit die Erklärung ab, dass die landwirtschaftliche Besitzung die Eigenschaft eines Ehegattenhofes im Sinne der HöfeO haben soll, und beantragen die Eintragung des Ehegattenhofvermerks in den vorgenannten Grundbüchern.

Uns ist bekannt, dass unsere Besitzung mit Eintragung des Ehegattenhofvermerks im Grundbuch die Eigenschaft eines Ehegattenhofes im Sinne der HöfeO erlangt. Über die damit verbundenen Rechtsfolgen hat uns der beglaubigende Notar belehrt. Er hat uns insbesondere darauf hingewiesen,

a) dass ein Ehegatte über seinen Anteil am Hof nur zugunsten seines Ehegatten letztwillig verfügen kann,

b) dass mit dem Tode des zuerst versterbenden Ehegatten der überlebende Ehegatte zwingend Alleinerbe des Hofanteils seines verstorbenen Ehegatten und damit Alleineigentümer des gesamten Hofes wird,

c) dass ein Hof im Sinne der HöfeO nur an **eine** Person vererbt oder übertragen werden kann,

d) dass nur eine wirtschaftsfähige natürliche Person Hoferbe oder lebzeitiger Hofnachfolger werden kann und wirtschaftsfähig nur derjenige ist, der nach seinen körperlichen und geistigen Fähigkeiten, nach seinen Kenntnissen und seiner Persönlichkeit in der Lage ist, den Hof selbstständig zu bewirtschaften, der Ehegatte des Hofeigentümers jedoch vom Erfordernis der Wirtschaftsfähigkeit befreit ist,

e) dass die gesetzliche Abfindung der weichenden Erben, also der Erben, die nicht Hoferbe werden, sich nicht nach dem Verkehrswert des Hofes richtet, sondern nach dem sogenannten Hofeswert, der lediglich 60 Prozent des Grundsteuerwertes des landwirtschaftlichen Betriebes beträgt und damit deutlich niedriger ist als der Verkehrswert,

f) dass den weichenden Erben Nachabfindungsansprüche zustehen können, wenn der Hoferbe oder Hofübernehmer den Hof innerhalb von 20 Jahren ganz oder teilweise veräußert oder auf andere Weise als land- oder forstwirtschaftlich gewinnbringend nutzt,

g) dass bei einem Hof im Sinne der HöfeO eine bindende Hoferbenbestimmung eintreten kann, wenn der Hofeigentümer einem seiner Abkömmlinge die Bewirtschaftung des Hofes auf Dauer übertragen hat oder durch dessen Beschäftigung auf dem Hof hat erkennen lassen, dass dieser den Hof übernehmen soll.

 , den

(Ehemann) (Ehefrau)
(Notarielle Beglaubigung der Unterschriften)
▲

III. Sachverhalt

Gegenstand des Musters ist eine landwirtschaftliche Besitzung, die ausschließlich aus Grundstücken besteht, die teils im Alleineigentum des Ehemannes und teils im Alleineigentum der Ehefrau stehen, hingegen nicht aus Grundstücken im gemeinschaftlichen Eigentum beider Ehegatten. Eine solche Besitzung kann nicht bereits Ehegattenhof kraft Gesetzes sein,[30] sondern nur aufgrund Hoferklärung Ehegattenhof im Sinne der HöfeO werden (vgl. Ziff. I. Rdn 20). Bei Ehegattenhöfen aufgrund Erklärung ist kein gemeinschaftliches Eigentum beider Ehegatten erforderlich (vgl. Rdn 21). 24

30 Wohl aber u.U. Hof im Sinne der HöfeO, nämlich dann, wenn die im Alleineigentum eines Ehegatten befindlichen Grundstück die Voraussetzungen des § 1 Abs. 1 HöfeO erfüllen.

IV. Form

25 Die Hofeinführungserklärung zur Begründung eines Ehegattenhofes muss von beiden Ehegatten abgegeben werden (§ 1 Abs. 2 HöfeO). Ein gleichzeitiges Handeln ist nicht erforderlich.[31] Die Erklärung bedarf nach § 4 Abs. 2 HöfeVfO der Form der **notariellen Beglaubigung**. Sie ist gegenüber dem Landwirtschaftsgericht abzugeben (§ 4 Abs. 1 HöfeVfO). Vgl. im Einzelnen Abschn. A Ziff. II., Rdn 2 ff.

V. Wirkungen

26 Die gemeinschaftliche Erklärung der Ehegatten, die Besitzung solle Ehegattenhof sein, und die nachfolgende Eintragung des Ehegatten-Hofvermerks im Grundbuch begründen die Eigenschaft als Ehegattenhof im Sinne der HöfeO, sofern auch die übrigen Voraussetzungen des § 1 Abs. 1 HöfeO vorliegen.

27 Bei einem Ehegattenhof wird der überlebende Ehegatte gemäß § 8 Abs. 1 HöfeO alleiniger gesetzlicher Hoferbe.

28 § 8 Abs. 1 HöfeO beschränkt nach herrschender Meinung auch die Verfügungsfreiheit des Ehegatten von Todes wegen. Aufgrund der Notwendigkeit einer geschlossenen Vererbung des Hofes kann ein Ehegatte über seinen Anteil am Hof nur zugunsten seines Ehegatten, nicht aber zugunsten eines Dritten letztwillig verfügen.[32] Im Ergebnis läuft § 8 Abs. 1 HöfeO damit auf ein Zwangserbrecht des überlebenden Ehegatten hinaus.[33]

Bei einem Ehegattenhof können sich Ehegatten auch nicht zum Hofvorerben einsetzen.[34] Diesen Beschränkungen können die Ehegatten entgehen, wenn sie die Eigenschaft als Ehegattenhof durch Hofaufhebungserklärung und anschließende Löschung des Hofvermerks beseitigen.

31 Lüdtke-Handjery/v. Jeinsen/*Brinkmann*, § 1 HöfeO Rn 76.

32 *Pikalo*, in: Faßbender/Hötzel/v.Jeinsen/Pikalo, § 8 HöfeO Rn 7; Lüdtke-Handjery/v. Jeinsen/*v. Jeinsen*, § 8 HöfeO Rn 23; *Faßbender/Pikalo*, DNotZ 1980, 67, 74 ff.; *Lückemeier*, in: Becker/Bolte/Lückemeier, § 8 HöfeO Rn 8; a.A. *Stöcker*, DNotZ 1979, 82. Der BGH hat die Frage in einer Entscheidung aus dem Jahre 1998 offengelassen, BGH Rpfleger 1998, 152, 153.

33 Lüdtke-Handjery/v. Jeinsen/*v. Jeinsen*, § 8 HöfeO Rn 23.

34 BGHZ 98, 1 = NJW 1986, 2434; Lüdtke-Handjery/v. Jeinsen/*v. Jeinsen*, § 8 HöfeO Rn 22; *Dressler*, AgrarR 2001, 265, 278 f.

D. Die Hofaufhebungserklärung

I. Muster einer Hofaufhebungserklärung

▼ 29

Muster 3.3: Hofaufhebungserklärung 3.3

An das Amtsgericht – Landwirtschaftsgericht –

in B.

Ich bin Alleineigentümer eines Hofes im Sinne der Höfeordnung. Der Grundsteuerwert der landwirtschaftlichen Besitzung beträgt 65.000 EUR. Die Hofstelle befindet sich in B.

Zum Hof gehört der in den nachfolgend genannten Grundbüchern eingetragene Grundbesitz:

Grundbuch von A. Blatt 340, Grundbücher von B. Blatt Nrn. 130 und 231.

Der Hofvermerk ist jeweils im Grundbuch eingetragen.

Ich gebe hiermit die Erklärung ab, dass meine vorgenannte Besitzung nicht mehr Hof im Sinne der HöfeO sein soll.

Ich beantrage, den Hofvermerk in den Grundbüchern zu löschen.

Mir ist bekannt, dass infolge der Hofaufhebungserklärung und der sich hieran anschließenden Löschung des Hofvermerks im Grundbuch meine landwirtschaftliche Besitzung ihre Eigenschaft als Hof im Sinne der HöfeO verliert, und zwar rückwirkend mit dem Eingang der Hofaufhebungserklärung beim Landwirtschaftsgericht.

Über die mit dem Verlust der Hofeigenschaft verbundenen Rechtsfolgen hat mich der beglaubigende Notar belehrt. Er hat mich insbesondere darauf hingewiesen,

a) dass damit die landwirtschaftliche Besitzung auch an mehrere Personen, auch an nicht wirtschaftsfähige Personen, vererbt oder übertragen werden kann,

b) dass die Abfindungsvergünstigungen, welche die HöfeO für den Hofnachfolger im Interesse des Erhalts der landwirtschaftlichen Besitzung vorsieht, entfallen,

c) dass Nachabfindungsansprüche der weichenden Erben, welche die HöfeO insbesondere für den Fall der ganzen oder teilweisen Veräußerung des Hofes gewährt, grundsätzlich nicht mehr in Betracht kommen,

d) dass erbrechtliche oder höferechtliche Bindungen, die der Hofeigentümer in der Vergangenheit bereits eingegangen sein sollte, trotz der Hofaufhebungserklärung bestehen bleiben. Solche Bindungen können zum Beispiel dadurch entstehen, dass der Hofeigentümer einem Abkömmling die Bewirtschaftung des Hofes auf Dauer übertragen hat oder durch Art und Umfang der Beschäftigung eines Abkömmlings auf dem Hof hat erkennen lassen, dass dieser den Hof übernehmen soll.

B., den

(Notarielle Unterschriftsbeglaubigung)

▲

II. Sachverhalt

30 Gegenstand des Musters ist die Hofaufhebungserklärung des Eigentümers eines Hofes im Sinne der HöfeO. Die Hofaufhebungserklärung wird in der Praxis deutlich häufiger abgegeben als die Hofeinführungserklärung. Dies beruht vor allem auf dem Strukturwandel in der Landwirtschaft und auf dem damit einhergehenden Mangel an übernahmebereiten Hofnachfolgern. Zu den Beweggründen für eine Hofaufhebungserklärung vgl. nachfolgend Ziff. VI., Rdn 34 ff.

III. Form

31 Die Hofaufgabeerklärung bedarf gemäß § 4 Abs. 2 HöfeVfO der Form der **notariellen Beglaubigung**. Sie ist gegenüber dem Landwirtschaftsgericht abzugeben (§ 4 Abs. 1 HöfeVfO). Vgl. im Einzelnen Abschn. A Ziff. II., Rdn 2 ff.

IV. Wirkungen

32 Die Hofaufhebungserklärung führt zum Wegfall der Hofeigenschaft, sofern auch der Hofvermerk im Grundbuch gelöscht wird (§ Abs. 4 S. 1 HöfeO). Ist trotz bestehender Hofeigenschaft kein Hofvermerk im Grundbuch eingetragen, so ist das Erlöschen der Hofeigenschaft auf andere Weise im Grundbuch zu verlautbaren.[35] Wird der Hofvermerk gelöscht oder – bei fehlendem Hofvermerk – das Erlöschen der Hofeigenschaft auf andere Weise im Grundbuch verlautbart, so entfällt die Hofeigenschaft **rückwirkend** mit dem **Eingang** der Hofaufhebungserklärung beim Landwirtschaftsgericht (§ 1 Abs. 7 HöfeO).

V. Die Hofaufhebungserklärung bei erbrechtlicher oder höferechtlicher Bindung

33 Die Befugnis des Eigentümers, die Hofeigenschaft durch negative Hoferklärung aufzuheben, kann kollidieren mit dem Interesse des Hofanwärters am Erhalt der Hofeigen-

35 OLG Köln RNotZ 2009, 323 m.Anm. *Roemer*.

schaft. Dies insbesondere dann, wenn der Hofanwärter bereits bindend zum Hoferben eingesetzt ist, sei es durch Verfügung von Todes wegen in einem Erbvertrag oder gemeinschaftlichen Testament, sei es über § 7 Abs. 2 HöfeO dadurch, dass der Eigentümer einem hoferbenberechtigten Abkömmling die Bewirtschaftung auf Dauer übertragen hat (§ 6 Abs. 1 S. 1 Nr. 1 HöfeO) oder durch Art und Umfang der Beschäftigung eines hoferbenberechtigten Abkömmlings auf dem Hof hat erkennen lassen, dass dieser den Hof übernehmen soll (§ 6 Abs. 1 S. Nr. 2 HöfeO).[36]

Nach ständiger Rechtsprechung des BGH ist der Hofeigentümer auch bei einer bestehenden erbrechtlichen oder höferechtlichen Bindung nicht gehindert, eine Hofaufhebungserklärung abzugeben und damit den Wegfall der Hofeigenschaft herbeizuführen.[37] Der BGH hat jedoch klargestellt, dass der Hofeigentümer Bindungen, die er vor Abgabe der negativen Hoferklärung eingegangen ist, durch die Aufhebung der Hofeigenschaft nicht wieder beseitigen kann.[38] Der Schutz des bindend bestimmten Hofnachfolgers richtet sich dabei nach der Art der vom Hofeigentümer (Erblasser) eingegangenen Bindung.[39]

Um den vorgesehenen Hoferben besser vor den Folgen einer ihm unerwünschten Aufhebung der Hofeigenschaft zu schützen, wird folgende **Gestaltung** erwogen:[40]

Im Rahmen eines Erbvertrages, in dem der vorgesehene Nachfolger bindend zum Hoferben berufen wird, verpflichtet sich der Erblasser rechtsgeschäftlich, über den Hof nicht mehr ohne Zustimmung des Hoferben zu verfügen, ihn insbesondere nicht zu belasten oder zu veräußern, und auch die Hofeigenschaft nicht ohne Zustimmung des Hoferben aufzuheben. Für den Fall des Verstoßes gegen diese Verpflichtung und damit auch für den Fall einer abredewidrigen Hofaufhebungserklärung verpflichtet sich der Erblasser, den Hof unverzüglich an den Vertragserben zu festgelegten Bedingungen zu übereigenen. Dieser aufschiebend bedingte Übereignungsanspruch wird sodann durch Eintragung einer Auflassungsvormerkung im Grundbuch gesichert.[41]

Ob eine solche Gestaltung zu empfehlen ist, ist eine Frage des Einzelfalls. Vorzugswürdig dürfte in der Regel der Abschluss eines Hofübergabevertrages sein.[42]

36 *Roemer*, AUR 2025, 338.

37 BGH NJW 1976, 1635; BGH NJW 1979, 145; BGH NJW 1988, 710; BGH NJW-RR 2009, 517, 518; OLG Köln AUR 2025, 349 m.Anm. *Roemer*, AUR 2025, 338.

38 BGH NJW 1988, 710; *Otte*, NJW 1988, 672, 674.

39 BGH NJW 1988, 710; *Otte*, NJW 1988, 672, 674; *Roemer*, AUR 2025, 338, 339.

40 *Faßbender,* in: Faßbender/Hötzel/v. Jeinsen/Pikalo, § 1 HöfeO, Rn 85; *Najdecki*, in: Kössinger/Najdecki/Zintl, Handbuch der Testamentsgestaltung, § 3, Rn 113.

41 Vgl. die Nachweise in der vorherigen Fn sowie *Roemer*, AUR 2025, 338, 341.

42 *Najdecki*, in: Kössinger/Najdecki/Zintl, § 13, Rn 114; *Roemer*, AUR 2025, 338, 341.

VI. Beweggründe für eine Hofaufhebungserklärung

1. Vererbung oder Übertragung an mehrere Personen oder an nicht wirtschaftsfähige Personen

34 In vielen Fällen hat der Landwirt keinen geeigneten und übernahmebereiten Betriebsnachfolger.[43] Seine Kinder haben keine agrarspezifische Ausbildung absolviert und Berufe außerhalb der Landwirtschaft ergriffen. Ihnen fehlt die nach § 6 Abs. 6 HöfeO erforderliche Wirtschaftsfähigkeit. Selbst wenn eines der Kinder wirtschaftsfähig sein sollte, weil es noch zu besseren Zeiten und in der Erwartung einer ökonomisch tragfähigen Hofnachfolge eine landwirtschaftliche Ausbildung durchlaufen hat, hat es später angesichts der bescheidenen Lage vieler kleinerer und mittlerer Betriebe in der Landwirtschaft seine ursprünglichen Pläne häufig revidiert und sich beruflich anderweitig orientiert. In diesen Fällen möchte der Landwirt seine Nachfolge in den Hof frei von den einschränkenden Vorgaben der Höfe regeln können. Häufig besteht dann der Wunsch, dass der hofzugehörige Grundbesitz nach dem Tode des Landwirts oder durch Übertragung zu seinen Lebzeiten auf alle oder mehrere seiner Kinder übergeht. Ist die Besitzung jedoch Hof im Sinne der HöfeO, ist dies wegen § 4 HöfeO nur möglich, wenn zuvor die Hofeigenschaft durch negative Hoferklärung gemäß § 1 Abs. 4 aufgehoben wird. Gleiches gilt (wegen § 6 Abs. 6 S. 1 HöfeO), wenn eine nicht wirtschaftsfähige Person Hofnachfolger werden soll.

2. Der junge Hofeigentümer

35 Ein weiterer Anlass für die Aufhebung der Hofeigenschaft kann dann bestehen, wenn der Hofeigentümer noch verhältnismäßig jung und deshalb noch nicht absehbar ist, ob eines seiner noch minderjährigen oder überhaupt noch nicht geborenen Kinder als Hofnachfolger in Betracht kommt. Hier wird die Hofaufgabeerklärung häufig mit der Absicht einhergehen, die Hofeigenschaft zu einem späteren Zeitpunkt durch positive Hoferklärung wieder einzuführen, sobald sich abzeichnet, dass ein Kind Hofnachfolger werden soll.[44] Flankiert wird die Hofaufgabeerklärung in diesen Fällen häufig von einer Verfügung von Todes wegen, mit der der Hofeigentümer seinen Ehegatten zum Erben beruft, damit dieser im Falle des Vorversterbens des Hofeigentümers die Hofeinführungserklärung abgeben und den Hoferben letztwillig bestimmen kann.[45]

43 Zum Folgenden *Roemer*, RNotZ 2015, 557, 566 ff. und AUR 2025,42,50 ff.

44 *Faßbender*, in: Faßbender/Hötzel/v. Jeinsen/Pikalo, § 1 HöfeO Rn 131.

45 *Faßbender*, in: Faßbender/Hötzel/v. Jeinsen/Pikalo, § 1 HöfeO Rn 131.

3. Herbeiführung des Genehmigungszwangs gemäß § 8 Nr. 2 GrdStVG

Wird ein land- oder forstwirtschaftlicher Betrieb, der nicht Hof im Sinne der HöfeO ist, **geschlossen** veräußert oder im Wege der vorweggenommenen Erbfolge übertragen, so ist gemäß § 8 Nr. 2 GrdStVG die Genehmigung nach dem Grundstücksverkehrsgesetz zu erteilen **(Genehmigungszwang)**, wenn der Erwerber – wie in den meisten Fällen – mit dem Eigentümer in gerader Linie verwandt oder bis zum dritten Grad in der Seitenlinie verwandt oder bis zum zweiten Grad verschwägert oder Ehegatte des Veräußerers ist. 36

Voraussetzung ist allerdings eine geschlossene Übergabe. Der Genehmigungszwang nach § 8 Nr. 2 GrdStVG entfällt daher, wenn der Übergeber einzelne zum Betrieb gehörende Grundstücke für sich oder für Dritte zurückbehält und nicht an den Übergeber mit überträgt.[46]

Das Angehörigenprinzip des § 8 Nr. 2 GrdStVG gilt jedoch kraft ausdrücklicher gesetzlicher Anordnung (§ 31 GrdStVG) **nicht** für Höfe im Sinne der HöfeO. Bei der Übergabe eines Hofes im Sinne der HöfeO hat daher das Landwirtschaftsgericht (§ 17 Abs. 3 HöfeO) stets zu prüfen, ob ein Ablehnungsgrund gemäß § 9 GrdStVG vorliegt. Eine Hofaufhebungserklärung kommt daher immer dann in Betracht, wenn eine Übergabe an nahe Angehörige im Sinne des § 8 Nr. 2 GrdStVG bei bestehender Hofeigenschaft wegen grundstücksverkehrsrechtlicher Versagungsgründe nicht genehmigt würde oder eine Genehmigung zweifelhaft erscheint. Ein denkbarer Anwendungsfall ist die Vereinbarung vertraglicher Rückforderungsrechte. Nach einer insbesondere vom OLG Celle in ständiger Rechtsprechung vertretenen Ansicht soll die landwirtschaftsgerichtliche Genehmigung zu einer Hofübergabe zu versagen sein, wenn sich der Veräußerer Rückforderungsrechte für den Fall vorbehält, dass der Erwerber den übertragenen Grundbesitz ohne Zustimmung des Veräußerers veräußert oder belastet.[47] Zwar kann diese Ansicht nicht überzeugen.[48] Steht das zuständige Landwirtschaftsgericht einem vertraglichem Rückforderungsbehalt jedoch ablehnend gegenüber und droht aus diesem Grund eine Versagung der landwirtschaftsgerichtlichen Genehmigung, so kann es sich empfehlen, die Hofeigenschaft vor Abschluss des Hofübergabevertrages durch negative Hoferklärung gemäß § 1 Abs. 4 HöfeO aufzuheben.[49]

4. Vermeidung von Nachabfindungsansprüchen

§ 13 HöfeO sieht Nachabfindungsansprüche für den Fall vor, dass der Hofnachfolger den Hof oder hofzugehöriges Vermögen innerhalb von 20 Jahren nach dem Erwerb des Hofes 37

46 OLG Stuttgart RdL 1966, 237; OLG Stuttgart RdL 1986, 162; *Netz*, Grundstücksverkehrsgesetz, Rn 1860.

47 OLG Celle AgrarR 1998, 256; OLG Celle RdL 1999, 329; OLG Celle RdL 2006, 45.

48 Vgl. im Einzelnen Lüdtke-Handjery/v. Jeinsen/*Roemer*, § 17 HöfeO Rn 19 ff.

49 *Roemer*, RNotZ 2015, 557, 567.

ganz oder teilweise veräußert oder auf andere Weise als land- und forstwirtschaftlich gewinnbringend nutzt. Die Vorschrift setzt voraus, dass die land- und forstwirtschaftliche Besitzung im Zeitpunkt des Erwerbs durch den Nachabfindungspflichtigen Hof im Sinne der HöfeO war.[50] Ist der Hof nicht nach Höferecht vererbt worden, weil die Hofeigenschaft bereits zu Lebzeiten des Erblassers weggefallen war, sei es durch Hofaufhebungserklärung und anschließende Löschung des Hofvermerks, sei es auf andere Weise, so bestehen keine Nachabfindungsansprüche.[51]

Gleiches gilt im Falle einer lebzeitigen Hofübergabe, wenn die Hofeigenschaft bereits erloschen war, und zwar auch dann, wenn der Wegfall der Hofeigenschaft gemäß § 1 Abs. 4 S. 1 HöfeO durch Hofaufhebungserklärung und Löschung des Hofvermerks bewirkt worden ist.[52]

5. Das mögliche Unbehagen an der Spezialmaterie der HöfeO

38 Manche Eigentümer möchten einfach nicht, dass für ihren Betrieb die HöfeO mit ihren zahlreichen vom allgemeinen Recht abweichenden Sonderregelungen gelten soll. Diese Regelungen erscheinen ihnen fremd, sehr speziell und kompliziert, unpassend oder schwer einschätzbar. Sie ziehen es vor, die Hofeigenschaft durch negative Hoferklärung aufzuheben. Dieses „Unbehagen" an der HöfeO scheint insbesondere bei Betrieben außerhalb der klassischen Landwirtschaft verbreitet zu sein, vor allem bei Gärtnereien und Gartenbaubetrieben. Auch Gärtnereien und Gartenbaubetriebe können Hof im Sinne der HöfeO sein, und zwar auch dann, wenn der Anbau von Blumen und Zierpflanzen nicht in Freilandkulturen, sondern überwiegend in Gewächshäusern und Behältern betrieben wird.[53] Das ist den Inhabern solcher Betriebe häufig nicht bekannt. Weist man sie darauf hin, besteht eine starke Neigung, mittels Hofaufhebungserklärung aus der HöfeO zu „flüchten".[54]

6. Sonstige Gründe für die Aufhebung der Hofeigenschaft

39 Über die Genehmigung des Hofübergabevertrages entscheidet das Landwirtschaftsgericht (§ 17 Abs. 3 HöfeO) in der Besetzung mit einem Berufsrichter als Vorsitzendem und zwei ehrenamtlichen Beisitzern (§ 2 Abs. 2 LwVG). Bei den ehrenamtlichen Beisitzern handelt es sich um Personen, die die Landwirtschaft im Bezirk des Landwirtschafts-

50 *Graß*, Landwirtschaftserbrecht, § 13 Rn 118.

51 Lüdtke-Handjery/v. Jeinsen/*Haarstrich*, § 13 Rn 59; *Graß*, Landwirtschaftserbrecht, § 13 Rn 118.

52 *Roemer*, RNotZ 2015, 556, 566; Münchener Anwaltshandbuch Agrarrecht/*v. Garmissen*, § 11 Rn 307; *Hindahl*, AUR 2024, 282, 283.

53 BGH NJW 1997, 664.

54 Instruktiv *Schrimpf*, AgrarR 1984, 85, 86 linke Spalte unten.

gerichts selbstständig im Haupt- oder Nebenberuf ausüben oder ausgeübt haben (§ 4 Abs. 3 LwVG), also um örtliche Berufskollegen, Bekannte oder möglicherweise auch Nachbarn der Vertragsbeteiligten. Im Genehmigungsverfahren erhalten diese Kenntnis vom Inhalt des Hofübergabevertrages und damit zugleich Einblick in die Eigentums- und Vermögensverhältnisse der Vertragsbeteiligten. Es kommt in der Praxis vor, dass Beteiligte, die eben dies vermeiden wollen, vor der Hofübergabe die Hofeigenschaft durch Hofaufhebungserklärung aufheben, um sie zu einem späteren Zeitpunkt nach Vollzug des Hofübergabevertrages wieder einzuführen.

E. Die Hofaufhebungserklärung bei einem Ehegattenhof

I. Muster einer Hofaufhebungserklärung bei einem Ehegattenhof

▼ 40

Muster 3.4: Hofaufhebungserklärung bei einem Ehegattenhof

An das Amtsgericht - Landwirtschaftsgericht - 3.4

in B.

Wir sind Eigentümer eines Ehegattenhofes im Sinne der HöfeO mit der Hofstelle in B. Der Grundsteuerwert der Besitzung beträgt 70.000 EUR. Der hofzugehörige Grundbesitz ist in folgenden Grundbüchern eingetragen:

Grundbuch von B. Blatt 83 und 85, Grundbuch von D. Blatt 48, Grundbuch von E. Blatt 121. Der Ehegattenhofvermerk ist in den Grundbüchern eingetragen.

Wir geben hiermit die Erklärung ab, dass die vorgenannte Besitzung nicht mehr die Eigenschaft eines Ehegattenhofes und auch nicht die eines Hofes im Sinne der HöfeO haben soll. Wir beantragen, das Erlöschen der Eigenschaft als Ehegattenhof und als Hof im Sinne der HöfeO in den Grundbüchern einzutragen.

Uns ist bekannt, dass infolge der Hofaufhebungserklärung und der hieran anschließenden Löschung des Hofvermerks im Grundbuch die landwirtschaftliche Besitzung ihre Eigenschaft als Ehegattenhof und als Hof im Sinne der HöfeO verliert, und zwar rückwirkend mit dem Eingang der Hofaufhebungserklärung beim Landwirtschaftsgericht.

Über die mit dem Verlust der Hofeigenschaft verbundenen Rechtsfolgen hat uns der beglaubigende Notar belehrt. Er hat uns insbesondere darauf hingewiesen,

a) dass damit die landwirtschaftliche Besitzung auch an andere Personen als den Ehegatten, auch an mehrere Personen, selbst wenn diese nicht wirtschaftsfähig sein sollten, vererbt oder übertragen werden kann,

b) dass die Abfindungsvergünstigungen, welche die HöfeO für den Hofnachfolger im Interesse des Erhalts der landwirtschaftlichen Besitzung vorsieht, entfallen,

c) dass Nachabfindungsansprüche der weichenden Erben, welche die HöfeO insbesondere für den Fall der ganzen oder teilweisen Veräußerung des Hofes gewährt, grundsätzlich nicht mehr in Betracht kommen,

d) dass erbrechtliche oder höferechtliche Bindungen, die der Hofeigentümer bereits in der Vergangenheit eingegangen sein sollte, trotz der Hofaufhebungserklärung bestehen bleiben. Solche Bindungen können zum Beispiel dadurch entstehen, dass der Hofeigentümer einem Abkömmling die Bewirtschaftung des Hofes auf Dauer übertragen hat oder durch Art und Umfang der Beschäftigung eines Abkömmlings auf dem Hof hat erkennen lassen, dass dieser den Hof übernehmen soll.

B., den

(Notarielle Beglaubigung der Unterschriften der Ehegatten)

▲

II. Sachverhalt

41 Es handelt sich um Ehegattenhof im Sinne der HöfeO, dessen Hofeigenschaft durch negative Hoferklärung (Hofaufhebungserklärung) der Ehegatten aufgehoben werden soll.

III. Form

42 Die Hofaufhebungserklärung zur Beseitigung der Eigenschaft als Ehegattenhof muss von beiden Ehegatten abgegeben werden (§ 1 Abs. 5 S. 2 HöfeO). Ein gleichzeitiges Handeln ist nicht erforderlich.[55] Die Erklärung bedarf nach § 4 Abs. 2 HöfeVfO der Form der **notariellen Beglaubigung**. Sie ist gegenüber dem Landwirtschaftsgericht abzugeben (§ 4 Abs. 1 HöfeVfO). Vgl. im Einzelnen Abschn. A Ziff. II., Rdn 2 ff.

IV. Wirkungen

43 Mit der Erklärung beider Ehegatten, die Besitzung solle kein Ehegattenhof mehr sein, und der anschließenden Löschung des Ehegattenhofvermerks im Grundbuch verliert die Besitzung ihre Eigenschaft als Ehegattenhof im Sinne der HöfeO, und zwar **rückwirkend** mit dem Eingang der Hofaufhebungserklärung bei dem Landwirtschaftsgericht (§ 1 Abs. 7 HöfeO). Gleichwohl kann jedoch die Eigenschaft als Hof im Sinne der

55 Lüdtke-Handjery/v. Jeinsen/*Brinkmann*, § 1 HöfeO Rn 76.

HöfeO bestehen bleiben, nämlich dann, wenn die im **Alleineigentum** eines Ehegatten befindlichen Grundstücke die Voraussetzungen des § 1 Abs. 1 Höfe erfüllen. Wird diese Folge nicht gewünscht, so sollte die Hofaufhebungserklärung, wie im Muster, auch auf den Wegfall der Eigenschaft als Hof im Sinne der HöfeO erstreckt werden.

F. Die vorsorgliche Hofaufhebungserklärung

1. In der Praxis kommt es gar nicht so selten vor, dass bei landwirtschaftlichen Besitzungen, die Hof sein könnten, weder ein positiver noch ein negativer Hofvermerk im Grundbuch eingetragen ist, also weder eingetragen ist, dass es sich um einen Hof im Sinne der HöfeO handelt, noch vermerkt ist, dass eine vormals vorhanden gewesene Hofeigenschaft aufgehoben und damit erloschen ist. Das Schweigen des Grundbuchs ist leider kein verlässlicher Hinweis auf das Fehlen der Hofeigenschaft. Eine landwirtschaftliche Besitzung, welche die Voraussetzungen des § 1 Abs. 1 HöfeO erfüllt, ist nämlich auch dann Hof im Sinne der HöfeO, wenn kein Hofvermerk[56] im Grundbuch eingetragen ist. Zwar begründet die Eintragung eines Hofvermerks gemäß § 5 HöfeVfO die – widerlegbare – Vermutung für das Bestehen der Hofeigenschaft. Umgekehrt gibt es aber keine Vermutung dafür, dass eine Besitzung ohne oder mit gelöschtem Hofvermerk nicht Hof im Sinne der HöfeO ist.[57] Die Beteiligten und ihre Rechtsberater benötigen aber Klarheit darüber, ob es sich bei einer landwirtschaftlichen Besitzung um einen Hof im Sinne der HöfeO handelt und deshalb das Sonderrecht der HöfeO zu beachten ist, oder ob für die Übergabe oder Vererbung eines landwirtschaftlichen Betriebes mangels Hofeigenschaft das allgemeine Recht gilt. 44

Zwar kann das Landwirtschaftsgericht gemäß § 11 Abs. 1 Buchst. a) HöfeVfO im Wege eines besonderen Feststellungsverfahrens auf Antrag darüber entscheiden, ob ein Hof im Sinne der HöfeO vorliegt oder vorgelegen hat. Ein gerichtliches Feststellungsverfahren ist jedoch entbehrlich, wenn der Eigentümer das angestrebte Ergebnis auch durch eine höferechtliche Erklärung, nämlich die Hofaufhebungserklärung, erreichen kann.

In diesen Fällen bietet sich, wenn die Hofeigenschaft nicht gewünscht wird, eine vorsorgliche Hofaufhebungserklärung an.

2. Die vorsorgliche Hofaufhebungserklärung ist in Rechtsprechung und Literatur anerkannt.[58] Danach ist der Eigentümer berechtigt, die Hofaufhebung trotz fehlenden Hofver-

56 Ausführlich zum Hofvermerk *Roemer*, AUR 2024, 122.

57 Siehe *v. Jeinsen*, in: Faßbender/Hötzel/v. Jeinsen/Pikalo, § 5 HöfeVfO Rn 5; *Roemer*, AUR 2024, 122, 125.

58 OLG Köln AgrarR 1981, 171; OLG Köln, RNotZ 2009, 323; *Steffen*, RdL 1974, 85 ff.; *Faßbender*, DNotZ 1982, 736, 737; *Graß*, Landwirtschaftserbrecht, § 1 HöfeO Rn 116; Lüdtke-Handjery/v. Jeinsen/*Brinkmann*, § 1 HöfeO Rn 70; *Roemer*, RNotZ 2015, 556, 563 ff.

merks bereits dann zu erklären, wenn er nur befürchten muss, dass seine Besitzung Hof ist oder werden könnte.[59] Folgende Anwendungsfälle der vorsorglichen Hofaufhebungserklärung sind anerkannt:

a) Der Eigentümer einer landwirtschaftlichen Besitzung, deren Grundsteuerwert derzeit 54.000 EUR noch unterschreitet, hegt die begründete Erwartung, dass der Grundsteuerwert demnächst auf über 54.000 EUR ansteigen könnte. Hier darf der Eigentümer bereits vorab die Hofaufhebungserklärung abgeben, um das spätere Entstehen der Hofeigenschaft zu verhindern.[60]

b) Hat ein Voreigentümer die Hofeigenschaft aufgehoben und den Hofvermerk im Grundbuch löschen lassen, so wirkt die Hofaufhebungserklärung für alle Rechtsnachfolger, die das Eigentum am Hof im Wege eines (auch vorweggenommenen) Erbgangs erworben haben (Dauerwirkung der Hofaufhebungserklärung), wobei es auf die konkrete Ausgestaltung des Erwerbsvorgangs (vorweggenommene Erbfolge, Schenkung von Todes wegen, Erbvertrag, Vermächtnis, Erbauseinandersetzung) nicht ankommt.[61] Dagegen wird bei einem Erwerb des Hofes durch ein Verkehrsgeschäft unter Lebenden (z.B. Kauf) die Dauerwirkung der Hofaufhebungserklärung teilweise verneint.[62] Die Rechtslage ist insoweit streitig.[63] Daher wird dem Erwerber der Besitzung in einem solchen Fall gestattet, zur Beseitigung des unklaren Rechtszustands eine vorsorgliche Hofaufhebungserklärung abzugeben.[64]

c) Durch eine Entscheidung des OLG Köln[65] ist nunmehr klargestellt, dass die vorsorgliche Hofaufhebungserklärung über ihre bisherigen Anwendungsfälle hinaus stets dann zulässig ist, wenn sie der Beseitigung einer unklaren oder zweifelhaften Rechtslage dient. Sie kann immer schon dann abgegeben werden, wenn nicht sicher ist, ob es sich bei der landwirtschaftlichen Besitzung um einen Hof im Sinne der HöfeO handelt oder nicht.[66] Die fehlende Eintragung eines Hofvermerks steht dem nicht entgegen.

59 *Roemer*, RNotZ 2015, 556, 564; *Graß*, Landwirtschaftserbrecht, § 1 HöfeO Rn 120; OLG Köln AgrarR 1981, 171.

60 OLG Köln AgrarR 1981, 171 betreffend § 1 Abs. 1 HöfeO in ihrer bis zum 31.12.2024 geltenden Fassung, die für den Ist-Hof einen Mindest-Wirtschaftswertes von 10.000 EUR verlangt hatte.

61 BGH NJW 1992, 2825.

62 *Graß*, Landwirtschaftserbrecht, § 1 HöfeO Rn 96; *Schrimpf*, AgrarR 1984, 86; offengelassen von BGH NJW 1992, 2825.

63 Für Dauerwirkung der Hofaufhebungserklärung auch in diesem Fall Lüdtke-Handjery/v. Jeinsen/*Brinkmann*, § 1 HöfeO Rn 87; *Lückemeier*, in: Becker/Bolte/Lückemeier, § 1 HöfeO Rn 57.

64 *Graß*, Landwirtschaftserbrecht, § 1 HöfeO Rn 96 und 120; Lüdtke-Handjery/v. Jeinsen/*Brinkmann*, § 1 HöfeO Rn 87; *Roemer*, RNotZ 2015, 556, 564.

65 OLG Köln RNotZ 2009, 323 m. Anm. *Roemer*.

66 *Roemer*, RNotZ 2015, 556, 564; *Graß*, Landwirtschaftserbrecht, § 1 HöfeO Rn 120.

G. Die Hofaufhebungserklärung bei fehlendem Hofvermerk

Von der vorsorglichen Hofaufhebungserklärung zu unterscheiden ist folgende Konstellation: Eine landwirtschaftliche Besitzung erfüllt alle Voraussetzungen des § 1 Abs. 1 HöfeO und ist daher Hof im Sinne der HöfeO. Ein Hofvermerk ist jedoch nicht im Grundbuch eingetragen. Der Hofeigentümer möchte die Hofeigenschaft durch negative Hofaufhebungserklärung aufheben. 45

Auch in einem solchen Fall ist eine Hofaufhebungserklärung und die anschließende Eintragung des Erlöschens der Hofeigenschaft möglich, wie das OLG Köln in einem für die Praxis wichtigen Beschluss entschieden hat.[67] 46

Zur Begründung hat das OLG Köln auf die Zulässigkeit einer vorsorglichen Hofaufhebungserklärung hingewiesen, die es dem Eigentümer ermögliche, die Hofaufhebung zu erklären, ohne die Eintragung des Hofvermerks abwarten zu müssen. Diese Begründung trifft den entschiedenen Fall nicht ganz. Dort handelte es sich um einen Hof im Sinne der HöfeO, da alle Voraussetzungen für eine Hofeigenschaft gemäß § 1 Abs. 1 HöfeO vorlagen. Die Hofaufhebung ist daher nicht vorsorglich erklärt worden, weil unklar gewesen wäre, ob eine Hofeigenschaft bestand. Von der Hofeigenschaft war vielmehr ohne weiteres auszugehen. Es war lediglich kein Hofvermerk eingetragen. 47

Nach § 1 Abs. 4 S. 1 HöfeO verliert eine landwirtschaftliche Besitzung die Eigenschaft als Hof, wenn der Eigentümer erklärt, dass sie kein Hof mehr sein soll, und wenn der Hofvermerk im Grundbuch gelöscht wird. Die Löschung des Hofvermerks im Grundbuch ist daher im Falle der Hofaufhebungserklärung Voraussetzung für den Wegfall der Hofeigenschaft. Zwar geht § 1 Abs. 4 S. 1 HöfeO von dem Regelfall aus, dass die Hofeigenschaft des Hofes vor der Hofaufhebungserklärung auch im Grundbuch eingetragen ist (vgl. § 2 der HöfeVfO). 48

Es gibt aber Fälle – und diese sind in der Praxis gar nicht so selten –, dass trotz bestehender Hofeigenschaft der Hofvermerk nicht im Grundbuch eingetragen ist. Gleichwohl handelt es sich in diesen Fällen um einen Hof im Sinne der HöfeO. Soll daher in einer solchen Konstellation die Hofeigenschaft durch Hofaufhebungserklärung des Eigentümers wegfallen, so ist auch hier gemäß § 1 Abs. 4 S. 1 HöfeO das Erlöschen der Hofeigenschaft im Grundbuch zu vermerken. Dass der Hofvermerk vorher nicht im Grundbuch eingetragen war, steht dem nicht entgegen.

Es gibt zwei Möglichkeiten, in diesen Fällen das Erlöschen im Grundbuch zu vermerken. 49
Entweder in der Weise, dass zunächst der Hofvermerk eingetragen wird und sodann sofort wieder gelöscht wird. Es ist aber auch möglich – und das wird in der Praxis der Landwirtschaftsgerichte und Grundbuchämter immer wieder übersehen –, in einem solchen Fall

67 OLG Köln RNotZ 2009, 323 m. Anm. *Roemer*.

das Erlöschen der Hofeigenschaft ohne deren vorherige Eintragung im Grundbuch zu verlautbaren, etwa durch folgende Formulierung: „Die bisherige (im Grundbuch nicht eingetragene) Hofeigenschaft ist durch Hofaufgabeerklärung des Eigentümers vom … erloschen“.[68]

50 Die bloße Aufbewahrung der Hofaufgabeerklärung bei den Grundbuchakten gemäß § 10 der HöfeVfO reicht dagegen nicht aus. Die Aufbewahrung kann einen Vermerk über das Erlöschen der Hofeigenschaft nicht ersetzen; daran ändert auch § 1 Abs. 7 HöfeO nichts.[69]

▼

Muster 3.5: Hofaufhebungserklärung bei fehlendem Hofvermerk

3.5

An das Amtsgericht – Landwirtschaftsgericht –

in B

Ich bin Alleineigentümer einer landwirtschaftlichen Besitzung mit der Hofstelle in B. Die Besitzung ist eingetragen im Grundbuch von B. Blatt 320. Ihr Grundsteuerwert beträgt 65.000 EUR. Ein Hofvermerk ist im Grundbuch nicht eingetragen.

Da die landwirtschaftliche Besitzung die Voraussetzungen des § 1 Abs. 1 S. 1 HöfeO erfüllt, ist sie trotz fehlenden Hofvermerks ein Hof im Sinne der HöfeO.

Ich gebe hiermit die Erklärung ab, dass meine vorgenannte Besitzung nicht mehr Hof im Sinne der HöfeO sein soll.

Ich beantrage, das Erlöschen der Hofeigenschaft im Grundbuch einzutragen. Der Umstand, dass die Hofeigenschaft nicht im Grundbuch eingetragen ist, steht der Verlautbarung ihres Erlöschens im Grundbuch nicht entgegen (siehe Entscheidung des OLG Köln RNotZ 2009, 323).

Mir ist bekannt, dass infolge der Hofaufhebungserklärung meine landwirtschaftliche Besitzung ihre Eigenschaft als Hof im Sinne der HöfeO verliert, und zwar rückwirkend mit dem Eingang der Hofaufhebungserklärung beim Landwirtschaftsgericht.

Über die mit dem Verlust der Hofeigenschaft verbundenen Rechtsfolgen hat mich der beglaubigende Notar belehrt. Er hat mich insbesondere darauf hingewiesen,

a) dass die Vererbung und lebzeitige Übertragung der landwirtschaftlichen Besitzung sich nicht mehr nach den besonderen Vorschriften der HöfeO richtet, sondern nach den allgemeinen Bestimmungen insbesondere des BGB, die von denen der

68 *Roemer*, RNotZ 2015, 556, 564; *ders.*, RNotZ 2009, 324, 326. Ähnlich die vom OLG Köln RNotZ 2009, 323 vorgeschlagene Formulierung: „Die kraft Gesetzes entstandene Hofeigenschaft ist aufgrund der am … beim Landwirtschaftsgericht … eingegangenen Erklärung des Eigentümers erloschen.“
69 *Roemer*, RNotZ 2009, 324, 326.

HöfeO teilweise erheblich abweichen; über die diesbezüglichen Unterschiede hat mich der Notar belehrt;

b) dass damit die landwirtschaftliche Besitzung auch an mehrere Personen, auch an nicht wirtschaftsfähige Personen, vererbt oder übertragen werden kann,

c) dass die Abfindungsvergünstigungen, welche die HöfeO für den Hofnachfolger im Interesse des Erhalts der landwirtschaftlichen Besitzung vorsieht, entfallen,

d) dass Nachabfindungsansprüche der weichenden Erben, welche die HöfeO insbesondere für den Fall der ganzen oder teilweisen Veräußerung des Hofes gewährt, grundsätzlich nicht mehr in Betracht kommen,

e) dass erbrechtliche oder höferechtliche Bindungen, die der Hofeigentümer bereits eingegangen sein sollte, trotz der Hofaufhebungserklärung bestehen bleiben. Solche Bindungen können zum Beispiel dadurch entstehen, dass der Hofeigentümer einem Abkömmling die Bewirtschaftung des Hofes auf Dauer übertragen hat oder durch Art und Umfang der Beschäftigung eines Abkömmlings auf dem Hof hat erkennen lassen, dass dieser den Hof übernehmen soll.

B., den

(Notarielle Unterschriftsbeglaubigung)

▲

H. Steuerliche Folgen der Hofaufhebungserklärung

Die Hofaufhebungserklärung mit anschließender Löschung des Hofvermerks im Grundbuch beseitigt die Eigenschaft als Hof im Sinne der HöfeO und entzieht die land- und forstwirtschaftliche Besitzung damit dem Anwendungsbereich der HöfeO. Sie ist eine rein höferechtliche Erklärung und führt nicht etwa zu einer Betriebsaufgabe im Sinne des Einkommensteuerrechts.[70] Näher hierzu § 16 Rdn 31. **51**

Der durch die Hofaufhebungserklärung eintretende Verlust der Hofeigenschaft kann sich jedoch auf die einkommensteuerrechtliche Behandlung von Abfindungen auswirken, die an Abkömmlinge des Hofübergebers zu zahlen sind. Bei Übergaben außerhalb des Anwendungsbereichs der HöfeO stellen Gleichstellungsgelder zur Abfindung weichender Erben grundsätzlich entgeltliche Leistungen dar.[71] Abweichend hiervon sind jedoch Abfindungen, die der Übernehmer an andere Abkömmlinge des Übergebers nach §§ 12, 13, 17 Abs. 2 HöfeO zu zahlen hat, ertragsteuerlich nicht als Entgelt zu sehen, führen also **52**

70 BFH/NV 1998, 834.
71 BFH-GrS – BStBl II 1990, 847.

weder zu Anschaffungskosten noch zu einem Veräußerungsentgelt.[72] Der Grund für die abweichende Behandlung besteht darin, dass der Hofübergabevertrag in einem solchen Fall gemäß § 17 Abs. 2 HöfeO wie der Tod des Hofübergebers wirkt. Beim Tod des Hofeigentümers aber fällt der Hof aufgrund der höferechtlichen Sondernachfolge (§ 4 HöfeO) unmittelbar und sogleich dem Hoferben zu, so dass Abfindungsansprüche der weichenden Erben wie Vermächtnisse zu beurteilen sind.[73]

72 BMF v. 13.11.1993, BStBl I 1993, 80 Tz. 44.

73 BMF v. 11.1.1993, BStBl I 1993, 62 Tz. 89; *Faßbender*, in: Faßbender/Hötzel/v. Jeinsen/Pikalo, § 17 HöfeO Rn 253 ff.

§ 4 Vorbehalt des Wohnungsrechts

A. Allgemeines

I. Inhalt des Wohnungsrechts

Das Wohnungsrecht ist häufiger und typischer Bestandteil von Hofübergabeverträgen. 1
Als Sonderform einer beschränkt persönlichen Dienstbarkeit[1] gewährt es das Recht, ein Gebäude oder einen Teil eines Gebäudes unter Ausschluss des Eigentümers als Wohnung zu benutzen (§ 1093 Abs. 1 BGB). Durch das Merkmal „unter Ausschluss des Eigentümers" unterscheidet sich das Wohnungsrecht vom bloßen Mitbenutzungsrecht, das durch Eintragung einer gewöhnlichen beschränkt persönlichen Dienstbarkeit nach § 1090 BGB zu sichern ist.[2] Es reicht aus, wenn der Ausschluss der Eigentümernutzung und damit das Wohnungsrecht sich auf lediglich ein Zimmer beschränkt.[3]

Wegen des Bestimmtheitsgrundsatzes müssen die Räume, auf die sich das Wohnungsrecht erstecken soll, so genau bezeichnet werden, dass auch eine mit den Örtlichkeiten nicht vertraute Person erkennen kann, welche Räumlichkeiten Gegenstand des Wohnungsrechts sein sollen.[4] Empfehlenswert ist die Beifügung von Plänen als Anlage zur Urkunde, in denen die betreffenden Räume markiert sind.[5]

Der Wohnungsberechtigte ist nach § 1093 Abs. 3 BGB befugt, neben den ihm zu seiner al- 2
leinigen Nutzung zugewiesenen Wohnräumen auch die zum gemeinschaftlichen Gebrauch der Bewohner bestimmten Einrichtungen und Anlagen **mitzubenutzen**. Welche dies sind, richtet sich vorrangig nach den getroffenen Vereinbarungen.[6] Fehlen solche, umfasst das Mitbenutzungsrecht alle Grundstücksteile, auf deren Gebrauch der Wohnungsberechtigte angewiesen ist, um die Wohnräume ordnungsgemäß nutzen zu können.[7] Hierzu zählen das Treppenhaus und seine Beleuchtung[8] die Zentralheizung,[9] die sanitären Ver- und Entsorgungseinrichtungen,[10] Waschküche und Trockenboden[11] sowie das Badezimmer.[12]

1 BGH NJW 2007, 1884, 1885: „besondere Art der beschränkten persönlichen Dienstbarkeit".
2 MüKo-BGB/*Joost*, § 1093 Rn 5.
3 *J. Mayer/Geck*, Übergabevertrag, § 5 Rn 10.
4 *J. Mayer/Geck*, Übergabevertrag, § 5 Rn 22; *Schöner/Stöber*, Rn 1258.
5 *Raude*, RNotZ 2016, 69, 80.
6 *J. Mayer/Geck*, Übergabevertrag, § 5 Rn 19.
7 *J. Mayer/Geck*, Übergabevertrag, § 5 Rn 19; BayObLG DNotZ 1986, 148; BayObLG DNotZ 1992, 303.
8 *J. Mayer/Geck*, Übergabevertrag, § 5 Rn 19; MüKo-BGB/*Mohr*, § 1093 Rn 13.
9 BGH NJW 2012, 522.
10 BayObLG 1986, 148; BayObLG DNotZ 1992, 303; *J. Mayer/Geck*, Übergabevertrag, § 5 Rn 19.
11 BGH NJW-RR 2012, 218.
12 *J. Mayer/Geck*, Übergabevertrag, § 5 Rn 19.

Nicht unter § 1093 Abs. 3 BGB fallen hingegen Garten,[13] Garage und Kfz-Stellplatz.[14] An diesen Einrichtungen können jedoch **kraft Vereinbarung** Mitbenutzungsrechte im Sinne des § 1093 Abs. 3 BGB und auch den Eigentümer ausschließende Nutzungsrechte im Rahmen und als Bestandteil des Wohnungsrechts begründet werden.[15] Zur Vermeidung von Zweifels- und Streitfällen empfiehlt sich eine ausdrückliche Regelung, auf welche Anlagen und Einrichtungen sich das Mitbenutzungsrecht erstrecken soll.[16]

Soll der Wohnungsberechtigte befugt sein, auch den Garten, die Garage oder einen Kfz-Stellplatz mitzubenutzen oder unter Ausschluss des Eigentümers alleine zu nutzen, so ist dies im Rahmen eines Wohnungsrechts nur möglich, wenn sich diese Anlagen und Einrichtungen auf dem Hausgrundstück befinden.[17] Ist dies nicht der Fall, weil etwa der Garten auf einem rechtlich selbstständigen Nachbargrundstück liegt, so kann ein solches ergänzendes Nutzungsrecht nicht als Bestandteil des Gesamtwohnungsrechts, sondern nur als zusätzliche beschränkte persönliche Dienstbarkeit auf dem Nachbargrundstück grundbuchlich gesichert werden.[18]

3 Bei § 1093 BGB muss das Wohnen **Hauptzweck** der Nutzung sein; eine teilweise Nutzung der Wohnungsräume zu beruflichen oder gewerblichen Zwecken ist nach herrschender Ansicht zulässig, wenn sie lediglich von untergeordneter Bedeutung ist.[19] Dagegen gewährt § 1093 BGB nicht das Recht, als Hauptzweck ein Geschäftslokal, eine Werkstatt, eine Tankstelle oder Ähnliches auf dem Grundstück zu haben.[20]

II. Benutzung durch Dritte

4 Auch ohne besondere Gestattung ist der Wohnungsberechtigte gemäß § 1093 Abs. 2 BGB befugt, seine Familie sowie Haus- und Pflegepersonal in die Wohnung aufzunehmen. Zur Familie in diesem Sinne gehören auch der Partner einer auf Dauer angelegten nichtehelichen Lebensgemeinschaft,[21] der Partner einer eingetragenen Lebenspartnerschaft (§ 11 LPartG)[22] sowie der neue Ehegatte.[23] Eine Aufnahme im Sinne des § 1093 Abs. 2

13 BayObLG FGPrax 2000, 51; OLG Zweibrücken RPfleger 1998, 282; MüKo-BGB/*Mohr*, § 1093 Rn 6.

14 *v. Hoyenberg*, Vorweggenommene Erbfolge, 3. Kap. Rn 108; *J. Mayer/Geck*, Übergabevertrag, § 5 Rn 20.

15 *J. Mayer/Geck*, Übergabevertrag, § 5 Rn 20; *v. Hoyenberg*, Vorweggenommene Erbfolge, 3. Kap. Rn 108; MüKo-BGB/*Mohr*, § 1093 Rn 6, 13.

16 *v. Hoyenberg*, Vorweggenommene Erbfolge, 3. Kap. Rn 109; *J. Mayer/Geck*, Übergabevertrag, § 5 Rn 20.

17 BayOblG DNotZ 1976, 227; LG Koblenz, Rpfleger 1998, 197, 198.

18 Siehe *v. Hoyenberg*, Vorweggenommene Erbfolge, 3. Kap. Rn 108; OLG Zweibrücken Rpfleger 1998, 282; *Böttcher*, MittBayNot 1993, 129, 135; a.A. MüKo-BGB/*Mohr*, § 1093 Rn 18.

19 *Schöner/Stöber*, Rn 1247; a.A. MüKo-BGB/*Mohr*, § 1093 Rn 4: Absicherung nur durch Dienstbarkeit gemäß § 1090 BGB.

20 *Schöner/Stöber*, Rn 1247.

21 BGH NJW 1982, 1868.

22 Grüneberg/*Herrler*, § 1093 Rn 12.

23 BGH NJW 1996, 2153.

BGB erfasst jedoch nicht die Überlassung zur Alleinnutzung, sondern kann nur zur Mitbenutzung neben dem Berechtigten erfolgen.[24] Mit einem Umzug des Wohnungsberechtigten in ein Altenpflegeheim soll dessen Befugnis nach § 1093 Abs. 2 BGB nicht ohne weiteres enden, sofern seine Rückkehr in die Wohnung nicht völlig ausgeschlossen ist.[25] Sonstigen Dritten darf die Wohnung nur im Falle einer Gestattung nach § 1092 Abs. 1 S. 2 BGB zur Mit- oder Alleinbenutzung überlassen werden.[26] Gegenüber Sonderrechtsnachfolgern des mit dem Wohnungsrecht belasteten Eigentümers wirkt die Gestattung nur, wenn sie im Grundbuch eingetragen ist, wobei eine Bezugnahme auf die Eintragungsbewilligung genügt.[27]

III. Übertragbarkeit, Vererblichkeit, Erlöschen

1. Übertragbarkeit

Das Wohnungsrecht ist **nicht übertragbar** (§§ 1092 Abs. 1 S. 1, 1093 Abs. 1 S. 1 BGB). Es kann lediglich einem anderen zur Ausübung überlassen werden, auch dies jedoch nur im Falle einer entsprechenden Gestattung (§§ 1092 Abs. 1 S. 2, 1093 Abs. 1 S. 1 BGB). 5

2. Vererblichkeit

Das Wohnungsrecht ist **nicht vererblich** (§ 1061 S. 1 i.V.m. § 1090 Abs. 2 BGB).[28] Soll es nach dem Tode des Berechtigten einem anderen zustehen, so muss es in dessen Person als eigenständiges Wohnungsrecht begründet werden, z.B. durch Bestellung eines durch den Tod des eingetragenen Berechtigten aufschiebend bedingten Wohnungsrechts. Die Eintragung eines zusätzlichen Wohnungsrechts „für die Erben des derzeitigen Wohnungsberechtigten" kommt nicht in Betracht, weil § 328 BGB auf dingliche Rechte nicht anwendbar ist.[29] Ist das Wohnungsrecht jedoch für mehrere Personen, z.B. Ehegatten, als Gesamtberechtigte gemäß § 428 BGB bestellt, so erlischt es mit dem Tode des Erstversterbenden nicht, sondern steht dem Überlebenden alleine zu.[30] Gleichwohl empfiehlt es sich, dies klarstellend im Vertrag festzuhalten. 6

24 MüKo-BGB/*Mohr*, § 1093 Rn 12; Grüneberg/*Herrler*, § 1093 Rn 12.
25 OLG Oldenburg NJW-RR 1994, 467; OLG Schleswig BeckRS 2007, 02851.
26 Grüneberg/*Herrler*, § 1093 Rn 12.
27 BGH ZIP 2006, 2321, 2322; MüKo-BGB/*Mohr*, § 1092 Rn 10.
28 BGH NJW 1967, 627, 629; BGH NJW-RR 2010, 1585, Tz 20.
29 *Krauß*, Vermögensnachfolge, Rn 2215; Gutachten DNotI-Report 2011, 75.
30 BGH NJW 1967, 627, 629; BGH NJW 2007, 1884, 1885; MüKo-BGB/*Mohr*, § 1093 Rn 22.

3. Erlöschen des Wohnungsrechts

7 Das Wohnungsrecht erlischt mit dem Tod des Berechtigten (§ 1061 S. 1 i.V.m. § 1090 Abs. 2 BGB). Zwar wird es zumeist auf die Lebenszeit des Berechtigten eingeräumt. Eine Befristung auf einen früheren Zeitpunkt, z.B. das Erreichen eines bestimmten Alters des Wohnungsberechtigten, ist jedoch zulässig; es erlischt dann mit Ablauf der Zeit, für die es bestellt worden ist.

8 Wird das Wohnungsrecht unter einer auflösenden Bedingung bestellt, was grundsätzlich zulässig ist,[31] so erlischt es mit Eintritt der Bedingung.

Allerdings können mit Rücksicht auf den Zweck des Grundbuchs, über das Bestehen und Erlöschen dinglicher Rechte zuverlässig Auskunft zu geben, nur solche Ereignisse zu verfahrensrechtlich wirksamen Erlöschensbedingungen gemacht werden, deren Eintritt mit der gebotenen Eindeutigkeit bestimmbar ist.[32] Für zulässig gehalten wurde danach die auflösende Bedingung, dass „der Berechtigte das Anwesen nicht nur vorübergehend verlässt“,[33] für unzulässig hingegen eine Bedingung, dass das Wohnungsrecht enden solle, wenn es „voraussichtlich auf Dauer nicht mehr ausgeübt werden kann“.[34]

9 Der Umzug des Wohnungsberechtigten in ein Alten- oder Pflegeheim oder sonstige persönliche Gründe, die ihn an der Ausübung des Wohnungsrechts hindern, führen **nicht** zum Erlöschen des Wohnungsrechts.[35] Anders ist dies nur dann, wenn ein solcher Grund rechtwirksam zur auflösenden Bedingung des Wohnungsrechts gemacht worden ist (**Wegzugsklausel**), was eine entsprechende Zulässigkeit sowohl in grundbuchverfahrensrechtlicher[36] als auch in materiell rechtlicher Hinsicht voraussetzt. Nach Ansicht des BGH[37] verstößt die Vereinbarung, eine vertraglich übernommene Verpflichtung zur Gewährung von Pflege und Kost solle entschädigungslos ruhen, solange der Übergeber sich in einem Alten- und Pflegeheim aufhält, nicht gegen § 138 BGB. Für eine entsprechende Vereinbarung zum Ruhen und Erlöschen des Wohnungsrechts dürfte nichts anderes gelten.[38] Allerdings wird der Eintritt der auflösenden Bedingung häufig nur schwer in der erforderlichen Form des § 29 GBO zu führen sein,[39] so dass die Praxis zu-

31 BayObLG MittRhNotK 1997, 391; OLG Frankfurt MittBayNot 2016, 231 m. Anm. *Everts*.

32 BayObLG MittRhNotK 1997, 391; OLG Frankfurt MittBayNot 2016, 231 m. Anm. *Everts*.

33 BayObLG MittRhNotK 1997, 391; OLG München FGPrax 2024, 210 m. Anm. *Dressler-Berlin*.

34 OLG Frankfurt MittBayNot 2016, 231 mit dem Argument, dass auch ein Umzug des Wohnungsberechtigten in ein Altenheim eine Ausübung des Wohnungsrechts durch ihn nicht ausschließe, weil er mit der – jedenfalls abstrakt möglichen – Gestattung des Eigentümers die Räume vermieten könne.

35 BGH NJW 2007, 1884; BGH NJW 2012, 3572 m. Anm. *Herrler*, DNotZ 2019, 493, 496.

36 Vgl. hierzu die Nachweise in den vorstehenden Fußnoten.

37 BGH DNotZ 2009, 441.

38 Ebenso Langenfeld/Günther/*Langenfeld*, Grundstückszuwendungen, S. 161; *Volmer*, MittBayNot 2009, 276, 281; *Herrler*, DNotZ 2019, 493, 497.

39 OLG München FGPrax 2024, 210 m. Anm. *Dressler-Berlin*; *Krauß*, Vermögensnachfolge, Rn 1707.

sätzlich auf die Aufnahme einer schuldrechtlichen Verpflichtung zur Löschung oder auf andere Löschungserleichterungen zurückgreift.[40] So ist es denkbar, als auflösende Bedingung nicht das dauernde Verlassen des Vertragsobjekts zu vereinbaren,[41] sondern die Vorlage einer behördlichen Meldebescheinigung darüber, dass der Wohnungsberechtigte nicht mehr mit Wohnsitz im Vertragsobjekt gemeldet ist.[42] Hilfreich ist auch in diesem Zusammenhang eine notarielle Vorsorgevollmacht, die allerdings – wie auch sonst – ein entsprechendes Vertrauensverhältnis voraussetzt.

Anstelle einer auflösenden Bedingung kann auch mit lediglich schuldrechtlicher Wirkung (bei dinglichem Fortbestand des Wohnungsrechts) vereinbart werden, dass in einem solchen Fall die Rechte aus dem Wohnungsrecht ersatz- und entschädigungslos ruhen sollen, wenn der Wohnungsberechtigte die Wohnung nicht nur vorübergehend verlässt.[43] **10**

Kann der Wohnungsberechtigte sein Wohnungsrecht aufgrund Umzugs in ein Alten- und Pflegeheim nicht mehr ausüben und haben die Vertragsbeteiligten für diesen Fall **keine** Vereinbarungen getroffen, so ist nach Ansicht des BGH im Wege der ergänzenden Vertragsauslegung von folgenden Grundsätzen auszugehen:[44] **11**

Der Eigentümer ist berechtigt, aber nicht verpflichtet, die Wohnung für Rechnung des Wohnungsberechtigten zu vermieten. Vermietet der Eigentümer die Wohnung nicht, sondern nutzt sie selbst oder lässt sie durch einen nahen Angehörigen unentgeltlich nutzen, so hat er kein Nutzungsentgelt an den Wohnungsberechtigten zu zahlen. **12**

Die Ausführungsgesetze der Bundesländer zum BGB sehen hinsichtlich des Altenteilsvertrages im Sinne des Art. 96 EGBGB, zu dem der Hofübergabevertrag klassischerweise gehört, vor, dass dem Übergeber im Falle des Wegzugs vom übertragenen Anwesen Ansprüche auf Zahlung einer Geldrente gegen den Übernehmer zustehen können.[45] Diese Ansprüche können auf den Sozialhilfeträger übergeleitet werden. Eine Überleitung scheidet jedoch aus, wenn die Vorschriften der Länderausführungsgesetze abbedungen werden, was möglich ist, da diese dispositiv sind.[46]

40 *Krauß*, Vermögensnachfolge, Rn 1707 ff. (z.B. notarielle Eigenurkunde oder Löschungsantrag des Notars als auflösende Bedingung); *Zimmer*, ZEV 2009, 382, 383.

41 Das dauernde Verlassen der Wohnung ist durch Vorlage einer behördlichen Abmeldebescheinigung nicht in grundbuchtauglicher Form nachweisbar, OLG München FGPrax 2024, 210. Die Meldebescheinigung ist zwar eine öffentliche Urkunde. Mit ihr wird aber nur bescheinigt, dass die entsprechenden Daten im Melderegister nach § 3 BMG aktuell gespeichert sind. Sie enthält dagegen keine Aussage darüber, ob die Wohnung von dem Wohnungsberechtigten auch tatsächlich genutzt wird, OLG München FGPrax 2024, 210 m. zust. Anm. *Dressler-Berlin*.

42 OLG München FGPrax 2024, 210; *Dressler-Berlin*, FGPrax 2024, 211.

43 Siehe *v. Hoyenberg*, Vorweggenommene Erbfolge, 3. Kap. Rn 140.

44 BGH NJW 2009, 1348.

45 So z.B. Art. 15 § 9 AGBGB NRW; § 16 Niedersächsisches AGBGB; § 10 AGBGB Schleswig-Holstein. Die Ausführungsgesetze der Bundesländer zum BGB sind abgedr. bei: *Graß*, Landwirtschaftserbrecht, S. 597 ff.

46 *Wegmann*, Grundstücksüberlassung, Rn 482; Lüdtke-Handjery/v. Jeinsen/*Roemer*, § 17 HöfeO Rn 89.

Gibt der Wohnungsberechtigte sein Wohnungsrecht auf, so liegt hierin eine (ggf. weitere) Schenkung an den Eigentümer in Höhe des kapitalisierten Wertes des Wohnungsrechts, mit u.U. unerwünschten steuerrechtlichen und, insbesondere im Falle einer Heimunterbringung, auch zivilrechtlichen (§ 528 BGB) und sozialrechtlichen Folgen.[47]

13 ▼

Muster 4.1: Auflösende Bedingung bei Auszug des Berechtigten

Das Wohnungsrecht ist wie folgt auflösend bedingt:

Es erlischt, wenn der Notar die Löschung des Wohnungsrechts beantragt.

Der Notar wird angewiesen, den Löschungsantrag in gesiegelter Form zu stellen, wenn ihm eine behördliche Meldebescheinigung vorgelegt wird, aus der sich ergibt, dass der Wohnungsberechtigte seit mindestens sechs Monaten nicht mehr mit Haupt- oder Zweitwohnsitz im übertragenen Anwesen gemeldet ist, oder dem Notar ein ärztliches Attest vorgelegt wird, demzufolge der Wohnungsberechtigte mit hoher Wahrscheinlichkeit aus gesundheitlichen Gründen daran gehindert ist, sein Wohnungsrecht im übertragenen Anwesen persönlich auszuüben.

Unabhängig hiervon ist der Wohnungsberechtigte verpflichtet, auf Verlangen und auf Kosten des Eigentümers die Löschung des Wohnungsrechts in grundbuchmäßiger Form zu bewilligen, wenn er das Vertragsobjekt nicht nur vorübergehend verlassen hat.

Etwaige Ersatz- und Entschädigungsansprüche des Wohnungsberechtigten im Zusammenhang mit dem Erlöschen des Wohnungsrechts und der Nutzung der Wohnung durch den Eigentümer oder durch Dritte werden ausgeschlossen.

▲

Muster in Anlehnung an *Krauß*, Vermögensnachfolge, Rn 1717, 1712

14 ▼

Muster 4.2: Schuldrechtliche Vereinbarung über das Ruhen des Wohnungsrechts bei nicht nur vorübergehendem Verlassen des Anwesens

Mit lediglich schuldrechtlicher Wirkung vereinbaren die Vertragsbeteiligten:

Die Rechte aus dem vorstehenden Wohnungsrecht ruhen ersatz- und entschädigungslos, wenn der Wohnungsberechtigte das übertragene Anwesen nicht nur vorübergehend verlässt. Ansprüche des Wohnungsberechtigten aus einer etwaigen Vermietung oder sonstigen Nutzung der dem Wohnrecht unterliegenden Räume durch den Eigentümer oder durch Dritte während dieser Zeit werden ausgeschlossen.

▲

Muster im Anschluss an *v. Hoyenberg*.[48]

47 *Herrler*, DNotZ 2019, 493, 499; vgl. hierzu BGH NJW 2018, 3775 m. Anm. *Zeranski*.
48 Im Anschluss an *v. Hoyenberg*, Vorweggenommene Erbfolge, 3. Kap. Rn 141.

Das Risiko, dass der Erwerber im Falle der Vereinbarung einer Wegzugsklausel den Auszug des Berechtigten bewusst provoziert, um auf diese Weise das Erlöschen des Wohnungsrechts herbeizuführen, kann freilich nicht gänzlich ausgeschlossen werden. Im Hinblick hierauf wird teilweise empfohlen, das Ruhen oder Erlöschen des Wohnungsrechts bei Auszug des Berechtigten nur unter der zusätzlichen Voraussetzung zu vereinbaren, dass der Erwerber oder dessen Familienangehörige den Wegzug des Wohnungsberechtigten nicht zu vertreten haben.[49] **15**

Das Wohnungsrecht erlischt ferner durch Aufhebung nach § 875 BGB.

IV. Kosten, Lasten, Unterhaltung

Die **öffentlichen und privaten Lasten**, die auf dem Grundbesitz ruhen, hat abweichend von der für das Nießbrauchrecht geltenden Bestimmung des § 1047 BGB, die gemäß § 1093 Abs. BGB auf das Wohnungsrecht keine Anwendung findet, **der Eigentümer** zu tragen, und zwar allein und insgesamt und damit auch insoweit, als sie auf die das Wohnungsrecht unterliegenden Räume entfallen.[50] Hierzu gehören insbesondere Grundsteuer, Gemeindeabgaben für Straßenreinigung, Kanalisation, Schornsteinfeger, die Kosten der Brandversicherung sowie Erschließungs- und Anliegerbeiträge.[51] Hiervon abweichende Vereinbarungen, die derartige Kosten und Lasten dem Wohnungsberechtigten auferlegen, sind zulässig, jedoch nur mit schuldrechtlicher Wirkung.[52] **16**

Die auf die Wohnung entfallenden **verbrauchsabhängigen Kosten** für Strom, Heizung und Wasser hat der Wohnungsberechtigte zu tragen.[53] Ihm obliegen auch die gewöhnlichen Ausbesserungen und Erneuerungen der Wohnung wie insbesondere **Schönheitsreparaturen**.[54] Außergewöhnlichen Ausbesserungen und Erneuerungen hat der Wohnungsberechtigte hingegen nicht vorzunehmen,[55] allerdings auch nicht der Eigentümer, **17**

49 *J. Mayer/Geck*, Übergabevertrag, § 3 Rn 90; *Everts*, MittBayNot 2016, 234.

50 *v. Hoyenberg*, Vorweggenommene Erbfolge, 3. Kap. Rn 141; *Langenfeld/Günther*, Grundstückszuwendungen, 4. Kap. Rn 38.

51 *Weirich/Ivo*, Rn 1005; *Schmid*, ZfIR 2012, 231, 232.

52 *v. Hoyenberg*, Vorweggenommene Erbfolge, 3. Kap. Rn 118; *Langenfeld/Günther*, Grundstückszuwendungen, 4. Kap. Rn 38.

53 BGH NJW 2012, 522.

54 DNotI-Gutachten, DNotI-Report 2003, 82. Unter Schönheitsreparaturen sind gemäß § 28 Abs. 4 der II. Berechnungsverordnung zu verstehen: das Tapezieren, Anstreichen und Kalken der Wände und Decken, das Streichen der Fußböden und der Heizkörper, einschließlich der Heizrohre, der Innentüren sowie der Fenster und der Außentüren von innen.

55 BGH NJW 1969, 1847; BGH NJW 2012, 522, 523.

so dass insoweit eine „Pattsituation" besteht.[56] An den verbrauchsunabhängigen Kosten für **gemeinschaftliche** Einrichtungen und Anlagen wie etwa Heizung und Warmwasserbereitung hat sich der Wohnungsberechtigte anteilig zu beteiligen.[57]

Abweichende Vereinbarungen sind jeweils zulässig, und zwar auch mit dinglicher Wirkung. So kann als Inhalt des Wohnungsrechts vereinbart werden,[58] dass der Eigentümer zu tragen hat: die Schönheitsreparaturen,[59] die gesamten, also auch auf die dem Wohnungsrecht unterliegenden Räume und Anlagen entfallenden verbrauchsabhängigen und verbrauchsunabhängigen Kosten der Ver- und Entsorgung (Strom, Heizung, Gas, Wasser, Abwasser, Müllabfuhr)[60] sowie die Kosten der Unterhaltung, auch soweit diese über gewöhnliche Ausbesserungen und Erneuerungen hinausgehen.[61]

18 ▼

Muster 4.3: Kostentragung beim Wohnungsrecht; umfassende Übernahme durch den Erwerber

4.3

Mit dinglicher Wirkung wird als Inhalt des Wohnungsrechts vereinbart:

Der Eigentümer ist verpflichtet, die dem Wohnungsrecht unterliegenden Räume in einem jederzeit gut bewohnbaren und beheizbaren Zustand zu erhalten. Er ist auch verpflichtet, die Kosten der Schönheitsreparaturen zu tragen.

Der Eigentümer hat ferner sämtliche Kosten der Versorgung und Entsorgung der dem Wohnungsrecht unterliegenden Räume und der zum gemeinschaftlichen Gebrauch bestimmten Anlagen und Einrichtungen zu tragen, insbesondere die Kosten für Strom, Heizung, Gas, Wasser, Abwasser und Müllabfuhr; dies gilt sowohl für die verbrauchsabhängigen wie auch für die verbrauchsunabhängigen Kosten der Ver- und Entsorgung.

Zur Löschung des Wohnungsrechts genügt der Nachweis des Todes des Wohnungsberechtigten, was hiermit ebenfalls zur Eintragung bewilligt wird.

▲

56 *Schöner/Stöber*, Rn 1250; *J. Mayer/Geck*, Übergabevertrag, § 5 Rn 48.

57 BGH NJW 2012, 522.

58 A.A. *Schöner/Stöber*, Rn 1254 f., die annehmen, dass solche Verpflichtungen nur im Wege einer selbstständigen Reallast dinglich gesichert werden könnten. Dagegen zu Recht *v. Hoyenberg*, Vorweggenommene Erbfolge, 3. Kap. Rn 126.

59 OLG Schleswig DNotZ 1994, 895; OLG Nürnberg RNotZ 2022, 266; DNotI-Gutachten, DNotI-Report 2003, 83.

60 BayObLGZ 1980, 176; LG Köln MittRhNotK 1987, 106; OLG Hamm RNotZ 2014, 175; *Krauß*, Vermögensnachfolge, Rn 2233.

61 LG Saarbrücken RNotZ 2003, 615; OLG Köln MittRhNotK 1986, 264.

V. Löschungserleichterung gemäß § 23 Abs. 2 GBO (Vorlöschungsklausel)

19 Ein auf die Lebenszeit des Berechtigten beschränktes Recht, bei dem Rückstände von Leistungen nicht ausgeschlossen sind, kann ohne Bewilligung des Rechtsnachfolgers nur dann vor Ablauf eines Jahres nach dem Tode des Berechtigten gelöscht werden, wenn im Grundbuch eine Löschungserleichterung nach § 23 Abs. 2 GBO („löschbar bei Todesnachweis“) eingetragen ist. Die Eintragung, die eine entsprechende Bewilligung des Berechtigten erfordert, kommt bei einem Wohnungsrecht nur dann in Betracht, wenn dem Eigentümer abweichend vom gesetzlichen Inhalt des Wohnungsrechts Kosten und Lasten auferlegt worden sind, die zu Rückständen führen können.[62] Das ist etwa der Fall, wenn als Inhalt des Wohnungsrechts vereinbart wird, dass der Eigentümer die Schönheitsreparaturen zu tragen und die dem Wohnungsrecht unterliegenden Räume in einem bewohnbaren und beheizbaren Zustand zu erhalten hat.[63] Bei den Vereinbarungen im vorstehenden Muster ist daher eine Vorlöschungsklausel möglich und empfehlenswert.

VI. Mehrheit von Wohnungsberechtigten

20 Steht das Hofgebäude oder Altenteilerhaus, in dem sich die für das vorbehaltene Wohnungsrecht des Übergebers vorgesehenen Räume befinden, im Eigentum mehrerer Personen, z.B. im Miteigentum von Ehegatten, so wird üblicherweise vereinbart, dass das Wohnungsrecht diesen als Gesamtberechtigte gemäß § 428 BGB zustehen soll.[64] Die in diesen Fällen ebenfalls zulässige[65] Bestellung von mehreren rang- und inhaltsgleichen Wohnungsrechten ist in der Praxis ungebräuchlich. Bei Begründung einer Gesamtberechtigung nach § 428 BGB empfiehlt sich die Klarstellung, dass beim Tode eines Berechtigten dem Überlebenden das Wohnungsrecht ungeschmälert allein zustehen soll.

21 Bei Hofübergaben kommt es häufig vor, dass entweder der Ehemann oder die Ehefrau Alleineigentümer des Wohnungsrechts-Gebäudes ist. Gleichwohl soll regelmäßig auch hier der Nichteigentümer-Ehegatte des Übergebers in den Genuss des Wohnungsrechts kommen. Geschieht dies, was zulässig ist, in der Weise, dass der Nichteigentümer-Ehegatte neben dem Veräußerer vereinbarungsgemäß Gesamtberechtigter des Wohnungsrechts

62 *J. Mayer/Geck*, Übergabevertrag, § 5 Rn 47; BayObLGZ 1979, 372; OLG Düsseldorf MittRhNotK 1994, 346.
63 BayOblGZ 1979, 372; LG Potsdam NotBZ 2005, 118.
64 Siehe *v. Hoyenberg*, Vorweggenommene Erbfolge, 3. Kap. Rn 144.
65 Vgl. BGHZ 46, 253.

nach § 428 BGB wird, so ist darauf zu achten, dass in der Einräumung der Gesamtgläubigerstellung eine Schenkung des Veräußerers an seinen Ehegatten liegt.[66] Alternativ kann in diesen Fällen vereinbart werden, dass – unter Beibehaltung der Gesamtgläubigerschaft beider Ehegatten – abweichend von der Auslegungsregel des § 430 BGB das Wohnungsrecht im Innenverhältnis zwischen dem Veräußerer und dessen Ehegatten bis zum Tode des Veräußerers nur diesem und erst ab dessen Ableben dem Ehegatten zustehen soll. Oder es könnten – unter Vermeidung einer Gesamtgläubigerstellung gemäß § 428 BGB – zwei eigenständige Wohnungsrechte begründet werden, ein sofort entstehendes für den Veräußerer allein und ein – durch den Tod des Veräußerers aufschiebend bedingtes – für dessen Ehegatten. In beiden Alternativen läge erst mit dem Tode des Veräußerers eine freigebige Zuwendung an seinen Ehegatten vor, während eine Schenkung des Wohnungsrechts ganz entfiele, wenn der Ehegatte vor dem Veräußerer versterben sollte.[67]

22 ▼

4.4

Muster 4.4: Wohnungsrecht zugunsten des Übergebers mit aufschiebend bedingtem Wohnungsrecht zugunsten seines Ehegatten

1. Der Übergeber behält sich das lebenslängliche Wohnungsrecht an sämtlichen Räumen der Wohnung im Erdgeschoss der übertragenen Hofstelle Gemarkung Flur Nr. vor.

   Für den Inhalt des Wohnungsrecht gelten die folgenden Bestimmungen:

2. Ein – durch den Tod des Übergebers aufschiebend bedingtes – inhaltsgleiches Wohnungsrecht wird hiermit auch der Ehefrau des Übergebers, Frau , eingeräumt. (Gegebenenfalls zusätzlich: Weitere aufschiebende Bedingung dieses Wohnungsrechts ist, dass beim Tode des Übergebers dessen Ehe mit Frau noch besteht).

3. Die Beteiligten bewilligen und beantragen, zulasten des Grundbesitzes Gemarkung Flur Nr. im Grundbuch einzutragen:

   a) ein Wohnungsrecht zugunsten des Übergebers gemäß Ziffer 1.;

   b) ein aufschiebend bedingtes Wohnungsrecht zugunsten der Ehefrau des Übergebers gemäß Ziffer 2, und zwar mit Rang nach dem Wohnungsrecht des Übergebers.

▲

66 Nds. FG EFG 2002, 480 m. Anm. *Neu*; FM BaWü v. 25.6.2003, DB 2003, 1478; vgl. auch BFH ZEV 2007, 601 m. Anm. *Götz*.

67 Nds. FG 2002, 480 m. Anm. *Neu*; FM BaWü v. 25.6.2003, DB 2003, 1478; Hannes/*Roemer*, S. 1223 f.

VII. Wohnungsrecht und Fristbeginn bei Pflichtteilsergänzungsansprüchen

Behält sich der Veräußerer das Nießbrauchsrecht an dem übertragenen Grundbesitz vor, 23
so wird nach der Rechtsprechung des BGH die Zehnjahresfrist des § 2325 Abs. 3 S. 2 BGB trotz Eigentumsumschreibung auf den Erwerber nicht in Gang gesetzt.[68] Fraglich ist, ob und unter welchen Voraussetzungen auch der Vorbehalt eines Wohnungsrechts dem Anlauf dieser Frist entgegensteht.[69]

Ein umfassendes Wohnungsrecht, das sich auf sämtliche Räume und Anlagen eines übertragenen Wohnhauses erstreckt, hindert nach überwiegender Ansicht den Fristbeginn, und zwar auch dann, wenn dem Wohnungsberechtigten eine Überlassung an Dritte nicht gestattet ist.[70] Behält sich der Übergeber hingegen das Wohnungsrecht nur an einer von mehreren übertragenen Wohnungen oder nur an einzelnen Zimmern einer Wohnung unter Mitbenutzung der gemeinschaftlichen Einrichtungen vor, so soll dies nach der Rechtsprechung der Instanzgerichte den Fristbeginn nicht hemmen.[71]

Seit 2016 liegt eine Entscheidung des BGH zu dieser Problematik vor.[72] In dem zugrun- 24
deliegenden Fall hatte sich der Übergeber eines aus drei Etagen bestehenden Hauses ein Wohnungsrecht lediglich an den Räumen im Erdgeschoss und an der Garage vorbehalten, unter Einschluss der Mitbenutzung des Gartens und der Nebenräume nebst Versorgungsanlagen. Ein Recht zur Überlassung des Wohnungsrechts an Dritte war nicht vereinbart, auch war kein Rückforderungsrecht vorgesehen, sondern lediglich eine schuldrechtliche Veräußerungsbeschränkung. Bei dieser Gestaltung hat der BGH den Fristbeginn nach § 2325 Abs. 3 BGB bejaht.[73]

Bislang noch nicht höchstrichterlich geklärt ist die Frage, ob der Fristanlauf gehindert wird, wenn der Übergeber sich neben einem eingeschränkten Wohnungsrecht zusätzlich Rückforderungsrechte vorbehalten hat.[74]

68 BGHZ 125, 395, 398 f.

69 Zur Problematik vgl. *Gehse*, RNotZ 2009, 361; *Herrler*, ZEV 2008, 461; *J. Mayer/Geck*, Übergabevertrag, § 9 Rn 97 ff.; *Krauß*, Vermögensnachfolge, Rn 2250 ff.

70 *N. Mayer*, ZEV 1994, 325, 328; *Worm*, RNotZ 2003, 535, 548; *Herrler*, ZEV 2008, 461.

71 OLG Bremen NJW 2005, 1726; OLG Oldenburg ZEV 2006, 80; OLG Karlsruhe ZEV 2008, 244; OLG Celle OLGR 2003, 370, 371; LG Münster MittBayNot 1997, 113; LG Rottweil ZErb 2012, 282 m. Anm. *Wirich*; a.A. OLG München ZEV 2008, 480.

72 BGH ZEV 2016, 445.

73 BGH ZEV 2016, 445; ebenso OLG München RNotZ 2025,580=BeckRS 2025,20252 (Vorbehalt des Wohnungsrechts nur an der Wohnung im Erdgeschoss).

74 Hierzu *Herrler*, ZEV 2008, 461, 464; *Gehse*, RNotZ 2009, 361, 369 ff. Vgl. hierzu auch die Ausführungen in § 11 Abschn. D. XI.

B. Gesamtmuster Wohnungsrecht, mehrere Veräußerer

25 ▼

Muster 4.5: Wohnungsrecht, mehrere Veräußerer

4.5

1. Die Veräußerer, die Eheleute M. und F., behalten sich als Gesamtberechtigte gemäß § 428 BGB an der übertragenen Hofstelle Gemarkung Flur Nr. das Wohnungsrecht vor, folgende Räume unter Ausschluss des Eigentümers zu nutzen:

   sämtliche Räume der Wohnung im Erdgeschoss sowie die auf der Hofstelle befindliche – vom Hauseingang aus gesehen – rechts gelegene Garage.

   Das Wohnungsrecht berechtigt auch zur Mitbenutzung der zum gemeinschaftlichen Gebrauch der Bewohner bestimmten Anlagen und Einrichtungen, insbesondere des Kellers, des Speichers und des Hausgartens.

   Das Wohnungsrecht darf Dritten nicht zur Ausübung überlassen werden.

   Das Wohnungsrecht steht den Berechtigten Zeit ihres Lebens zu, dem Überlebenden von ihnen uneingeschränkt und allein.

   Mit dinglicher Wirkung wird vereinbart:

   Der Eigentümer hat die dem Wohnungsrecht unterliegenden Räume in einem jederzeit gut bewohnbaren und beheizbaren Zustand zu erhalten. Er ist auch verpflichtet, die Kosten der Schönheitsreparaturen zu tragen.

   Der Eigentümer hat ferner sämtliche Kosten der Versorgung und Entsorgung der dem Wohnungsrecht unterliegenden Räume und der zum gemeinschaftlichen Gebrauch bestimmten Anlagen und Einrichtungen zu tragen, insbesondere die Kosten für Strom, Heizung, Gas, Wasser, Abwasser und Müllabfuhr; dies gilt sowohl für die verbrauchsabhängigen wie auch für die verbrauchsunabhängigen Kosten der Ver- und Entsorgung.

2. Der Erwerber bewilligt und die Veräußerer beantragen die Eintragung eines Wohnungsrechts auf der in Ziffer 1. genannten Hofstelle zugunsten der Veräußerer – als Gesamtberechtigte gemäß § 428 BGB – mit dem Vermerk, dass zur Löschung des Rechts der Nachweis des Todes der Wohnungsberechtigten genügt.[75]

▲

75 Da nach der in Ziff. 1. getroffenen Kosten- und Lastenregelung Rückstände des Eigentümers aus dem Wohnungsrecht möglich sind (vgl. etwa LG Potsdam NotBZ 2005, 118; BayObLGZ 1979, 372), ist die Eintragung der Löschungserleichterung gemäß § 23 Abs. 2 GBO empfehlenswert. Sie setzt eine entsprechende Bewilligung voraus.

§ 5 Vorbehalt des Nießbrauchs

A. Anwendungsbereich

Bei landwirtschaftlichen Betrieben kommt eine Übergabe unter Nießbrauchvorbehalt vor allem dann in Betracht, wenn der Betrieb an Dritte verpachtet ist und der Erwerber auch in Zukunft keine eigene Bewirtschaftung beabsichtigt, z.B. weil er mangels entsprechender Ausbildung und Kenntnissen hierzu nicht in der Lage ist oder – mit den Worten der HöfeO – nicht wirtschaftsfähig ist.[1] 1

Soll hingegen ein aktiver Betrieb übertragen werden, der vom Veräußerer selbst bewirtschaftet wird und nach Übergabe vom Erwerber bewirtschaftet werden soll oder vom Erwerber bereits bewirtschaftet wird, z.B. aufgrund eines mit dem Veräußerer bestehenden Pachtvertrages, so vereinbaren die Beteiligten zumeist eine Übergabe gegen Gewährung wiederkehrender Geldleistungen in Form einer Leibrente oder dauernden Last (vgl. § 6 Rdn 1 ff.). Es ist dann Sache des Erwerbers und liegt in dessen Verantwortung, die geschuldeten Geldleistungen aus den Erträgen des übergeben Betriebes aufzubringen. Denkbar, jedoch selten, ist auch, dass der Übergeber den landwirtschaftlichen Betrieb als Nießbraucher selbst bewirtschaftet.[2]

Zu den steuerlichen Vorfragen bei der Übertragung eines landwirtschaftlichen Betriebes unter Nießbrauchvorbehalt siehe § 6 Rdn 3 und § 16 Rdn 73 ff. 2

Eine Sonderform der Übergabe unter Nießbrauchvorbehalt bildet die sog. Rheinische Hofübergabe, bei der Veräußerer den Hof in Ausübung des vorbehaltenen Nießbrauchs an den Erwerber verpachtet (hierzu Rdn 5). 3

Mitunter kommt es vor, dass der Übergeber sich den Nießbrauch nicht an dem gesamten übertragenen Grundbesitz, sondern nur an einem einzelnen Grundstück vorbehalten möchte, insbesondere an einem mit einem Wohnhaus bebauten Grundstück, das sich auf der Hofstelle befindet (vgl. hierzu Rdn 7). 4

B. Zulässigkeit nach Höferecht

Ob die Übergabe eines Hofes i.S.d. HöfeO unter Vorbehalt des Nießbrauchs höferechtlich zulässig ist, war lange Zeit umstritten.[3] Heute besteht Einigkeit darüber, dass jedenfalls der in der Praxis bedeutsamste und häufigste Fall der Hofübergabe unter Nießbrauchsvor- 5

1 Bei Höfen i.S.d. HöfeO scheidet als Hofnachfolger aus, wer nicht wirtschaftsfähig ist (§ 6 Abs. 6 HöfeO). Wirtschaftsfähig ist nach § 6 Abs. 7 HöfeO, wer nach seinen Fähigkeiten, Kenntnissen und seiner Persönlichkeit in der Lage ist, den von ihm zu übernehmenden Hof selbstständig zu bewirtschaften.

2 *Pikalo*, DNotZ 1971, 389, 400.

3 Ausführlich *Gehse*, RNotZ 2009, 160; Lüdtke-Handjery/v. Jeinsen/*Roemer*, § 17 HöfeO Rn 93 ff.

behalt, nämlich die sog. **Rheinische Hofübergabe**, bei der der Übergeber den Hof in Ausübung des vorbehaltenen Nießbrauchs an den Übernehmer verpachtet, keinen höferechtlichen Bedenken begegnet und folglich nach § 17 Abs. 3 HöfeO genehmigungsfähig ist.[4] Sie stellt keine unzulässige Aushöhlung der Hoferbfolge dar. Vielmehr erhält der Übernehmer trotz des Nießbrauchvorbehalts eine gesicherte Stellung als Hofeigentümer, während bei einer Nichtgenehmigung des Hofübergabevertrages die Hofübergabe nur weiter hinausgezögert würde.[5] Das Eigentum, das dem Übernehmer hierdurch verschafft wird, ist nicht nur eine formale Rechtsposition, sondern bietet ihm einen Schutz, der über § 7 Abs. 2 HöfeO deutlich hinausgeht.[6]

Ist der Hof an einen Dritten verpachtet, sollte der Nießbrauchsvorbehalt ebenfalls genehmigungsfähig sein.[7]

In Zweifelsfällen sollte, wenn ein Hof im Sinne der HöfeO unter Nießbrauchvorbehalt übergeben werden soll, die Genehmigungsfähigkeit des Hofübergabevertrages vor seiner Beurkundung mit dem Landwirtschaftsgericht abgeklärt werden. Wird die Genehmigungsfähigkeit verneint oder bezweifelt, könnte die Hofeigenschaft vor Abschluss des Hofübergabevertrages durch negative Hoferklärung und Löschung des Hofvermerks aufgehoben werden.[8]

6 Wird ein landwirtschaftlicher Betrieb, der **nicht** Hof i.S.d. HöfeO ist, unter Vorbehalt des Nießbrauchs übergeben, so bedarf zwar sowohl die Übergabe (§ 2 Abs. 1 GrdStVG) als auch die Bestellung des Nießbrauchs (§ 2 Abs. 2 Nr. 3 GrdStVG) der Genehmigung nach dem GrdStVG. Die Genehmigung ist jedoch zu erteilen **(Genehmigungszwang)**, wenn der Betrieb geschlossen übertragen wird und der Erwerber wie in aller Regel – mit dem Eigentümer in gerader Linie verwandt ist oder bis zum dritten Grad in der Seitenlinie verwandt oder bis zum zweiten Grad verschwägert ist (§ 8 Nr. 2 GrdStVG). Wird der Nießbrauch auch – zumeist aufschiebend bedingt auf den Tod des Übergebers – zugunsten des Ehegatten des Übergebers eingeräumt oder zugunsten einer mit dem Übergeber in der vorgenannten Weise verwandten oder verschwägerten Person, so ist dies ebenfalls nach dem ausdrücklichen Wortlaut des § 8 Nr. 2 GrdStVG zu genehmigen. Das Geneh-

4 OLG Hamm AgrarR 1982, 164; OLG Hamm ZEV 2009, 147; *Gehse*, RNotZ 2009, 160; Lüdtke-Handjery/v. Jeinsen/*Roemer*, § 17 HöfeO Rn 95 m.w.N.; *Düsing/Sieverdingbeck-Lewers*, in: Düsing/Martinez, § 17 HöfeO Rn 21; *Lückemeier*, in: Becker/Bolte/Lückemeier, § 17 HöfeO Rn 14; für Zulässigkeit eines Nießbrauchvermächtnisses an einem Hof i.S.d. HöfeO auch BGHZ 118, 361 = NJW 1992, 2827.

5 OLG Hamm ZEV 2009, 147; Lüdtke-Handjery/v. Jeinsen/*Roemer*, § 17 HöfeO Rn 95; Vertragsmuster einer Rheinischen Hofübergabe in Hannes/*Roemer*, Abschn. C.4.10, und Kersten/Bühling/*Fackelmann*, § 36, 200 M.

6 *Graß*, Landwirtschaftserbrecht, § 17 HöfeO Rn 55.

7 *Gehse*, RNotZ 2009,160, 163 f.; *Roemer*, AUR 2025, 82, 85; kritisch *Seutemann*, Landwirtschaftssachen, S. 193.

8 *Gehse*, RNotZ 2009, 160, 164.

migungsprivileg des § 8 Nr. 2 GrdStVG gilt jedoch kraft gesetzlicher Anordnung in § 31 Abs. 1 GrdStVG nicht für Höfe i.S.d. HöfeO.

C. Der Vorbehaltsnießbrauch an einem bebauten Einzelgrundstück und einer Teilfläche

Es kommt vor, dass der Übergeber eines landwirtschaftlich Betriebes sich den Nieß- 7
brauch nur an einem einzelnen übertragenen Grundstück vorbehalten möchte. Oft handelt es sich hierbei um ein Grundstück, das mit einem im steuerlichen Privatvermögen befindlichen Wohnhaus bebaut ist, das der Übergeber selbst zu eigenen Wohnzwecken nutzt oder das vermietet ist. Nicht selten steht das Gebäude dabei auf einem größeren Grundstück, auf dem sich auch die Hofstelle befindet. Hier ist zu unterscheiden:

Bildet die Fläche, die mit dem Wohnhaus bebaut ist, bereits ein eigenständiges separates Grundstück im Rechtssinne, so wird der Nießbrauch an diesem Grundstück bestellt. Ist dies nicht der Fall, so bestehen folgende Möglichkeiten:

Die Teilfläche, die mit dem Wohnhaus bebaut ist, kann herausvermessen und katasteramtlich fortgeschrieben werden, so dass sie fortan ein eigenes neues Grundstück bildet, das Gegenstand des Nießbrauchs ist.

Soll, insbesondere aus Kostengründen, eine Vermessung vermieden werden, kann entweder der Nießbrauch an dem gesamten Grundstück bestellt werden, jedoch mit der Maßgabe, dass der Ausübungsbereich des Nießbrauchs auf diejenige Teilfläche beschränkt ist, auf der sich das Gebäude befindet (sog. **unechte Teilflächenbelastung**).[9] Oder es kann – als **echte Teilflächenbelastung** – der Nießbrauch an der mit dem Wohnhaus bebauten Grundstücksteilfläche bestellt werden. Die echte Teilflächenbelastung ist nach § 7 Abs. 2 GBO zulässig ist, sofern grundbuchlich keine Verwirrung zu besorgen ist, und erfordert die Vorlage eines von der für die Führung des Liegenschaftskatasters zuständigen Behörde erteilten beglaubigten Auszugs aus der amtlichen Karte, in dem der zu belastende Grundstücksteil gekennzeichnet ist.[10] Ob eine echte oder unechte Teilflächenbelastung gewählt wird, ist eine Frage des Einzelfalls.[11]

9 *Hoss*, RNotZ 2024, 621, 626; *Schöner/Stöber*,Rn 1365; Beck'sches Notar-Handbuch/*Everts*, § 5 Rn 9.

10 OLG München BeckRS 2020, 18336; *Hoss*, RNotZ 2024, 621, 625.

11 Zu den möglichen Vor- und Nachteilen der jeweiligen Gestaltung vgl. Beck'sches-Notarhandbuch/*Everts*, § 5 Rn 9; *Hoss*, RNotZ 2024, 621, 625 ff.; *Krauß*, Vermögensnachfolge, Rn 1908.

D. Rechtliche Ausgestaltung

I. Allgemeines

8 Das Nießbrauchsrecht verschafft dem Nießbrauchsberechtigten ein umfassendes Nutzungsrecht. Bei einer Übergabe unter Nießbrauchsvorbehalt verliert zwar der Veräußerer sein Eigentum an dem übertragenen Grundbesitz. Er ist jedoch berechtigt, sämtliche Nutzungen der Sache zu ziehen (§ 1030 BGB), insbesondere ist er berechtigt, den Grundbesitz zu verpachten oder zu vermieten oder auch selbst zu nutzen. Verfügungen über den Grundbesitz wie insbesondere Veräußerungen und Belastungen sind ihm allerdings nicht mehr möglich. Hierzu bedarf es der Mitwirkung des Übernehmers in seiner Eigenschaft als neuer Eigentümer, zu der dieser freilich nicht verpflichtet ist. Umgekehrt ist zwar der Übernehmer als neuer Eigentümer zur Veräußerung und Belastung des Grundbesitzes berechtigt.[12] Diese rechtliche Verfügungsbefugnis ist jedoch in der Praxis ohne eine entsprechende Bereitschaft des Nießbrauchers (bei einer Veräußerung zur Löschung des Nießbrauchs, bei einer Belastung zu einem Rangrücktritt) nur von geringer Bedeutung.

II. Entstehung, Übertragbarkeit und Erlöschen des Nießbrauchs

9 Der Nießbrauch an einem Grundstück entsteht durch Einigung und Eintragung im Grundbuch (§ 873 BGB). Er ist nicht übertragbar,[13] kann jedoch einem anderen zur Ausübung überlassen werden (§ 1059 BGB). Die Ausübungsüberlassung muss nicht in das Grundbuch eingetragen werden.[14] Die Befugnis zur Überlassung der Ausübung kann vertraglich mit dinglicher Wirkung durch Eintragung im Grundbuch ausgeschlossen werden.[15]

Das Nießbrauchsrecht ist nicht vererblich und erlischt mit dem Tode des Nießbrauchsberechtigten (§ 1061 S. 1 BGB).

10 Soll das Nießbrauchsrecht nach dem Tode des Berechtigten einem anderen zustehen, so muss es in dessen Person als eigenständiges Nießbrauchsrecht begründet werden, z.B. durch Bestellung eines durch den Tod des eingetragenen Berechtigten aufschiebend bedingten Nießbrauchsrechts. Die Eintragung eines zusätzlichen Nießbrauchsrechts „für

12 Sofern nicht, wie häufig, im Rahmen vertraglicher Rückforderungsrechte vereinbart worden ist, dass er hierzu der Zustimmung des Übergebers bedarf.

13 Ausnahme: Ein zugunsten einer juristischen Person oder einer rechtsfähigen Personengesellschaft bestehendes Nießbrauchsrecht ist nach Maßgabe des § 1059 BGB übertragbar.

14 MüKo-BGB/*Pohlmann*, § 1059 Rn 13.

15 BGH NJW 1985, 2827; MüKoBGB/*Pohlmann*, § 1059 Rn 9.

die Erben des derzeitigen Nießbrauchsberechtigten" kommt nicht in Betracht, weil § 328 BGB auf dingliche Rechte nicht anwendbar ist.[16] Ist das Nießbrauchsrecht jedoch für mehrere Personen, z.B. Ehegatten, als Gesamtberechtigte gemäß § 428 BGB bestellt, so erlischt es mit dem Tode des Erstversterbenden nicht, sondern steht dem Überlebenden alleine zu.[17] Gleichwohl empfiehlt es sich, dies klarstellend im Vertrag festzuhalten.

Bei Vereinbarung eines auflösend bedingten (§ 158 Abs. 2 BGB) oder befristeten Nieß- 11
brauchsrechts erlischt das Recht mit Eintritt der Bedingung bzw. mit Ablauf der Frist. Für Wegzugsklauseln, die vorsehen, dass das Nießbrauchsrecht erlöschen soll, wenn der Berechtigte das übertragene Anwesen auf Dauer verlässt (insbesondere im Falle der Übersiedlung in ein Alten- oder Pflegeheim, gelten die Ausführungen zum Wohnungsrecht (vgl. § 4 Rdn 9) entsprechend.

Das Nießbrauchrecht an einem Grundstück erlischt ferner durch rechtsgeschäftliche Aufhebung. Sie erfordert eine entsprechende Aufgabeerklärung des Eigentümers und die Löschung des Nießbrauchsrechts im Grundbuch (§ 875 BGB).

III. Tragung von Kosten und Lasten

1. Gesetzliche Regelung

Nach dem BGB hat der Nießbrauchberechtigte die Sache in ihrem wirtschaftlichen Be- 12
stand zu erhalten (§ 1041 S. 1 BGB), er muss aber nicht ihren Kapitalwert konservieren.[18] Ausbesserungen und Erneuerungen obliegen ihm daher nur insoweit, als sie zur **gewöhnlichen Unterhaltung** der Sache gehören (§ 1041 S. 2 BGB). Hierzu zählen Erhaltungsmaßnahmen, die bei ordnungsgemäßer Bewirtschaftung regelmäßig, und zwar wiederkehrend innerhalb kürzerer Abstände, zu erwarten sind,[19] auch wenn sie durch Zufall oder Handlungen Dritter veranlasst werden.[20] Darunter fallen insbesondere die normalen Verschleißreparaturen wie etwa Anstricharbeiten, der Ersatz zerbrochener Fensterscheiben oder einzelner Dachziegel, nicht aber die vollständige Erneuerung der Dacheindeckung oder der Elektroinstallation[21] oder der Wiederaufbau eines zerstörten Gebäudes.[22] Auch das Nichtverödenlassen landwirtschaftlicher Flächen und die Wiederauffors-

16 *Krauß*, Vermögensnachfolge, Rn 2215; Gutachten DNotI-Report 2011, 75, jeweils zum Wohnungsrecht; für das Nießbrauchsrecht gilt nichts anderes.
17 BGH NJW 1967, 627, 629; BGH NJW 2007, 1884, 1885, jeweils zum Wohnungsrecht; *Schöner/Stöber*, Rn 1370.
18 BGH MittBayNot 2010,40; MüKo-BGB/*Pohlmann*, § 1041 Rn 4.
19 BGH MittBayNot 2010, 40; BGH NJW-RR 2003, 1290, 1291.
20 Grüneberg/*Herrler*, § 1041 Rn 4.
21 BGH MittBay Not 2010, 40; BGH NJW-RR 2005, 321; MüKo-BGB/*Pohlmann*, § 1041 Rn 5.
22 BGH NJW-RR 2003, 1290.

tung nach gestattetem Kahlschlag gehören zur gewöhnlichen Unterhaltung der Sache.[23] Der Nießbraucher hat ferner die Sache gegen Brandschaden und sonstige Unfälle zu versichern und die hierfür anfallenden Kosten zu tragen, wenn die Versicherung einer ordnungsgemäßen Wirtschaft entspricht (§ 1045 BGB).

13 Zu **außergewöhnlichen** Ausbesserungen und Erneuerungen sind weder der Nießbraucher noch der Eigentümer verpflichtet.[24] Insoweit besteht daher eine **„Pattsituation"**.[25] Den Nießbrauchsberechtigten treffen insoweit nur eine Anzeigepflicht (§ 1042 BGB) und eine Duldungspflicht (§ 1044 BGB).[26] Macht er, ohne hierzu verpflichtet zu sein, gleichwohl Aufwendungen, so kann er hierfür gemäß § 1049 BGB Ersatz nur nach den Vorschriften der Geschäftsführung ohne Auftrag verlangen.[27]

14 Nach § 1047 BGB ist der Nießbraucher dem Eigentümer gegenüber verpflichtet, für die Dauer des Nießbrauchsrechts die auf der Sache ruhenden **öffentlichen Lasten** mit Ausnahme der außerordentlichen Lasten, die auf den Stammwert der Sache gelegt anzusehen sind,[28] sowie diejenigen **privaten Lasten** zu tragen, welche bereits zur Zeit der Bestellung des Nießbrauchs auf der Sache ruhten. Die Vorschrift beruht auf dem Gedanken, dass dem Nießbraucher der Reinertrag gebührt, er also alle diejenigen Lasten zu tragen hat, deren Entrichtung aus den Erträgen erwartet werden darf, ebenso alle Betriebs- und Fruchtgewinnungskosten, auch wenn die Lasten die Erträge übersteigen sollten.[29] Als öffentliche Lasten zu tragen hat der Nießbraucher daher die Grundsteuer sowie, sofern landesrechtlich als öffentliche Last ausgestaltet, die Gebühren für Kanalisation, Müllabfuhr, Straßenreinigung und Schornsteinfeger.[30] Der Eigentümer hingegen hat, weil auf den Stammwert gelegt, insbesondere die Erschließungskosten und Erschließungsbeiträge nach BauGB und den kommunalrechtlichen Vorschriften zu tragen.[31] Als private Lasten obliegen dem Nießbraucher nach § 1047 BGB die Zinsen, die auf Grundpfandrechte und andere auf Zahlung gerichtet Rechte (Reallasten, Überbau- und Notwegerechte) sowie auf die durch sie gesicherte Darlehensverbindlichkeiten zu leisten sind, sofern diese bereits im Zeitpunkt der Nießbrauchbestellung bestanden; die Tilgungen hingegen hat der Eigentümer zu tragen.[32]

23 BayOblGZ 1977, 205; Grüneberg/*Herrler*, § 1041 Rn 2.
24 BGH NJW 1969; MüKo-BGB/*Pohlmann*, § 1041 Rn 7.
25 *J. Mayer/Geck*, Übergabevertrag, § 11 Rn 34 a.E.; *Krauß*, Vermögensnachfolge, Rn 1949.
26 MüKo-BGB/*Pohlmann*, § 1041 Rn 7; *Krauß*, Rn 1949.
27 *J. Mayer/Geck*, Übergabevertrag, § 11 Rn 34 a.E.; *Krauß*, Vermögensnachfolge, Rn 1949.
28 Also nicht aus den Erträgen, sondern aus der Substanz zu leisten sind, *Krauß*, Vermögensnachfolge, Rn 1952.
29 *Krauß*, Rn 1950.
30 MüKo-BGB/*Pohlmann*, § 1047 Rn 7; *Krauß*, Vermögensnachfolge, Rn 1952.
31 MüKo-BGB/*Pohlmann*, § 1047 Rn 7; *J. Mayer/Geck*, Übergabevertrag, § 11 Rn 34.
32 *Krauß*, Vermögensnachfolge, Rn 1953; *J. Mayer/Geck*, Übergabevertrag, § 11 Rn 34.

▼ 15

Muster 5.1: Nießbrauch mit gesetzlicher Lastenverteilung

5.1

Der Veräußerer behält sich auf seine Lebenszeit den Nießbrauch an dem in dieser Urkunde übertragen Grundbesitz vor. Für den Nießbrauch gelten die gesetzlichen Bestimmungen des BGB. Danach ist der Nießbraucher berechtigt, den Grundbesitz durch Vermietung, Verpachtung oder sonstige Überlassung an Dritte oder durch Eigennutzung zu nutzen.

Er ist verpflichtet, für die Dauer des Nießbrauchs die laufenden öffentlichen Lasten, wie insbesondere Grundsteuer, Müllabfuhr, Schornsteinfeger, Straßenreinigung und Kanalisation, zu tragen. Der Nießbraucher hat ferner den Nießbrauchgrundbesitz für die Dauer des Nießbrauchs im Rahmen ordnungsgemäßer Wirtschaft zu versichern, insbesondere gegen Feuer-, Sturm- und Leitungswasserschäden sowie Haftpflicht. Er hat des Weiteren für die Erhaltung der Sache in ihrem wirtschaftlichen Bestand zu sorgen und Ausbesserungen und Erneuerungen vorzunehmen, die zur gewöhnlichen Unterhaltung gehören. Außergewöhnliche Ausbesserungen und Erneuerungen obliegen ihm hingegen nicht. Auch hat er keine außerordentlichen einmaligen öffentliche Lasten, insbesondere keine Erschließungskosten und Erschließungsbeiträge, zu tragen.

Die Vertragsbeteiligten bewilligen und beantragen die Eintragung dieses Nießbrauchs zugunsten des Veräußerers auf dem übertragenen Grundbesitz mit dem Vermerk, dass zur Löschung des Rechts der Nachweis des Todes des Berechtigten genügt.

▲

2. Von der gesetzlichen Regelung abweichende Vereinbarungen zur Lastentragung

a) Überblick

Für die Vertragsbeteiligten besteht die Möglichkeit, Vereinbarungen zu treffen, die von der gesetzlichen Regelung zur Tragung von Kosten und Lasten abweichen. Gegenüber Rechtsnachfolgern wirken diese Vereinbarungen jedoch nur, wenn sie mit dinglicher Wirkung erfolgen und im Grundbuch eingetragen werden. Eine **dingliche Abänderung** der Lastentragung ist insbesondere in folgenden Fällen zulässig: 16

a) Die außergewöhnliche Unterhaltung und Erneuerung der Sache, die nach dem Gesetz weder dem Eigentümer noch dem Nießbraucher obliegt (vgl. Ziff. 1), kann dem Nießbraucher auferlegt werden,[33] nach h.M. jedoch nicht mit dinglicher Wirkung dem Eigentümer.[34]

33 *J. Mayer/Geck*, Übergabevertrag, § 11 Rn 42; *Schippers*, MittRhNotK 1996, 197, 201; BayOblGZ 1985, 6; BayOblGZ 1986, 151.

34 Grüneberg/*Herrler*, § 1041 Rn 3; *J. Mayer/Geck*, Übergabevertrag, § 11 Rn 42.

b) Von der gewöhnlichen Unterhaltungspflicht nach § 1041 S. 2 BGB kann der Nießbraucher nach h.M. mit dinglicher Wirkung entlastet werden.[35]

c) Von der Verpflichtung zur Tragung der auf der Sache ruhenden ordentlichen öffentlichen Lasten, d.h. den regelmäßig wiederkehrenden wie insbesondere die Grundsteuer, die nach dem Gesetz der Nießbraucher zu tragen hat, kann dieser befreit werden.[36]

d) Mit den außerordentlichen öffentlichen Lasten, die als auf den Stammwert der Sache gelegt anzusehen sind und nach dem Gesetz dem Eigentümer obliegen (§ 1047 BGB), wie insbesondere Erschließungskosten und Anliegerbeiträge, kann der Nießbraucher belastet werden.[37]

e) Die Tilgungsleistungen auf Grundpfandrechte sowie auf die durch diese gesicherten Darlehensverbindlichkeiten, die nach § 1047 BGB der Eigentümer zu tragen hat, können dem Nießbraucher auferlegt werden.[38]

f) Die Verpflichtung des Nießbrauchers, die Sache versichert zu halten und die Versicherungsbeiträge zu zahlen (§ 1045 BGB), kann abbedungen werden.[39]

b) Nettonießbrauch

17 Die Möglichkeit, in erheblichem Umfang Lasten, die nach der gesetzlichen Regelung der Eigentümer zu tragen hätte, durch Vereinbarung dem Nießbraucher aufzuerlegen, wird insbesondere beim **Nettonießbrauch** genutzt. Bei diesem sollen möglichst alle Kosten und Lasten nicht dem Eigentümer, sondern dem Nießbraucher obliegen, der somit in den Genuss der Nutzungen nur nach Abzug des Aufwands („netto") kommen soll.[40]

Der Nettonießbrauch ist eine besonders häufig gewählte Gestaltungsform. Im Bereich der vorweggenommenen Erbfolge entspricht sie dem Wunsch der Beteiligten, dass der Erwerber zwar in die Eigentümerstellung einrücken soll, sich aber an der Kosten- und Lastentragung zu Lebzeiten des Veräußerers nichts ändern soll.[41] Bei der Übertragung vermieteter Immobilien unter Nießbrauchvorbehalt ist die Vereinbarung des Nettonießbrauchs zudem auch einkommensteuerrechtlich geboten, um dem Nießbraucher den Abzug der Lasten als Werbungskosten zu ermöglichen.[42] Da nur der Nießbraucher Einkünfte aus dem Nießbrauchgrundbesitz erzielt, kann auch nur er aufgrund des im Einkom-

35 *J. Mayer/Geck*, Übergabevertrag, § 11 Rn 42; *Frank*, MittBayNot 2008, 79; *Schippers*, MittRhNotK 1996, 197, 201; LG Ulm BwNotZ 1977, 173; aA Grüneberg/*Herrler*, § 1041 Rn 4; OLG Bremen, RNotZ 2022, 96, 98.

36 MüKo-BGB/*Pohlmann*, § 1047 Rn 19.

37 MüKo-BGB/*Pohlmann*, § 1047 Rn 19; *Schippers*, MittRhNotK 1996, 197, 202.

38 *Schippers*, MittRhNotK 1996, 197, 202.

39 MüKo-BGB/*Pohlmann*, § 1045 Rn 1.

40 *Promberger*, MittBayNot 2010, 22.

41 Siehe *v. Hoyenberg*, Vorweggenommene Erbfolge, 3. Kap. Rn 26.

42 *Krauß*, Vermögensnachfolge, Rn 1962; *J. Mayer/Geck*, Übergabevertrag, § 11 Rn 37.

mensteuerrecht geltenden Korrespondenzprinzips insoweit Werbungskosten geltend machen. Trägt er Kosten, ohne hierzu verpflichtet zu sein, handelt sich um steuerlich unbeachtlichen Drittaufwand, der zu einem Werbungskostenleerlauf führt.[43] Entsprechendes gilt, wenn der Vorbehaltsnießbraucher Aufwendungen für betrieblich genutzte Wirtschaftsgüter trägt. Diese kann er nur dann als Betriebsausgaben abziehen, wenn er zur Übernahme der Aufwendungen gesetzlich oder vertraglich verpflichtet ist.[44]

▼ 18

Muster 5.2: Nettonießbrauch

Der Veräußerer behält sich auf seine Lebenszeit den Nießbrauch an dem in dieser Urkunde übertragenen Grundbesitz vor. Für den Nießbrauch gelten die gesetzlichen Bestimmungen, jedoch mit der Maßgabe, dass abweichend von der gesetzlichen Regelung mit dinglicher Wirkung folgendes vereinbart wird:

a) Ausbesserungen und Erneuerungen trägt der Nießbraucher auch insoweit, als sie über die gewöhnliche Unterhaltung der Sache hinausgehen; er ist auch zur tatsächlichen Durchführung dieser Maßnahmen verpflichtet.

b) Der Nießbraucher trägt auch die auf dem Nießbrauchgrundbesitz ruhenden außerordentlichen öffentlichen Lasten, die auf dessen Stammwert gelegt anzusehen sind.

c) Der Nießbraucher trägt ferner neben den Zinsen auch die Tilgung solcher Verbindlichkeiten, die bereits zur Zeit der Bestellung dieses Nießbrauchrechts durch Grundpfandrechte auf dem Nießbrauchgrundbesitz abgesichert sind.

Die Vertragsbeteiligten bewilligen und beantragen die Eintragung dieses Nießbrauchs zugunsten des Veräußerers auf dem übertragenen Grundbesitz mit dem Vermerk, dass zur Löschung des Rechts der Nachweis des Todes des Berechtigten genügt.

▲

c) Bruttonießbrauch

Beim Bruttonießbrauch wird abweichend von der gesetzlichen Lastenverteilung vereinbart, dass der Eigentümer sämtliche auf der Sache ruhenden öffentlichen und privaten Lasten trägt, so dass dem Nießbraucher die Bruttoeinnahmen ohne Abzug verbleiben.[45] Zu beachten ist, dass der Nießbraucher zwar mit dinglicher Wirkung von der Tragung dieser Lasten befreit werden kann. Dem Eigentümer können diese jedoch nur schuldrechtlich und nicht als Inhalt des Nießbrauchs aufgebürdet werden.[46] Dies beruht darauf, dass der Nießbrauch nach der gesetzlichen Systematik eine Dienstbarkeit ist und dem Eigentümer im Rahmen einer Dienstbarkeit nur Duldungs- und keine Leistungspflichten auferlegt 19

43 *Krauß*, Vermögensnachfolge, Rn 1962; *J. Mayer/Geck*, Übergabevertrag, § 11 Rn 37.
44 BFH NotBZ 2010, 69.
45 *J. Mayer/Geck*, Übergabevertrag, § 11 Rn 5.
46 Siehe *v. Hoyenberg*, Vorweggenommene Erbfolge, 3. Kap. Rn 36, *Krauß*, Vermögensnachfolge, Rn 1957.

werden können.[47] Soll die schuldrechtliche Verpflichtung des Eigentümers zur Tragung dieser Lasten grundbuchlich gesichert werden, bedarf es hierzu einer zusätzlichen Reallast.[48] Wird diese nicht bestellt, sollte eine Verpflichtung des Erwerbers vereinbart werden, die von ihm übernommenen Pflichten seinen Rechtsnachfolgern im Eigentum aufzuerlegen.[49]

Im Falle einer Fremdvermietung ist der Bruttonießbrauch ertragsteuerlich nachteilhaft, da sie dem Nießbraucher, der von der Kosten- und Lastentragung befreit ist, den Werbungskostenabzug verwehrt, und der Eigentümer mangels entsprechender Einkünfte zum Abzug nicht zugelassen ist.[50]

20 ▼

Muster 5.3: Bruttonießbrauch

5.3

1. Der Veräußerer behält sich auf seine Lebenszeit den Nießbrauch an dem in dieser Urkunde übertragenen Grundbesitz vor. Für den Nießbrauch gelten die gesetzlichen Bestimmungen, jedoch mit der Maßgabe, dass abweichend hiervon mit dinglicher Wirkung Folgendes vereinbart wird:

   Der Nießbraucher ist weder zur Lastentragung nach § 1047 BGB noch zur Erhaltung der Sache in ihrem wirtschaftlichen Bestand und zur gewöhnlichen Unterhaltung des Sache nach § 1041 BGB verpflichtet. Er ist auch nicht verpflichtet, die Sache nach § 1045 BGB zu versichern. Die Verpflichtung des Nießbrauchers zur Sicherheitsleistung nach § 1051 BGB wird ausgeschlossen.

2. Mit lediglich schuldrechtlicher Wirkung verpflichtet sich der Erwerber gegenüber dem Veräußerer, alle auf dem Grundbesitz ruhenden öffentlichen und privaten Lasten zu tragen, den Grundbesitz gegen Brandschaden und sonstige Unfälle zu versichern und die Versicherungsbeiträge zu zahlen, den Grundbesitz für die Dauer des Nießbrauchs instand zu halten und alle Ausbesserungen und Erneuerungen, die während der Dauer des Nießbrauchs erforderlich werden, auf seine (des Erwerbers) Kosten vorzunehmen.

   Der Erwerber verpflichtet sich, im Falle einer Weiterveräußerung diese Verpflichtungen seinen Rechtsnachfolgern im Eigentum aufzuerlegen und diese ihrerseits zur Weitergabe an deren Rechtsnachfolgern zu verpflichten.

3. Die Vertragsbeteiligten bewilligen und beantragen die Eintragung des Nießbrauchs nach Ziffer 1. zugunsten des Veräußerers auf dem übertragenen Grundbesitz mit dem Vermerk, dass zur Löschung des Rechts der Nachweis des Todes des Berechtigten genügt.

▲

47 BayOblGZ 1985, 6; *Krauß*, Vermögensnachfolge, Rn 1957.

48 Siehe *v. Hoyenberg*, Vorweggenommene Erbfolge, 3. Kap. Rn 36; *Krauß*, Vermögensnachfolge, Rn 1957.

49 *J. Mayer/Geck*, Übergabevertrag § 11 Rn 46.

50 *Krauß*, Vermögensnachfolge, Rn 1957.

3. Finanzierung der Lasten des Nießbrauchers, vertragliche Gestaltungsrechte des Nießbrauchers zur Aufhebung eines nicht mehr gewünschten Nießbrauchs

Hat der Nießbraucher wie beim Nettonießbrauch (Rdn 17) vereinbarungsgemäß auch die 21
außerordentlichen Lasten und die über die gewöhnliche Unterhaltung hinausgehenden Ausbesserungen und Erneuerungen zu tragen, läuft er Gefahr, bei größeren Instandhaltungs- und Instandsetzungsmaßnahmen oder Erschließungsvorhaben mit erheblichen Zahlungsverpflichtungen belastet zu werden.[51] Diese kann er möglicherweise nicht aus eigenem Vermögen, sondern nur mit Hilfe von Darlehen erfüllen, deren Gewährung der Kreditgeber wiederum von der Eintragung eines Grundpfandrechts abhängig machen wird. Um dem Nießbraucher eine Absicherung dieser Kredite auf dem ihm nicht mehr gehörenden Nießbrauchgrundbesitz zu ermöglichen, kommen verschiedene Gestaltungen in Betracht.[52]

a) Neuvalutierung bestehender Grundschulden

Nicht selten sind auf dem Grundbesitz im Zeitpunkt der Übertragung unter Nießbrauch- 22
vorbehalt noch Grundschulden eingetragen, die noch der Veräußerer (Nießbraucher) selber bestellt hatte und denen keine oder nur noch geringe Verbindlichkeiten zugrunde liegen. Hier können die Beteiligten im Übergabevertrag vereinbaren, dass der Erwerber die Grundschuld dinglich übernimmt und dem Veräußerer eine Neuvalutierung gestattet. Das Risiko, dass der Veräußerer eine solche Befugnis ohne Zustimmung des Erwerbers auch zur Besicherung von Darlehen nutzt, die mit dem Nießbrauchgrundbesitz nicht in Zusammenhang stehen, sondern rein privaten Zwecken dienen, sollte, wenn der Erwerber es nicht hinnehmen möchte, durch entsprechende Vereinbarung begrenzt werden.

▼ 23

Muster 5.4: Gestattung der Neuvalutierung für objektbezogene Zwecke des Nießbrauchers

Die eingangs dieser Urkunde genannte Grundschuld Abt. III. Nr. 1 wird vom Erwerber dinglich übernommen. Nach Angaben des Veräußerers liegen dieser Grundschuld keine Verbindlichkeiten mehr zugrunde. Veräußerer und Erwerber vereinbaren, dass eine Neuvalutierung der Grundschuld nur zulässig ist, wenn ihr sowohl der Veräußerer als auch der Erwerber ausdrücklich zustimmen. Diese Einschränkung des Sicherungszwecks bedarf zu ihrer Wirksamkeit der Zustimmung des Grundschuldgläubigers, die der Notar einholen soll. Der Erwerber verpflichtet sich gegenüber dem Veräußerer, einer Neuvalutierung der Grundschuld zuzustimmen, sofern es sich um Darlehen handelt, die ausschließ-

51 *Krauß*, Vermögensnachfolge, Rn 1977.
52 Vgl. hierzu *Krauß*, Vermögensnachfolge, Rn 1977 ff.

lich der Finanzierung der vom Veräußerer hinsichtlich des Nießbrauchgrundbesitzes zu tragenden Aufwendungen dienen, insbesondere von Maßnahmen zur Instandhaltung und Instandsetzung.

Der Veräußerer tritt die ihm bei Beendigung des Nießbrauchs zustehenden Eigentümerrechte und Rückgewähransprüche hinsichtlich der vorgenannten Grundschuld an den Erwerber ab, und zwar unter der aufschiebenden Bedingung der Beendigung des Nießbrauchs.[53] Die Eintragung der Abtretung im Grundbuch wird hiermit bewilligt.

▲

b) Verpflichtung des Erwerbers zur Belastung des Nießbrauchgrundbesitzes mit Grundpfandrechten für objektbezogene Zwecke des Nießbrauchers

24 Vereinbart werden kann auch eine Verpflichtung des Erwerbers und künftigen Eigentümers, an der Bestellung neuer Grundpfandrechte mitzuwirken, die der Absicherung von Darlehen dienen, welche der Veräußerer für Zwecke des Nießbrauchgrundbesitzes aufnimmt.[54] Eine Beleihungsverpflichtung für beliebige Zwecke des Veräußerers ist zwar rechtlich möglich, dürfte in der Praxis aber eher selten vorkommen.

25 ▼

5.5

Muster 5.5: Verpflichtung des Erwerbers zur Belastung des Nießbrauchgrundbesitzes mit Grundpfandrechten für objektbezogene Zwecke des Nießbrauchers

Der Erwerber verpflichtet sich, auf Verlangen des Veräußerers und zu Lasten des in dieser Urkunde übertragenen Grundbesitzes Grundpfandrechte bis zur Höhe von insgesamt EUR nebst bis zu 20 % Jahreszinsen, die Zinsen mit Beginn ab Grundpfandrechtsbewilligung, sowie einer einmaligen Nebenleistung von bis zu 10 % zu bestellen und den jeweiligen Eigentümer dinglich gemäß § 800 ZPO der sofortigen Zwangsvollstreckung zu unterwerfen sowie alle zur Eintragung solcher Grundpfandrechte und der dinglichen Zwangsvollstreckungsunterwerfung gemäß § 800 ZPO erforderlichen Erklärungen und Bewilligungen in der gesetzlich hierfür vorgeschriebenen Form abzugeben, sofern folgende dem Erwerber nachzuweisende Voraussetzungen erfüllt werden:

a) Das Grundpfandrecht muss zugunsten eines Kreditinstituts mit Sitz oder Niederlassung in der Bundesrepublik Deutschland bestellt werden.

53 Abgetreten werden die bei Beendigung des Nießbrauchs bestehenden (nicht die derzeitigen) Eigentümerrechte, um eine Neuvalutierung nicht zu gefährden, *v. Hoyenberg*, Vorweggenommene Erbfolge, S. 120 Fn 70.

54 *Krauß*, Vermögensnachfolge, Rn 1986.

b) Das Grundpfandrecht dient ausschließlich der Absicherung von Darlehen, die der Veräußerer zur Finanzierung von Instandsetzungs- oder Instandhaltungsmaßnahmen am Nießbrauchgrundbesitz aufnimmt.

c) Eine Abänderung der Sicherungsabrede bedarf der Zustimmung des jeweiligen Eigentümers.

▲

Die Verpflichtung zur Belastung mit Grundpfandrechten kann durch Eintragung einer Vormerkung gesichert werden.[55] 26

Möglich ist auch, zusätzlich zu der Beleihungsverpflichtung eine Belastungsvollmacht zugunsten des Nießbrauchers aufzunehmen.[56] Da die einschränkenden Voraussetzungen gemäß Muster 5.5, Rdn 25, jedoch gegenüber dem Grundbuchamt nur schwerlich in der Form des § 29 GBO nachgewiesen können, besteht die Gefahr, dass der Nießbraucher in Ausübung der Beleihungsvollmacht Grundschulden eintragen lässt, ohne hierzu im Innenverhältnis zum Erwerber berechtigt zu sein. Bei einer bloßen Verpflichtung zur Belastung kann der Erwerber hingegen seine Mitwirkung bei der Beleihung vom vorherigen Nachweis dieser Voraussetzungen abhängig machen.

c) Rentenwahlrecht des Nießbrauchers

Sind die Lasten, die der Nießbraucher insbesondere bei Vereinbarung eines Nettonießbrauchs zu tragen hat, so hoch, dass sie nicht mehr aus den Erträgen aufgebracht werden können, so kann ihm daran gelegen sein, den Nießbrauch gegen Zahlung wiederkehrender Beträge in Form einer Rente oder dauernden Last oder einer einmaligen Abfindung aufzugeben.[57] Ein entsprechendes Interesse kann auch dann bestehen, wenn dem Nießbraucher etwa aufgrund fortgeschrittenen Alters oder Krankheit die mit dem Nießbrauch verbundene Verwaltung des Objekts zu beschwerlich geworden ist.[58] 27

▼ 28

Muster 5.6: Rentenwahlrecht des Nießbrauchers

1. Der Veräußerer ist jederzeit berechtigt, gegen Aufgabe seines Nießbrauchrechts die Zahlung einer Rente zu verlangen. Das Rentenwahlrecht ist durch schriftliche Erklärung gegenüber dem Erwerber auszuüben. Übt der Veräußerer das Rentenwahlrecht aus, so ist der Erwerber verpflichtet, ab dem Monat, der auf den Zugang der Ausübungserklärung folgt, an den Veräußerer auf dessen Lebensdauer eine Rente in Höhe von monatlich   EUR zu zahlen. Die Rente ist jeweils monatlich im Voraus bis zum 3. Tag des Monats zu zahlen.

55 *Krauß*, Vermögensnachfolge, Rn 1986.
56 *Krauß*, Vermögensnachfolge, Rn 1988 mit Formulierungsbeispiel.
57 *Krauß*, Vermögensnachfolge, Rn 1990 ff.
58 Siehe v. *Hoyenberg*, Vorweggenommene Erbfolge, 3. Kap. Rn 91.

2. Die Rente wird wie folgt wertgesichert:

   Sollte sich der vom Statistischen Bundesamt in Wiesbaden veröffentlichte Verbraucherpreisindex für Deutschland (Basis 2020 = 100) gegenüber dem Stand des auf die Beurkundung diesen Vertrages folgenden Monats um mehr als fünf Prozent nach oben oder unten verändern, so erhöht oder vermindert sich die Rente um den gleichen Prozentsatz, und zwar ab Beginn des Monats, der auf die Indexveränderung folgt. Diese Wertsicherungsklausel gilt jeweils erneut nach jeder Anpassung, wenn sich der genannte Verbraucherpreisindex wiederum um mehr als fünf Prozent nach oben oder unten verändert, wobei jeweils vom letzten Änderungsbetrag auszugehen ist.

3. Nach Ausübung des Rentenwahlrechts haben die Vertragsbeteiligten folgende Verpflichtungen zu erfüllen:

   Der Veräußerer hat die Löschung des Nießbrauchs im Grundbuch zu bewilligen. Der Erwerber hat die Eintragung einer wertgesicherten Reallast zugunsten des Veräußerers und zulasten des übertragenen Grundbesitzes zur Sicherung der vorstehend vereinbarten Rentenzahlungsverpflichtung zu bewilligen und sich wegen dieser Zahlungsverpflichtung sowie wegen des dinglichen und des persönlichen Anspruchs aus der Reallast der sofortigen Zwangsvollstreckung zu unterwerfen. Die mit der Erfüllung dieser Verpflichtungen verbundenen Notar- und Grundbuchkosten tragen Veräußerer und Erwerber zu gleichen Anteilen.

▲

§ 6 Wiederkehrende Geldleistungen (Leibrente, Dauernde Last)

A. Allgemeines

Auch wenn die meisten Landwirte heute aufgrund des Gesetzes über die Alterssicherung für Landwirte (ALG) über eine eigene gesetzliche Altersversorgung verfügen, sind sie auch im Ruhestand weiterhin auf Einkünfte aus dem landwirtschaftlichen Betrieb angewiesen, sei es aus dessen Verpachtung, sei es aus Versorgungsleistungen, die im Rahmen der Übertragung ausbedungen wurden. Wird bei der Übergabe kein Nießbrauch vorbehalten, durch den der Veräußerer über eine Verpachtung der Ländereien Einkünfte erzielen kann, werden im Übergabevertrag zumeist wiederkehrende Geldleistungen in Form einer Leibrente oder dauernden Last vereinbart, die der Erwerber an den Veräußerer und gegebenenfalls an dessen Ehegatten zu erbringen hat. 1

Ob eine Übergabe unter Nießbrauchvorbehalt oder eine solche gegen Gewährung wiederkehrender Geldleistungen gewählt wird, ist eine Frage des Einzelfalls, bei der auch steuerliche Gesichtspunkte eine Rolle spielen können. 2

Soll ein aktiver Betrieb übertragen werden, der nach der Übergabe weiter vom Erwerber bewirtschaftet werden soll, so vereinbaren die Beteiligten zumeist eine Übergabe gegen Gewährung wiederkehrender Geldleistungen in Form einer Leibrente oder dauernden Last.

Wird hingegen ein landwirtschaftlicher Betrieb übertragen, der im Zeitpunkt der Übergabe bereits an Dritte (also nicht an den Erwerber) verpachtetet ist und auch weiterhin verpachtet bleiben soll, so entscheiden sich die Beteiligten häufig für eine Übergabe unter Vorbehalt des Nießbrauchs. Anders als bei der Übertragung eines Gewerbebetriebes[1] kann ein land- oder forstwirtschaftlicher Betrieb auch dann ohne Aufdeckung stiller Reserven übertragen werden, wenn der Veräußerer sich ein Nießbrauchsrecht vorbehält.[2] 3

Eine Sonderform der Übergabe unter Nießbrauchvorbehalt bildet die sog. **Rheinische Hofübergabe**, bei der der Veräußerer den Hof in Ausübung des vorbehaltenen Nießbrauchs an den Erwerber verpachtet (hierzu näher in Abschn. § 5 Rdn 5).

1 BFH NJW 2017, 2140.

2 BFH DStR 2019, 2020, Rn 117 ff., BFH NJW 2017, 2140, 2143 Rn 55; *Demuth*, MittBayNot 2020, 408, 409; *Wolfskeel von Reichenberg*, MittBayNot 2025, 534, 536.

B. Leibrente und dauernde Last

I. Unterscheidung

4 Eine Leibrente liegt vor, wenn an den Begünstigten, und zwar regelmäßig auf dessen Lebenszeit (§ 759 Abs. 1 BGB), wiederkehrende Leistungen in **gleichmäßiger Höhe** zu erbringen sind, wobei die Vereinbarung einer Wertsicherungsklausel an der Gleichmäßigkeit und damit am Charakter als Leibrente nichts ändert.[3] Um eine dauernde Last handelt es sich dagegen, wenn die über einen längeren Zeitraum zu erbringenden wiederkehrenden Leistungen ungleichmäßig oder **abänderbar** sind, insbesondere einem vereinbarten **Abänderungsvorbehalt nach § 323 ZPO a.F.** (nunmehr – seit 1.9.2009 – § 323a ZPO und – bei Unterhaltstiteln – § 239 FamFG) unterliegen, der vor allem dann eingreifen soll, wenn sich die Verhältnisse beim Veräußerer (Bedarf) oder beim Erwerber (Leistungsfähigkeit) wesentlich ändern.[4]

5 Die Unterscheidung zwischen Leibrente und dauernder Last hatte bis zum Inkrafttreten des Jahressteuergesetzes 2008 zum 1.1.2008 erhebliche einkommensteuerrechtliche Bedeutung. Dauernde Lasten konnten bis dahin vom Zahlungsverpflichteten in voller Höhe als Sonderausgaben abgezogen werden, während Leibrenten nur mit ihrem Ertragsanteil zum Abzug als Sonderausgabe zugelassen waren. Auf der Empfängerseite waren dauernde Lasten in voller Höhe zu versteuern, Leibrenten dagegen wiederum nur mit ihrem Ertragsanteil.[5]

In der Praxis führte dies dazu, dass bei der Übergabe landwirtschaftlicher Betriebe regelmäßig dauernde Lasten statt Leibrenten vereinbart wurden, um dem Erwerber einen möglichst hohen Sonderausgabenabzug zu ermöglichen.

6 Seit Inkrafttreten des **Jahressteuergesetzes 2008** hat die Unterscheidung zwischen Leibrenten und dauernde Lasten für alle wiederkehrende Leistungen, die ab dem 1.1.2008 vereinbart werden, **keine einkommensteuerrechtliche Bedeutung** mehr.[6] § 10 Abs. 1a Nr. 2 EStG spricht nur noch von wiederkehrenden Versorgungsleistungen. Diese werden einkommensteuerlich wie die frühere dauernde Last behandelt. Sie sind daher in vollem Umfang als Sonderausgaben beim Erwerber abzugsfähig und korrespondierend gemäß § 22 Nr. 1a EStG in vollem Umfang beim Veräußerer zu versteuern, sofern auch die üb-

3 BFH NJW 1993, 286; *Krauß*, Vermögensnachfolge, Rn 2415; Hannes/*Roemer*, S. 1225.

4 *Krauß*, Vermögensnachfolge, Rn 2416; *v. Hoyenberg*, Vorweggenommene Erbfolge, 4. Kap. Rn 17; Hannes/*Roemer*, S. 1225.

5 Siehe *v. Hoyenberg*, Vorweggenommene Erbfolge, 4. Kap. Rn 18; *J. Mayer/Geck*, Übergabevertrag, § 7 Rn 5 ff.; Hannes/*Roemer*, S. 1225 f.

6 *J. Mayer/Geck*, Übergabevertrag, § 7 Rn 7; Hannes/*Roemer*, S. 1226.

rigen Voraussetzungen des § 10 Abs. 1a Nr. 2 EStG vorliegen.[7] Bei diesen übrigen Voraussetzungen handelt es sich um folgende:

a) Es muss sich um **lebenslange** Versorgungsleistungen handeln.
b) Die Versorgungsleistungen müssen im Zusammenhang stehen mit der **Übertragung von Betriebsvermögen**,
   nämlich
   - mit der Übertragung eines Mitunternehmeranteils an einer Personengesellschaft, die eine Tätigkeit i.S.d. der §§ 13, 15 Abs. 1 S. 1 Nr. 1 oder des § 18 Abs. 1 EStG ausübt, oder
   - mit der Übertragung eines Betriebs oder Teilbetriebs oder
   - mit der Übertragung eines mindestens 50 Prozent betragenden Anteils an einer GmbH, wenn der Übergeber als Geschäftsführer tätig war und der Übernehmer diese Tätigkeit nach der Übertragung übernimmt.

   Die Übertragung von Grundbesitz im Privatvermögen ermöglicht daher keinen Sonderausgabenabzug mehr.
c) Der Empfänger der Versorgungsleistungen muss in Deutschland **unbeschränkt einkommensteuerpflichtig** sein. Diese Voraussetzung und damit die Berechtigung zum Sonderausgabenabzug der Versorgungsleistungen kann entfallen, wenn der Empfänger seinen Wohnsitz oder gewöhnlichen Aufenthalt ins Ausland verlegt.
   Für diesen Fall wird eine „Wegzugsklausel"[8] vorgeschlagen, die im Anschluss an *Wälzholz*[9] wie folgt lauten könnte:

▼ 7

Muster 6.1: Wegzugsklausel im Hinblick auf den Verlust des Sonderausgabenabzugs

Soweit die vereinbarten wiederkehrenden Geldleistungen beim Erwerber nicht mehr als Sonderausgaben nach § 10 Abs. 1a Nr. 2 EStG abzugsfähig sind, weil der Veräußerer durch Verlegung seines Wohnsitzes oder gewöhnlichen Aufenthalts nicht mehr unbeschränkt steuerpflichtig ist, reduziert sich der vereinbarte Betrag um den Durchschnittssteuersatz des Erwerbers.

▲

7 Siehe *v. Hoyenberg*, Vorweggenommene Erbfolge, 4. Kap. Rn 19 ff.; *J. Mayer/Geck*, Übergabevertrag, § 7 Rn 7; *Krauß*, Vermögensnachfolge, Rn 2422; Hannes/*Roemer*, S. 1226.

8 Siehe *v. Hoyenberg*, Vorweggenommene Erbfolge, 4. Kap. Rn 50.

9 MittBayNot 2008, 93, 94. Weiteres Formulierungsbeispiel einer Wegzugsklausel bei *v. Hoyenberg*, Vorweggenommene Erbfolge, 4. Kap. Rn 51 sowie bei *Krauß*, Vermögensnachfolge, Rn 9032.

II. Gesichtspunkte für die Wahl zwischen dauernder Last und Leibrente

8 Wenn auch nach dem Jahressteuergesetz 2008 keine einkommensteuerrechtlichen Unterschiede mehr zwischen Leibrente und dauernder Last bestehen, so ist doch zivilrechtlich stets zu klären, welche Art von wiederkehrender Versorgungsleistung gewünscht wird. Da die Notwendigkeit entfallen ist, aus rein steuerlichen Gründen eine dauernde Last zu vereinbaren, obwohl eigentlich, insbesondere aus Sicht des Veräußerers, eine Leibrente womöglich interessengerechter wäre, besteht insoweit eine größere Gestaltungsfreiheit.[10]

9 Die mit der dauernden Last einhergehende Abänderbarkeit der vereinbarten Versorgungsleistungen beeinträchtigt die Planungssicherheit der Vertragsbeteiligten.[11] Aus Sicht des Veräußerers, der auf die laufenden Zahlungen angewiesen ist, ist meist die Vereinbarung einer Leibrente vorzuziehen, insbesondere dann, wenn diese mit einer Wertsicherungsklausel unterlegt wird.[12] Bei einer dauernden Last hingegen muss der Veräußerer befürchten, dass die Zahlung u.U. erheblich unter den vertraglich zugesagten Ausgangsbetrag zurückfällt und damit für die Versorgung nicht mehr ausreicht.

10 Andererseits kann es durchaus Fälle geben, in denen die Vereinbarung einer dauernden Last angezeigt oder erwägenswert ist. Man denke etwa an die Übergabe eines Betriebes, der sich in einer wirtschaftlichen Krise befindet und bei dem deshalb zweifelhaft ist, ob der Erwerber in der Lage sein wird, die zugesagten Versorgungsleistungen zu erbringen.

Auch ist es möglich, zwar eine dauernde Last zu vereinbaren, jedoch den Abänderungsvorbehalt und die mit ihm verbundenen Risiken in Teilbereichen einzuschränken, um auf diese Weise die Planungssicherheit zu verbessern. So kann etwa vertraglich festgelegt werden, dass die Höhe der dauernden Last einen bestimmten Mindestbetrag nicht unterschreiten darf.[13] Auch kann vereinbart werden, was in der Praxis auch regelmäßig geschieht, dass ein Wegzug des Veräußerers, z.B. wegen Unterbringung in einem Alten- oder Pflegheim, keine Abänderung der dauernden Last rechtfertigt[14] (näher hierzu Abschnitt IV., Rdn 26).

10 *Krauß*, Vermögensnachfolge, Rn 2422; Hannes/*Roemer*, S. 1226.

11 *v. Hoyenberg*, Vorweggenommene Erbfolge, 4. Kap. Rn 45; *J. Mayer/Geck*, Übergabevertrag § 7 Rn 57.

12 *v. Hoyenberg*, Vorweggenommene Erbfolge, 4. Kap. Rn 45.

13 *J. Mayer/Geck*, Übergabevertrag, § 7 Rn 73. Näher hierzu Abschn. IV., Rdn 26.

14 *Krauß*, Vermögensnachfolge, Rn 2307 und Rn 2451; *J. Mayer/Geck*, Übergabevertrag, § 7 Rn 65.

III. Leibrente

1. Zivilrechtliche Einordnung

Zivilrechtlich besteht die Leibrente nach Ansicht der Rechtsprechung aus einem einheitlichen Rentenstammrecht, aus dem die einzelnen Rentenzahlungsansprüche als Rechtsfrüchte (Erträge) gemäß § 99 Abs. 2 BGB erwachsen.[15] 11

Verjährungsrechtlich würde diese Einordnung zu folgendem befremdlichen Ergebnis führen:

Nach der Neuregelung des Verjährungsrechts durch das Schuldrechtsmodernisierungsgesetz verjähren das Rentenstammrecht ebenso wie die aus ihm resultierenden Einzelforderungen in drei Jahren (§ 195 BGB).[16] Das hätte zur Folge, dass auch die Ansprüche auf künftige Leibrentenzahlungen verjähren würden, sobald über drei Jahre keine Rentenzahlungen erbracht worden wären.[17] Es würden damit Ansprüche verjähren, die noch gar nicht fällig waren.[18] Dies ist in der Regel nicht interessengerecht, da es unter Familienangehörigen nicht selten vorkommt, dass ein Begünstigter Leibrentenzahlungen zunächst nicht einfordert.[19] Daher wird empfohlen, für das Rentenstammrecht vorsorglich eine Verlängerung der Verjährungsfrist zu vereinbaren, was nach § 202 Abs. 2 BGB zulässig ist.[20]

▼ 12

Muster 6.2: Verlängerung der Verjährung bezüglich des Rentenstammrechts

Zum Rentenstammrecht der Leibrente wird hiermit Folgendes vereinbart:

Das Rentenstammrecht verjährt in dreißig Jahren nach dem gesetzlichen Verjährungsbeginn. Für die sich aus dem Rentenstammrecht ergebenden Einzelansprüche auf Rentenzahlungen verbleibt es bei der gesetzlichen Verjährungsfrist von drei Jahren.

▲

2. Regelungsbedarf

Neben der Höhe der Leibrente ist die **Fälligkeit** der einzelnen Rentenzahlungen zu regeln. 13
Während das Gesetz in § 760 Abs. 2 BGB eine vierteljährliche vorschüssige Zahlungs-

15 BGH WM 1966, 248; Grüneberg/*Retzlaff*, § 759 Rn 1 u. Rn 7a; *Langenfeld/Günther*, Grundstückszuwendungen, 5. Kap. Rn 11; a.A. z.B. MüKo-BGB/*Raude*, § 759 Rn 4 ff.

16 Vor der Schuldrechtsreform verjährten das Rentenstammrecht gem. § 195 BGB a.F. in 30 Jahren und die Einzelforderungen nach § 197 BGB a.F. in vier Jahren, vgl. *Krauß*, Vermögensnachfolge, Rn 2497.

17 MüKo-BGB/*Raude*, § 760 Rn 5; *v. Hoyenberg*, Vorweggenommene Erbfolge, 4. Kap. Rn 23; *J. Mayer/Geck*, Übergabevertrag, § 7 Rn 23.

18 *J. Mayer/Geck*, Übergabevertrag, § 7 Rn 23; *Krauß*, Vermögensnachfolge, Rn 2496 f.

19 *v. Hoyenberg*, Vorweggenommene Erbfolge, 4. Kap. Rn 23.

20 *v. Hoyenberg*, Vorweggenommene Erbfolge, 4. Kap. Rn 23; *Krauß*, Vermögensnachfolge, Rn 2498, 1826; *J. Mayer/Geck*, Übergabevertrag, § 7 Rn 25 u. 26.

weise vorsieht, wird in der Praxis regelmäßig vereinbart, dass die Rente in monatlichen Beträgen zu zahlen ist, und zwar zumeist mit Fälligkeit zum Monatsanfang.[21]

Klärungsbedürftig ist auch die Frage, wie mit etwaigen **Rentenrückständen** zu verfahren ist, die beim Tode des Rentenberechtigten bestehen sollten: Sollen diese mit dem Tode des Berechtigten erlassen sein, was eine entsprechende Regelung voraussetzt, oder auf dessen Erben übergehen?[22]

14 Ferner ist zu regeln, ob und in welcher Weise die Leibrente im Hinblick auf die Gefahren einer Inflation **wertgesichert** werden soll (hierzu näher in Rdn 17 ff.)

Schließlich sind vertragliche Vorkehrungen für den Fall zu treffen, dass die Rentenzahlungen nicht oder nicht rechtzeitig erbracht werden. Hier geht es neben der Aufnahme einer Zwangsvollstreckungsunterwerfung vor allem um eine dingliche Absicherung des Rentenberechtigten durch Bestellung und Eintragung einer **Reallast** im Grundbuch (hierzu näher in Rdn 23 ff.).

3. Mehrheit von Rentenberechtigten

15 Bei **mehreren Veräußerern** wird regelmäßig vereinbart, dass diese die Rente als Gesamtberechtigte gemäß § 428 BGB erhalten sollen. Zu regeln ist, ob nach dem Tode des zuerst versterbenden Veräußerers dem Überlebenden die Rente alleine und ungeschmälert zustehen soll, was zumeist gewollt sein wird,[23] oder ob an den Überlebenden nur eine in der Höhe reduzierte Rente zu zahlen ist.

Überträgt nur **ein** Veräußerer, so besteht häufig der Wunsch, dass auch sein Ehegatte Mitberechtigter der Rente sein soll. Hier ist Folgendes zu beachten:

16 Sofern nicht nur der Veräußerer, sondern auch sein Ehegatte, der nicht Eigentümer des übertragenen Grundbesitzes ist, als Gesamtgläubiger gemäß § 428 BGB Berechtigter der Leibrente sein soll, liegt in der Einräumung der Gesamtgläubigerstellung eine **Schenkung** des Veräußerers an den Ehegatten.[24] Alternativ kann in diesen Fällen vereinbart werden, dass – unter Beibehaltung der Gesamtgläubigerschaft beider Ehegatten – abweichend von der Auslegungsregel des § 430 BGB der Anspruch auf Zahlung der Leibrente im Innenverhältnis zwischen Veräußerer und dessen Ehegatten bis zum Tode des Veräußerers nur diesem und erst ab dessen Ableben dem Ehegatten zustehen soll. Oder es könnten – unter Vermeidung einer Gesamtgläubigerstellung gemäß § 428 BGB – zwei eigenständige Berechtigungen auf Zahlung der Versorgungsleistung begründet werden,

21 *J. Mayer/Geck*, Übergabevertrag, § 7 Rn 18.
22 *J. Mayer/Geck*, Übergabevertrag, § 7 Rn 18.
23 *v. Hoyenberg*, Vorweggenommene Erbfolge, 4. Kap. Rn 30.
24 Nds. FG EFG 2002, 480 m. Anm. *Neu*; FM BaWü v. 25.6.2003, DB 2003, 1478; vgl. auch BFH ZEV 2007, 601 m. Anm. *Götz*.

eine sofort entstehende für den Veräußerer allein und eine – durch den Tod des Veräußerers aufschiebend bedingte – Berechtigung für dessen Ehegatten. In beiden Alternativen läge erst mit dem Tode des Veräußerers eine freigebige Zuwendung an seinen Ehegatten vor, während eine Schenkung des Rentenrechts ganz entfiele, wenn der Ehegatte vor dem Veräußerer versterben sollte.[25]

4. Wertsicherung

In Übergabeverträgen mit langfristigen wiederkehrenden Geldleistungen wie Leibrente und dauernde Last ist wegen der Gefahren einer schleichenden oder galoppierenden Inflation die Vereinbarung von Wertsicherungsklauseln üblich und empfehlenswert.[26] 17

In der Praxis verbreitet sind **Gleitklauseln**, die eine automatische Anpassung der Geldschuld an Veränderungen des vom Statistischen Bundesamtes in Wiesbaden ermittelten **Verbraucherpreisindex für Deutschland (VPI)** vorsehen. Das für derartige Gleitklauseln lange Zeit geltende Genehmigungserfordernis ist zwar im Jahre 2007 entfallen.[27] Das bedeutet allerdings nicht, dass seitdem Wertsicherungsklauseln ohne Einschränkung und mit beliebigem Inhalt vereinbart werden könnten. Gleitklauseln sind vielmehr nur zulässig, wenn sie unter eine der in §§ 2 ff. PreisklauselG geregelten Ausnahmen vom Indexierungsverbot fallen. Erfüllt die Klausel den Ausnahmetatbestand, so ist sie ohne Genehmigung wirksam. Erfüllt sie ihn nicht, so ist sie unzulässig und kann auch nicht genehmigt werden. Die Unzulässigkeit einer Wertsicherungsklausel nach dem PreisklauselG führt jedoch – anders als nach früherem Recht – nicht zur sofortigen Unwirksamkeit der Klausel. Vielmehr tritt ihre Unwirksamkeit gemäß § 8 PreisklauselG erst zum Zeitpunkt des rechtskräftig festgestellten Verstoßes gegen dieses Gesetz ein. Daher darf das Grundbuchamt die Wertsicherungsklausel im Hinblick auf ihre Vereinbarkeit mit dem PreisklauselG weder überprüfen noch beanstanden.[28]

Die in der notariellen Praxis besonders bedeutsamen, an den Verbraucherpreis für Deutschland anknüpfende **Gleitklauseln für wiederkehrende Zahlungen** sind gemäß § 3 Abs. 1 Nr. 1 PreisklauselG zulässig, wenn die Zahlungen zu erbringen sind: 18

- auf die Lebenszeit des Gläubigers, Schuldners oder sonstigen Beteiligten, oder
- bis zum Erreichen der Erwerbsfähigkeit oder eines bestimmten Ausbildungsziels des Empfängers, oder
- bis zum Beginn der Altersversorgung des Empfängers, oder
- für die Dauer von mindestens zehn Jahren, gerechnet vom Vertragsschluss bis zur Fälligkeit der letzten Zahlung.

25 Nds. FG 2002, 480 m. Anm. *Neu*; FM BaWü v. 25.6.2003, DB 2003, 1478; Hannes/*Roemer*, S. 1228.
26 *J. Mayer/Geck*, Übergabevertrag, § 7 Rn 27; Hannes/*Roemer*, S. 62.
27 Durch das am 14.9. 2007 in Kraft getretene Preisklauselgesetz BGBl I 2007, 2246.
28 *Schöner/Stöber*, Rn 3272; *J. Mayer/Geck*, Übergabevertrag, § 7 Rn 28; *Reul*, MittBayNot 2007, 445, 452.

Zusätzlich müssen auch die allgemeinen Zulässigkeitsvoraussetzungen nach § 2 PreisklauselG erfüllt sein, d.h. die Klausel muss hinreichend bestimmt sein und darf keinen Vertragsbeteiligten unangemessen benachteiligen. Eine unangemessene Benachteiligung liegt insbesondere vor, wenn nur eine Vertragspartei eine Anpassung verlangen darf und wenn einseitig ein Preis- oder Wertanstieg eine Erhöhung, nicht aber umgekehrt ein Preis- oder Wertrückgang eine entsprechende Ermäßigung des Zahlungsanspruchs bewirkt (§ 2 Abs. 3 PreisklauselG).

19 Daneben können nach § 3 PreisklauselG auch andere Gleitklauseln mit dem Verbraucherpreisindex als Bezugsgröße zulässig sein, vor allem solche

- über Zahlungen aufgrund einer Verbindlichkeit aus der Auseinandersetzung zwischen Miterben, Ehegatten, Eltern und Kindern, aufgrund einer Verfügung von Todes wegen, oder
- über Zahlungen, die der Übernehmer eines Betriebes oder eines sonstigen Sachvermögens (z.B. Grundbesitz) als Abfindung eines Dritten zu leisten hat, sofern zwischen der Begründung der Verbindlichkeit und der Endfälligkeit ein Zeitraum von mindestens zehn Jahren liegt oder die Zahlungen nach dem Tode eines Beteiligten zu erfolgen haben.

20 ▼

6.3

Muster 6.3: Gleitklausel mit automatischer Anpassung an den Verbraucherpreisindex

Die vorstehend vereinbarte Leibrente wird wie folgt wertgesichert:

Sollte sich der vom Statistischen Bundesamt in Wiesbaden veröffentlichte Verbraucherpreisindex für Deutschland (Basis 2020 = 100) gegenüber dem Stand des auf die Beurkundung diesen Vertrages folgenden Monats um mehr als fünf Prozent nach oben oder unten verändern, so erhöht oder vermindert sich die Leibrente um den gleichen Prozentsatz, und zwar ab Beginn des Monats, der auf die Indexveränderung folgt, ohne dass es einer Aufforderung seitens der durch die Änderung begünstigten Vertragspartei bedarf. Diese Wertsicherungsklausel gilt jeweils erneut, wenn sich der genannte Verbraucherpreisindex wiederum um mehr als fünf Prozent nach oben oder unten verändert, wobei jeweils vom letzten Änderungsbetrag auszugehen ist.

Eine Anpassung der Leibrente aus anderen Gründen, insbesondere nach § 323a ZPO und § 239 FamFG, wird ausgeschlossen.

▲

21 In der Praxis kommt es immer wieder vor, dass bei Übergaben unter Familienangehörigen der Veräußerer eine Erhöhung der vertraglichen Versorgungsleistung, die aufgrund einer vereinbarten automatischen Anpassung (z.B. an den Verbraucherpreisindex) eingetreten

ist, nicht geltend macht.[29] Auch um steuerliche Bedenken, die sich aus diesem Verhalten ergeben könnten, zu vermeiden und eine steuerliche Anerkennung im Rahmen eines Fremdvergleichs nicht zu gefährden,[30] kann es sich empfehlen, statt einer automatisch eintretenden Anpassung eine Wertsicherung zu vereinbaren, die vorsieht, dass eine Abänderung erst nach entsprechender Geltendmachung verlangt werden kann und auch dann nur für die Zukunft.[31]

▼ 22

Muster 6.4: Anpassung an Indexveränderungen erst nach vorheriger Geltendmachung

6.4

Die vorstehend vereinbarte Leibrente wird wie folgt wertgesichert:

Sollte sich der vom Statistischen Bundesamt in Wiesbaden veröffentlichte Verbraucherpreisindex für Deutschland (Basis 2020 = 100) gegenüber dem Stand des auf die Beurkundung dieses Vertrages folgenden Monats um mehr als fünf Prozent nach oben oder unten verändern, so können sowohl der Veräußerer wie auch der Erwerber eine entsprechende Veränderung der monatlichen Leibrente um den gleichen Prozentsatz verlangen, und zwar ab Beginn des Monats, der auf die Indexveränderung folgt. Folgeanpassungen aufgrund dieser Wertsicherungsklausel können jeweils dann verlangt werden, wenn sich der Verbraucherpreisindex für Deutschland wiederum um mehr als fünf Prozent nach oben oder unten verändert hat. Das Anpassungsverlangen kann immer nur für die Zukunft gestellt werden; es bedarf der Schriftform.

Eine Anpassung der Leibrente aus anderen Gründen, insbesondere nach § 323a ZPO und § 239 FamFG, wird ausgeschlossen.

▲

Zu weiteren Wertsicherungsklauseln wird auf die Literatur verwiesen.[32]

5. Absicherung der Leibrente durch Reallast und Zwangsvollstreckungsunterwerfung

Die dingliche Absicherung der Leibrente erfolgt durch Bestellung und Eintragung einer **Reallast** (§ 1105 BGB). Zulässiger Inhalt der Reallast kann auch eine vereinbarte Wertsicherung der Leibrente sein, sofern es sich um eine Gleitklausel handelt, die an ver- 23

29 *J. Mayer/Geck*, Übergabevertrag, § 7 Rn 47; Lüdtke-Handjery/v. Jeinsen/*Roemer*, § 17 Rn 80; Münchener Anwaltshandbuch AgrarR/*v. Garnissen*, § 11 Rn 278.

30 BFH ZEV 224, 250: Nach Ansicht des BFH soll allerdings die Nichtgeltendmachung einer vereinbarten Wertsicherung für sich allein noch keinen zwingenden Schluss auf einen fehlenden Rechtsbindungswillen der Vertragsparteien zulassen; sie könne jedoch im Rahmen einer Gesamtwürdigung von Bedeutung sein.

31 *J. Mayer/Geck*, Übergabevertrag, § 7 Rn 48; Lüdtke-Handjery/v. Jeinsen/*Roemer*, HöfeO § 17 Rn 80.

32 *J. Mayer/Geck*, Übergabevertrag, § 7 Rn 31 ff.; *v. Hoyenberg*, Vorweggenommene Erbfolge, 4. Kap. Rn 32 ff.; Faßbender/*Barry*, Notariatskunde, § 4 Rn 251 ff.

öffentlichte amtliche Indizes wie insbesondere den Verbraucherpreisindex für Deutschland anknüpft.[33]

24 Da die Leibrente zur Versorgung des Begünstigten dient, empfiehlt sich, wie auch sonst bei notariell beurkundeten Verpflichtungen zu wiederkehrenden Geldleistungen, die Aufnahme einer Zwangsvollstreckungsunterwerfung. Gegenstand der Unterwerfung sind in diesem Zusammenhang drei Ansprüche („Haftungstrias"), die auch in der Formulierung der Unterwerfungserklärung zu unterscheiden sind:[34]

- der dingliche Anspruch aus der Reallast (§§ 1105, 1107 BGB), gerichtet auf Duldung der Zwangsvollstreckung in den belasteten Grundbesitz (§ 1147 BGB);
- der persönliche Anspruch aus der Reallast gegen den jeweiligen Eigentümer des belasteten Grundbesitzes aus § 1108 BGB auf Erbringung der während der Dauer seines Eigentums fällig werdenden Einzelleistungen;
- der persönliche Anspruch des Gläubigers auf Zahlung der vereinbarten Leibrente aus § 759 BGB.

Da bei einer Reallast Rückstände denkbar sind, sollte, um die Löschung des Rechts nach dem Tode des Berechtigten zu erleichtern, zur Eintragung in das Grundbuch bewilligt werden, dass zur Löschung der Reallast der Nachweis des Todes des Berechtigten genügt (§ 23 Abs. 2 GBO).

6. Gesamtmuster: Wertgesicherte Leibrente mit Reallast

25 ▼

Muster 6.5: Wertgesicherte Leibrente mit Reallast

6.5

1. Der Erwerber verpflichtet sich, an den Veräußerer auf dessen Lebensdauer eine Leibrente in Höhe von monatlich 1.500 EUR – in Worten: eintausendfünfhundert EUR – zu zahlen. Die Leibrente ist jeweils monatlich im Voraus bis zum dritten Werktag des Monats zu zahlen, erstmals in dem Monat, der auf die Beurkundung dieses Vertrages folgt.

Etwaige Rentenrückstände, die im Zeitpunkt des Todes der Veräußerer bestehen sollten, sind nicht vererblich; sie werden dem Erwerber bereits jetzt mit Wirkung zum Tod des Veräußerers erlassen. Dies gilt jedoch nicht für Rentenrückstände, die der Rentenberechtigte zu seinen Lebzeiten im Wege der Zwangsvollstreckung geltend gemacht hat.

33 *Lange-Papart*, RNotZ 2008, 377, 386; *J. Mayer/Geck*, Übergabevertrag, § 7 Rn 94; zur insoweit ausreichenden Bestimmtheit bei Vollstreckungstiteln vgl. BGH-NJW-RR 2005, 366.

34 *Krauß*, Vermögensnachfolge, Rn 2483; *Langenfeld/Günther*, Grundstückszuwendungen, 5. Kap. Rn 15; *J. Mayer/Geck*, Übergabevertrag, § 7 Rn 98.

2. Die Leibrente wird wie folgt wertgesichert:

Sollte sich der vom Statistischen Bundesamt in Wiesbaden veröffentlichte Verbraucherpreisindex für Deutschland (Basis 2020 = 100) gegenüber dem Stand des auf die Beurkundung dieses Vertrages folgenden Monats um mehr als fünf Prozent nach oben oder unten verändern, so erhöht oder vermindert sich die Leibrente um den gleichen Prozentsatz, und zwar ab Beginn des Monats, der auf die Indexveränderung folgt, ohne dass es einer Aufforderung seitens der durch die Änderung begünstigten Vertragspartei bedarf. Diese Wertsicherungsklausel gilt jeweils erneut, wenn sich der genannte Verbraucherpreisindex wiederum um mehr als fünf Prozent nach oben oder unten verändert, wobei jeweils vom letzten Änderungsbetrag auszugehen ist.

Eine Anpassung der Leibrente aus anderen Gründen, insbesondere nach § 323a ZPO, wird ausgeschlossen.

3. Der Erwerber unterwirft sich gegenüber dem Veräußerer wegen des dinglichen und des persönlichen Anspruchs aus der nachfolgend bewilligten Reallast sowie wegen der vorstehend vereinbarten Verpflichtung zur Zahlung der monatlichen wertgesicherten Leibrente der sofortigen Zwangsvollstreckung aus dieser Urkunde.

Der Notar ist ermächtigt, jederzeit ohne weitere Nachweise eine vollstreckbare Ausfertigung dieser Urkunde zu erteilen.

4. Die Vertragsbeteiligten bewilligen und beantragen die Eintragung einer wertgesicherten Reallast zugunsten des Veräußerers auf dem dieser Urkunde übertragenen Grundbesitz zur Sicherung der vorstehend vereinbarten wertgesicherten Leibrente, und zwar mit dem Vermerk, dass zur Löschung des Rechts der Nachweis des Todes des Berechtigten genügt.

▲

IV. Dauernde Last

Zur Abgrenzung der dauernden Last von der Leibrente siehe Rdn 4. **26**

1. Kennzeichnend für die dauernde Last ist die vereinbarte Abänderbarkeit der wiederkehrenden Geldleistungen entsprechend § 323a ZPO/§ 239 FamFG.[35] Der Abänderungsvorbehalt, zumeist anknüpfend an eine wesentliche Veränderung der Bedürfnisse des Veräußerers und der Leistungsfähigkeit des Erwerbers, birgt Risiken, die sich sowohl zu Lasten des Veräußerers als auch zu Lasten des Erwerbers auswirken können (vgl. oben Rdn 9).

35 Seit dem 1.9.2009 regelt § 239 FamFG die Anpassung von Unterhaltsansprüchen und § 323a ZPO die Anpassung von anderen wiederkehrenden Leistungen in vollstreckbaren Urkunden.

Üblich ist es, zum Schutz des Erwerbers einen durch Wegzug des Veräußerers entstehenden Mehrbedarf als Grundlage eines Erhöhungsverlangens auszuschließen.[36] Das betrifft nicht nur Mehrkosten, die durch eine medizinisch veranlasste Aufnahme in ein Pflegeheim entstehen, sondern auch solche, die durch eine freiwillige Veränderung der Lebensmittelpunkts, zum Beispiel durch Umzug in eine teure großstädtische Mietwohnung ausgelöst werden.[37]

Zum Schutz des Veräußerers, der auf regelmäßige Versorgungsleistungen angewiesen ist, ist zu überlegen, einen Mindest- oder Sockelbetrag der dauernden Last zu vereinbaren, der dem Veräußerer auch bei einer wesentlichen Veränderung der Verhältnisse verbleiben muss.[38] Zwar würde eine solche Begrenzung im Rahmen einer Gleitklausel gegen das preisrechtliche Einseitigkeitsverbot (§ 2 Abs. 1 S. 2, Abs. 3 Nr. 1 PrKlG) verstoßen. Es ist jedoch preisrechtlich unbedenklich, wenn mit der Mindestklausel nur eine Anpassung der Geldschuld aus dem Gesichtspunkt des § 323a ZPO oder des § 239 FamFG umfangmäßig begrenzt werden soll, was in der Urkunde jedoch zum Ausdruck kommen muss.[39]

2. Auch die dauernde Last kann durch Reallast gesichert werden, sofern sie hinreichend bestimmbar ist. Bei Abänderungsvorbehalten nach § 323a ZPO und § 239 FamFG bestehen Zweifel an der erforderlichen Bestimmbarkeit, so dass diese in der Praxis mit nur schuldrechtlicher Wirkung vereinbart werden.[40]

27 ▼

6.6

Muster 6.6: Dauernde Last, Sicherung durch Reallast

1. Der Erwerber verpflichtet sich, an den Veräußerer auf dessen Lebenszeit als dauernde Last einen Betrag in Höhe von monatlich 1.800 EUR – in Worten: eintausendachthundert EUR – zu zahlen. Der Betrag ist jeweils monatlich im Voraus bis zum dritten Tag des Monats zu zahlen, erstmals am dritten Tag des Monats, der auf die Beurkundung dieses Vertrages folgt.

Etwaige Zahlungsrückstände, die im Zeitpunkt des Todes des Veräußerers bestehen sollten, sind nicht vererblich; sie werden dem Erwerber bereits jetzt mit Wirkung zum Tod des Veräußerers erlassen.

2. Bei einer wesentlichen Veränderung der heutigen Verhältnisse, insbesondere des Bedarfs des Veräußerers, der Leistungsfähigkeit des Erwerbers oder der Kaufkraft des Gel-

36 *J. Mayer/Geck*, Übergabevertrag, § 7 Rn 65: „Kautelarjuristisches Allgemeingut". *J. Mayer*, a.a.O., Rn 66, empfiehlt, eine Leistungserhöhung nicht nur für den Fall der Heimunterbringung, sondern für alle Fälle des Wegzugs vom Vertragsanwesen auszuschließen, um einen möglichen Verstoß gegen § 138 BGB zu vermeiden.

37 *J. Mayer/Geck*, Übergabevertrag, § 7 Rn 65.

38 *J. Mayer/Geck*, Übergabevertrag, § 7 Rn 67.

39 *J. Mayer/Geck*, Übergabevertrag, § 7 Rn 73; *Krauß*, Vermögensnachfolge, Rn 2459.

40 *Bauer/Münch*, ZEV 2007, 6, 7; Hannes/*Roemer*, S. 1227.

des, ist jeder Vertragsteil in analoger Anwendung von § 323a ZPO und § 239 FamFG berechtigt, eine entsprechende Anpassung der monatlichen Zahlungen zu verlangen. Eine Wertsicherung der dauernden Last durch eine unmittelbare Ankoppelung an die Entwicklung des Verbraucherpreisindexes für Deutschland wird nicht vereinbart. Eine Anpassung kann immer nur für die Zukunft gefordert werden; das Anpassungsverlangen bedarf der Schriftform. Ein Mehrbedarf, der dadurch entsteht, dass der Veräußerer das übertragenen Hofanwesen verlässt, begründet kein Erhöhungsverlangen, es sei denn, der Erwerber hätte den Wegzug zu vertreten.

3. Der Erwerber unterwirft sich wegen des dinglichen und des persönlichen Anspruchs aus der nachstehend bewilligten Reallast sowie wegen der vorstehend vereinbarten persönlichen Zahlungsverpflichtung in Höhe des Ausgangsbetrages von 1.800 EUR monatlich der sofortigen Zwangsvollstreckung aus dieser Urkunde in sein Vermögen. Der Notar ist ermächtigt, jederzeit ohne weitere Nachweise vollstreckbare Ausfertigung dieser Urkunde zu erteilen.

Der Erwerber ist auf Verlangen und auf Kosten des Veräußerers verpflichtet, sich nach einer Anpassung nach Ziffer 2. wegen etwaiger Erhöhungsbeträge der sofortigen Zwangsvollstreckung zu unterwerfen.

4. Zur Sicherung der dauernden Last in Höhe des Ausgangsbetrages von 1.800 EUR monatlich bewilligen und beantragen die Vertragsbeteiligten die Eintragung einer Reallast zugunsten des Veräußerers auf dem gesamten in dieser Urkunde übertragenen Grundbesitz, wobei jedoch die Abänderungsbefugnis nach Ziffer 2. nicht dinglicher Inhalt der Reallast ist, mit dem Vermerk, dass zur Löschung des Rechts der Nachweis des Todes des Berechtigten genügt.

▲

§ 7 Pflegeverpflichtung

A. Vorüberlegungen zur Aufnahme einer Pflegeklausel in den Hofübergabevertrag

Während Vereinbarungen zu klassischen Naturalleistungen, wie etwa die Versorgung des Übergebers mit Erzeugnissen des Hofes („täglich vier Eier und einen halben Liter Milch“, „jährlich zehn Zentner Kartoffeln“), aufgrund der strukturellen Veränderungen in der Landwirtschaft (weg vom Selbstversorgerbetrieb hin zum Agrarunternehmen) in Hofübergabeverträgen heute kaum mehr zu finden sind,[1] ist die Vereinbarung von Pflege- und Versorgungsverpflichtungen („Wart und Pflege“) zumindest im Bereich der Hofübergabe nach wie vor von Bedeutung.[2] 1

Ob die Aufnahme einer solchen Pflege- und Versorgungsklausel im Hofübergabevertrag sinnvoll ist, muss jedoch im jeweiligen Einzelfall kritisch hinterfragt werden.[3] Der Übernehmer riskiert nämlich eine immense zeitliche und finanzielle Belastung, wenn er dem Übergeber allzu unreflektiert und unbegrenzt die Übernahme von „Wart und Pflege in alten und kranken Tagen“ verspricht. Für den Übergeber stellt sich andererseits das Problem, dass es für ihn bei einer Störung der persönlichen Beziehung zu dem Übernehmer praktisch kaum möglich ist, seinen Anspruch auf Erbringung der versprochenen Pflegeleistungen mit den Mitteln des Zivilrechts durchzusetzen.[4] 2

Oftmals geht es den Beteiligten deshalb auch gar nicht darum, durch die Aufnahme einer Pflegeklausel in den Übergabevertrag einen einklagbaren und juristisch durchsetzbaren Anspruch auf bestimmte Pflegeleistungen zu begründen, sondern vielmehr um den Ausdruck einer moralischen Verpflichtung des Übernehmers, den Übergeber im Alter und bei Krankheit zu unterstützen und sich um ihn zu kümmern.[5] Solche „weichen“ Pflichten können etwa darin bestehen, eine häusliche Pflege mit Hilfe eines Pflegedienstes oder einer (familienfremden) häuslichen Pflegekraft zu organisieren, die finanziellen Angelegenheiten des Übergebers zu regeln, den Übergeber bei Behörden- oder Arztterminen zu begleiten, Fahrdienste zu übernehmen, Einkäufe und Besorgungen zu erledigen usw.[6] 3

1 *Raude*, RNotZ 2016, 69, 80; *Kappler/Kappler*, MittBayNot 2019, 217, 220.

2 Hannes/*Roemer*, C. 4.00 Rn 73; *Harryers*, RNotZ 2013, 1, 18; *Krauß*, Vermögensnachfolge in der Praxis, Rn 2255.

3 Siehe *v. Hoyenberg*, Vorweggenommene Erbfolge, 4. Kap. Rn 63 ff.

4 Vgl. auch *Krauß*, Vermögensnachfolge in der Praxis, Rn 2258, der zu Recht daran erinnert, dass auch eine perfekt ausformulierte Pflegeverpflichtung dem Übergeber wenig nützt, wenn das persönliche Verhältnis zwischen den Beteiligten nicht in Ordnung ist.

5 *Harryers*, RNotZ 2013, 1, 18; *Kappler/Kappler*, MittBayNot 2019, 217, 221.

6 *Kappler/Kappler*, MittBayNot 2019, 217, 221.

4 Auch wenn durch eine solche abgeschwächte Vereinbarung ganz bewusst keine rechtlich durchsetzbaren Pflichten begründet werden sollen, kann jedoch auch die Aufnahme einer solchen abgeschwächten Hilfeleistungspflicht in den Übergabevertrag häufig sinnvoll oder sogar geboten sein. Denn zum einen entspricht die Pflege- bzw. Hilfeleistungspflicht häufig der berechtigten Erwartung des Übergebers und ist daher (zumindest aus Sicht des Übergebers) möglicherweise sogar Geschäftsgrundlage des Übergabevertrages,[7] weshalb die entsprechende Pflege- oder Hilfeleistungsverpflichtung im Hinblick auf § 311b BGB in diesem Fall sogar zwingend in den Übergabevertrag aufgenommen werden muss.[8] Zum anderen können die zwischen den Beteiligten vereinbarten Pflege-, Versorgungs- und Hilfeleistungspflichten unabhängig von ihrer rechtlichen Durchsetzbarkeit im Hinblick auf den Sozialhilferegress (§ 528 BGB i.V.m. § 93 SGB XII), Pflichtteilsergänzungsansprüche (§ 2325 BGB) und auch unter steuerlichen Aspekten von nicht unerheblicher Bedeutung sein.

B. Inhalt einer Pflegeklausel

5 Sofern nach dem Willen der Beteiligten tatsächlich eine Pflegeklausel in den Übergabevertrag aufgenommen werden soll, ist zu beachten, dass die Übernahme einer umfassenden Versorgung und Pflege eines schwerst Pflegebedürftigen mit erheblichem Aufwand und hohen Kosten verbunden sein kann. Ferner ist zu bedenken, dass im Falle einer Unterbringung des Pflegebedürftigen in einem Pflegeheim der Sozialhilfeträger etwaige Ansprüche aus der Pflegeklausel gemäß § 93 Abs. 1 S. 4 SGB XII auf sich überleiten kann.[9] Aus diesem Grund ist bei der Formulierung einer solchen Pflegeklausel besondere Vorsicht geboten.

6 Da die Rechtsprechung dazu neigt, unbestimmte Pflegeklauseln eher weit auszulegen,[10] ist zunächst darauf zu achten, den Umfang der zu erbringenden Pflegeleistungen und den zeitlichen Aufwand der zu erbringenden Tätigkeiten möglichst genau festzulegen.

I. Definition der Pflegebedürftigkeit

7 Zu klären ist hierbei zunächst, ab welchem Zeitpunkt bzw. ab welchem Stadium der Pflegebedürftigkeit die Pflegeverpflichtung beginnen soll.

Auch wenn eine Pflegeverpflichtung theoretisch bereits ab einem bestimmten Datum (z.B. „ab Vollendung des 65. Lebensjahres“) einsetzen könnte, entspricht es jedoch in der Regel dem Willen der Beteiligten, den Beginn der Pflegeverpflichtung an einen be-

7 BGH NJW-RR 1995, 77; *v. Hoyenberg*, Vorweggenommene Erbfolge, 4. Kap. Rn 62; *Harryers*, RNotZ 2013, 1, 18.

8 *Harryers*, RNotZ 2013, 1, 18.

9 *Vaupel*, RNotZ 2009, 497, 515 ff.

10 *Harryers*, RNotZ 2013, 1, 7.

stimmten geistigen oder körperlichen Bedarfszustand, also an eine konkrete Pflegebedürftigkeit, anzubinden. Den Eintritt dieser Pflegebedürftigkeit kann man entweder an den Bezug entsprechender Leistungen nach dem SGB XI oder SGB XII knüpfen oder von einem Gutachten eines Sachverständigen (z.B. Hausarzt) abhängig machen.

II. Konkretisierung der Pflegeleistungen

Spätestens ab dem Beginn der Pflegeverpflichtung stellt sich dann die Frage nach dem Umfang der Leistungspflicht. 8

Bislang wurde zumeist empfohlen, zur Konkretisierung der Pflegeleistungen auf die drei Pflegestufen des Pflegeversicherungsgesetzes (§ 15 SGB XI) Bezug zu nehmen.[11] Im Zuge der Reform des Pflegeversicherungsgesetzes durch das Zweite Pflegestärkungsgesetz,[12] das zum 1.1.2017 in Kraft getreten ist, wurden die drei Pflegestufen durch fünf neue Pflegegrade ersetzt, welche sich nicht mehr am Zeitaufwand der Pflege, sondern am Grad der Beeinträchtigung der Selbstständigkeit oder der Fähigkeiten orientieren. Eine Bezugnahme auf diese neuen Pflegegrade ist daher – schon mangels Festlegung des Zeitumfangs – nicht mehr so gut geeignet, den genauen Inhalt der Pflegeverpflichtung zu definieren. Zukünftig ist es daher umso wichtiger, die von dem Übernehmer zu erbringenden Pflegeleistungen durch Aufzählung der einzelnen Tätigkeiten möglichst genau zu konkretisieren und den täglichen Zeitaufwand durch Angabe bestimmter Zeitvorgaben zu begrenzen.[13]

Denkbar ist auch, einzelne Tätigkeiten von der Pflegeverpflichtung ausdrücklich auszunehmen, wenn der Übernehmer diese Tätigkeiten nicht erbringen kann oder will oder der Übergeber nicht möchte, dass der Übernehmer diese Tätigkeiten an ihm verrichtet (z.B. im Bereich der intimen Körperpflege). 9

Darüber ist es ratsam, in der Pflegeklausel zu regeln, ob die Pflegeverpflichtung vom Übernehmer ausschließlich selbst zu erfüllen ist oder ob auch Hilfspersonen eingeschaltet werden dürfen,[14] was mit der Pflegeverpflichtung bei Krankheit oder Tod[15] des Überneh- 10

11 *Mayer/Geck*, Der Übergabevertrag, 197 ff.; *v. Hoyenberg*, Vorweggenommene Erbfolge, 4. Kap. Rn 80 ff.; *Harryers*, RNotZ 2013, 1, 7 f.

12 BGBl 2015 I, 2424.

13 Vgl. DNotI-Report 2016, 194.

14 Ob es sich bei der Pflegeverpflichtung um eine höchstpersönliche Pflicht handelt, wenn die Regelung keine Aussage zu der Person des Pflegers oder der Pflegerin enthält, ist umstritten. Nach Ansicht der Rechtsprechung hat die Pflegeverpflichtung grundsätzlich keine höchstpersönliche Natur, so dass Pflegeleistungen auch durch Dritte erbracht werden können (vgl. BGH NJW-RR 2005, 716, 718; OLG Hamm DNotZ 1999, 719; LG Düsseldorf FamRZ 2010, 1697). In der Literatur wird die Höchstpersönlichkeit dagegen z.T. bejaht (vgl. *Weyland*, MittRhNotK 1997, 55, 62; differenzierend *Harryers*, RNotZ 2013, 1, 10).

15 Die Beantwortung dieser Frage ist auch relevant für die Erben des Übernehmers. Denn wenn es sich bei der Pflegeverpflichtung nicht um eine höchstpersönliche Verpflichtung des Übernehmers handelt, wäre sie im Zweifel vererblich und ginge mit dem Tod des Übernehmers auf dessen Erben über.

mers geschieht, wer die Kosten für Lebensmittel und sonstige Pflegeartikel trägt und wem ein etwaiges Pflegegeld zusteht.[16]

III. Wegzugsklauseln

11 Unbedingt festgelegt werden sollte auch, ob die Pflege nur in dem übergebenen Anwesen zu erbringen ist oder auch dann weiterhin erbracht werden soll, wenn der Übergeber seine Wohnung verlässt. Diese Frage wird nämlich spätestens dann relevant, wenn der Übergeber in ein Pflegeheim umzieht und zur Begleichung der Heimunterbringungskosten Sozialhilfe beantragen muss und die Gefahr besteht, dass der Übernehmer wegen seiner hierdurch ersparten Pflegeaufwendungen von dem Sozialhilfeträger in Regress genommen wird.[17]

1. Örtliche Begrenzung der Pflegepflicht auf das übertragene Anwesen

12 Aus diesem Grund ist es üblich und ratsam, die Pflegeverpflichtung dahingehend zu beschränken, dass sie nur in dem übertragenen Anwesen zu erbringen ist und ruht, wenn sich der Übergeber aufgrund eines freiwilligen oder aus medizinischen Gründen notwendigen Umzugs in ein Alten- oder Pflegeheim nicht mehr in dem Übertragungsobjekt aufhält.[18]

13 Eine solche Wegzugsklausel, durch die die Pflegeverpflichtung auf den Ort des übertragenen Anwesens beschränkt wird, verstößt nach h.M. nicht gegen § 138 BGB[19] und stellt auch keinen unzulässigen Vertrag zu Lasten Dritter dar.[20]

2. Ausschluss entgeltlicher Surrogatansprüche

14 Besonders wichtig ist in diesem Zusammenhang die Regelung, dass der Pflegeanspruch im Falle eines Wegzugs *entschädigungslos* ruht. Denn wenn die Pflegeleistungen nicht mehr erbracht werden müssen, weil der Übergeber das Anwesen aus besonderen Gründen dauerhaft verlässt, besteht die Gefahr, dass an die Stelle der infolge des Wegzugs weggefallenen Pflegeverpflichtung unterschiedliche auf Geld gerichtete Surrogatansprüche treten, welche dann unstreitig als Einkommen bei dem Übergeber zu berücksichtigen sind bzw. vom Sozialhilfeträger übergeleitet werden können. Neben den Geldersatzansprüchen, die von der Rechtsprechung im Wege der Auslegung (§ 313 BGB) hergeleitet wurden,[21] betrifft dies vor allem die Ansprüche aus den gemäß Art. 96 EGBGB fortgeltenden Landesgesetzen

16 *Harryers*, RNotZ 2013, 1, 12.
17 BGH NJW 2002, 440.
18 Hannes/*Roemer*, C. 4.00 Rn 73; *Raude*, RNotZ 2016, 69, 82.
19 BGH ZEV 2009, 254, 255; *Harryers*, RNotZ 2013, 1, 19.
20 BGH ZEV 2003, 211; *Krauß*, Vermögensnachfolge in der Praxis, Rn 2264 ff.
21 Vgl. BGH DNotZ 2010, 831; BGH RNotZ 2002, 279; BGH RNotZ 2003, 450.

zum Altenteilsvertrag, wonach sich das Altenteilsrecht bei einem Wegzug des Übergebers in eine Geldrente in Höhe der ersparten Aufwendungen wandeln kann.[22]

Zur Vermeidung einer Überleitung dieser Ansprüche empfiehlt es sich daher, auch die auf eine Geldzahlung gerichteten Surrogatansprüche für den Fall vertraglich auszuschließen, dass der Übergeber das Anwesen freiwillig verlässt oder aus medizinischen Gründen das Anwesen verlassen muss. Die dispositiven Vorschriften der Landesausführungsgesetze zum Altenteilsvertrag stehen einem solchen Ausschluss nicht entgegen[23] und auch unter sozialrechtlichen Gesichtspunkten ist ein solcher Ausschluss nach h.M. regelmäßig nicht als sittenwidrig anzusehen.[24] 15

Hat der Übernehmer den Wegzug des Übergebers allerdings durch sein Verhalten provoziert oder verschuldet, etwa weil er die ihm obliegende Pflegeverpflichtung schuldhaft nicht oder nur schlecht erfüllt hat, erscheint ein Ausschluss von sämtlichen Geldersatzansprüchen des Übergebers hingegen nicht interessengerecht.[25] In diesem Fall sollten etwaige Ansprüche des Übergebers aus §§ 280 Abs. 1, 241 Abs. 2 BGB bzw. den einschlägigen Vorschriften der Landesausführungsgesetze zum Altenteilsvertrag[26] bestehen bleiben, um den Übergeber davor zu schützen, dass er gegen seinen Willen von dem Übernehmer von dem Anwesen gedrängt wird. 16

Hinweis: Wegzugsklausel 17

Die Verpflichtung zur Pflege und hauswirtschaftlichen Versorgung ruht, solange der Übergeber, gleich aus welchem Grund, nicht mehr im übergebenen Hofanwesen wohnt. Ein Geldersatz steht ihm nur zu, wenn der Übernehmer den Wegzug durch schuldhafte Schlecht- oder Nichterfüllung der Pflegeverpflichtung veranlasst hat, andernfalls werden Ersatzansprüche aus jedem Rechtsgrund ausgeschlossen.

IV. Absicherung der Pflegeverpflichtung

Zur Absicherung etwaiger Zahlungspflichten, die im Falle der Nichterfüllung der Pflegeverpflichtung ggf. entstehen können, kann eine Reallast gemäß § 1105 BGB zugunsten des Übergebers im Grundbuch eingetragen werden.[27] Dies ist jedoch, angesichts der An- 18

22 Vgl. z.B. für Nordrhein-Westfalen Art. 15 § 9 PrAGBGB oder für Niedersachen § 16 NdsAGBGB.
23 *Krauß*, Vermögensnachfolge in der Praxis, Rn 2314.
24 *Krauß*, Vermögensnachfolge in der Praxis, Rn 2318 ff.; *Harryers*, RNotZ 2013, 1, 20 f.; kritischer hingegen *Amann*, DNotI Report 1995, 64.
25 *Krauß*, Vermögensnachfolge in der Praxis, Rn 2320; *Harryers*, RNotZ 2013, 1, 21.
26 Vgl. z.B. Art. 15 § 8 PrAGBGB für Nordrhein-Westfalen oder § 14 NdsAGBGB für Niedersachsen.
27 Hannes/*Roemer*, C. 4.00 Rn 74.

forderungen an die Bestimmbarkeit des durch die Reallast gesicherten Pflegeanspruchs,[28] in der Praxis eher selten der Fall.

19 ▼

Muster 7.1: Reallast zur Absicherung eines Pflegerechts

Die Beteiligten bewilligen und beantragen die Eintragung einer Reallast zugunsten des Übergebers an dem gesamten vorstehend übertragenen Grundbesitz zur Sicherung des vorstehend in § vereinbarten Pflegerechts mit dem Vermerk, dass zur Löschung des Rechts der Nachweis des Todes des Berechtigten genügt.

▲

C. Erbrechtliche und sozialrechtliche Auswirkungen der Pflegeverpflichtung

20 Da es sich bei der Übernahme von Pflegeverpflichtungen im Rahmen eines Hofübergabevertrages um eine bereicherungsmindernde Gegenleistung des Übernehmers handelt,[29] führt die Vereinbarung von Pflegeverpflichtungen (ebenso wie die Vereinbarung von abgeschwächten Hilfeleistungsverpflichtungen) zu dem Nebeneffekt, dass auch etwaige Pflichtteilsergänzungsansprüche der weichenden Erben nach §§ 2325, 2329 BGB und das Rückforderungsrecht wegen Verarmung des Übergebers nach § 528 BGB (und damit auch das daran anknüpfende Risiko eines Sozialhilferegresses) entsprechend vermindert werden.[30]

21 Schon aus diesem Grund kann es sich daher empfehlen, eine entsprechende Pflegeverpflichtung oder Hilfeleistungsverpflichtung in den Hofübergabevertrag mitaufzunehmen, auch wenn die Pflege oder Hilfeleistung von dem Übernehmer vielleicht auch ohne vertragliche Festlegung in dem Übergabevertrag erbracht worden wäre.[31]

22 ▼

Muster 7.2: Gesamtmuster: Pflegeklausel

Der Übernehmer verpflichtet sich, dem Übergeber auf dessen Lebenszeit die erforderliche Pflege und hauswirtschaftliche Versorgung in den Räumen des übertragenen Hofan-

28 *Krauß*, Vermögensnachfolge in der Praxis, Rn 2296 f.

29 Wobei allerdings höchst umstritten ist, wie die Pflegeverpflichtung in diesem Zusammenhang zu bewerten ist: Nach einer Ansicht ist hierbei auf den Gesundheitszustand des Übergebers bei Abschluss des Übergabevertrages abzustellen (so etwa OLG Köln, FamRZ 1997, 1113, 1114), nach anderer Ansicht kommt es darauf an, mit welcher Wahrscheinlichkeit der Pflegefall zukünftig eintreten kann (vgl. DNotI-Report 1999, 45) bzw. wie hoch nach Ansicht der Beteiligten das Pflegefallrisiko ist (so OLG Koblenz, ZEV 2002, 460). Und nach einer dritten Ansicht ist eine Bewertung erst bei Eintritt des Pflegefalls vorzunehmen (siehe ausführlich zum Ganzen *Krauß*, in: Beck'sches Notarhandbuch, 8. Aufl. 2024, § 5 Rn 145 und *v. Hoyenberg*, Vorweggenommene Erbfolge, 4. Kap. Rn 68 f.).

30 Vgl. *v. Hoyenberg*, Vorweggenommene Erbfolge, 4. Kap. Rn 85; *Harryers*, RNotZ 2013, 1, 18.

31 *Langenfeld/Günther*, Grundstückszuwendungen, 4. Kap. Rn 79.

wesens zu gewähren, soweit der Übergeber hierzu objektiv nicht mehr selbst in der Lage ist und solange die Pflegeverpflichtung dem Übernehmer zumutbar ist. Als zumutbar wird dabei nur eine solche Pflege angesehen, die erforderlich ist, um einen Pflegebedürftigen mit dem Pflegegrad 1 gemäß § 15 Abs. 3 S. 4 Nr. 2 SGB XI in der heute geltenden Fassung zu betreuen, und die nach dem Urteil des Hausarztes des Übergebers einen durchschnittlichen täglichen Zeitaufwand von nicht mehr als zwei Stunden erfordert. Darüberhinausgehende Pflegeleistungen hat der Übernehmer nach diesem Vertrag nicht zu erbringen. Im Streitfall entscheidet der Hausarzt des Übergebers als Schiedsgutachter nach billigem Ermessen, ob die Pflege nach den vorstehenden Grundsätzen erforderlich ist und dem Übernehmer noch zugemutet werden kann.

Zur Pflege und hauswirtschaftlichen Versorgung gehört insbesondere die Hilfe beim Aufstehen und Zu-Bett-Gehen, An- und Auskleiden, Gehen und Treppensteigen, Nahrungsaufnahme, Verabreichung von Medikamenten sowie Körperpflege mit Ausnahme der Pflege des Intimbereichs, Verrichtung der anfallenden häuslichen Arbeiten wie Reinigung der Wohnung, Kleidung, Wäsche, Geschirrspülen, Zubereiten der Mahlzeiten, wobei die Kosten für die Beschaffung der hierfür erforderlichen Lebensmittel der Berechtigte selbst tragen muss, Erledigung der erforderlichen Einkäufe und Besorgungen, Fahrten zum Arzt, zur Apotheke und zum Krankenhaus.

Die Pflegeverpflichtung umfasst außerdem nicht solche Leistungen, die nur von geschultem Personal erbracht werden können.

Die Pflegeverpflichtung ist nicht vererblich, sie endet mit dem Tode des Übernehmers. Der Übernehmer ist berechtigt, für die Erfüllung der Pflegeverpflichtung auch Hilfspersonen einzusetzen. Er ist dazu aber nicht verpflichtet, soweit ihm selbst die Erfüllung der Pflegeverpflichtung nach Abs. 1 nicht zumutbar ist.

Die vorstehenden Verpflichtungen ruhen, soweit der Übergeber aufgrund seiner Pflegebedürftigkeit häusliche Pflegehilfe oder Pflegegeld nach den gesetzlichen Vorschriften beanspruchen kann. Soweit dem Übernehmer das Pflegegeld überlassen wird, sind jedoch die Pflegeleistungen von ihm zu erbringen, für die Zahlungen aus der Pflegeversicherung geleistet werden.

Die Verpflichtung zur Pflege und hauswirtschaftlichen Versorgung ruht ferner, solange der Übergeber, gleich aus welchem Grund, nicht mehr im übergebenen Hofanwesen wohnt. Ein Geldersatz steht ihm nur zu, wenn der Übernehmer den Wegzug durch schuldhafte Schlecht- oder Nichterfüllung der Pflegeverpflichtung veranlasst hat, andernfalls werden Ersatzansprüche aus jedem Rechtsgrund, insbesondere auch solche aus etwaigen landesrechtlichen Vorschriften, ausgeschlossen.

Auf die Eintragung einer Reallast zur Absicherung der vorstehenden Verpflichtungen im Grundbuch wird verzichtet.

▲

§ 8 Altenteil

A. Allgemeines

1 Das Institut des „Altenteils" (das häufig auch als „Leibgeding" bezeichnet wird[1]) hat seinen Ursprung in der bäuerlichen Hofübergabe und findet sich auch heute noch ganz vorrangig in den Hofübergabeverträgen im landwirtschaftlichen Bereich. Der Begriff des „Altenteils" ist allerdings im Gesetz nicht näher definiert.[2] Es ist daher zu unterscheiden zwischen einem Altenteil i.S.v. § 49 GBO und einem Altenteil i.S.v. Art. 96 EGBGB.

B. Altenteil i.S.d. § 49 GBO

2 Unter einem Altenteil i.S.d. § 49 GBO versteht man eine Bündelung von verschiedenen Rechten, die typischerweise zu Versorgungszwecken unter einem gemeinsamen Sammelbegriff („Altenteil") im Grundbuch eingetragen werden.[3] Bei diesen Rechten handelt es sich meistens um Geldrenten, die Lieferung von Naturalien (wie z.B. Lebensmittel, Kleidung, Gas, Strom, Wasser), die Erbringung von Dienstleistungen („Wart und Pflege") und ein Wohnungsrecht, häufig auch Grabunterhaltung. Sofern diese einzelnen Rechte dinglich gesichert werden sollen, können für das Wohnungsrecht eine beschränkte persönliche Dienstbarkeit und für die übrigen Leistungen entsprechende Reallasten im Grundbuch eingetragen werden.[4] Alternativ besteht aber nach § 49 GBO auch die Möglichkeit, diese im Hinblick auf den gemeinsamen Versorgungszweck miteinander verknüpften Rechte unter einem gemeinsamen Sammelbegriff („Altenteil" oder „Leibgeding") im Grundbuch einzutragen. Die Vorschrift des § 49 GBO hat nämlich den Zweck, die durch die Eintragung von diversen beschränkt persönlichen Dienstbarkeiten und Reallasten drohende Überfüllung des Grundbuchs dadurch zu vermeiden, dass solche typischerweise versorgungsbezogenen Rechte unter einem einzigen Sammelbegriff im Grundbuch zusammengefasst werden können. Gerechtfertigt wird diese zusammengefasste Wiedergabe der gesicherten Rechte damit, dass ein derartiges selbstständiges Rechtsgebilde, das durch die Verknüpfung dieser einzelnen Rechte entsteht, wegen seines durch den Versorgungszweck bedingten und damit typisierten Inhalts in aller Regel durch die gleichen dinglichen Rechte (beschränkte persönliche Dienstbarkeit, Reallast)

1 Die Begriffe „Altenteil", „Leibgeding" oder auch „Leibzucht" oder „Auszug" (vgl. § 49 GBO) werden heute synonym verwendet. Mit den verschiedenen überkommenen Bezeichnungen verbinden sich heute keine begrifflich unterscheidbaren Inhalte mehr.

2 Vgl. *Böhringer*, MittBayNot 1988, 103; Grüneberg/*Herrler*, 84. Aufl. 2025, EGBGB Art. 96 Rn 1.

3 BGH DNotZ 1994, 881, 882.

4 *Schöner/Stöber*, Grundbuchrecht, 16. Aufl. 2020, Rn 1327.

gesichert wird, weshalb eine vollständige Wiedergabe dieser einzelnen Rechte im Grundbuch in diesem Fall ausnahmsweise nicht zwingend geboten ist.[5]

3 Die unter dem Sammelbegriff „Altenteil“ im Grundbuch eingetragenen Rechte werden nach Ableben des Berechtigten nach § 23 GBO gelöscht. In Betracht kommt auch hier die Eintragung einer „Vorlöschungsklausel“ (§ 23 Abs. 2 GBO).[6]

C. Altenteil i.S.d. Art. 96 EGBGB

4 Für ein Altenteil i.S.d. Art. 96 EGBGB ist neben der vorgenannten Verknüpfung von dinglich gesicherten Nutzungen und Leistungen zum Zwecke der persönlichen Versorgung eines Berechtigten zusätzlich noch erforderlich, dass der Verpflichtete in eine die Existenz wenigstens teilweise sichernde Wirtschaftseinheit nachrückt.[7] Durch einen Altenteilsvertrag i.S.d. § 96 EGBGB überträgt also der Veräußerer dem Erwerber im Wege der vorweggenommenen Erbfolge seine wirtschaftliche Lebensgrundlage, um dafür im Gegenzug in ein Versorgungsverhältnis mit dem Erwerber einzutreten, während der Erwerber durch diesen Vertrag eine wirtschaftlich selbstständige Lebensstellung erlangt und in die Lage versetzt wird, die versprochene Versorgung aus dem übernommenen Vermögen mitzuerwirtschaften.[8]

5 Liegt ein solcher Altenteilsvertrag i.S.v. Art. 96 EGBGB vor, so kommen die auf der Grundlage des Art. 96 EGBGB erlassenen landesrechtlichen Regelungen zu den Altenteilverträgen zur Anwendung.[9] Diese landesrechtlichen Vorschriften beinhalten vor allem spezielle Regelungen für den Fall von Leistungsstörungen. So sehen die meisten Landesrechte z.B. vor, dass dem Altenteiler **kein Recht zum Rücktritt** vom Vertrag wegen nicht oder nicht vertragsgemäß erbrachter Leistung zusteht.[10] Und auch eine Rückabwicklung nach § 527 BGB ist z.T. ausgeschlossen, da dem Übernehmer durch eine Rückabwicklung nicht seine Existenzgrundlage entzogen werden soll.[11] Der vorgenannte Ausschluss des Rücktrittsrechts des Altenteilers wird in den Landesgesetzen allerdings dadurch kompensiert, dass dem Altenteiler besondere **Schadensersatzansprüche** zugestanden werden, falls ihm das weitere Verbleiben in dem Anwesen aus Gründen, die dem

5 BGH DNotZ 1994, 881, 882.

6 Siehe dazu im Einzelnen *Schöner/Stöber*, Rn 1343 ff.

7 BGH NJW-RR 1989, 451; BGH DNotZ 1996, 636, 638; BGH NJW 2003, 1325, 1326.

8 MüKo/*Raude*, 9. Aufl. 2025, Art. 96 EGBGB Rn 6.

9 Vgl. die Übersichten bei *Böhringer*, MittBayNot 1988, 103, 106 oder MüKo/*Raude*, Art. 96 EGBGB Rn 2.

10 Vgl. z.B. für Nordrhein-Westfalen Art. 15 § 7 PrAGBGB; für Niedersachsen § 9 NdsAGBGB; für Schleswig-Holstein § 5 AGBGBSchlH; für Bayern Art. 17 BayOGBGB; für Baden-Württemberg § 13 Abs. 1 BaWü-AGBGB.

11 Vgl. z.B. für Nordrhein-Westfalen Art. 15 § 7 PrAGBGB; für Niedersachsen § 9 NdsAGBGB, für Schleswig-Holstein § 5 AGBGBSchlH.

Übernehmer zuzurechnen sind, nicht mehr zumutbar ist und er deshalb das Anwesen verlässt.[12] Ebenso kann der Übernehmer verlangen, dass der Altenteiler aus dem Anwesen auszieht, wenn der Altenteiler die Störungen des Verhältnisses zu vertreten hat, wobei der Übernehmer in diesem Fall ggf. weiterhin Unterhaltszahlungen an den Altenteiler zu leisten hat.[13] Es können aber auch einzelne Ansprüche auf persönliche Dienste in Zahlungsansprüche umgewandelt werden, wenn dem Altenteiler dadurch ein Verbleiben auf dem Anwesen ermöglicht wird.[14] Außerdem können für Altenteilsrechte das **Zwangsversteigerungsprivileg** des § 9 Abs. 1 EGZVG[15] und das **Pfändungsprivileg** des § 850b Abs. 1 Nr. 3, Abs. 2 ZPO[16] in Betracht kommen.

6 Vor diesem Hintergrund kann die Frage, ob es sich bei einem Hofübergabevertrag um einen „Altenteilsvertrag" i.S.d. Art. 96 EGBGB handelt, durchaus von beachtlicher Bedeutung sein. Da es sich bei den einschlägigen landesrechtlichen Vorschriften aber um **dispositives Recht** handelt,[17] haben die Beteiligten die Möglichkeit, die Anwendung der landesrechtlichen Vorschriften im Vertrag auch ganz oder teilweise auszuschließen oder zu modifizieren. So können die Beteiligten auf der einen Seite die kompensatorischen Geldersatzansprüche der landesrechtlichen Vorschriften[18] und auch alle sonstigen landesrechtlichen Vorschriften zum Altenteilsvertrag ganz oder teilweise ausschließen. Auf der anderen Seite besteht auch die Möglichkeit, in Abweichung von den landesrechtlichen Vorschriften für bestimmte Konstellationen ausdrückliche Rücktrittsrechte zu vereinbaren.[19]

7 *Formulierungsbeispiel Ausschluss landesrechtlicher Vorschriften*

Vorsorglich werden sämtliche landesrechtlichen Vorschriften über den Altenteilsvertrag vollständig ausgeschlossen.

8 Das Altenteil kann nicht nur allein zur Versorgung des Übergebers bestellt werden, sondern auch zur Absicherung des Übergebers und seiner Ehefrau. In diesem Fall kann das Altenteilsrecht für den Übergeber und seine Ehefrau als Gesamtberechtigte gemäß § 428 BGB bestellt werden,[20] und zwar selbst dann, wenn der Übergeber Alleineigentümer des

12 Vgl. z.B. für Nordrhein-Westfalen Art. 15 § 8 PrAGBGB.
13 Vgl. z.B. für Nordrhein-Westfalen Art. 15 § 9 PrAGBGB.
14 BGH NJW 1957, 1798; OLG Celle AgrarR 1983, 306 f.
15 Hiernach bleiben Altenteilsrechte bei einer Zwangsversteigerung aus einem vorrangigen Recht grundsätzlich bestehen. Allerdings kann es dann nach § 9 Abs. 2 EGZVG zu einem Doppelausgebot gemäß 59 Abs. 2 und 3 ZVG kommen.
16 Siehe hierzu BGH DNotZ 2008, 124.
17 *Wirich*, ZEV 2008, 372, 376.
18 Siehe dazu auch § 7 Rdn 14 ff.
19 Siehe dazu § 11 Rdn 36 ff.
20 *Schöner/Stöber*, Rn 1336.

übertragenen Hofanwesens ist.[21] Sofern im Einzelfall (z.B. aus steuerlichen Gründen) gewünscht, kann das Gemeinschaftsverhältnis hinsichtlich der einzelnen Teilrechte aber auch verschieden vereinbart und bewilligt werden.[22]

9 Nach § 49 GBO **können** die zu einem Altenteil gehörenden Sicherungsrechte (Wohnungsrecht, Reallast etc.) unter Bezugnahme auf die Eintragungsbewilligung **als „Altenteil“** eingetragen werden, sie müssen es aber nicht. Es ist ebenso möglich, die einzelnen, zu einem Altenteil zusammengefassten persönlichen Sicherungsrechte jeweils einzeln in ihrer jeweils gesetzlich vorgesehenen Rechtsform einzutragen. Eine gemäß § 49 GBO als „Altenteil“ eingetragene Belastung muss also nicht allein wegen ihrer Bezeichnung auch als Altenteilsrecht i.S.d. Art. 96 EGBGB anerkannt werden; umgekehrt kann es sich bei einem Recht auch dann um ein Altenteilsrecht i.S.v. Art. 96 EGBGB handeln, wenn es weder von den Beteiligten noch bei der Eintragung als „Altenteil“ bezeichnet wurde.[23]

10 Bei der dinglichen Absicherung des Altenteils ist ggf. noch zu überlegen, ob es im Interesse der Altenteiler tatsächlich erforderlich ist, die Altenteilsrechte auf sämtlichen übertragenen Grundstücken einzutragen, oder ob es nicht sinnvoll ist, einzelne hofzugehörige Grundstücke von einer grundbuchmäßigen Belastung mit dinglichen Rechten auszunehmen, um dem Übernehmer eine gewisse Handlungsfreiheit bei der dinglichen Besicherung von etwaigen betrieblichen Krediten zu gewähren.[24]

11 ▼

Muster 8.1: Altenteil

8.1

1. Der Übernehmer gewährt dem Übergeber auf dessen Lebenszeit ein Altenteil, bestehend aus:

   a) dem ausschließlichen Wohnungsrecht des Übergebers an sämtlichen Räumen der Wohnung im Erdgeschoss der übertragenen Hofstelle ___. Dieses Recht umfasst auch das Recht zur Mitbenutzung der zum gemeinschaftlichen Gebrauch bestimmten Einrichtungen und Anlagen. Der Eigentümer hat die dem Wohnungsrecht unterliegenden Räume in einem jederzeit gut bewohn- und beheizbaren Zustand zu erhalten. Er ist auch verpflichtet, die Kosten der Schönheitsreparaturen zu tragen. Der Eigentümer trägt auch sämtliche verbrauchsabhängigen und verbrauchsunabhängigen Nebenkosten, die mit den dem Wohnungsrecht unterliegenden Räumen und der zum gemeinschaftlichen Gebrauch bestimmten Anlagen und Einrichtungen verbunden sind. Das Wohnungsrecht darf Dritten nicht überlassen werden.

21 Wegen der damit verbundenen Zuwendung des Altenteils an den Ehegatten kann dies aber im Einzelfall ggf. schenkungsteuerlich nachteilig sein.

22 *Schöner/Stöber*, Rn 1336.

23 MüKo/*Raude*, 9. Aufl. 2025, Art. 96 EGBGB Rn 25.

24 Lüdtke-Handjery/v. Jeinsen/*Roemer*, § 17 Rn 130.

b) der Verpflichtung des Übernehmers, dem Übergeber den Haushalt zu führen und die erforderliche Pflege in den Räumen des übertragenen Hofanwesens zu gewähren, soweit der Übergeber hierzu objektiv nicht mehr selbst in der Lage ist und solange die Pflegeverpflichtung dem Übernehmer zumutbar ist. Als zumutbar wird dabei nur eine solche Pflege angesehen, die nach dem Urteil des Hausarztes des Übergebers einen durchschnittlichen täglichen Zeitaufwand von nicht mehr als zwei Stunden erfordert. Darüberhinausgehende Pflegeleistungen hat der Übernehmer nach diesem Vertrag nicht zu erbringen. Die Pflegeverpflichtung umfasst außerdem nicht solche Leistungen, die nur von geschultem Personal erbracht werden können.

   Die vorstehenden Verpflichtungen ruhen, soweit der Übergeber aufgrund seiner Pflegebedürftigkeit häusliche Pflegehilfe oder Pflegegeld nach den gesetzlichen Vorschriften beanspruchen kann. Soweit dem Übernehmer das Pflegegeld überlassen wird, sind jedoch die Pflegeleistungen von ihm zu erbringen, für die Zahlungen aus der Pflegeversicherung geleistet werden.

c) der Verpflichtung des Übernehmers, an den Übergeber eine monatliche Leibrente in Höhe von 1.500 EUR (in Worten: eintausendfünfhundert EUR) zu zahlen, und zwar jeweils zahlbar im Voraus bis zum Dritten eines Monats, erstmals für den Monat .

d) der Verpflichtung des Übernehmers, die Kosten für die Beerdigung des Übergebers und den Grabstein sowie die Grabpflegekosten zu tragen.

Bei einem dauerhaften Auszug des Übergebers aus dem übertragenen Hofanwesen entfällt das Altenteil. In diesem Fall gelten für die vorgenannten Leistungen die landesrechtlichen Regelungen in Art. 15 §§ 1–10 des PrAGBGB, über deren Inhalt der Notar die Beteiligten belehrt hat. (Alternativ: In diesem Fall findet eine Umwandlung der Altenteilsleistungen in eine Geldersatzrente nicht statt. Insoweit werden alle etwaigen Surrogatsansprüche, insbesondere solche aus den landesrechtlichen Vorschriften, ausdrücklich ausgeschlossen.)

Die vorstehend unter lit. a) bis mit lit. c) vereinbarten Leistungen sollen dinglich gesichert werden. Die vorstehend unter lit. d) vereinbarte Leistung (Beerdigungs-, Grabstein- und Grabpflegekosten) soll hingegen nicht dinglich gesichert werden.[25]

25 Zwar kann auch zur Sicherung der Beerdigungs- und Grabpflegekosten eine Reallast im Grundbuch eingetragen werden. Hierbei handelt sich dann aber um eine vererbliche Reallast und nicht um ein auf die Lebenszeit des Berechtigten beschränktes Recht, weshalb die Eintragung einer Vorlöschungsklausel hier nicht zulässig ist (vgl. *Schöner/Stöber*, Rn 1344). Von der Eintragung einer Reallast zur Absicherung einer Verpflichtung zur Tragung von Beerdigungs- und Grabpflegekosten ist daher regelmäßig abzuraten (vgl. *v. Hoyenberg*, Vorweggenommene Erbfolge, 4. Kap. Rn 101).

2. Zur Sicherung der vorstehend unter Ziff. 1 a)–c) vereinbarten Leistungen bewilligen und beantragen die Beteiligten in das Grundbuch mit unter sich gleichem Rang einzutragen:

   a) für das vorstehend unter Ziff. 1 a) vereinbarte Wohnungsrecht eine beschränkte persönliche Dienstbarkeit (§ 1093 BGB) auf der eingangs genannten Hofstelle zugunsten des Übergebers,

   b) für die vorstehend unter Ziff. 1 b) und c) vereinbarten, wiederkehrenden Leistungen eine Reallast am übergebenen Grundbesitz zugunsten des Übergebers,

   unter Zusammenfassung zu einem Altenteil mit dem Zusatz, dass zur Löschung der Todesnachweis des Altenteilers genügt.

3. Wegen der in Ziff. 1. eingegangenen Verpflichtungen zur Zahlung bestimmter Geldbeträge unterwirft sich der Übernehmer der sofortigen Zwangsvollstreckung aus dieser Urkunde mit der Maßgabe, dass Vollstreckungsklausel jederzeit auf einseitigen Antrag des Gläubigers ohne weitere Nachweise erteilt werden kann.

▲

§ 9 Übernahme und Freistellung von grundpfandrechtlich gesicherten Verbindlichkeiten

A. Allgemeines

1 Bei der Übergabe eines landwirtschaftlichen Betriebes ist der übertragene Grundbesitz häufig noch mit Grundpfandrechten belastet, die bestehende Verbindlichkeiten des Veräußerers sichern. Diese Verbindlichkeiten sollen regelmäßig zur Entlastung des Veräußerers vom Erwerber übernommen oder der Veräußerer in sonstiger Weise freigestellt werden. In diesem Zusammenhang kommen verschiedene Gestaltungsmöglichkeiten in Betracht.

B. Gestaltungsmöglichkeiten

I. Befreiende Schuldübernahme

2 In den meisten Fällen einer befreienden Schuldübernahme wird diese **nach § 415 Abs. 1 BGB** durch Vertrag zwischen dem bisherigen Schuldner (Veräußerer) und dem Erwerber vereinbart. Ihre Wirksamkeit hängt von der **Genehmigung des Gläubigers** ab.[1] Durch die vom Gläubiger genehmigte Schuldübernahme tritt der Übernehmer an die Stelle des bisherigen Schuldners; dieser wird frei. Das gleiche Ergebnis wird erzielt, wenn die Schuldübernahme unmittelbar durch Vertrag zwischen dem Gläubiger und dem Erwerber vereinbart wird (§ 414 BGB).

Die Genehmigung des Gläubigers nach § 415 Abs. 1 BGB wird bei Übergabeverträgen üblicherweise durch den Notar eingeholt. Solange sie nicht erteilt ist, ist der Übernehmer gemäß § 415 Abs. 3 BGB im Zweifel dem Schuldner gegenüber verpflichtet, den Gläubiger rechtzeitig zu befriedigen (Erfüllungsübernahme, § 329 BGB); das Gleiche gilt, wenn die Genehmigung verweigert wird (§ 415 Abs. 3 S. 2 BGB). In beiden Fällen droht, wenn der Übernehmer die Schuld nicht bedient, dem Veräußerer die Gefahr, vom Gläubiger der übernommenen Verbindlichkeiten in Anspruch genommen zu werden. Zwar hätte er, wenn dies geschieht und er an den Gläubiger leistet, einen Erstattungsanspruch gegen den Übernehmer;[2] das hilft ihm aber nicht, wenn der Anspruch nicht realisierbar ist. Daher ist im Einzelfall, insbesondere bei Übernahme hoher Verbindlichkeiten, zu überlegen, dem Veräußerer im Übergabevertrag ein Rücktrittsrecht für den Fall einzuräumen,

1 Obwohl § 415 Abs. 1 nur von Genehmigung spricht (§ 184 BGB), genügt auch eine Einwilligung, vgl. BGH NJW-RR 1996, 194; Grüneberg/*Grüneberg*, § 415 Rn 3.
2 MüKo-BGB/*Gottwald*, § 329 Rn 18.

dass die Genehmigung zur Schuldübernahme nicht innerhalb einer bestimmten Frist erteilt werden sollte, verbunden mit der Vereinbarung einer Umschreibungssperre, die verhindert, dass der Erwerber vor Erteilung der Genehmigung als neuer Eigentümer in das Grundbuch eingetragen wird.[3]

3 Bei übernommenen Verbindlichkeiten wird es sich häufig auch um solche aus Verbraucherdarlehen i.S.d. §§ 491, 501 BGB i.V.m. Art. 247 EGBGB handeln. Für Verbraucherdarlehen sieht das Gesetz zwingende Angaben vor (Art. 247 §§ 6 bis 13 EGBGB) vor, die bei einer Schuldübernahme regelmäßig nicht zur Verfügung stehen und auf den Pflichtenkreis des gewerblichen Darlehensgebers zugeschnitten sind.[4] Fehlt eine dieser vorgeschriebenen Angaben, so droht nach § 494 Abs. 1 BGB die Nichtigkeit des Verbraucherdarlehensvertrages. Zwar sind nach herrschender Ansicht die Bestimmungen über Verbraucherdarlehen auf die befreiende Schuldübernahme i.S.d. § 415 BGB, sofern diese nicht ausnahmsweise auf Initiative des Kreditgebers zustande kommt, nicht anwendbar.[5] Höchstrichterlich ist dies jedoch noch nicht entschieden, so dass teilweise aus Gründen der Vorsicht empfohlen wird, statt einer befreienden Schuldübernahme eine Freistellungsverpflichtung zu vereinbaren.[6] Zu dieser Freistellungsverpflichtung vgl. den folgenden Abschnitt II., Rdn 8 ff. In der Praxis behelfen sich die Kreditinstitute häufig damit, dass sie mit dem Schuldübernehmer einen neuen Darlehensvertrag zu den bisherigen Konditionen abschließen, der die für Verbraucherverträge vorgeschriebenen Angaben enthält.[7]

4 Regelungsbedarf besteht auch hinsichtlich der bestehen bleibenden Grundschuld, die die übernommenen Verbindlichkeiten sichert. Empfehlenswert ist eine Einschränkung der in der Praxis der Kreditinstitute üblichen weiten Sicherungszweckerklärung. Durch die Einschränkung soll einerseits verhindert werden, dass künftige Verbindlichkeiten des Veräußerers durch die Grundschuld gesichert werden. Andererseits soll mit ihr ausgeschlossen werden, dass der Erwerber ohne Zustimmung des Veräußerers neue Verbindlichkeiten eingeht, die in den Sicherungszweck der Grundschuld fallen, was insbesondere dann mit Risiken verbunden ist, wenn die übernommene Grundschuld mit Rang vor den Altenteilsrechten des Veräußerers im Grundbuch eingetragen ist.[8]

3 *v. Hoyenberg*, Vorweggenommene Erbfolge, 4. Kap. Rn 12 mit Rn 13.
4 *J. Mayer/Geck*, Übergabevertrag, § 12 Rn 24.
5 MüKo-BGB/*Weber*, § 491 Rn 31 m.w.N.; *J. Mayer/Geck*, Übergabevertrag, § 12 Rn 33; *Schöner/Stöber*, Grundbuchrecht, Rn 3153a; *Kurz*, DNotZ 1998, 552, 564; OLG Düsseldorf MittBayNot 2001, 313; ähnlich OLG Dresden Jurion RS 2006, 25362. Zustimmend auch *Klein*, RNotZ 2020, 1, 11, der jedoch aus Vorsichtsgründen empfiehlt, bis zu einer höchstrichterlichen Klärung davon auszugehen, dass die Vorschriften über Verbraucherdarlehen auch auf Schuldübernahmevereinbarungen zwischen Altschuldner und Neuschuldner anwendbar seien.
6 *Amann*, MittBayNot 2002, 245, 246; *Klein*, RNotZ 2020, 1, 11.; *Krauß*, Vermögensnachfolge, Rn 2732.
7 *J. Mayer/Geck*, Übergabevertrag, § 12 Rn 24; *v. Hoyenberg*, Vorweggenommene Erbfolge, 4. Kap. Rn 11.
8 *J. Mayer/Geck*, Übergabevertrag, § 12 Rn 16.

Die in der Grundschuldbestellungsurkunde regelmäßig enthaltene dingliche Unterwerfungserklärung gemäß § 800 ZPO richtet sich gegen den jeweiligen Eigentümer des belasteten Grundbesitzes. Sie kann daher, wenn sie im Grundbuch eingetragen ist, gegen den Erwerber als neuen Eigentümer gemäß § 727 ZPO umgeschrieben werden, ohne dass es insoweit einer erneuten Unterwerfungserklärung bedarf. Anders verhält es sich mit dem abstrakten Schuldversprechen (§ 780 BGB) und der hierauf bezogenen persönlichen Zwangsvollstreckungsunterwerfung, die ebenfalls üblicher Bestandteil der Bestellungsurkunde sind. Da die Schuldübernahme nach herrschender Meinung keine Rechtsnachfolge i.S.d. §§ 265, 325, 727 ZPO darstellt,[9] ist es erforderlich und wird von den Kreditinstituten vor Erteilung der Schuldübernahmegenehmigung auch verlangt, dass der Erwerber selbst ein entsprechendes Schuldversprechen abgibt und sich insoweit der sofortigen Zwangsvollstreckung in sein gesamtes Vermögen unterwirft.[10] 5

Nach Erledigung des Sicherungszwecks, d.h. nach Wegfall der gesicherten Verbindlichkeiten, kann der Besteller der Grundschuld (Veräußerer) vom Gläubiger die Rückgewähr der Grundschuld (Abtretung, Verzicht oder Aufhebung) verlangen. Diese Ansprüche gehen nicht automatisch auf den Erwerber über, sondern bestehen weiter ausschließlich im Verhältnis zwischen Besteller (Veräußerer) und Grundschuldgläubiger.[11] Sie werden daher regelmäßig an den Erwerber im Übergabevertrag abgetreten.[12] 6

▼ 7

Muster 9.1: Befreiende Schuldübernahme mit Übernahme der Grundschuld 9.1

1. Der Veräußerer ist Schuldner der Verbindlichkeiten, die durch die folgende im Grundbuch von ______ Blatt ______ Abt. III Nr. 1 eingetragene Grundschuld gesichert werden:

Grundschuld zugunsten der B-Bank in Höhe von ______ EUR nebst ______ % Jahreszinsen ab dem ______, die Zinsen jeweils fällig nachträglich am letzten Tag des Jahres.

2. Der Erwerber übernimmt die durch diese Grundschuld gesicherten Verbindlichkeiten nebst Zinsen und allen Nebenleistungen mit schuldbefreiender Wirkung anstelle des Veräußerers mit Wirkung ab dem Tag des Besitzübergangs, somit ab dem ______. Nach den Angaben der Vertragsbeteiligten handelt es sich hierbei um die Verbindlichkeiten aus dem Darlehen der B-Bank mit der Darlehensnummer ______, deren Höhe derzeit ______ EUR beträgt. Sollten die Verbindlichkeiten am Besitzübergangstag höher oder niedriger sein als vorstehend angegeben, so erfolgt kein Ausgleich.

Der Notar hat darauf hingewiesen, dass die Schuldübernahme nur wirksam wird, wenn der Gläubiger sie genehmigt; vorher wird der Veräußerer nicht von seiner Haftung frei.

9 BGH NJW 1973, 1700; BGH NJW 1998, 1645, 1646; *J. Mayer/Geck*, S. 448.
10 *J. Mayer/Geck*, Übergabevertrag, § 12 Rn 9.
11 *Krauß*, Vermögensnachfolge, Rn 2751.
12 *Krauß*, Vermögensnachfolge, Rn 2752.

Der Notar wird beauftragt, dem Gläubiger eine beglaubigte Abschrift dieser Urkunde zu übersenden und die Genehmigung der Schuldübernahme zu beantragen. Bis zur Erteilung dieser Genehmigung hat der Erwerber den Veräußerer von jeglicher Inanspruchnahme aus den übernommenen Verbindlichkeiten freizustellen (Erfüllungsübernahme); das gilt auch, wenn die Genehmigung verweigert wird. Die mit der Schuldübernahme verbundenen Kosten hat der Erwerber zu tragen.

3. Der Erwerber übernimmt die vorbezeichnete Grundschuld dinglich.

Er erkennt an, dem Grundschuldgläubiger einen Betrag in Höhe des Nennbetrags der Grundschuld nebst ____ % Jahreszinsen ab Grundschuldbewilligung in der Weise zu schulden, dass das Anerkenntnis die Verpflichtung zur Zahlung selbstständig begründen soll. Er unterwirft sich in Höhe des Grundschuldbetrages nebst vorgenannter Zinsen der sofortigen Zwangsvollstreckung aus dieser Urkunde in sein gesamtes Vermögen. Der Notar wird ermächtigt, dem Grundschuldgläubiger ohne weitere Nachweise vollstreckbare Ausfertigung dieser Urkunde zu erteilen.

4. Der Veräußerer tritt mit Wirkung ab Eigentumsumschreibung sämtliche Rechte und Ansprüche, die ihm hinsichtlich der vorgenannten Grundschuld zustehen, insbesondere die Ansprüche auf Rückgewähr der Grundschuld, an den Erwerber ab und bewilligt die Eintragung der Abtretung im Grundbuch.

5. Die Sicherungszweckerklärung zur vorgenannten Grundschuld wird wie folgt geändert:

Die Grundschuld sichert lediglich Verbindlichkeiten des Erwerbers, nicht aber solche des Veräußerers. Solange die in dieser Urkunde bewilligten Altenteilsrechte des Veräußerers bestehen, sichert die Grundschuld darüber hinaus einschränkend nur solche Verbindlichkeiten des Erwerbers, deren Absicherung der Veräußerer schriftlich zugestimmt hat. Während des Bestehens dieser Altenteilsrechte ist eine Änderung oder Aufhebung der Sicherungszweckerklärung nur mit schriftlicher Zustimmung des Veräußerers zulässig.

Der Notar wird beauftragt, die zur vorstehenden Änderung der Sicherungszweckerklärung erforderliche Zustimmung des Gläubigers einzuholen.
▲

II. Anderweitige Freistellung im Außenverhältnis zum Gläubiger

8 Die Schuldübernahme gemäß § 415 BGB ist nicht der einzige Weg, um den Veräußerer von seinen Verbindlichkeiten zu befreien. Denkbar ist auch, dass der Erwerber die Schuld des Veräußerers tilgt, sei es durch eigene Mittel, sei es durch Aufnahme eines neuen Darlehens bei dem bisherigen oder einem anderen Darlehensgeber, oder auf andere Weise dafür sorgt, dass der Veräußerer im Außenverhältnis zum Gläubiger von seiner Schuld

frei wird. Für den Veräußerer ist insoweit allein das Ergebnis entscheidend, nämlich, dass der Gläubiger ihn nicht mehr in Anspruch nehmen kann, nicht aber der Weg, der zu diesem Ergebnis führt. Als Alternative zur Schuldübernahme kommt daher eine Vereinbarung in Betracht, die den Erwerber verpflichtet, den Veräußerer im Außenverhältnis zum Gläubiger von den Verbindlichkeiten zu befreien, es ihm aber überlässt, auf welche Weise er diese Verpflichtung erfüllt.[13] Geschieht dies in der Weise, dass der Erwerber mit dem bisherigen Darlehensgeber (Bank) eine befreiende Schuldübernahme gemäß § 414 BGB vereinbart, wird das Kreditinstitut im eigenen Interesse dafür Sorge tragen, dass bei einem Verbraucherkreditvertrag die Verbraucherschutzvorschriften eingehalten werden.[14]

▼ 9

Muster 9.2: Verpflichtung zur Freistellung mit Wirkung im Außenverhältnis zum Gläubiger 9.2

1. Der Veräußerer ist Schuldner der Verbindlichkeiten, die durch die vorgenannte im Grundbuch von Blatt Abt. III Nr. 1 eingetragene Grundschuld gesichert sind.

2. Der Erwerber verpflichtet sich gegenüber dem Veräußerer, diesen mit Wirkung im Außenverhältnis zum Gläubiger von den durch diese Grundschuld gesicherten Verbindlichkeiten freizustellen. Dem Erwerber steht es frei, dies zu bewirken, indem er mit dem Gläubiger eine befreiende Schuldübernahme vereinbart oder die Verbindlichkeiten tilgt, sei es mit eigenen Mitteln oder durch Aufnahme eines neuen Darlehens, oder auf andere Weise herbeiführt, dass der Veräußerer für diese Verbindlichkeiten nicht mehr in Anspruch genommen werden kann.

Der Erwerber hat dem Veräußerer bis zum durch Bestätigung des Gläubigers nachzuweisen, dass die Haftung des Veräußerers für diese Verbindlichkeiten erloschen ist. Bis zum Erlöschen dieser Haftung hat der Erwerber den Veräußerer im Innenverhältnis von jeglicher Inanspruchnahme freizustellen und die Zins- und Tilgungsleistungen auf diese Verbindlichkeiten zu erbringen.

Der Notar wird angewiesen, die Eigentumsumschreibung auf den Erwerber erst nach Erhalt der vorgenannten Gläubigerbestätigung zu beantragen; vorher soll er keine die Auflassung enthaltene Ausfertigungen oder beglaubigte Abschriften dieser Urkunde erteilen.

Nach den Angaben der Vertragsbeteiligten handelt es bei den gesicherten Verbindlichkeiten um solche aus dem Darlehen der B-Bank mit der Darlehensnummer ; de-

13 *Amann*, MittBayNot 2002, 245; *Klein*, RNotZ 2020, 1, 11; *Krauß*, Vermögensnachfolge, Rn 2732.
14 *Amann*, MittBayNot 2002, 245; *Klein*, RNotZ 2020, 1, 11.

ren Höhe beträgt derzeit EUR. Sollten die Verbindlichkeiten am Besitzübergangstag höher oder niedriger sein als vorstehend angegeben, so erfolgt kein Ausgleich.

3. Alle mit der Freistellung verbundenen Kosten hat der Erwerber zu tragen. Dies gilt auch für eine etwaige Vorfälligkeitsentschädigung.

4. Der Erwerber übernimmt die vorbezeichnete Grundschuld dinglich.

Er erkennt an, dem Grundschuldgläubiger einen Betrag in Höhe des Nennbetrags der Grundschuld nebst % Jahreszinsen ab Grundschuldbewilligung in der Weise zu schulden, dass das Anerkenntnis die Verpflichtung zur Zahlung selbstständig begründen soll. Er unterwirft sich in Höhe des Grundschuldbetrages nebst vorgenannter Zinsen der sofortigen Zwangsvollstreckung aus dieser Urkunde in sein gesamtes Vermögen. Der Notar wird ermächtigt, dem Grundschuldgläubiger ohne weitere Nachweise vollstreckbare Ausfertigung dieser Urkunde zu erteilen.

5. Der Veräußerer tritt mit Wirkung ab Eigentumsumschreibung sämtliche Rechte und Ansprüche, die ihm hinsichtlich der vorgenannten Grundschuld zustehen, insbesondere die Ansprüche auf Rückgewähr der Grundschuld, an den Erwerber ab und bewilligt die Eintragung der Abtretung im Grundbuch.

6. Die Sicherungszweckerklärung zur vorgenannten Grundschuld wird wie folgt geändert:

Die Grundschuld sichert lediglich Verbindlichkeiten des Erwerbers, nicht aber solche des Veräußerers. Solange die in dieser Urkunde bewilligten Altenteilsrechte des Veräußerers bestehen, sichert die Grundschuld darüber hinaus einschränkend nur solche Verbindlichkeiten des Erwerbers, deren Absicherung der Veräußerer schriftlich zugestimmt hat. Während des Bestehens dieser Altenteilsrechte ist eine Änderung oder Aufhebung der Sicherungszweckerklärung nur mit schriftlicher Zustimmung des Veräußerers zulässig.

Der Notar wird beauftragt, die zur vorstehenden Änderung der Sicherungszweckerklärung erforderliche Zustimmung des Gläubigers einzuholen.

▲

III. Freistellung im Innenverhältnis

10 Nicht immer gelingt die Freistellung im Außenverhältnis zum Gläubiger. Bisweilen steht schon vor Beurkundung des Übergabevertrages fest, dass der Gläubiger nicht bereit ist, den Veräußerer aus der Schuldhaft zu entlassen. In manchen Fällen verzichten die Beteiligten auch von vornherein auf eine Schuldbefreiung im Außenverhältnis, z.B. bei Verbindlichkeiten in geringer Höhe oder solchen gegenüber engen Familienangehörigen, und begnügen sich mit einer Freistellungsverpflichtung im Innenverhältnis.

▼ 11

Muster 9.3: Freistellung im Innenverhältnis

1. Der Veräußerer ist Schuldner der Verbindlichkeiten, die durch die im Grundbuch von   Blatt   Abt. III Nr. 1 eingetragene Grundschuld der B-Bank gesichert werden.

Der Erwerber verpflichtet sich gegenüber dem Veräußerer, mit Wirkung ab Besitzübergang sämtliche Zins- und Tilgungsleistungen auf diese Verbindlichkeiten jeweils rechtzeitig und in der geschuldeten Höhe an den Gläubiger zu erbringen und den Veräußerer im Innenverhältnis von jeglicher Inanspruchnahme aus diesen Verbindlichkeiten freizustellen.

Nach den Angaben der Vertragsbeteiligten handelt es sich hierbei um die Verbindlichkeiten aus dem Darlehen der B-Bank mit der Darlehensnummer   , deren Höhe derzeit   EUR beträgt. Sollten die Verbindlichkeiten am Besitzübergangstag höher oder niedriger sein als vorstehend angegeben, so erfolgt kein Ausgleich.

2. Der Notar hat darauf hingewiesen, dass die vorstehende Vereinbarung nur im Innenverhältnis zwischen Veräußerer und Erwerber wirkt, nicht aber im Außenverhältnis gegenüber dem Gläubiger der Darlehensverbindlichkeiten. Gegenüber dem Gläubiger, der B-Bank, bleibt der Veräußerer Schuldner und wird nicht frei. Der Veräußerer kann daher nach wie vor vom Gläubiger auf Rückzahlung in Anspruch genommen werden, wenn der Erwerber seiner Freistellungsverpflichtung nicht nachkommen sollte. Eine befreiende Schuldübernahme, die zu ihrer Wirksamkeit der Zustimmung des Gläubigers bedarf, wird von den Beteiligten ausdrücklich nicht gewünscht.

3. Der Erwerber übernimmt die vorbezeichnete Grundschuld dinglich.

Der Veräußerer tritt mit Wirkung ab Eigentumsumschreibung sämtliche Rechte und Ansprüche, die ihm hinsichtlich der vorgenannten Grundschuld zustehen, insbesondere die Ansprüche auf Rückgewähr der Grundschuld, an den Erwerber ab und bewilligt die Eintragung der Abtretung im Grundbuch.

4. Der Notar hat die Vertragsbeteiligten darauf hingewiesen, dass es empfehlenswert ist, die bestehende Sicherungszweckerklärung für die vorgenannte Grundschuld durch Vereinbarung mit dem Grundschuldgläubiger einzuschränken. Die Vertragsbeteiligten werden sich diesbezüglich mit dem Grundschuldgläubiger in Verbindung setzen.

▲

§ 10 Herauszahlungen an den Übergeber (Abstandsgeld)

Gelegentlich vereinbaren die Beteiligten auch, dass der Übergeber anstelle von bzw. zusätzlich zu einem Nutzungsrecht am Grundbesitz und/oder einer regelmäßigen Zahlung (Leibrente oder dauernden Last) vom Übernehmer eine einmalige Geldleistung (auch Abstandsgeld oder Übergabepreis genannt) erhalten soll. Dieser Herauszahlungsbetrag kann je nach vertraglicher Regelung entweder in einer Summe sofort, in Raten oder auf jederzeitigen Abruf des Übergebers auszuzahlen sein. Darüber hinaus ist zu regeln, ob dieser Zahlungsanspruch im Falle des Todes des Übergebers vererblich sein soll oder lediglich der Versorgung des Übergebers dient und daher mit seinem Tode erlischt.[1] 1

Sofern die Herauszahlung sofort fällig sein soll, kann zur Absicherung des Übergebers die Umschreibung des übergebenen Grundbesitzes im Grundbuch von der Zahlung abhängig gemacht werden. Andernfalls kann die Herauszahlung auch durch Eintragung einer (ggf. durch den Tod des Übergebers auflösend bedingten) Hypothek oder Grundschuld oder durch ein vormerkungsgesichertes Rückforderungsrecht dinglich gesichert werden, sofern die Beteiligten nicht ausdrücklich auf eine solche Absicherung (etwa im Hinblick auf ein nahes Verwandtschaftsverhältnis) verzichten wollen. Sofern die Fälligkeit der Herauszahlung weit in die Zukunft hinausgeschoben ist, sollte ggf. auch noch über eine Wertsicherung oder angemessene Verzinsung[2] des Abstandsgeldes nachgedacht werden. 2

▼ 3

Muster 10.1: Zahlung eines Abstandsgeldes an den Übergeber 10.1

1. Der Übernehmer verpflichtet sich, als (ggf. weitere) Gegenleistung für die Übertragung des Hofanwesens ein Abstandsgeld in Höhe von 100.000 EUR (in Worten: einhunderttausend EUR) an den Übergeber zu zahlen.

2. Das Abstandsgeld ist mit einem Teilbetrag in Höhe von 30.000 EUR (in Worten: dreißigtausend EUR) fällig binnen vier Wochen nach Beurkundung dieses Vertrages.

3. Der hiernach verbleibende Restbetrag in Höhe von 70.000 EUR (in Worten: siebzigtausend EUR) wird dem Übernehmer gestundet. Der gestundete Restbetrag ist fällig binnen drei Monaten nach schriftlichem Abruf durch den Übergeber. Bis dahin ist der gestundete Restbetrag mit 2 % (in Worten: zwei Prozent) p.a. zu verzinsen. Die Zinsen sind fällig und zahlbar jeweils zum 31. Dezember eines jeden Jahres.

1 Vgl. Hannes/*Roemer*, C. 4.00 Rn 105; Faßbender/Hötzel/v. Jeinsen/Pikalo/*Faßbender*, § 17 Rn 93.

2 Ansonsten besteht wegen der Regelung in § 12 Abs. 3 BewG die Gefahr, dass entweder die ersparten Zinsen gemäß § 7 Abs. 1 Nr. 1 der Schenkungsteuer unterliegen oder fiktive Zinsen als Kapitalertrag der Einkommensteuer unterfallen.

4. Sollte der Übergeber vor seiner Ehefrau, Frau F, versterben, ist das Abstandsgeld bzw. der gestundete Restbetrag an die Ehefrau des Übergebers, Frau F, zu bezahlen, sofern das Abstandsgeld bzw. der gestundete Restbetrag nicht bereits zu Lebzeiten des Übergebers vollständig an den Übergeber bezahlt wurde. In diesem Fall ist der gestundete Restbetrag fällig binnen drei Monaten nach schriftlichem Abruf durch die Ehefrau des Übergebers, Frau F. Bis zu diesem Zeitpunkt ist der gestundete Restbetrag entsprechend der vorstehenden Zinsregelung zu verzinsen.
5. Der gestundete Restbetrag wird abweichend von den vorstehenden Regelungen sofort fällig, wenn der Übernehmer mit den Zinszahlungen (oder mit einer sonstigen in diesem Vertrag übernommenen Verpflichtung) für mehr als drei Monate in Verzug ist oder wenn Zwangsvollstreckungsmaßnahmen in den übertragenen Grundbesitz eingeleitet werden oder wenn über das Vermögen des Übernehmers das Insolvenzverfahren eröffnet oder die Eröffnung mangels Masse abgelehnt wird.
6. Der Anspruch auf Zahlung des Abstandsgeldes ist nicht abtretbar. Der beim Tode des Überlebenden der Eheleute Herr M und Frau F noch nicht abgerufene Teil des Abstandsgeldes wird dem Übernehmer hiermit mit Wirkung zum Tode des Längstlebenden der Eheleute Herr M und Frau F erlassen.
7. Der Übernehmer unterwirft sich wegen des vorstehend vereinbarten Abstandsgeldes nebst Verzugszinsen in Höhe von fünf Prozentpunkten über dem Basiszinssatz ab dem heutigen Tage den Eheleuten Herr M und Frau F gegenüber der sofortigen Zwangsvollstreckung aus dieser Urkunde in sein gesamtes Vermögen und in Ansehung der nachfolgend bestellten Grundschulden auch in der Weise, dass die Zwangsvollstreckung gegen den jeweiligen Eigentümer des mit den Grundschulden belasteten Grundbesitzes zulässig ist. Dem jeweiligen Forderungsberechtigten kann ohne weitere Nachweise vollstreckbare Ausfertigung dieser Urkunde erteilt werden.
8. Zur Sicherung des Anspruchs auf Zahlung des gestundeten Restbetrages des Abstandsgeldes bewilligen und beantragen die Beteiligten die Eintragung:

   a) einer durch den Tod des Übergebers auflösend bedingten, nicht abtretbaren Buchgrundschuld über 70.000 EUR nebst 2 % Jahreszinsen ab dem heutigen Tage zugunsten des Übergebers auf dem übertragenen Grundstück Gemarkung X Flur 4 Nr. 15 mit der Zwangsvollstreckungsunterwerfung gemäß § 800 ZPO;

   b) einer durch den Tod des Übergebers aufschiebend bedingten und durch den Tod der Ehefrau des Übergebers, Frau F, auflösend bedingten, nicht abtretbaren Buchgrundschuld über 70.000 EUR nebst 2 % Jahreszinsen ab dem heutigen Tage zugunsten der Ehefrau des Übergebers, Frau F, auf dem übertragenen Grundstück Gemarkung X Flur 4 Nr. 15 mit der Zwangsvollstreckungsunterwerfung gemäß § 800 ZPO.

▲

§ 11 Rückforderungsrechte

A. Allgemeines

Gesetzliche Rückforderungsrechte kommen bei lebzeitigen Übertragungen unter Familienangehörigen nur unter engen und zudem streitanfälligen Voraussetzungen („Grober Undank" i.S.d. § 530 BGB) in Betracht.[1] Darüber hinaus sind bei Altenteilsverträgen i.S.d. Art. 96 EGBGB, zu denen der Hofübergabevertrag als klassischer Anwendungsfall gehört, aufgrund der über Art. 96 EGBGB weiter geltenden landesrechtlichen Bestimmungen zum Altenteilsvertrag die gesetzlichen Rücktrittsrechte des Übergebers wegen Nichterfüllung oder Verzugs sowie der Herausgabeanspruch nach § 527 BGB weitgehend ausgeschlossen oder eingeschränkt.[2] Abgesehen davon entspricht es vielfach dem Wunsch des Übergebers, sich im Übergabevertrag für weitere Fälle, etwa den Fall des Vorversterbens des Übernehmers, Rückforderungsrechte vorzubehalten. 1

B. Zulässigkeit vertraglicher Rückforderungsrechte

I. Zulässigkeit von Rückforderungsrechten bei der Übertragung einzelner Grundstücke

In Übergabeverträgen über Grundbesitz, die zwischen Familienangehörigen, insbesondere zwischen Eltern und ihren Kindern im Rahmen der vorweggenommenen Erbfolge abgeschlossen werden, ist es daher weitgehend üblich, Rückforderungsrechte für den Übergeber und gegebenenfalls auch für dessen Ehegatten zu vereinbaren und durch Eintragung von Auflassungsvormerkungen im Grundbuch zu sichern.[3] Das Rückforderungsrecht wird dabei meist für bestimmte Tatbestände (Rückforderungsgründe) vereinbart, insbesondere für folgende Fälle: 2

a) Veräußerung oder Belastung des Vertragsobjekts ohne Zustimmung des Veräußerers,
b) Vorversterben des Erwerbers vor dem Veräußerer
c) Insolvenz des Erwerbers oder Einleitung von Zwangsvollstreckungsmaßnahmen in das Vertragsobjekt

1 Beck'sches Notarhandbuch/*Herrler*, § 5 Rn 466.

2 Eine Zusammenstellung dieser – allerdings abdingbaren – landesgesetzlichen Bestimmungen zum Altenteilsvertrag findet sich in MüKoBGB/*Raude*, Art. 96 EGBGB, Rn 2. Die Gesetze sind auszugsweise abgedr. bei *Graß*, Landwirtschaftserbrecht 12. Aufl. 2024, Teil E, sowie im Anhang von Lüdtke Handjery/v. Jeinsen/*v. Jeinsen*, HöfeO, unter III.

3 Vgl. nur *v. Hoyenberg*, Vorweggenommene Erbfolge, 3. Kap. Rn 155; *Langenfeld/Günther*, Grundstückszuwendungen, 3. Kap. Rn 83.

Für Übergabeverträge, die nicht die Übertragung eines Betriebes oder sämtlicher Grundstücke eines Betriebes zum Gegenstand haben, sondern lediglich die Veräußerung einzelner Grundstücke, ist die Zulässigkeit derartiger vertraglicher Rückforderungsrechte allgemein anerkannt.[4]

II. Zulässigkeit von Rückforderungsrechten bei der Übergabe eines Betriebes

3 Umstritten ist dagegen, ob und ggfs. unter welchen Voraussetzungen Rückforderungsrechte auch dann wirksam vereinbart und (landwirtschaftsgerichtlich oder behördlich) genehmigt werden können, wenn Gegenstand des Übergabevertrages ein landwirtschaftlicher Betrieb ist, sei es ein Hof im Sinne der HöfeO, sei es eine landwirtschaftliche Besitzung außerhalb der HöfeO, oder ein sonstiger Betrieb oder alle Grundstücke eines Betriebes.

Die hierzu ergangenen Entscheidungen betrafen zumeist die Vereinbarung eines Rückforderungsrechts für den Fall, dass der Übernehmer das Vertragsobjekt ohne Zustimmung des Übergebers veräußert oder belastet.[5]

1. Zivilrechtliche Zulässigkeit

4 Nach Ansicht des BGH verstößt die vertragliche Verpflichtung des Erwerbers, über den erworbenen Betrieb oder dessen Grundbesitz nicht ohne Zustimmung des Veräußerers zu verfügen, gegen § 138 BGB (sittenwidrige Knebelung wegen unverhältnismäßiger Einschränkung der Selbstständigkeit und der wirtschaftlichen Handlungsfreiheit des Erwerbers), sofern der Erwerber von dem Veräußerer nicht die Zustimmung zu einer mit den Grundsätzen ordnungsgemäßer Wirtschaft zu vereinbarenden und den Zweck des schuldrechtlichen Verfügungsverbots (den Erhalt des Grundbesitzes im Eigentum der Familie) nicht wesentlich gefährdenden Verfügung (Veräußerung oder Belastung) verlangen kann.[6] Die Entscheidung des BGH schließt nicht aus, im Rahmen einer Hofübergabe oder sonstigen Betriebsübergabe ein durch Vormerkung gesichertes Rückforderungsrecht auch für den Fall wirksam zu vereinbaren, dass der Erwerber ohne Zustimmung des Veräußerers über den erworbenen Grundbesitz verfügt. Voraussetzung hierfür ist

4 Vgl. nur BGHZ 134, 182; BGH NJW 2012, 3162; *Hertel*, MittBayNotK 2013, 221.

5 BGH NJW 2012, 3162; OLG Celle RdL 1970, 177; OLG Celle AgrarR 1998, 256; OLG Celle RdL 1999, 329; OLG Celle RdL 2006, 45.

6 BGH NJW 2012, 3162 = MittBayNot 2013, 218 m. Anm. *Hertel*. Im entschiedenen Fall gelangte der BGH, um eine Gesamtnichtigkeit gemäß § 139 BGB zu vermeiden, im Wege der ergänzenden Vertragsauslegung zu dem Ergebnis, dass das vereinbarte Verfügungsverbot um eine entsprechende Zustimmungspflicht des Veräußerers zu ergänzen sei.

jedoch nach Ansicht des BGH, dass dem Erwerber Verfügungen gestattet sein müssen, die mit einer ordnungsgemäßen Wirtschaft zu vereinbaren sind und den Zweck des Verfügungsverbots nicht wesentlich gefährden. Dies kann durch Vereinbarung einer entsprechenden Zustimmungspflicht im Übergabevertrag sichergestellt werden oder dadurch, dass bereits im Übergabevertrag die Zustimmung zu bestimmten Belastungen und Veräußerungen erteilt wird.[7] Denkbar ist auch, einzelne Grundstücke von vornherein von einem Verfügungsverbot auszunehmen.[8]

2. Zulässigkeit nach Grundstücksverkehrsgesetz

Das OLG Celle hat wiederholt entschieden, dass die nach § 17 Abs. 3 HöfeO erforderliche landwirtschaftsgerichtliche Genehmigung eines Hofübergabevertrages im Sinne der HöfeO zu versagen sei, wenn der Übergeber sich ein Rückforderungsrecht für den Fall vorbehält, dass der Übernehmer ohne Zustimmung des Übergebers über die übertragenen Grundstücke durch Veräußerung oder Belastung verfügt.[9] Der Übernehmer, so das OLG Celle, werde durch den Zustimmungsvorbehalt des Übergebers, in seiner unternehmerischen Freiheit übermäßig eingeengt. Er laufe zudem Gefahr, dass die Eintragung der das Rückforderungsrecht sichernden Auflassungsvormerkung Kreditgeber davon abschrecke, notwendige Darlehen zu gewähren. Dies widerspreche Maßnahmen zur Verbesserung der Agrarstruktur (§ 9 Abs. 2 GrdStVG) und schließe daher eine Genehmigung des Hofübergabevertrages aus.[10] Demgegenüber hat das OLG Celle ein Rückforderungsrecht akzeptiert, das dem Hofübergeber zustehen sollte, falls der Übernehmer ohne Hinterlassung eines wirtschaftsfähigen Abkömmlings vor ihm verstirbt oder der Übernehmer seine Wirtschaftsfähigkeit krankheitsbedingt verliert.[11] Das OLG Köln hatte keine Bedenken gegen ein Rückforderungsrecht, das im Hofübergabevertrag für den Fall vereinbart worden war, dass der Übernehmer oder sein Ehegatte das Scheidungsverfahren einleiten sollte.[12] Auch das für den Fall des kinderlosen Vorversterbens des Übernehmers vereinbarte Rückforderungsrecht hält das OLG Köln für höferechtlich zulässig und genehmigungsfähig.[13] 5

Die Ansicht des OLG Celle, Rückforderungsrechte in Hofübergabeverträgen, die für den Fall des Verstoßes gegen ein schuldrechtliches Verfügungsverbots vereinbart werden, 6

7 *Hertel*, MittBayNot 2013, 221; *Roemer*, in: Lüdtke-Handjery/*v. Jeinsen*, § 17 HöfeO Rn 124.

8 *Roemer*, in: Lüdtke-Handjery/*v. Jeinsen*, § 17 HöfeO Rn 122.

9 OLG Celle AgrarR 1998, 256; OLG Celle RdL 1999, 329; OLG Celle RdL 2006, 45. Kritisch gegenüber der Ansicht des OLG Celle *Roemer*, in: Lüdtke-Handjery/*v. Jeinsen*, § 17 HöfeO Rn 123 ff.

10 OLG Celle AgrarR 1998, 256; OLG Celle RdL 1999, 329; OLG Celle RdL 2006, 45; OLG Celle Beschl. v. 11.3.2013 – 7 W 16/13 (L).

11 OLG Celle AUR 2015, 180.

12 OLG Köln AgrarR 1997, 160.

13 OLG Köln RdL 1982, 49 gegen OLG Hamm RdL 1965, 272, 273.

seien grundstücksverkehrsrechtlich unzulässig, kann jedenfalls dann nicht überzeugen, wenn die vorgenannten Vorgaben des BGH beachtet werden, also im Vertrag eine Zustimmungspflicht für Verfügungen vorgesehen wird, die mit den Grundsätzen einer ordnungsgemäßen Wirtschaft zu vereinbaren sind und den Zweck des schuldrechtlichen Verfügungsverbots nicht wesentlich gefährden. Ein mit einer solchen Zustimmungspflicht verbundenes Rückforderungsrecht sollte auch in Hofübergabeverträgen genehmigungsfähig sein, und zwar auch dann, wenn das Rückforderungsrecht durch Eintragung einer Auflassungsvormerkung im Grundbuch gesichert werden soll.[14] Um etwaige Schwierigkeiten im Genehmigungsverfahren zu vermeiden, sollte vor Beurkundung des Übergabevertrages vorsorglich die entsprechende Genehmigungspraxis des zuständigen Landwirtschaftsgerichts bzw. der zuständigen Behörde im Hinblick auf etwaige vertragliche Rückforderungsrechte abgeklärt werden. Ist mit einer Genehmigung nicht zu rechnen oder ist deren Erteilung zweifelhaft, bleibt die Möglichkeit, die Hofeigenschaft vor Abschluss des Hofübergabevertrages aufzuheben.

C. Die Zweckmäßigkeit vertraglicher Rückforderungsrechte bei Betriebsübergaben

I. Mögliche Bedenken gegen eine Zweckmäßigkeit

7 Eine andere Frage ist, ob es zweckmäßig ist, in Betriebsübergabeverträgen Rückforderungsrechte zu vereinbaren.[15]

Folgende Bedenken gegen eine Zweckmäßigkeit werden vorgebracht:

a) Der Erwerber als neuer Unternehmer müsse eine eigenständige Störfallvorsorge (etwa für den Todesfall oder Scheidungsfall) betreiben können; ein „Hineinregieren" des Übergebers sei hier eher schädlich.[16]

b) Die unternehmerische Handlungsfreiheit des Übernehmers werde beeinträchtigt, wenn dieser bei jeder grundbuchlichen Veränderung oder Belastung der Zustimmung des Übergebers benötige, selbst wenn es sich um kleinere und wirtschaftlich eher un-

14 *Roemer*, in: Lüdtke-Handjery/*v. Jeinsen*, § 17 HöfeO Rn 123 ff. Anderer Ansicht OLG Celle, Beschl. v. 11.3.2013 – 7W 16/3 (L), das die Beteiligten darauf verweist, doch vorher die Hofeigenschaft aufzuheben, wenn sie denn unbedingt die Vereinbarung eines Zustimmungsvorbehalts für Veräußerungen und Belastungen und ein hieran anknüpfendes Rückforderungsrecht wünschten. Generell ablehnend gegenüber Rückforderungsrechten in Hofübergabeverträgen AG Beckum MittBayNot 2019, 33 mit kritischer Anmerkung *Schreindorfer*.

15 Zweifelnd *Krauß*, Vermögensnachfolge, Rn 2839 „eher wesensfremd".

16 *Krauß*, Vermögensnachfolge, Rn 2839.

bedeutende Maßnahmen handelt (z.B. Dienstbarkeiten für Leitungsrechte, Straßenlandabtretungen).[17]

c) Die Aufnahme von betrieblich notwendigen oder sinnvollen Krediten werde erschwert, wenn der Übernehmer bei der Bestellung von Grundpfandrechten auf die Zustimmung des Übergebers angewiesen sei. Zustimmungserfordernisse könnten bei Störungen der persönlichen Beziehung sowie bei einer unterschiedlichen Beurteilung der geplanten Investition zu erheblichen Problemen führen.[18]
d) Eine später eintretende Geschäftsunfähigkeit (Alzheimer, Demenz) könne den Übergeber an einer wirksamen Zustimmungs- und Rangrücktrittserklärung hindern.[19] Werde wegen Fehlens einer notariellen Vorsorgevollmacht gar die Bestellung eines gerichtlichen Betreuers für den Übergeber erforderlich, so könne der Betreuer an einer Rangrücktrittserklärung rechtlich gehindert sein, wenn diese nicht im Interesse des Betreuten liege.[20]
e) Die Rückabwicklung einer u.U. viele Jahre zurückliegenden Übertragung könne zu erheblichen rechtlichen und tatsächlichen Problemen führen.[21]
f) Die Vereinbarung vertraglicher Rückforderungsrechte könne zu Schwierigkeiten bei der Erteilung der landwirtschaftsgerichtlichen oder behördlichen Genehmigung des Übergabevertrages führen.[22] Siehe hierzu aber oben Abschnitt B., Rdn 5 und 6.

II. Anliegen des Übergebers

Gleichwohl und trotz dieser Bedenken entspricht die Vereinbarung von Rückforderungsrechten in Verträgen über die Übertragung landwirtschaftlicher Betriebe einem häufig geäußerten Wunsch der Übergeber.[23] Im Vordergrund steht dabei meist die Sorge des Übergebers vor einem unerwünschten Abwandern des Hofes zu seinen Lebzeiten, insbesondere durch Vorversterben des Übernehmers (Rückforderungsrecht wegen Vorversterbens des Übernehmers)[24] oder dadurch, dass der Hof bereits zu Lebzeiten des 8

17 Münchener Anwaltshandbuch Agrarrecht/*v. Garmissen*, § 11 Rn 298.
18 *Neie*, Überlassungsvertrag, Rn 220.
19 Münchener Anwaltshandbuch Agrarrecht/*v. Garmissen*, § 11 Rn 298.
20 Münchener Anwaltshandbuch Agrarrecht/*v. Garmissen*, § 11 Rn 298.
21 *Krauß*, Vermögensnachfolge, Rn 2839.
22 *Neie*, Überlassungsvertrag, Rn 220.
23 Beck'sches Formularbuch Immobilienrecht/*Roemer/Führ*, S. 486; vgl. auch *Reithmann/Albrecht*, Handbuch der notariellen Vertragsgestaltung, 8. Aufl. 2001, Rn 724.
24 Nach OLG Köln RdL 1982, 49 steht die Regelung in einem Hofübergabevertrag, dass der Übergeber die Rücküberragung der Besitzung auf sich verlangen kann, wenn der Übernehmer vor ihm ohne Hinterlassung von Abkömmlingen verstirbt, einer landwirtschaftsgerichtlichen Genehmigung nicht entgegen. Ebenso OLG Celle AUR 2015, 180 für den Fall, dass der Übernehmer ohne Hinterlassung eines wirtschaftsfähigen Abkömmlings vor dem Übergeber verstirbt.

Übergebers veräußert oder durch zu hohe Belastungen in seinem Bestand gefährdet wird (Rückforderungsrecht bei Veräußerung oder Belastung ohne Zustimmung des Übergebers) oder durch Vermögensverfall oder Zwangsvollstreckungsmaßnahmen zerschlagen wird (Rückforderungsrecht bei Insolvenz des Übergebers und bei Zwangsvollstreckung in übertragene Grundstücke). Zu weiteren vertraglichen Rückforderungsgründen vgl. Abschnitt D. Ziff. II., Rdn 18 ff.

III. Abmilderung von Rückforderungsrechten

9 Werden vormerkungsgesicherte Rückforderungsrechte in Hofübergabeverträge vereinbart, sollte überlegt werden, die damit für den Übernehmer verbundenen Einschränkungen durch entsprechende Gestaltung abzumildern. Das gilt sowohl in materiell-rechtlicher als auch in formell-rechtlicher (grundbuchlicher) Hinsicht. In materiell-rechtlicher Hinsicht kann etwa beim Rückübertragungsgrund „Verfügung ohne Zustimmung des Übergebers" einschränkend vereinbart werden, dass dieser nicht für sämtliche übertragenen Grundstücke gelten solle, sondern nur für einzelne näher bestimmte, während die übrigen Grundstücke auch ohne Zustimmung des Übergebers veräußert und belastet werden dürfen oder der Übergeber jedenfalls insoweit zur Erteilung der Zustimmung verpflichtet ist.

10 Erwägenswert ist auch, dem Übernehmer bereits im Übergabevertrag zu gestatten, einzelne Grundstücke bis zu einer bestimmten Höhe mit Grundpfandrechten zu belasten, verbunden mit der Bewilligung und Eintragung eines entsprechenden Rangvorbehalts bei der Rückauflassungsvormerkung. Die Gestattung kann an die – freilich nur im Innenverhältnis wirkende – Auflage geknüpft werden, von ihr nur Gebrauch zu machen, wenn die Belastung einer ordnungsgemäßen Bewirtschaftung entspricht.

11 Auch kommt in Betracht, die das Rückforderungsrecht sichernde Rückauflassungsvormerkung nicht auf allen übertragenen Grundstücken eintragen zu lassen, sondern nur auf der Hofstelle und besonders ausgewählten Grundstücken. Dies würde einer Empfehlung entsprechen, die auch für die dingliche Sicherung der üblichen Altenteilrechte des Übergebers gegeben wird, die ebenfalls nicht zwingend an sämtlichen Betriebsgrundstücken bestellt werden müssen.[25] Allerdings kann die Vormerkung ihren Schutz nur bei denjenigen Grundstücken entfalten, auf denen sie auch eingetragen wird. Auf ihre Eintragung sollte daher im Regelfall nicht verzichtet werden. Von Ausweichgestaltungen mit dem Ziel, die Eintragung einer Auflassungsvormerkung zu vermeiden, etwa der, die Vormerkung zwar im Übergabevertrag zu bewilligen, jedoch verbunden mit der Anweisung an den Notar, ihre Eintragung nur auf besondere Anweisung eines Beteiligten auch zu beantragen,[26] ist im Regelfall abzuraten.[27] Im

25 Münchener Anwaltshandbuch Agrarrecht/*v. Garmissen*, § 11 Rn 290 f.
26 *Faßbender*, in: Faßbender/Hötzel/v. Jeinsen/*Pikalo*, § 17 HöfeO Rn 119.
27 *v. Hoyenberg*, Vorweggenommene Erbfolge, 3. Kap. Rn 192.

Krisenfall (Insolvenz, Zwangsvollstreckung) kann eine solche Gestaltung nur allzu leicht versagen, die Anweisung zu spät kommen.

Schließlich ist an weitere flankierende Maßnahmen zu denken. Damit eine vorab er- 12 teilte Zustimmung zu Belastungen später auch praktisch durchführbar ist, empfiehlt sich eine Kombination mit entsprechenden Vollmachten, welche die Verschaffung der erforderlichen Rangstelle im Grundbuch ermöglichen, also zu Rangrücktritt und Vorrangseinräumung berechtigen.[28] Dies kann erfolgen durch Erteilung einer allgemeinen Vorsorgevollmacht des Übergebers in notarieller Form. Wenn der Übergeber Wert darauf legt, kann in dieser Vorsorgevollmacht für Verfügungen über Grundstücke oder Grundstücksrechte (und damit auch über die dem Übergeber vorbehaltenen Rechte) ggfs. die Erklärung zweier Kinder des Übergebers verlangt werden, so dass der Übernehmer zumindest noch ein Geschwisterteil von der Sinnhaftigkeit eines Rangrücktritts überzeugen muss.[29] Bei Fehlen einer allgemeinen Vorsorgevollmacht schlägt *Hertel*[30] bei verheirateten Übergebern jedenfalls eine von ihm so genannte „kleine Vorsorgevollmacht" vor, durch die sich die Übergeber im Übergabevertrag wechselseitig bevollmächtigen, die Aufhebung, Änderung, Löschung und den Rangrückritt der für sie oder einen von ihnen in der Urkunde bestellten Rechte zu vereinbaren und zu bewilligen, insbesondere den Rangrücktritt hinter Grundpfandrechte zu erklären.

▼ 13

Muster 11.1: „Kleine Vorsorgevollmacht"

Die Übergeber, die Eheleute Hermann und Elke Schmitz geb. Jung, bevollmächtigen sich hiermit gegenseitig – unter Befreiung von den Beschränkungen des § 181 BGB und über den Tod hinaus –, die Aufhebung, Änderung, Löschung, Freigabe und den Rangrücktritt der in dieser Urkunde für sie oder für einen von ihnen bestellten und bewilligten Grundbuchrechte und der ihnen zugrundeliegenden Ansprüche und Rechte zu vereinbaren und zu bewilligen, insbesondere auch den Rangrücktritt hinter Grundpfandrechte zu bewilligen.[31] 11.1

▲

Auch kann überlegt werden, das Rückforderungsrecht derart zu befristen, dass es entfällt, wenn seit der Übergabe ein längerer, vertraglich festzulegender Zeitraum verstrichen ist.[32]

28 *Hertel*, MittBayNot 2013, 221, 224.
29 *Hertel*, MittBayNot 2013, 221, 225.
30 MittBayNot 2013, 221, 225.
31 Nach *Hertel*, MittBayNot 2013, 2018, 224.
32 Münchener Anwaltshandbuch Agrarecht/*v. Garmissen*, § 11 Rn 300.

14 ▼

Muster 11.2: Befristung des Rückforderungsrechts

11.2 Das Rückforderungsrecht entfällt nach Ablauf von 15 Jahren, gerechnet ab der heutigen Beurkundung des Übergabevertrages. Hat der Übergeber das Rückforderungsrecht jedoch vor Ablauf dieses Zeitraums berechtigt ausgeübt, so bleibt der hierdurch entstandene Rückübereignungsanspruch bestehen.

▲

D. Die Ausgestaltung des vertraglichen Rückforderungsrechts

I. Eigenständiges vertragliches Rückforderungsrecht

15 Von den verschiedenen Möglichkeiten der rechtlichen Ausgestaltung des Rückforderungsrechts (auflösende Bedingung, Widerrufsvorbehalt, Rücktrittsrecht, vertragliches Rückforderungsrecht) hat sich in der kautelarjuristischen Praxis das **vertragliche Rückforderungsrecht** durchgesetzt.[33] Bei dem vertraglichen Rückforderungsrecht handelt es sich um eine eigenständige vertragliche Regelung, in der die Voraussetzungen, Modalitäten und Folgen der Rückübertragung festgelegt werden.[34] Es wird üblicherweise für bestimmte eng umgrenzte Tatbestände **(Rückforderungsgründe)** vereinbart, bei deren Eintritt der Rückübereignungsanspruch nicht sogleich entsteht, sondern zusätzlich von der entsprechenden **Geltendmachung** des Rückforderungsverlangens abhängig ist **(sog. Optionsmodell)**.[35] Der – vom Rückforderungsrecht zu trennende – Rückübereignungsanspruch ist damit in zweifacher Weise (doppelt) aufschiebend bedingt: Er entsteht nur, wenn ein Rückforderungsgrund eintritt und darüber hinaus auch nur dann, wenn der Berechtigte von seinem Rückforderungsrecht Gebrauch macht.[36]

16 Die Vereinbarung einer **auflösenden Bedingung** hat gegenüber dem vertraglichen Rückforderungsrecht den Nachteil, dass sie mit Eintritt der Bedingung zu einem sofortigen Wegfall des Rechtsgrundes der Übertragung und einer automatischen Auflösung des schuldrechtlichen Teils des Übertragungsvertrages[37] führt. Ein solcher Automatismus

33 Hannes/*Roemer*, S. 19; *v. Hoyenberg*, Vorweggenommene Erbfolge, 3. Kap. Rn 174.; *Langenfeld/Günther*, Grundstückszuwendungen, 3. Kap. Rn 100; *J. Mayer/Geck*, Übergabevertrag, § 13 Rn 22; *Schippers*, MittRNotK 1998, 69, 70; *Weser*, ZEV 1995, 353, 357.

34 Hannes/*Roemer*, S. 19.; *Langenfeld/Günther*, Grundstückszuwendungen, 3. Kap. Rn 100; *J. Mayer/Geck*, Übergabevertrag, § 13 Rn 21.

35 Beck'sches Notarhandbuch/*Herrler*, § 5 Rn 467; BGH NJW 2025, 1260 m. Anm. *Herrler*, NJW 2025, 1235; Hannes/*Roemer*, S. 19; *Mayer/Geck*, Übergabevertrag, § 13 Rn 22; *Langenfeld/Günther*, Grundstückszuwendungen, 3. Kap. Rn 102; *v. Hoyenberg*, Vorweggenommene Erbfolge, 3. Kap. Rn 177.

36 BGH NJW 1997, 861, 862; *Herrler*, NJW 2025, 1235, 1238.

37 Nicht hingegen, wegen der Bedingungsfeindlichkeit der Auflassung (§ 925 Abs. 2 BGB), zu einem Wegfall der dinglichen Übertragung.

ist jedoch in vielen Fällen nicht interessengerecht, weil er dem Veräußerer eine einzelfallbezogene Entscheidung darüber, ob er den übertragenen Grundbesitz tatsächlich und zu diesem Zeitpunkt wieder übernehmen möchte, verwehrt.[38] Zu denken ist etwa an den Fall des Vorversterbens des Erwerbers, wenn der Veräußerer das Übertragungsobjekt bei den Erben des Erwerbers belassen möchte, oder an den Fall, dass der Veräußerer sich bei Eintritt der auflösenden Bedingung in einer wirtschaftlich prekären Situation befindet und ihm Insolvenz oder Zwangsvollstreckungsmaßnahmen drohen.[39]

Bei der Vereinbarung eines **Rücktrittsrechts** – anstelle eines Rückforderungsrechts – werden wiederum die Vorschriften der §§ 346 ff. BGB als jedenfalls in Teilen unpassend und störend empfunden, so etwa die Pflicht des Erwerbers, nach dem Rücktritt die gezogenen Nutzungen herauszugeben (§ 346 Abs. 1 BGB) oder Wertersatz zu leisten (§ 346 Abs. 2 BGB).[40] 17

Bei einer Ausgestaltung als **Widerrufsrecht** hätte der Widerruf zur Folge, dass die erhaltenen Leistungen mit ex tunc Wirkung bereicherungsrechtlich auszugleichen wären, was ebenfalls in den meisten Fällen gerade nicht erwünscht ist.[41]

Vorzugswürdig ist daher die Vereinbarung eines eigenständigen vertraglichen Rückforderungsrechts.

II. Rückforderungsgründe

1. Verstoß gegen schuldrechtliche Verfügungsbeschränkungen

Häufig wünscht der Übergeber, dass der übertragene Grundbesitz zu seinen Lebzeiten nicht oder nur mit seiner Zustimmung veräußert oder belastet wird. In solchen Fällen kann eine entsprechende schuldrechtliche Verfügungsbeschränkung (§ 137 S. 2 BGB) vereinbart werden, vertraglich sanktioniert mit einem Rückforderungsrecht des Übergebers im Verstoßfall, das durch Eintragung einer Vormerkung im Grundbuch gesichert wird. Eine Veräußerung oder Belastung, die der Übernehmer sodann ohne Zustimmung des Übergebers vornimmt, ist diesem gegenüber unwirksam (§ 883 Abs. 2 BGB). Damit wird ein Ergebnis erzielt, das einer verbotenen dinglichen Verfügungsbeschränkung nach § 137 S. 1 BGB zwar nahekommt, gleichwohl jedoch keine unzulässige Umgehung dieser Vorschrift darstellt.[42] 18

38 Beck'sches Notarhandbuch/*Herrler*, § 5 Rn 467; *v. Hoyenberg*, Vorweggenommene Erbfolge, 3. Kap. Rn 171.

39 Beck'sches Notarhandbuch/*Herrler*, § 5 Rn 467; *v. Hoyenberg*, Vorweggenommene Erbfolge, 3. Kap. Rn 171.

40 *v. Hoyenberg*, Vorweggenommene Erbfolge, 3. Kap. Rn 163; *Ellenbeck*, MittRNotK 1997, 44; *Weser*, ZEV 1995, 353, 356.

41 *v. Hoyenberg*, Vorweggenommene Erbfolge, 3. Kap. Rn 168; *Krauß*, Vermögensnachfolge, Rn 2856.

42 BGH NJW 1997, 861, 862; BayOblG NJW 1978, 700; *Krauß*, Vermögensnachfolge, Rn 2989; *J. Mayer/Geck*, Übergabevertrag, § 13 Rn 36.

19 Vereinbart der Übernehmer den Güterstand der Gütergemeinschaft, so wird der Hof gemeinschaftliches Vermögen beider Ehegatten (§ 1416 Abs. 1 BGB), sofern er nicht ehevertraglich zum Vorbehaltsgut erklärt wird (§ 1418 BGB). Damit würde der Hof ähnlich wie bei einer Veräußerung zumindest teilweise aus dem Vermögen des Übernehmers ausgegliedert.[43] Soll dies zu Lebzeiten des Übergebers nicht geschehen, so kann auch die Vereinbarung der Gütergemeinschaft als Rückforderungsgrund vorgesehen werden.[44]

Übernimmt der Erwerber im Übergabevertrag Grundschulden, so kann als Rückforderungsgrund auch deren Neuvalutierung vereinbart werden, da dies wirtschaftlich der Bestellung einer neuen Grundschuld gleichsteht.[45]

Eine verbotswidrige Belastung stellt auch die Eintragung einer Zwangshypothek dar.[46] Da dies jedoch auch anders gesehen werden könnte,[47] sollte dies ausdrücklich geregelt werden.[48]

20 Schuldrechtliche Verfügungsverbote (Unterlassungsverpflichtungen nach § 137 S. 2 BGB) werden zwar nicht mit Ablauf von 30 Jahren unwirksam.[49] Sie können aber gemäß § 138 Abs. 1 BGB nichtig sein, wenn sie dem Übernehmer Verfügungen über das Vermögen eines übergebenen Betriebes insgesamt oder über das Grundvermögen dieses Betriebes untersagen, sofern der Übernehmer von dem Übergeber nicht die Zustimmung zu einer mit den Grundsätzen ordnungsgemäßer Wirtschaft zu vereinbarenden und den Zweck des Verfügungsverbots nicht wesentlich gefährdenden Veräußerung oder Belastung verlangen kann.[50] Zur Zulässigkeit schuldrechtlicher Verfügungsverbote in Übergabeverträgen vgl. ausführlich Abschnitt B., Rdn 2 ff.

21 *Formulierungsbeispiel: Rückforderungsgrund Verstoß gegen Verfügungsverbot*

Der Übergeber behält sich das Recht vor, die Rückübereignung des in dieser Urkunde übertragenen Grundbesitzes auf sich zu verlangen, falls der Übernehmer diesen Grundbesitz ohne Zustimmung des Übergebers ganz oder teilweise veräußert oder belastet. Zu einer Veräußerung in diesem Sinne gehört auch die Vereinbarung einer Gütergemeinschaft, sofern der hier erworbene Grundbesitz nicht ehevertraglich zum Vorbehaltsgut erklärt wird. Zu einer Belastung gehört auch die Neuvalutierung einer in dieser Urkunde übernommenen Grundschuld.

43 *Ellenbeck*, MittRhNotK 1997, 24, 45.
44 *Ellenbeck*, MittRhNotK 1997, 24, 45; Beck'sches Notarhandbuch/*Herrler*, § 5 Rn 475.
45 *J. Mayer/Geck*, Übergabevertrag, § 13 Rn 36; *Krauß*, Vermögensnachfolge, Rn 2991.
46 BGH MittBayNot 2009, 60; OLG Frankfurt a.M. NotBZ 2005, 219; a.A. OLG München RNotZ 2009, 339 m. abl. Anm. *von Proff zu Irnich*.
47 Der BGH kommt in der Entscheidung MittBayNot 2009, 60 erst über eine ergänzende Vertragsauslegung zu dem gewünschten Ergebnis; vgl. auch die gegenteilige Ansicht des OLG München RNotZ 2009, 339 m. abl. Anm. *von Proff zu Irnich*.
48 *J. Mayer/Geck*, Übergabevertrag, § 13 Rn 46; *Neie*, Rn 86.
49 BGH NJW 2012, 3162 = MittBayNot 2013, 218 m. Anm. *Hertel*.
50 BGH NJW 2012, 3162 = MittBayNot 2013, 218 m. Anm. *Hertel*.

2. Insolvenz und Zwangsvollstreckung

Der Verlust des übergebenen Grundvermögens droht nicht nur bei einer Veräußerung oder einer zu hohen Belastung, sondern auch bei einer Insolvenz des Erwerbers und bei Zwangsvollstreckungsmaßnahmen in den übertragenen Grundbesitz. Daher werden auch für diese denkbaren Störfälle Rückforderungsrechte für sinnvoll gehalten. 22

Vorbehaltene Rückforderungsrechte für den Fall der Insolvenz des Erwerbers verstoßen nicht gegen § 119 InsO (Unwirksamkeit von Vereinbarungen, durch die im Voraus das Wahlrecht des Insolvenzverwalters nach § 103 InsO ausgeschlossen oder beschränkt wird), da ein solches Wahlrecht nur bei beiderseits noch nicht vollständig erfüllten Verträgen besteht, der Übergeber jedoch seine Vertragspflichten mit der Übereignung (Eigentumsumschreibung im Grundbuch) bereits erfüllt hat.[51]

Rückforderungsrechte sind, wenn sie bereits **im Übertragungsvertrag** vereinbart werden, grundsätzlich auch nicht gemäß §§ 129 ff. InsO oder nach dem AnfG anfechtbar, da der Übernehmer den Grundbesitz von vornherein mit einem vormerkungsgesicherten Rückforderungsrecht belastet erwirbt.[52]

Werden sie allerdings erst **nachträglich** (isoliert) vereinbart, so kann der Insolvenzverwalter sie **anfechten**, weil andernfalls das zunächst uneingeschränkt haftende Vermögen des Übernehmers den Gläubigern nachträglich und ohne Sanktionen genommen werden könnte.[53] 23

Anfechtbar ist auch, wenn vereinbart wird, dass **nur** im Falle einer Rückforderung wegen Insolvenz oder Zwangsvollstreckungsmaßnahmen ein Ersatz von Aufwendungen und Verwendungen des Übernehmers ausgeschlossen sein soll, während bei einer Rückübertragung aus anderen Gründen dem Übernehmer ein solcher Ersatz zustehen solle.[54] Eine Anfechtung droht aber auch, wenn im Übergabevertrag für alle dort geregelten Rückforderungsgründe, als auch für die insolvenzunabhängigen, unterschiedslos auf Entschädigung oder Wertausgleich verzichtet wird.[55]

Eine solche Konstellation lag dem Urteil des BGH vom 12.12.2017 zugrunde.[56] Dort hatte eine Mutter ihrer Tochter eine Eigentumswohnung zum Preis von 140.000 EUR verkauft; hiervon waren 80.000 EUR binnen zwei Monaten zu zahlen, der Restbetrag war innerhalb von 25 Jahren in monatlichen Raten von 200 EUR zu leisten. Im Kauf- 24

51 *J. Mayer/Geck*, Übergabevertrag, § 13 Rn 64; *Reul*, DNotZ 2007, 649, 660; BGH NJW-RR 2018, 48.

52 BGH NJW-RR 2018, 48; BGH DNotZ 2008, 518 m. Anm. *Amann*; Beck'sches Notarhandbuch/*Herrler*, § 5 Rn 477 f.; *Krauß*, Vermögensnachfolge, Rn 3014 und Rn 3016; *Reul*, DNotZ 2007, 649, 660.

53 BGH NJW-RR 2018, 48 Rn 28; BGH DNotZ 2008, 518; *J. Mayer/Geck*, Übergabevertrag, § 13 Rn 63; *Reul*, DNotZ 2008,830; *Krauß*, Vermögensnachfolge, Rn 3017.

54 *J. Mayer/Geck*, Übergabevertrag, § 13 Rn 61; *Reul*, DNotZ 2007, 649, 662; *Kesseler*, ZNotP 2007, 303, 304.

55 So BGH NJW-RR 2018, 48, Rn 35, 36; *J. Mayer/Geck*, Übergabevertrag, § 13 Rn 62; *Reul*, DNotZ 2008, 824, 829 f.; *Krauß*, Vermögensnachfolge, Rn 3018.

56 BGH NJW-RR 2018, 48.

vertrag behielt sich die Mutter ein Rücktrittsrecht für die üblichen Rückforderungsgründe vor, u.a. für den Fall, dass über das Vermögen ihrer Tochter das Insolvenzerfahren eröffnet wird. Nach den Vereinbarungen im Kaufvertrag hatte die Rückübertragung unentgeltlich zu erfolgen. Nachdem über das Vermögen ihrer Tochter das Insolvenzverfahren eröffnet worden war (fast zehn Jahre nach Eigentumsumschreibung und Eintragung der Rückauflassungsvormerkung), verlangte die Mutter vom Insolvenzverwalter die Rückübertragung der Wohnung. Dieser weigerte sich und berief sich darauf, dass das unentgeltliche Rückübertragungsrecht nach § 133 InsO anfechtbar sei. Der BGH hat weder die Einräumung des Rücktrittsrechts noch den durch die Ausübung dieses Rechts entstandenen Rückübertragungsanspruch beanstandet. Als gläubigerbenachteiligend und insolvenzrechtlich anfechtbar beanstandete er jedoch die Verpflichtung zur **unentgeltlichen** Rückübertragung. Hierdurch habe die Tochter auf ihre Ansprüche aus §§ 346 ff. BGB, insbesondere auf Erstattung des Kaufpreises und den Ersatz notwendiger Verwendungen verzichtet; ein solcher Verzicht benachteilige die Gläubiger. Daher sei der Insolvenzverwalter nur Zug um Zug gegen Rückzahlung des Kaufpreises und Ersatz der Verwendungen (§ 348 S. 1 BGB) zur Rückübertragung der Wohnung verpflichtet.[57]

25 Die für den Übernehmer eingetragene Auflassungsvormerkung gewährt diesem für sein Rückforderungsrecht eine Aussonderungsbefugnis.[58] Der dadurch gesicherte Anspruch ist vom Insolvenzverwalter nach § 106 InsO zu erfüllen.[59]

3. Vorversterben des Erwerbers

26 Verstirbt der Erwerber vor dem Veräußerer, so geht das übertragene Vermögen zu Lebzeiten des Veräußerers auf Personen über, auf deren Auswahl der Veräußerer keinen Einfluss hat. Ohne Rückforderungsrecht droht damit ein **lebzeitiges Abwandern** des Vermögens, eines Vermögens, das sich, wie bei landwirtschaftlichen Betrieben, nicht selten bereits seit mehreren Generationen in einer Familie befindet.

27 Wurde ein Betrieb übertragen, dessen Erträge zur ausbedungenen Versorgung des Übergebers dienen, so kann diese bei einem Übergang auf fachlich nicht oder noch nicht hinreichend qualifizierte Erben gefährdet sein. Auf ein Rückforderungsrecht für den Fall des Vorversterbens des Erwerbers legt der Übergeber daher in der Regel **besonderen Wert**.

57 BGH NJW-RR 2018, 48.

58 BGH NJW-RR 2018, 4850, Rn 24; BGH DNotZ 2008, 518, 519 m. Anm. *Amann*; BGH NJW-RR 2018, 48, 50 Rn 24; *J. Mayer/Geck*, Übergabevertrag, § 13 Rn 67.

59 BGH NJW-RR 2018, 48; *J. Mayer/Geck*, Übergabevertrag, § 13 Rn 67.

Gelegentlich wird ein solches Rückforderungsrecht dahingehend abgeschwächt, dass es nur dann entstehen soll, wenn der Übernehmer ohne Hinterlassung von Abkömmlingen verstirbt.[60] Das ist nicht empfehlenswert.[61] Auch wenn der Übernehmer Abkömmlinge hinterlässt, ist nämlich keineswegs sichergestellt, dass der Betrieb bei seinem Tod ausschließlich an diese fällt. Der Übernehmer könnte abweichend testieren. Er könnte gesetzlich von seinen Kindern **und** seinem Ehegatten beerbt werden. Erwägenswerter ist es, zu vereinbaren, dass eine Rückforderung wegen Vorversterbens ausgeschlossen ist, falls der übertragene Grundbesitz von Todes wegen ausschließlich an Abkömmlinge des Übernehmers fällt.[62] Aber auch dies kann nachteilhaft sein. Zum einen in steuerlicher Hinsicht.[63] Zum anderen ist es für den Übergeber häufig gar nicht absehbar, ob die Kinder des vorverstorbenen Übernehmers in der Lage sein werden, den Betrieb zu führen, insbesondere, wenn diese noch sehr jung sind. Auch werden die minderjährigen Kinder nach dem Tod des Übernehmers durch den anderen Elternteil (das Schwiegerkind) gesetzlich vertreten; wie sich dessen Beziehung zu dem Übergeber entwickeln wird, ist im Zeitpunkt der Übergabe ebenfalls nicht absehbar.[64] Vorzugswürdig erscheint daher ein umfassendes, an keine Einschränkungen gebundenes Rückforderungsrecht für den Fall des Vorversterbens des Übernehmers.[65]

Rückforderungsrechte wegen Vorversterbens des Übernehmers sind auch **höferechtlich** zulässig und **genehmigungsfähig**.[66] Die gegenteiligen Ansicht des OLG Hamm[67] hat das OLG Köln mit überzeugenden Gründen abgelehnt.[68]

Formulierungsbeispiel: Rückforderungsgrund Vorversterben des Übernehmers 28

Der Übergeber behält sich das Recht vor, die Rückübereignung des in dieser Urkunde übertragenen Grundbesitzes auf sich zu verlangen, falls der Übernehmer vor ihm verstirbt.

Eine andere Frage ist, ob und gegebenenfalls wie die Interessen des Ehegatten des Über- 29
nehmers berücksichtigt werden sollen, wenn der Betrieb aufgrund Vorversterbens des

60 *Langenfeld/Günther*, Grundstückzuwendungen, 3. Kap. Rn 99.

61 *Ellenbeck*, MittRhNotK 1997, 42, 47; *v. Hoyenberg*, Vorweggenommene Erbfolge, 3. Kap. Rn 208; *Neie*, Rn 84.

62 Empfohlen wird diese Einschränkung von *J. Mayer/Geck*, Übergabevertrag, § 13 Rn 70; kritisch aber *v. Hoyenberg*, Vorweggenommene Erbfolge, 3. Kap. Rn 208; *Ellenbeck*, MittRhNotK 1997, 41, 47.

63 *Ellenbeck*, MittRhNotK 1997, 42,47; *Krauß*, Vermögensnachfolge, Rn 3035.

64 *Neie,* Rn 84.

65 *Ellenbeck*, MittRhNotK 1997, 42, 47; *Krauß*, Vermögensnachfolge, Rn 3035; *Neie*, Rn 84; *v. Hoyenberg*, Vorweggenommene Erbfolge, 3. Kap. Rn 208.

66 OLG Köln RdL 1982, 49; OLG Celle AUR 2015, 180; Lüdtke-Handjery/v. Jeinsen/*Roemer*, § 17 HöfeO Rn 122.

67 OLG Hamm RdL 1965, 272, 273.

68 OLG Köln RdL 1982, 49. Ausführlich hierzu Lüdtke-Handjery/v. Jeinsen/*Roemer*, § 17 HöfeO Rn 122.

Übernehmers zurück zu übertragen ist. Teilweise wird empfohlen, dem Ehegatten für diesen Fall im Übergabevertrag besondere Rechte einzuräumen, etwa den Anspruch auf Bestellung eines Nießbrauchs[69] oder Wohnungsrechts,[70] eines Altenteils[71] oder auf Einräumung eines zeitlich befristeten schuldrechtlichen Rechts zur mietfreien Nutzung.[72]

30 In der Praxis kommt es vor, dass die Vertragsbeteiligten das Recht, eine Rückübereignung wegen Vorversterbens des Erwerbers verlangen zu können, zu einem späteren Zeitpunkt einvernehmlich wieder aufheben, wenn die Übergeber sich von einer ordnungsgemäßen Bewirtschaftung des Betriebs und von stabilen Familienverhältnissen überzeugt haben und die langjährige Mitarbeit des Schwiegerkindes honorieren möchten.

Zur Vereinfachung der Rückübereignung bei Ausübung eines vorbehaltenen Rückforderungsrechts wegen Vorversterbens des Erwerbers kann der Erwerber dem Veräußerer im Übergabevertrag eine **Rückauflassungsvollmacht** erteilen. Sie ermöglicht eine Rückübereignung ohne Mitwirkung der Erben des Erwerbers und ohne Nachweis der Erbfolge in der Form des § 35 GBO.[73]

31 ▼

11.3

Muster 11.3: Rückauflassungsvollmacht für den Fall des Vorversterbens des Erwerbers

Der Erwerber bevollmächtigt den Veräußerer, über den Tod hinaus und unter Befreiung von den Beschränkungen des § 181 BGB, im Falle des Vorversterbens des Erwerbers den in dieser Urkunde übertragenen Grundbesitz unter Vorlage einer Sterbeurkunde an den Veräußerer aufzulassen und alle zur Rückübereignung dieses Grundbesitzes an den Veräußerer erforderlichen Erklärungen abzugeben und entgegenzunehmen.

▲

4. Scheidung der Ehe des Erwerbers

32 Häufig befürchten die Vertragsbeteiligten, dass der Ehegatte des Erwerbers im Falle einer Scheidung am übertragenen Grundbesitz oder dessen Wert partizipiert.[74]

Vermögen, das ein Ehegatte, der im gesetzlichen Güterstand der Zugewinngemeinschaft lebt, mit Rücksicht auf ein künftiges Erbrecht, durch Schenkung oder als Ausstattung erwirbt, ist gemäß § 1374 Abs. 2 BGB seinem Anfangsvermögen hinzuzurechnen und damit nicht ausgleichspflichtig. Das gilt jedoch nicht für Wertsteigerungen dieses

69 So der Formulierungsvorschlag von *Fackelmann*, in: Kersten/Bühling, Formularbuch und Praxis der Freiwilligen Gerichtsbarkeit, 25. Aufl. 2016, S. 747.

70 *Weser*, ZEV 1995, 353, 358.

71 Münchener Anwaltshandbuch Agrarrecht/*v. Garmissen*, § 11 Rn 301.

72 *Krauß*, Vermögensnachfolge, Rn 3041.

73 *Krauß*, Vermögensnachfolge, Rn 3096.

74 *v. Hoyenberg*, Vorweggenommene Erbfolge, 3. Kap. Rn 213.

Vermögens; diese sind Zugewinn. Die Vereinbarung eines Rückforderungsrechts für den Fall der Trennung oder Scheidung kann dies verhindern, da dem Vermögenserwerb auf der Passivseite sodann eine entsprechende Rückübereignungsverpflichtung gegenübersteht.[75]

Um den Übernehmer nicht zu sehr zu belasten, sollte ihm die Möglichkeit gegeben werden, eine Rückforderung wegen Scheidung der Ehe durch Vorlage eines Ehevertrages abzuwenden, durch den die geschilderten Risiken des gesetzlichen Güterstands ausgeschlossen werden.[76] Zu diesem Zweck kann der Rückforderungsgrund „Trennung oder Scheidung" dahingehend eingeschränkt werden, dass er nur eingreift, wenn der Übernehmer nicht durch Ehevertrag sichergestellt hat, dass der ihm übertragene Grundbesitz einschließlich seiner Wertsteigerungen beim Zugewinnausgleich im Scheidungsfall keine Berücksichtigung findet.[77] Die ehevertragliche Ausgestaltung, mit der dieses Ergebnis erreicht wird, bleibt dabei dem Übernehmer und seinem Ehegatten überlassen. Er kann Gütertrennung vereinbaren oder sich für eine Modifizierung der Zugewinngemeinschaft entscheiden, sei es, dass der Zugewinn für den Fall der Beendigung der Ehe durch Scheidung vollständig ausgeschlossen wird, sei es, dass jedenfalls der übertragene Grundbesitz und seine Wertsteigerungen aus dem Zugewinn ausgeklammert werden.[78] 33

Mit Rücksicht auf § 1384 BGB wird teilweise empfohlen, das Rückforderungsrecht zusätzlich bereits für den Fall des Getrenntlebens i.S.d. § 1567 BGB zu vereinbaren, um sicherzustellen, dass der Grundbesitz vor dem Stichtag zur Berechnung des Endvermögens (Rechtshängigkeit des Scheidungsantrags) aus dem Vermögen des Erwerbers herausgenommen werden kann.[79] 34

Wurde ein Rückforderungsrecht zwar nicht für den Fall der Scheidung, wohl aber für andere Fälle vereinbart, stellt sich die Frage, ob und wie ein solches Rückforderungsrecht im Zugewinnausgleich zu berücksichtigen ist. Nach Ansicht des OLG München ist ein mit einem Rückforderungsrecht für den Fall des Vorversterbens und der Weiterveräußerung behaftetes Grundstück nur mit einem Drittel seines Verkehrswertes im Zugewinn anzusetzen.[80]

75 BGH DNotZ 2010, 852, 859: Berücksichtigung des Rückforderungsanspruchs als Verbindlichkeit sowohl im Anfangs- als auch im Endvermögen; *Krauß*, Vermögensnachfolge, Rn 2842.

76 *J. Mayer/Geck*, Übergabevertrag, § 13 Rn 74; *v. Hoyenberg*, Vorweggenommene Erbfolge, 3. Kap. Rn 214.

77 *J. Mayer/Geck*, Übergabevertrag, § 13 Rn 74; *v. Hoyenberg*, Vorweggenommene Erbfolge, 3. Kap. Rn 214; *Krauß*, Vermögensnachfolge, Rn 3025 f.

78 Zu den verschiedenen Gestaltungsmöglichkeiten vgl. z.B. *v. Hoyenberg*, Vorweggenommene Erbfolge, 3. Kap. Rn 213.

79 Siehe *v. Hoyenberg*, Vorweggenommene Erbfolge, S. 170; vgl. auch *Krauß*, Vermögensnachfolge, Rn 3024.

80 OLG München MittBayNot 2001, 85.

35 *Formulierung: Rückforderungsgrund Trennung oder Scheidung*

Der Übergeber behält sich das Recht vor, die Rückübereignung des in dieser Urkunde übertragenen Grundbesitzes auf sich zu verlangen, wenn der Übernehmer von seinem Ehegatten geschieden wird oder von diesem getrennt lebt im Sinne des § 1567 BGB. Dieses Recht besteht jedoch nicht, wenn der Übernehmer ehevertraglich sichergestellt hat, dass der Grundbesitz und dessen Wertsteigerungen im Rahmen des Zugewinnausgleichs im Scheidungsfall nicht berücksichtigt werden.

5. Verletzung vertraglicher Pflichten des Erwerbers

36 Bei Altenteilsverträgen, zu denen der Hofübergabevertrag typischerweise gehört, sind die gesetzlichen Rücktrittsrechte wegen Nichterfüllung, Schlechterfüllung oder Verzugs weitgehend ausgeschlossen oder eingeschränkt und zwar kraft ausdrücklicher Anordnung der über Art. 96 EGBGB fortgeltenden landesrechtlichen Bestimmungen.[81] Diese Bestimmungen sind jedoch **abdingbar**. Es ist daher möglich, Rückforderungsrechte auch für den Fall zu vereinbaren, dass der Erwerber die ihm nach dem Vertrag obliegenden Pflichten nicht oder nicht ordnungsgemäß erfüllt.[82]

37 Ein solches Rückforderungsrecht ist jedoch, sofern es nicht auf die Verletzung von vertraglichen Zahlungsverpflichtungen (Versorgungsrente, Gutabstandsgelder, Gleichstellungsgelder) beschränkt wird, sondern auch sonstige Vertragsverletzungen sanktionieren soll, etwa den Verstoß gegen eine Pflegeverpflichtung, streitanfällig.[83] Darüber, ob eine Schlechtleistung vorliegt, werden die Beteiligten häufig unterschiedlicher Ansicht sein. Der betagte, überkritische und zunehmend eigenwilligere Veräußerer wird sie bejahen, der Übernehmer wird sie verneinen.[84] Auch lassen sich, wenn zwei oder gar drei Generationen gemeinsam auf dem Hof wohnen, wirtschaften und zusammenleben, Konflikte, Auseinandersetzungen und zwischenmenschliche Probleme wohl nie vermeiden und fallen, wenn sie auftreten, nur selten ausschließlich in die Verantwortung des einen oder anderen.[85] Ein allgemeines Rückforderungsrecht wegen Verletzung vertraglicher Pflichten ist daher nicht zu empfehlen.[86]

81 Zu diesen Bestimmungen vgl. oben Abschnitt A., Rdn 1 ff.

82 *v. Hoyenberg*, Vorweggenommene Erbfolge, 3. Kap. Rn 210.

83 Beck'sches Notarhandbuch/*Herrler*, § 5 Rn 481; OLG Köln MittRhNotK 1999, 49.

84 Vgl. *Krauß*, Vermögensnachfolge, Rn 2835.

85 Lüdtke-Handjery/v. Jeinsen/*Roemer*, § 17 HöfeO Rn 21; OLG Celle, Beschl. v. 20.2.2013 – 7 W 80/11,7 W 81/11, das mit Recht feststellt, dass in der Praxis die beiderseitige Zerrüttung die Regel sei.

86 Kritisch auch *Krauß*, Vermögensnachfolge, Rn 2835.

6. Fehlverhalten des Erwerbers

Bereits nach dem Gesetz kann der Schenker eine Schenkung gemäß § 530 BGB widerrufen, wenn sich der Beschenkte durch eine schwere Verfehlung gegen den Schenker oder einen nahen Angehörigen des Schenkers des groben Undanks schuldig gemacht hat. Gleichwohl kann es sich empfehlen, den Fall des groben Undanks i.S.d. § 530 BGB ausdrücklich als vertraglichen Rückforderungsgrund zu vereinbaren. Dies zum einen deshalb, um im Falle einer gemischten Schenkung die gesamte Zuwendung und nicht nur deren unentgeltlichen Teil zurückfordern zu können.[87] Bei einer gemischten Schenkung erstreckt sich nämlich das gesetzliche Widerrufsrecht aus § 530 BGB ebenso wie das Rückforderungsrecht gemäß § 527 und § 528 BGB nach herrschender Meinung grundsätzlich nur auf den unentgeltlichen Teil, auf den gesamten Gegenstand – unter Rückgabe der Gegenleistung – hingegen nur dann, wenn die Unentgeltlichkeit überwiegt.[88] Zum anderen ist das vertraglich vereinbarte Rückforderungsrecht wegen groben Undanks vormerkungsfähig.[89] 38

Daneben werden in diesem Zusammenhang noch weitere verhaltensbedingte vertragliche Rückforderungsgründe genannt, etwa Pflichtteilsentziehungsgründe i.S.d. § 2333 BGB, Trunksucht oder Drogensucht, Spielsucht, Mitgliedschaft in einer Sekte, Geschäftsunfähigkeit und Betreuungsbedürftigkeit des Erwerbers.[90] Der Phantasie der Beteiligten sind hier kaum Grenzen gesetzt.[91] Zur Streitvermeidung und im Interesse der Vormerkungsfähigkeit des Rückforderungsrechts sollten jedoch nur hinreichend bestimmte Rückforderungsgründe vereinbart werden.[92] 39

7. Rückforderungsrecht wegen Eintritts unerwünschter schenkungssteuerlicher Folgen

Ist die Übertragung auch steuerrechtlich motiviert, die mit ihr verbundene schenkungssteuerliche Belastung aber vorab nicht sicher zu ermitteln, so kommt die Vereinbarung eines an den Eintritt bestimmter steuerrechtlicher Folgen anknüpfenden Rückforderungsrechts in Betracht, etwa für den Fall, dass die Schenkungsteuer einen bezifferten 40

87 Beck'sches Notarhandbuch/*Herrler*, § 5 Rn 481; *v. Hoyenberg*, Vorweggenommene Erbfolge, 3. Kap. Rn 210.

88 Vgl. Grüneberg/*Weidenkaff*, § 516 Rn 16; BGHZ 30,120; OLG Köln NJW-RR 2002, 1595.

89 BGH DNotZ 2002, 775 m.Anm. *Schippers*; Beck'sches Notarhandbuch/*Herrler*, § 5 Rn 481; *v. Hoyenberg*, Vorweggenommene Erbfolge, 3. Kap. Rn 210.

90 Beck'sches Notarhandbuch/*Herrler*, § 5 Rn 481; *v. Hoyenberg*, Vorweggenommene Erbfolge, 3. Kap. Rn 211; *Krauß*, Vermögensnachfolge, Rn 3043.

91 *Krauß*, Vermögensnachfolge, Rn 3042.

92 Beck'sches Notarhandbuch/*Herrler*, § 5 Rn 481; *Krauß*, Vermögensnachfolge, Rn 3044 ff.; *v. Hoyenberg*, Vorweggenommene Erbfolge, 3. Kap. Rn 211; vgl. auch nachfolgend Ziff. 9.

Höchstbetrag überschreitet oder das Finanzamt die Begünstigung für Betriebsvermögen nach § 13a, § 13b und § 19a ErbStG nicht gewährt.[93]

8. Freies Rückforderungsrecht

41 Von der Vereinbarung eines freien Rückforderungsrechts, das den Übergeber berechtigt, das Übergabeobjekt nach seinem freien Belieben jederzeit und ohne Angabe von Gründen zurückzuverlangen, ist selbst bei der Übertragung von Privatvermögen regelmäßig abzuraten.[94] Ein derartiges Rückforderungsrecht ist zwar zivilrechtlich zulässig[95] und kann auch durch Eintragung einer Vormerkung im Grundbuch gesichert werden.[96] Es stellt jedoch für den Erwerber, da es ihn der Willkür des Übergebers aussetzt, eine unzumutbare Belastung dar.[97] Ein freies Rückforderungsrecht kann zudem von Gläubigern des Übergebers **jederzeit gepfändet** werden.[98] Überdies besteht bei ihm die Gefahr, dass im Rahmen der **Pflichtteilsergänzung** die zehnjährige Ausschlussfrist und der Beginn der Abschmelzung in § 2325 Abs. 3 S. 1 BGB nicht in Gang gesetzt werden.[99]

42 Schließlich sprechen gegen ein freies Rückforderungsrecht auch steuerrechtliche Bedenken. Dies weniger in **schenkungsteuerrechtlicher** Hinsicht, da nach ganz überwiegender Meinung auch der Vorbehalt eines freien Rückforderungsrechts einem Vollzug der Schenkung nicht entgegensteht.[100] Wohl aber besteht in **einkommensteuerrechtlicher Hinsicht** das Risiko, dass das wirtschaftliche Eigentum nach § 39 AO nicht auf den Erwerber übergeht, sondern beim Veräußerer verbleibt oder zumindest keine Einkunftsquelle auf den Übernehmer übergeht und die Gewinne weiter dem Veräußerer zugerechnet werden,[101] so dass mangels Mitunternehmerstellung des Erwerbers auch eine Anwendung der Privilegierungen der §§ 13a, 13b, 19a ErbStG ausscheidet.[102]

93 *v. Hoyenberg*, Vorweggenommene Erbfolge, 3. Kap. Rn 200; *Krauß*, Vermögensnachfolge, Rn 3058 ff., jeweils mit Formulierungsbeispielen.
94 Hannes/*Roemer*, S. 19.
95 *J. Mayer/Geck*, Übergabevertrag, § 13 Rn 25; *v. Hoyenberg*, Vorweggenommene Erbfolge, 3. Kap. Rn 190; *Ellenbeck*, MittRhNotK 1997, 41, 47.
96 *J. Mayer/Geck*, Übergabevertrag, § 13 Rn 98; *v. Hoyenberg*, Vorweggenommene Erbfolge, 3. Kap. Rn 190.
97 Beck'sches Notarhandbuch/*Herrler*, § 5 Rn 473; *Langenfeld/Günther*, Grundstückzuwendungen, 3. Kap. Rn 99; *J. Mayer/Geck*, Übergabevertrag, § 13 Rn 25.
98 BGH NJW 2003, 1858.
99 *J. Mayer/Geck*, Übergabevertrag, § 13 Rn 25; *Krauß*, Vermögensnachfolge, Rn 2882.
100 BFH BStBl II 1989, 1034; *v. Hoyenberg*, Vorweggenommene Erbfolge, 3. Kap. Rn 158; *Krauß*, Vermögensnachfolge, Rn 2884; *J. Mayer/Geck*, Übergabevertrag, § 13 Rn 26.
101 *J. Mayer/Geck*, Übergabevertrag, § 13 Rn 26; *v. Hoyenberg*, Vorweggenommene Erbfolge, 3. Kap. Rn 159; *Krauß*, Vermögensnachfolge, Rn 2886 f.; BFH ZEV 1998, 445.
102 *Krauß*, Vermögensnachfolge, Rn 2887; Beck'sches Notar-Handbuch/*Herrler*, § 5 Rn 473.

Bei Betriebsübergaben und damit auch bei Hofübergaben kommt ein freies Rückübertragungsrecht nicht in Betracht.[103]

III. Form und Fristen für die Ausübung des Rechts

Ohne vertragliche Regelung könnte das Rückforderungsrecht als einseitige empfangs- 43
bedürftige Willenserklärung formfrei ausgeübt werden.[104] Jedenfalls aus Klarstellungs- und Beweisgründen sollte jedoch zumindest Schriftform vereinbart werden. Häufig wird darüberhinausgehend die Beurkundungsbedürftigkeit der Ausübungserklärung als vertragliches Formerfordernis empfohlen.[105]

Für die Geltendmachung des Rückforderungsrechts wird in der Regel eine Ausschluss- 44
frist vereinbart, um einerseits dem Rückforderungsberechtigten ausreichende Zeit für eine fundierte Entscheidung zu geben, und andererseits die Ungewissheit des Verpflichteten über das weitere Schicksal des Vertrages zeitlich zu begrenzen.[106] Die Frist kann auch für einzelne Rückforderungsgründe unterschiedlich bemessen werden.[107] Es ist zudem erwägenswert, für den Rückforderungsgrund des Vorversterbens des Erwerbers auf eine Ausübungsfrist gänzlich zu verzichten; der Übergeber kann dann abwarten und beobachten, wie sich die Dinge in der Verantwortung des oder der Erben des Erwerbers entwickeln.[108]

▼ 45

Muster 11.4: Bestimmung von Form und Frist für die Rechtsausübung 11.4

Die Ausübung des Rückforderungsrechts bedarf der Schriftform. Das Rückforderungsrecht kann nur innerhalb von zwölf Monaten, nachdem der Rückforderungsberechtigte vom Rückforderungsgrund Kenntnis erlangt hat, ausgeübt werden. Das gilt jedoch nicht für eine Rückforderung wegen Vorversterbens des Erwerbers; insoweit wird eine Ausübungsfrist ausdrücklich ausgeschlossen.

▲

103 Beck'sches Formularbuch Immobilienrecht/*Roemer/Führ*, S. 494.

104 *Ellenbeck*, MittRhNotK 1997, 41, 48; *v. Hoyenberg*, Vorweggenommene Erbfolge, 3. Kap. Rn 178.

105 *Faßbender*, in: Faßbender/Hötzel/v. Jeinsen/Pikalo, § 17 HöfeO Rn 114; *v. Hoyenberg*, Vorweggenommene Erbfolge, 3. Kap. Rn 157; *J. Mayer/Geck*, Übergabevertrag, § 13 Rn 90; *Schippers*, MittRhNotK 1998, 69, 72.

106 *v. Hoyenberg*, Vorweggenommene Erbfolge, 3. Kap. Rn 178.

107 *Krauß*, Vermögensnachfolge, Rn 3087.

108 *Krauß*, Vermögensnachfolge, Rn 3087; *J. Mayer/Geck*, Übergabevertrag, mit Formulierungsbeispielen auf S. 560 sowie S. 511 f.

IV. Vererblichkeit, Übertragbarkeit und Höchstpersönlichkeit

46 Das Rückforderungsrecht ist, sofern nichts Abweichendes vereinbart ist oder sich im Wege der Auslegung erschließen lässt, sowohl vererblich als auch übertragbar.[109] Dies wird vielfach als zu weitgehend empfunden und daher nicht gewünscht.[110]

47 Das Rückforderungsrecht soll den Veräußerer zu seinen Lebzeiten schützen, insbesondere davor, dass der Grundbesitz gegen seinen Willen in fremde Hände fällt.[111] Die **Vererblichkeit** des Rückforderungsrechts entspricht daher regelmäßig **nicht** dem Willen der Vertragsbeteiligten und wird daher zumeist vertraglich ausgeschlossen. Eine andere und hiervon zu trennende Frage ist, ob auch der durch die lebzeitige Ausübung des Rückforderungsrechts bereits entstandene, aber beim Tode des Veräußerers noch nicht erfüllte Rückübereignungsanspruch unvererblich gestellt werden soll oder auf die Erben des Veräußerers übergehen soll. Diese Frage sollte, um Auslegungsprobleme zu vermeiden, im Übertragungsvertrag geregelt werden.[112] In der Regel dürfte gewollt sein, dass der durch Ausübung des Rückforderungsrechts zu Lebzeiten des Veräußerers bereits entstandene Rückübereignungsanspruch auch vererblich ist.[113]

48 ▼

11.5 **Muster 11.5: Nichtvererblichkeit des Rückforderungsrechts, Vererblichkeit des bereits entstandenen Rückübereignungsanspruchs**

Das Rückforderungsrecht ist nicht vererblich. Hat der Veräußerer jedoch das Rückforderungsrecht zu seinen Lebzeiten berechtigt ausgeübt, so ist der durch die Ausübung des Rechts entstandene Rückübereignungsanspruch vererblich.

▲

49 Die **Übertragbarkeit** des Rückforderungsrechts ist zumeist nicht gewollt und wird daher überwiegend abbedungen.[114] Ist das Rückforderungsrecht jedoch zu Lebzeiten des Veräußerers ausgeübt worden, so kann erwogen werden, den hierdurch entstandenen Rückübereignungsanspruch übertragbar zu stellen.[115] Die Pfändbarkeit des Rückforderungsrechts wird durch die Vereinbarung seiner Nichtübertragbarkeit allerdings nicht ausgeschlossen (§ 851 Abs. 1 S. 2 ZPO).

50 Von der Vererblichkeit zu unterscheiden ist die **Höchstpersönlichkeit** des Rückforderungsrechts. Sie betrifft die Frage der Vertretungsfähigkeit bei der Ausübung des Rechts.[116] Wird die Höchstpersönlichkeit des Rückforderungsrecht vereinbart, so kann

109 *Krauß*, Vermögensnachfolge, Rn 2935.
110 *Krauß*, Vermögensnachfolge, Rn 2935; *v. Hoyenberg*, 3. Kap. Rn 179.
111 *v. Hoyenberg*, Vorweggenommene Erbfolge, 3. Kap. Rn 179.
112 *v. Hoyenberg*, Vorweggenommene Erbfolge, 3. Kap. Rn 179.
113 *Krauß*, Vermögensnachfolge, Rn 3182; Gutachten DNotI-Report 2000, 29, 31.
114 *v. Hoyenberg*, Vorweggenommene Erbfolge, 3. Kap. Rn 179; *Krauß*, Vermögensnachfolge, Rn 2935.
115 *Ellenbeck*, MittRhNotK 1997, 42, 48.
116 BGH NJW 2025, 1269, 18; *Krauß*, Vermögensnachfolge, S. 893 in Fn 4835.

das Recht weder durch Bevollmächtigte, etwa den durch Vorsorgevollmacht eingesetzten Vertreter, noch durch gesetzliche Vertreter wie Vormund und Betreuer ausgeübt werden.[117] Im Falle einer Geschäftsunfähigkeit des Rückforderungsberechtigten droht damit eine **faktische Ausübungssperre**, die insbesondere dann problematisch ist, wenn der Übergeber zu seiner Versorgung auf den Grundbesitz angewiesen ist.[118] Auch aus diesem Grund wird teilweise empfohlen, jedenfalls eine Ausübung durch rechtsgeschäftliche Vertreter vertraglich zuzulassen.[119]

▼ 51

Muster 11.6: Vererblichkeit, Übertragbarkeit u. Höchstpersönlichkeit des Rückforderungsrechts

Das Rückforderungsrecht ist nicht vererblich und nicht übertragbar. Hat der Veräußerer jedoch das Rückforderungsrecht zu seinen Lebzeiten berechtigt ausgeübt, so ist der durch die Ausübung des Rechts entstandene Rückübereignungsanspruch sowohl vererblich als auch übertragbar.

Das Rückforderungsrecht ist höchstpersönlich und kann nur durch den Veräußerer selbst ausgeübt werden, nicht aber durch Bevollmächtigte, gesetzliche Vertreter oder sonstige Personen. (alternativ: Das Rückforderungsrecht kann nur durch den Veräußerer selbst oder durch von ihm Bevollmächtigte ausgeübt werden, nicht aber durch gesetzliche Vertreter oder sonstige Personen).

▲

V. Mehrheit von Rückforderungsberechtigten

Bei der Übergabe eines landwirtschaftlichen Betriebes kommt es häufig vor, dass auf 52
der Veräußererseite mehrere Personen, insbesondere Ehegatten, als Eigentümer beteiligt sind. Nicht selten bestehen in diesen Fällen zudem unterschiedliche Eigentumsverhältnisse: ein Teil der Grundstücke befindet sich im Miteigentum beider Ehegatten, bei anderen ist die Ehefrau als Alleineigentümerin im Grundbuch eingetragen, wieder andere gehören dem Ehemann allein. In allen diesen Fällen besteht zumeist der Wunsch, dass beide Veräußerer (Ehegatten) rückforderungsberechtigt sein sollen, und zwar mit der Maßgabe, dass das Rückforderungsrecht beim Tode des Erstversterbenden dem

117 BGH NJW 2025, 1260 mit Bespr. von *Herrler*, NJW 2025, 1235. In dem dort entschiedenen Fall hatte der BGH die im Übergabevertrag gewählte Formulierung jedoch nicht im Sinne einer höchstpersönlichen, eine Vertretung bei der Ausübung des Rechts ausschließenden Regelung ausgelegt.

118 *v. Hoyenberg*, Vorweggenommene Erbfolge, 3. Kap. Rn 181; *Langenfeld/Günther*, Grundstückszuwendungen, 3. Kap. Rn 178.

119 *Herrler*, NJW 2025, 1235, 1238; *Krauß*, Vermögensnachfolge, Rn 2941 mit Formulierungsbeispiel in Rn 2942; weitergehend *Langenfeld/Günther*, Grundstückszuwendungen, 3. Kap. Rn 182, die empfehlen, unter Beibehaltung der Höchstpersönlichkeit im Übrigen neben der Vertretung durch einen Vorsorgebevollmächtigten auch diejenige durch einen gesetzlichen Betreuer zuzulassen.

Überlebenden von ihnen alleine und hinsichtlich des gesamten übertragenen Grundbesitzes zustehen soll.

Verschiedene Regelungsmöglichkeiten kommen hier in Betracht:

1. Grundstücke im Miteigentum mehrerer Veräußerer

53 Bei denjenigen Grundstücken, die im **Miteigentum beider Veräußerer** stehen, können sich diese das Rückforderungsrecht in **Bruchteilsgemeinschaft**, dann regelmäßig in ihrem bisherigen Beteiligungsverhältnis am Grundbesitz, also z.B. zu je $^{1}/_{2}$ Anteil, oder aber als **Gesamtgläubiger gemäß § 428 BGB** vorbehalten.[120] Hierbei ist jeweils durch zusätzliche Vereinbarung sicherzustellen, dass bei Vorversterben eines Veräußerers der Längstlebende berechtigt ist, das Rückforderungsrecht alleine und in Bezug auf den gesamten Grundbesitz (nicht nur hinsichtlich seiner eigenen „Beteiligung“) auszuüben.[121] In beiden Fällen handelt es sich um nur **einen** Anspruch, zu dessen Absicherung folglich **eine** Vormerkung ausreicht.[122] Bei der Eintragung der Vormerkung muss zum Ausdruck kommen, dass der Anspruch beim Tode des erstversterbenden Ehegatten dem Überlebenden alleine zusteht.[123]

54 ▼

Muster 11.7: Rückforderungsrecht bei zwei Veräußerern (Miteigentümern) als Gesamtberechtigte nach § 428 BGB

Das Rückforderungsrecht steht den Veräußerern als Gesamtberechtigte gemäß § 428 BGB zu. Es kann zu Lebzeiten beider Veräußerer nur von ihnen gemeinsam ausgeübt werden. In diesem Fall ist der Grundbesitz an die Veräußerer in ihrem heutigen Beteiligungsverhältnis am Grundbesitz zurück zu übertragen. Nach dem Tode des Erstversterbenden der Veräußerer steht das Rückübertragungsrecht dem Überlebenden von ihnen alleine zu. Übt er es aus, so ist der gesamte übertragene Grundbesitz an ihn zu Alleineigentum zu übertragen.

▲

2. Ein Veräußerer, Mitberechtigung des Nichteigentümer-Ehegatten

55 Bei denjenigen Grundstücken, die sich im Eigentum nur **eines** Ehegatten befinden, kann eine Rückforderungsberechtigung auch des Nichteigentümer-Ehegatten begründet werden. Die Beteiligten sehen hier vor allem Regelungsbedarf für den Fall, dass der Veräußerer vor seinem Ehegatten versterben sollte. Häufig wird es dem Wunsch des Übergebers

120 *Krauß*, Vermögensnachfolge, Rn 2895 ff.; *Schöner/Stöber*, Rn 1498.
121 *Krauß*, Vermögensnachfolge, Rn 2895; *v. Hoyenberg*, Vorweggenommene Erbfolge, 3. Kap. Rn 217.
122 BayOblG ZEV 1995,294 m. Anm. *Lichtenberger*; LG Duisburg Rpfleger 2005, 600 m. Anm. *Wicke*.
123 BayOblG a.a.O.; *Ellenbeck*, MittRhNotK 1997, 41, 51.

entsprechen, dass nach seinem Tode sein Ehepartner ebenso zur Rückforderung berechtigt sein soll, wie er dies zu seinen Lebzeiten war. Mehrere Möglichkeiten stehen hierbei zur Verfügung:

Zum einem kann dem Nichteigentümer-Ehegatten ein – durch den Tod des Veräußerers 56
aufschiebend bedingtes – **eigenständiges Rückforderungsrecht** eingeräumt werden.[124] Zur Absicherung dieses aufschiebend bedingten Rückforderungsrechts ist dann eine weitere Vormerkung erforderlich, neben derjenigen für den Veräußerer.[125]

Dem Nichteigentümer-Ehegatten kann aber auch das Rückforderungsrecht des Veräußerers – wiederum aufschiebend durch dessen Vorversterben – **abgetreten** werden.[126] Nach dem Tod des Veräußerers ist dann die zu seinen Gunsten eingetragene Vormerkung im Wege der Grundbuchberichtigung auf den überlebenden Ehegatten, auf den sie analog §§ 413, 414 BGB übergeht, umzuschreiben.[127]

Der Nichteigentümer-Ehegatte kann darüber hinaus auch von vorn herein als **Gesamtberechtigter** nach § 428 BGB in das Rückforderungsrecht einbezogen werden.[128] In diesem Fall genügt die Eintragung nur einer Vormerkung.[129] Die bei § 428 BGB grundsätzlich bestehende Auswahlfreiheit des Schuldners, an wen er leistet, kann durch Vereinbarung eingeschränkt und festgelegt werden, dass der Übernehmer die Rückübereignung vorrangig an den Übergeber zu leisten hat und nur hilfsweise, falls dieser den Übereignungsanspruch nicht geltend macht, an den Nichteigentümer-Ehegatten.[130]

▼ 57

Muster 11.8: Eigenständiges aufschiebend bedingtes Rückforderungsrecht zugunsten des Ehegatten des Veräußerers

Der miterschienenen Ehefrau des Veräußerers wird hiermit ebenfalls ein – durch den Tod des Veräußerers aufschiebend bedingtes – Rückforderungsrecht eingeräumt. Für das Rückforderungsrecht der Ehefrau gelten die gleichen Bestimmungen wie für das vorstehend vereinbarte Rückforderungsrecht des Veräußerers. Soweit dort von „Veräußerer" die Rede ist, tritt die Ehefrau im Rahmen ihres Rückforderungsrechts jeweils an die Stelle des Veräußerers. Das Rückforderungsrecht der Ehefrau entfällt, wenn beim Tode des Veräußerers die Ehe mit ihm nicht mehr besteht oder Scheidungsantrag gestellt ist.

▲

124 *v. Hoyenberg*, Vorweggenommene Erbfolge, 3. Kap. Rn 229; *Krauß*, Vermögensnachfolge, Rn 2916.
125 *v. Hoyenberg*, Vorweggenommene Erbfolge, 3. Kap. Rn 229.
126 *v. Hoyenberg*, Vorweggenommene Erbfolge, 3. Kap. Rn 227; *Krauß*, Vermögensnachfolge, Rn 2922.
127 *v. Hoyenberg*, Vorweggenommene Erbfolge, 3. Kap. Rn 227; *Krauß*, Vermögensnachfolge, Rn 2922.
128 *J. Mayer/Geck*, Übergabevertrag, § 13 Rn 186; *v. Hoyenberg*, Vorweggenommene Erbfolge, 3. Kap. Rn 223; LG Duisburg Rpfleger 2005, 600 m. zust. Anm. *Wicke*.
129 *J. Mayer/Geck*, Übergabevertrag, § 13 Rn 186.
130 *J. Mayer/Geck*, Übergabevertrag, § 13 Rn 186; *Langenfeld/Günther*, Grundstückszuwendungen. 3. Kap. Rn 121; *Krauß*, Vermögensnachfolge, Rn 2930 mit Formulierungsvorschlag in Rn 2931.

3. Rückforderungsberechtigung nach § 428 BGB bei mehreren Veräußerern und unterschiedlichen Eigentumsverhältnissen mit Wahlfreiheit hinsichtlich des Beteiligungsverhältnisses beim Rückerwerb

58 Sind an der Übergabe mehrere Veräußerer beteiligt, so kann auch vereinbart werden, dass diese das Beteiligungsverhältnis, zu dem eine etwaige Rückübertragung zu erfolgen hat, nach freiem Belieben bestimmen können.[131]

Zivilrechtlich ist eine solche Vereinbarung zulässig. In schenkungsteuerlicher Hinsicht ist jedoch zweifelhaft, ob § 29 Abs. 1 Nr. 1 ErbStG (Erlöschen der Schenkungsteuer für die Vergangenheit) anzuwenden ist, wenn der Rückerwerb abweichend vom bisherigen Beteiligungsverhältnis erfolgt.[132] Auch könnte ein Mehrerwerb eines Ehegatten im Rahmen der Rückübertragung (der Nichteigentümer-Ehegatte des Veräußerers erwirbt zurück; ein Miteigentümer erwirbt zu einem größeren Miteigentumsanteil zurück) eine steuerbare Schenkung zugunsten des sodann erhöht beteiligten Ehegatten auslösen.[133]

59 ▼

Muster 11.9: Rückforderungsrecht für Gesamtberechtigte mit Wahlrecht zur Bestimmung des Beteiligungsverhältnisses

Das Rückforderungsrecht steht beiden Veräußerern als Gesamtberechtigte gemäß § 428 BGB mit folgender Maßgabe zu:

Zu Lebzeiten beider Veräußerer kann das Rückforderungsrecht nur von ihnen gemeinsam ausgeübt werden. Sie können hierbei nach freiem Belieben bestimmen, in welchem Beteiligungsverhältnis der Rückerwerb erfolgen soll, ob an einen von ihnen allein, ob an sie beide zu beliebigen Miteigentumsquoten oder in Gesellschaft bürgerlichen Rechts.

Nach dem Tode eines Veräußerers steht das Rückforderungsrecht dem Überlebenden von ihnen allein zu. Übt er es aus, so ist der gesamte übertragenen Grundbesitz an ihn zu Alleineigentum zurück zu übertragen.

▲

VI. Mehrere Erwerber (einschließlich Personengesellschaften)

60 Teilweise wird von der Beteiligten auch der Wunsch geäußert, den landwirtschaftlichen Betrieb an mehrere Erwerber zu übertragen. In Betracht käme insofern eine Übertragung an mehrere Personen zu Bruchteilen oder eine Übertragung an eine aus mehreren

131 *v. Hoyenberg*, Vorweggenommene Erbfolge, 3. Kap. Rn 219; *Krauß*, Vermögensnachfolge, Rn 2906, 2907.

132 *v. Hoyenberg*, Vorweggenommene Erbfolge, 3. Kap. Rn 219; *Krauß*, Vermögensnachfolge, Rn 2930; *J. Mayer/Geck*, Übergabevertrag, § 13 Rn 186.

133 *v. Hoyenberg*, Vorweggenommene Erbfolge, 3. Kap. Rn 219.

Personen bestehende Personengesellschaft.[134] Eine solche Übertragung ist wegen § 4 HöfeO freilich nur möglich, wenn es sich bei dem zu übertragenden landwirtschaftlichen Betrieb nicht um einen Hof i.S.d. HöfeO handelt. Ggf. ist daher zuvor die Hofeigenschaft durch eine negative Hofaufgabeerklärung gemäß § 1 Abs. 4 HöfeO aufzuheben.[135]

Bei einer Übertragung an eine Personenmehrheit oder eine Personengesellschaft ist bei der Vereinbarung von Rückforderungsrechten zu regeln, ob, wenn ein Rückforderungstatbestand nur in der Person **eines** Erwerbers oder Gesellschafters erfüllt wird, der gesamte Vertragsgrundbesitz oder nur der diesem Erwerber übertragene Grundbesitz, Miteigentumsanteil oder Gesellschaftsanteil Gegenstand des Rückforderungsrechts sein soll. Meist wird die zweite Möglichkeit gewollt sein.[136] Möglich ist auch die Einräumung eines Wahlrechts, das dem Übergeber die Entscheidung überlässt, ob er das gesamte Vertragsobjekt oder nur den Miteigentums- bzw. Gesellschaftsanteil des betreffenden Erwerbers zurückverlangt.[137]

Wird vereinbart, dass nur der Miteigentumsanteil der Erwerbers, der den Rückforderungstatbestand verwirklicht, zurückgefordert werden kann, so ist streitig, ob zur Sicherung des Rückforderungsrechts an jedem Miteigentumsanteil eine eigene Auflassungsvormerkung eingetragen werden muss[138] oder ob die Eintragung einer einheitlichen Auflassungsvormerkung an allen Miteigentumsanteilen genügt.[139]

▼ 61

Muster 11.10: Beschränkung des Rückforderungsrechts bei mehreren Erwerbern

Tritt ein Rückforderungsgrund nur in der Person eines von mehreren Erwerbern ein, so kann nur die Rückübereignung des diesem Erwerber übertragenen Grundbesitzes oder Miteigentumsanteils verlangt werden. 11.10

▲

Anders kann es liegen, wenn mehrere Erwerber in Form einer Gesellschaft, etwa einer BGB-Gesellschaft, Grundbesitz erwerben. Zwar kann auch ein einzelner Gesellschaftsanteil Gegenstand eines vertraglichen Rückforderungsrechts sein, nicht jedoch Belastungsgegenstand einer Vormerkung, da nicht ein Grundstück oder (Bruchteils-)Miteigentumsanteil an einem Grundstück belastet würde.[140] Hier kann es zweckmäßig sein, ein 62

134 Eine Übertragung auf eine GmbH oder eine andere Kapitalgesellschaft ist in der Regel wegen der damit verbundenen Grunderwerbsteuer nicht empfehlenswert.

135 Vgl. oben § 3 D. VI. 1.

136 *Ellenbeck*, MittRhNotK 1997, 41, 50; *Langenfeld/Günther*, Grundstückszuwendungen, 3. Kap. Rn 115; a.A.: *v. Hoyenberg*, Vorweggenommene Erbfolge, 3. Kap. Rn 234.

137 *Krauß*, Vermögensnachfolge, Rn 2963 ff.; *v. Hoyenberg*, Vorweggenommene Erbfolge, 3. Kap. Rn 234; *J. Mayer/Geck*, Übergabevertrag, § 13 Rn 81.

138 Dafür *Ellenbeck*, MittRhNotK 1997, 41, 50; *Krauß*, Vermögensnachfolge, Rn 2972.

139 So *J. Mayer/Geck*, Übergabevertrag, § 13 Rn 80.

140 *Ellenbeck*, MittRhNotK 1997, 41, 50; BeckOK-GBO/*Kral*, Sonderbereich Gesellschaftsrecht Rn 74; LG Düsseldorf RNotZ 2009, 331.

Recht auf Rückübereignung des gesamten übertragenen Grundbesitzes auch für den Fall zu vereinbaren, dass nur ein Erwerber bzw. Gesellschafter den Rückforderungsgrund erfüllt.[141]

63 ▼

Muster 11.11: Rückforderungsrecht bei einer Personengesellschaft als Erwerberin

11.11 Der Veräußerer behält sich das Recht vor, von der Erwerberin die Rückübereignung des in dieser Urkunde übertragenen Grundbesitzes zu verlangen, falls einer der folgenden Rückübertragungsgründe eintritt:

a) falls der übertragene Grundbesitz ohne Zustimmung des Veräußerers ganz oder teilweise veräußert oder belastet wird;

b) falls sich ohne Zustimmung des Veräußerers der Gesellschafterbestand der Erwerberin unmittelbar oder mittelbar verändert. Eine Veränderung des Gesellschafterbestandes in diesem Sinne liegt auch vor, wenn sich die Gesellschaftsbeteiligung eines Gesellschafters erhöht oder verringert;

c) falls ein Gesellschafter der Erwerberin vor dem Veräußerer verstirbt;

d) falls in den übertragenen Grundbesitz oder in einen Gesellschaftsanteil eines Gesellschafters der Erwerberin Zwangsvollstreckungsmaßnahmen eingeleitet und nicht innerhalb von vier Wochen wieder aufgehoben werden;

e) falls über das Vermögen der Erwerberin oder eines Gesellschafters der Erwerberin das Insolvenzverfahren eröffnet oder die Eröffnung mangels Masse abgelehnt wird;

f) falls ein Gesellschafter der Erwerberin von seinem (gegebenenfalls künftigen) Ehepartner geschieden wird oder länger als sechs Monate getrennt lebt im Sinne des § 1567 BGB. Dieses Recht besteht jedoch nicht, wenn der betreffende Gesellschafter ehevertraglich sichergestellt hat, dass sein Gesellschaftsanteil und dessen Wertsteigerungen im Rahmen eines Zugewinnausgleichs nicht berücksichtigt werden.

Die Beteiligten stellen ausdrücklich klar, dass das vorstehend vorbehaltene Rückübertragungsrecht bereits dann eingreifen soll, wenn ein Rückübertragungsgrund nur in der Person eines von mehreren Gesellschaftern der Erwerberin eintritt. In diesem Fall kann die Rückübereignung des gesamten der Erwerberin übertragenen Grundbesitzes verlangt werden.

▲

141 *Ellenbeck*, MittRhNotK 1997, 41, 50 f.; zu weiteren Absicherungsmöglichkeiten bei Grundstücksübertragungen an eine Gesellschaft bürgerlichen Rechts vgl. *Krauß*, Vermögensnachfolge, Rn 2960 ff.

VII. Eintritt eines Rückforderungsgrundes in der Person eines Dritterwerbers

Es ist möglich, bei Rückforderungsgründen nicht nur an ein Verhalten oder Ereignis in der Person des Erwerbers, sondern auch an ein Verhalten oder Ereignis in der Person seines Rechtsnachfolgers anzuknüpfen. So kann vereinbart werden, dass der Veräußerer zur Rückforderung berechtigt sein soll, wenn der **jeweilige Eigentümer** des übertragenen Grundbesitzes, also auch der Gesamtrechts- oder Einzelrechtsnachfolger des Erwerbers, vor dem Veräußerer verstirbt oder ohne dessen Zustimmung über den Grundbesitz verfügt.[142] Ein solches Rückforderungsrecht kann ohne Verstoß gegen das Identitätsgebot durch Eintragung einer Auflassungsvormerkung im Grundbuch gesichert werden.[143] Es handelt sich hierbei in Bezug auf den Einzelrechtsnachfolger nicht etwa um einen unzulässigen Vertrag zulasten Dritter. Der Dritte (Einzelrechtsnachfolger) wird nur mit seinem Verhalten als auslösendes Moment in den Rückforderungsgrund einbezogen; Schuldner des Rückforderungsrechts ist und bleibt der ursprüngliche Erwerber, während der spätere Erwerber aufgrund der Vormerkungswirkung der Rückübereignung gemäß § 888 BGB zuzustimmen hat.[144] 64

▼ 65

Muster 11.12: Rückforderungsgrund in der Person eines Dritterwerbers

Wechselt der Eigentümer des übertragenen Grundbesitzes, so kommt es für den Eintritt eines Rückforderungsgrundes auf die Person, das Verhalten, das Eigentum und die sonstigen Verhältnisse bei dem neuen Eigentümer an. 11.12

▲

VIII. Erstattung von Gegenleistungen und Aufwendungen des Erwerbers

Im Übergabevertrag zu regeln ist die Frage, ob und welche Gegenleistungen und Aufwendungen des Erwerbers im Falle einer Rückabwicklung aufgrund vorbehaltenen Rückforderungsrechts zu erstatten sind. 66

142 BGH DNotZ 1997, 720; BGH DNotZ 2002, 775 m. Anm. *Schippers*, jeweils betr. die Einbeziehung von Gesamtrechtsnachfolgern; *v. Hoyenberg*, Vorweggenommene Erbfolge, 3. Kap. Rn 240; *Krauß*, Vermögensnachfolge, Rn 2953; *J. Mayer/Geck*, Übergabevertrag, § 13 Rn 165 ff.

143 BGH DNotZ 1997, 720.

144 *J. Mayer/Geck*, Übergabevertrag, § 13 Rn 166; *v. Hoyenberg*, Vorweggenommene Erbfolge, 3. Kap. Rn 240; *Schippers*, MittRhNotK 1998, 69, 77.

In der Literatur wird empfohlen, jedenfalls für folgende Aufwendungen des Erwerbers eine **Erstattungspflicht auszuschließen**, da diese in der Regel durch die Nutzungen aufgewogen werden:[145]

a) gewöhnlich wiederkehrende öffentliche und private Lasten,
b) Zinsleistungen für übernommene Darlehen,
c) Versorgungsleistungen.

67 Eine **Erstattungspflicht** sollte dagegen für folgende Aufwendungen vorgesehen werden:[146]

a) Wertverbessernde Verwendungen, soweit die Wertsteigerung noch besteht und ihr nicht Darlehensbelastungen gegenüberstehen, die vom Übergeber zu übernehmen sind;
b) Abfindungszahlungen an weichende Erben,
c) Gutabstandsgelder zugunsten des Veräußerers,
d) Tilgungsleistungen auf übernommene Darlehen,
e) Schulden, die der Übernehmer zur Finanzierung der zu erstattenden Gegenleistungen aufgenommen hat, sind vom Übergeber in Anrechnung auf den Erstattungsbetrag zu übernehmen.

68 Teilweise wird vorgeschlagen, eine Erstattung in vollem Umfang auszuschließen, wenn die Rückforderung Strafcharakter hat (z.B. Rückforderung wegen grober Undanks oder Verstoßes gegen ein vereinbartes Verfügungsverbot) oder vor einem Gläubigerzugriff schützen soll (Rückforderung wegen Insolvenz oder Zwangsvollstreckung).[147] Hier ist jedoch Zurückhaltung geboten, da in einem solchen Ausschluss eine anfechtbare Gläubigerbenachteiligung liegen kann.[148] Dies wird bestätigt durch eine Entscheidung des BGH.[149] Dort hatte sich die Verkäuferin ein Rücktrittsrecht für mehrere Fälle, u.a. für den Fall der Insolvenz der Käuferin vorbehalten. Im Kaufvertrag war vereinbart, dass die Rückübertragung unentgeltlich zu erfolgen habe. Hierin, in der vereinbarten Unentgeltlichkeit und dem damit verbundenen **Verzicht** auf die Rückzahlung des geleisteten Kaufpreises und den Ersatz von notwendigen Verwendungen, sah der BGH eine zur Anfechtung berechtigende Gläubigerbenachteiligung.

69 Hat der Erwerber in dem Übergabevertrag einen Pflichtteilsverzicht gegenüber dem Veräußerer und gegebenenfalls auch gegenüber dessen Ehegatten erklärt, so soll dieser regel-

145 *J. Mayer/Geck*, Übergabevertrag, § 13 Rn 89; *Langenfeld/Günther*, Grundstückszuwendungen, 3. Kap. Rn 114.
146 *Langenfeld/Günther*, Grundstückszuwendungen, 3. Kap. Rn 114; *J. Mayer/Geck*, Übergabevertrag, § 13 Rn 86.
147 *Ellenbeck*, MittRhNotK 1997, 41, 48; *v. Hoyenberg*, Vorweggenommene Erbfolge, 3. Kap. Rn 185; *Langenfeld/Günther*, Grundstückszuwendungen, 3. Kap. 110 ff.
148 *J. Mayer/Geck*, Übergabevertrag, § 13 Rn 61; *Krauß*, Vermögensnachfolge, Rn 3112.
149 BGH NJW-RR 2018, 48.

mäßig mit der Rückübereignung entfallen. Zu diesem Zweck sollte der Pflichtteilsverzicht als auflösend bedingter geschlossen oder eine Verpflichtung des Veräußerers zum Abschluss eines entsprechenden Verzichtsaufhebungsvertrages vorgesehen werden.[150]

▼ 70

Muster 11.13: Erstattung von Aufwendungen und Gegenleistungen

Die Rückübertragung hat unentgeltlich zu erfolgen, soweit nachfolgend nichts anderes vereinbart ist.

Im Falle der Rückübertragung sind dem Erwerber zu erstatten:

a) Herauszahlungen, die der Erwerber aufgrund dieses Vertrages an seine Geschwister geleistet hat;

b) Gutabstandsgelder, die der Erwerber aufgrund dieses Vertrages an den Veräußerer gezahlt hat;

c) nachgewiesene werterhöhende Aufwendungen des Erwerbers in den übertragenen Grundbesitz, soweit die Werterhöhung im Zeitpunkt der Rückübertragung noch besteht,

d) Tilgungsleistungen, die der Erwerber auf die nach diesem Vertrag übernommenen Darlehensverbindlichkeiten erbracht hat.

In Anrechnung auf diesen Erstattungsbetrag hat der Veräußerer im Wege der befreienden Schuldübernahme die Darlehen zu übernehmen, die der Erwerber zur Finanzierung der zu erstattenden Gegenleistungen und Aufwendungen aufgenommen hat. Soweit diese Darlehen auf dem übertragenen Grundbesitz dinglich gesichert sein sollten, hat der Veräußerer auch die zu ihrer Sicherung bestellten Grundpfandrechte zu übernehmen.

Im Streitfall wird der Erstattungsbetrag von einem von der zuständigen Industrie- und Handelskammer zu bestellenden Schiedsgutachter bestimmt, dessen Kosten die Parteien je hälftig tragen.

Im Übrigen werden alle sonstigen wechselseitigen Ansprüche aus gezogenen Nutzungen, erbrachten Leistungen oder gemachten Aufwendungen ausdrücklich ausgeschlossen. Mit Vollzug der Rückübertragung entfällt der vom Erwerber in dieser Urkunde erklärte Pflichtteilsverzicht; der Pflichtteilsverzicht ist insoweit auflösend bedingt.

▲

IX. Absicherung durch Auflassungsvormerkung

Das vertragliche Rückforderungsrecht begründet einen **zweifach**, nämlich durch den Eintritt eines Rückforderungsgrundes einerseits und durch die Ausübung des Rückforde- 71

150 *Krauß*, Vermögensnachfolge, Rn 3127; *v. Hoyenberg*, Vorweggenommene Erbfolge, 3. Kap. Rn 184.

rungsrechts andererseits, **aufschiebend bedingten** Rückübereignungsanspruch. Ein derartiger mehrfach bedingter Rückübereignungsanspruch kann durch Eintragung einer Auflassungsvormerkung im Grundbuch gesichert werden.[151] Voraussetzung ist, dass das Ereignis oder das Verhalten, an dessen Eintritt das Rückforderungsrecht geknüpft ist, aufgrund objektiver Umstände bestimmbar ist, wobei diese Umstände auch außerhalb des Grundbuchs liegen können, sofern sie nachprüfbar oder jedenfalls in der Eintragungsbewilligung angedeutet sind.[152] Die Bestimmbarkeit eines durch Vormerkung zu sichernden bedingten Anspruchs wird nicht dadurch in Frage gestellt, dass der Eintritt der Bedingung möglicherweise erst durch eine richterliche Entscheidung festgestellt werden kann.[153]

72 Von der Rechtsprechung als vormerkungsfähig anerkannt sind danach insbesondere Rückforderungsrechte aufgrund folgender Rückübertragungsgründe:

Rückforderung wegen groben Undanks i.S.d. § 530 BGB,[154] Rückforderung wegen Verstoßes gegen ein schuldrechtliches Verfügungsverbot,[155] wegen Vorversterbens des Erwerbers,[156] wegen des Betreibens der Zwangsversteigerung in den übertragenen Grundbesitz,[157] ferner ein Rückforderungsrecht für den Fall, dass der Erwerber eine Ehe eingeht, ohne durch Ehevertrag sicherzustellen, dass bei einer Scheidung der Grundbesitz und dessen Wertsteigerungen vom Zugewinnausgleich ausgeschlossen sind.[158]

73 Mangels Bestimmtheit als nicht vormerkungsfähig eingestuft wurden dagegen Rückforderungsrechte für den Fall, dass der Erwerber den Grundbesitz nicht in einem ordnungsgemäßen Zustand erhalten sollte[159] oder „Sympathisant einer im Sektenbericht der Bundesregierung aufgeführten Sekte oder einer unter Beobachtung des Verfassungsschutzes stehenden Vereinigung" ist.[160] Da der zuletzt genannte Rückübertragungsgrund nur wegen der Unbestimmtheit des Begriffs „Sympathisant" beanstandet wurde, wäre ein Rückforderungsrecht, das stattdessen an eine Mitgliedschaft in einer Sekte oder in einer vom Verfassungsschutz beobachteten Vereinigung anknüpfte, hinreichend bestimmt und damit durch Vormerkung sicherbar.[161]

151 BGH DNotZ 1997, 720; BGH DNotZ 2002, 775 m. Anm. *Schippers*; *Krauß*, Vermögensnachfolge, Rn 2341; *Schippers*, DNotZ 2001, 756, 757.

152 BGH DNotZ 2002, 775; *v. Hoyenberg*, Vorweggenommene Erbfolge, 3. Kap. Rn 180; *J. Mayer/Geck*, Übergabevertrag, § 13 Rn 52.

153 BGH DNotZ 2002, 775, 778 zum Rückforderungsgrund des „groben Undanks".

154 BGH DNotZ 2002, 775.

155 BGH DNotZ 1997, 720.

156 BGH DNotZ 1997, 720; BayOblG NJW 1978, 700.

157 BayOblG NJW 1978, 70.

158 BGH DNotZ 2002, 775; BayObLG DNotZ 2002, 784.

159 OLG Zweibrücken MittBayNot 2005, 146.

160 OLG Düsseldorf Rpfleger 2006,649 wegen mangelnder Bestimmtheit des Begriffs „Sympathisant".

161 *v. Hoyenberg*, Vorweggenommene Erbfolge, 3. Kap. Rn 189; *Rieger*, MittBayNot 2008, 108.

Auf die Eintragung einer Auflassungsvormerkung zur Sicherung eines vereinbarten Rückforderungsrechts sollte **nicht** verzichtet werden. Ohne Vormerkung wäre der - Übergeber z.B. im Falle einer abredewidrigen Weiterveräußerung auf bloße Schadensersatzansprüche gegen den Übernehmer beschränkt.[162] Die Vormerkung führt zur relativen Unwirksamkeit beeinträchtigender Verfügungen wie etwa Belastungen. Sie gewährleistet, dass der gesicherte Rückforderungsanspruch auch im Falle einer Insolvenz des Schuldners durchgesetzt werden kann, auch wenn die auslösende letzte Bedingung (die Ausübungserklärung) erst nach Insolvenzeröffnung eintritt.[163] 74

Von Ausweichgestaltungen mit dem Ziel, die Eintragung der Vormerkung zu vermeiden, etwa der, die Vormerkung zwar im Übergabevertrag zu bewilligen, jedoch verbunden mit der Anweisung an den Notar, deren Eintragung nur auf besonderes Ersuchen eines Beteiligten auch zu beantragen, ist im Regelfall abzuraten.[164] Im Krisenfall kann eine solche Gestaltung nur allzu leicht versagen, die Anweisung etwa zu spät kommen.

X. Löschung der Auflassungsvormerkung, Löschungserleichterungen

Rückforderungsrechte im Rahmen von Übertragungsverträgen werden vorsorglich vereinbart. In den wenigsten Fällen kommt es jedoch tatsächlich zu einer Rückübertragung, weil nur selten ein Rückübertragungsgrund eintritt. Die Vormerkung ist daher nach dem Tode des Veräußerers löschungsreif und sollte auch gelöscht werden, um den Rechtsverkehr nicht unnötig zu blockieren.[165] Gleichwohl kann die Löschung, sofern im Übergabevertrag keine löschungserleichternden Vorkehrungen getroffen werden, umständlich und mit Schwierigkeiten verbunden sein. Da § 23 Abs. 2 GBO („löschbar bei Todesnachweis") nach Ansicht der Rechtsprechung auf Vormerkungen nicht anwendbar ist,[166] besteht die Gefahr, dass eine Löschung der Vormerkung nach dem Ableben des Veräußerers nur dann erfolgen kann, wenn dessen sämtliche Erben unter grundbuchtauglichem Nachweis ihrer Erbenstellung (§ 35 GBO) die Löschung in der Form des § 29 GBO (notarielle Beglaubigung) bewilligen. Die Kautelarpraxis hat daher verschiedene **Möglichkeiten zur Löschungserleichterung** entwickelt. 75

162 *Krauß*, Vermögensnachfolge, Rn 3148.
163 *Krauß*, Vermögensnachfolge, Rn 3148; BGH DNotZ 2002, 275 m. Anm. *Preuß*.
164 *v. Hoyenberg*, Vorweggenommene Erbfolge, 3. Kap. Rn 192; *Langenfeld/Günther*, Grundstückszuwendungen, 3. Kap. Rn 138.
165 *J. Mayer/Geck*, Übergabevertrag, § 13 Rn 114.
166 BGH DNotZ 1992, 569; BGH DNotZ 1996, 443.

1. Befristung der Vormerkung

76 Möglich ist es, die Vormerkung auf die Lebenszeit des Veräußerers zu befristen.[167] Nach dessen Ableben kann sodann unter Vorlage der Sterbeurkunde die Löschung der Vormerkung im Wege der Grundbuchberichtigung (§ 22 GBO) beantragt werden.

77 ▼

Muster 11.14: Befristung der Vormerkung

11.14 Die Vertragsbeteiligten bewilligen und beantragen die Eintragung einer auf die Lebenszeit des Veräußerers befristeten Vormerkung zur Sicherung des in dieser Urkunde vereinbarten aufschiebend bedingten Rückübereignungsanspruchs des Veräußerers.

▲

2. Befristung des Rückübereignungsanspruchs

78 Es ist auch zulässig, den Rückübereignungsanspruch selbst auf die Lebenszeit des Veräußerers zu befristen.[168] Mit dem Tode des Veräußerers erlischt sodann wegen der Akzessorietät der Vormerkung auch die Auflassungsvormerkung, so dass diese gegen Vorlage einer Sterbeurkunde wegen Unrichtigkeit des Grundbuches gelöscht werden kann. Diese Gestaltung kann aus der Sicht des Übergebers nachteilhaft sein, weil bei ihr der Rückübereignungsanspruch mit dem Tode des Übergebers selbst dann entfiele, wenn er bereits zu seinen Lebzeiten entstanden ist, die Rückübereignung aber nicht mehr rechtzeitig vollzogen werden konnte.[169] Zudem können wegen der Rechtsprechung des BGH zur „Wiederaufladbarkeit" von Vormerkungen Schwierigkeiten bei der Löschung der Vormerkung auftreten, wenn diese auf den Wegfall des ursprünglichen Rückauflassungsanspruchs gestützt wird.[170]

Wird hingegen nur die Vormerkung befristet (wie unter 1.), so könnten, wenn der Übergeber das Rückforderungsrecht bereits zu seinen Lebzeiten berechtigt ausgeübt haben sollte, die Erben des Übergebers ihr Rückerwerbsrecht im Wege der einstweiligen Verfügung (§ 885 Abs. 1 BGB) relativ schnell sichern lassen.[171]

167 *v. Hoyenberg*, Vorweggenommene Erbfolge, 3. Kap. Rn 193; *J. Mayer/Geck*, Übergabevertrag, § 13 Rn 118; OLG München ZEV 2012, 428.

168 *J. Mayer/Geck*, Übergabevertrag, § 13 Rn 117; *Krauß*, Vermögensnachfolge, Rn 3180.

169 *J. Mayer/Geck*, Übergabevertrag, § 13 Rn 117. In der Regel ist gewollt, dass der bereits zu Lebzeiten des Veräußerers geltend gemachte Rückforderungsanspruch vererblich ist und nicht mit dem Tode des Veräußerers entfällt, vgl. *Krauß*, Vermögensnachfolge, Rn 3182; Beck'sches Notar-Handbuch/*Herrler*, § 5 Rn 501; DNotI-Gutachten DNotI-Report, 2000, 29, 31.

170 *Krauß*, Vermögensnachfolge, Rn 3180.

171 *J. Mayer/Geck*, Übergabevertrag, § 13 Rn 118.

▼ 79

Muster 11.15: Befristung des Rückübereignungsanspruchs

11.15

Das Rückforderungsrecht und der Rückübereignungsanspruch des Veräußerers sind auf die Lebenszeit des Veräußerers befristet und erlöschen mit dessen Tod; sie sind nicht vererblich und nicht übertragbar. Das gilt auch dann, wenn der Veräußerer das Rückforderungsrecht bereits zu seinen Lebzeiten geltend gemacht haben sollte.

▲

3. Löschungsvollmacht

Der Veräußerer kann den Erwerber im Übergabevertrag auch bevollmächtigen, nach dem Tode des Veräußerers die zu dessen Gunsten eingetragene Auflassungsvormerkung zur Löschung zu bewilligen.[172] Eines Nachweises der Erbfolge nach dem verstorbenen Veräußerer bedarf es bei Verwendung dieser Vollmacht nicht.[173] Die spätere Löschungsbewilligung des Erwerbers erfordert die Form des § 29 GBO. Diese Löschungserleichterung führt daher zu höheren Kosten als eine Befristung der Auflassungsvormerkung.[174] 80

▼ 81

Muster 11.16: Löschungsvollmacht

11.16

Der Veräußerer bevollmächtigt hiermit mit Wirkung für sich und seine Erben und unter Befreiung von den Beschränkungen des § 181 BGB den Erwerber, die in dieser Urkunde zugunsten des Veräußerers bewilligte Auflassungsvormerkung nach dem Tode des Veräußerers unter Vorlage einer Sterbeurkunde zur Löschung zu bewilligen.

▲

4. Löschungsbewilligung des Übergebers – auf dessen Tod befristet –

Denkbar ist auch, dass der Übergeber bereits im Übergabevertrag oder in separater Urkunde die Löschung der zu seinen Gunsten einzutragenden Vormerkung bewilligt, und zwar aufschiebend befristet auf seinen Tod.[175] 82

172 *v. Hoyenberg*, Vorweggenommene Erbfolge, 3. Kap. Rn 196; *J. Mayer/Geck*, Übergabevertrag, S. 523.
173 *Krauß*, Vermögensnachfolge, Rn 3188.
174 Hierauf weisen *J. Mayer/Geck*, Übergabevertrag, § 13 Rn 123 und *Krauß*, Vermögensnachfolge, Rn 3188 zu Recht hin.
175 *J. Mayer/Geck*, Übergabevertrag, § 13 Rn 124.

83 ▼

Muster 11.17: Löschungsbewilligung des Übergebers – auf dessen Tod befristet

11.17 Der Übergeber bewilligt bereits jetzt, jedoch aufschiebend befristet auf seinen Tod, die Löschung der vorstehend in diesem Übergabevertrag zu seinen Gunsten bewilligten Auflassungsvormerkung.

▲

5. Wahl der Löschungserleichterung

84 Die dargestellten Löschungserleichterungen haben Vor- und Nachteile.[176] Ihr Vorzug besteht darin, dass sie allesamt eine Löschung der Vormerkung nach dem Tode des Veräußerers ermöglichen, ohne dass hierzu eine Löschungsbewilligung seiner Erben und damit auch der Nachweis ihrer Erbenstellung erforderlich ist.

Der Nachteil einer Befristung der Vormerkung (auf die Lebensdauer des Veräußerers) besteht darin, dass diese auch dann gelöscht werden könnte, wenn der Veräußerer das Rückforderungsrecht bereits zu seinen Lebzeiten wirksam ausgeübt hat und der Rückübereignungsanspruch damit entstanden ist. Entsprechendes gilt für die Löschungsvollmacht. Diese ist zudem wegen § 117 InsO nicht insolvenzfest[177] und verursacht zusätzliche Kosten, da der Übernehmer die Löschung der Vormerkung nach dem Tode des Übergebers als Bevollmächtigter in der Form des § 29 GBO (notarielle Beglaubigung) bewilligen muss.[178] Eine Befristung des Rückübereignungsanspruch auf den Tod des Veräußerers lässt mit dessen Ableben nicht nur die Vormerkung, sondern auch den durch sie gesicherten und durch lebzeitige Ausübung womöglich bereits entstandenen Rückübereignungsanspruch entfallen.[179]

85 Aus diesen Gründen wird teilweise empfohlen, die Vormerkung zwar zu befristen, aber nicht auf den Tod des Veräußerers, sondern auf einen danach liegenden Zeitraum (z.B. sechs Monate nach dem Tod des Veräußerers), um dessen Erben die Gelegenheit zu geben, einen zu Lebzeiten des Veräußerers schon entstandenen, aber noch nicht erfüllten Rückübereignungsanspruch durchzusetzen.[180]

176 Ausführlich hierzu *J. Mayer/Geck*, Übergabevertrag, § 13 Rn 114 ff.; *Krauß*, Vermögensnachfolge, Rn 3178 ff.

177 Beck'sches Notarhandbuch/*Herrler*, § 5 Rn 501.

178 *v. Hoyenberg*, Vorweggenommene Erbfolge, 3. Kap. Rn 196.

179 *J. Mayer/Geck*, Übergabevertrag, § 13 Rn 117.

180 *J. Mayer/Geck*, Übergabevertrag, § 13 Rn 120; Beck'sches Notarhandbuch/*Herrler*, § 5 Rn 501; kritisch *Krauß*, Vermögensnachfolge, Rn 3186.

▼ 86

Muster 11.18: Befristung der Vormerkung auf einen nach dem Tod des Veräußerers liegenden Zeitpunkt 11.18

Die Vertragsbeteiligten bewilligen und beantragen die Eintragung einer auf die Zeit bis zum Ablauf von sechs Monaten nach dem Tod des Veräußerers befristeten Vormerkung zur Sicherung des in dieser Urkunde vereinbarten aufschiebend bedingten Rückübereignungsanspruchs des Veräußerers.

▲

XI. Rückforderungsrecht und Fristbeginn nach § 2325 Abs. 3 BGB

Ob der Vorbehalt von Rückforderungsrechten dazu führt, dass die für Pflichtteilsergänzungsansprüche bestehende **Zehnjahresfrist** des § 2325 Abs. 3 S. 2 BGB – ebenso wie beim Nießbrauchvorbehalt[181] – trotz Eigentumsumschreibung auf den Erwerber nicht zu laufen beginnt, ist streitig.[182] 87

Teilweise wird ein Fristbeginn in diesen Fällen generell abgelehnt.[183] Andere halten in diesem Zusammenhang nur ein freies Rückforderungsrecht für schädlich, während der tatbestandlich eingeschränkt Rückforderungsvorbehalt, sofern der Eintritt des Rückforderungsgrundes nicht im Belieben des Veräußerers steht, den Lauf der Frist nicht hindern soll.[184] Wieder andere nehmen an, dass selbst freie Rückforderungsrechte nicht fristhemmend seien.[185] Nach Ansicht des OLG Düsseldorf beginnt die Zehnjahresfrist nicht zu laufen, wenn der Veräußerer sich ein Rückforderungsrecht für den Fall der Veräußerung oder Belastung vorbehält, während Rückforderungsrechte für den Fall der Insolvenz oder des Vorversterbens des Erwerbers ebenso unschädlich sein sollen wie der Vorbehalt für die ohnehin nach dem Gesetz bestehenden Rückforderungsrechte wegen groben Undanks oder Verarmung.[186] Vertreten wird auch, dass eine Kombination von enumerativem Rückforderungsrecht mit weiteren vorbehaltenen Rechten des Veräußerers (wie z.B. Wohnungsrecht) den Fristanlauf hindern kann.[187] Der BGH hat in einer Entscheidung aus dem Jahre 2016 die Kombination eines eingeschränkten Wohnungsrechts mit einer

181 Bei einer Grundbesitzübertragung unter Vorbehalt des Nießbrauchs beginnt die Zehnjahresfrist des § 2325 Abs. 3 S. 2 BGB nicht zu laufen, BGH NJW 1994, 1791, BGH NJW 2016, 2957, 2958.

182 Vgl. hierzu; *Krauß*, Vermögensnachfolge, Rn 2845 ff. und Rn 5168; Hannes/*Roemer*, S. 20.

183 *Druschka*, Rpfleger 1992, 419, 421.

184 *Diehn*, DNotZ 2009, 69; *N. Mayer*, ZEV 1994, 325, 329; *Winkler*, ZEV 2005, 89, 94.

185 *Heinrichs*, MittRhNotK 1995, 1157, 165; *Ellenbeck*, MittRhNotK 1997, 41, 53.

186 OLG Düsseldorf RNotZ 2009,175. Die Entscheidung wird ganz überwiegend abgelehnt, vgl. etwa die Urteilsanmerkungen von *Diehn*, DNotZ 2009, 69 und *Herrler*, ZEV 2008, 526; *J. Mayer/Geck*, Übergabevertrag, § 9 Rn 103.

187 OLG Düsseldorf MittBayNot 2000, 120; *Gehse*, RNotZ 2009, 361, 370; *J. Mayer/Geck*, Übergabevertrag, § 9 Rn 103.

schuldrechtlichen, nicht durch Rückauflassungsvormerkung gesicherten Veräußerungsbeschränkung unter dem Gesichtspunkt des § 2325 Abs. 3 S. 2 BGB nicht beanstandet und einen Fristbeginn bejaht.[188]

XII. Steuerliche Aspekte des Rückforderungsrechts

1. Schenkungsteuer

88 In **schenkungssteuerlicher Hinsicht** liegt auch bei Vorbehalt eines vertraglichen Rückforderungsrechts eine **vollzogene Schenkung** vor. Dies ist insbesondere für den Lauf des Zehnjahreszeitraums des § 14 Abs. 1 S. 1 ErbStG von Bedeutung.[189] Das gilt nach überwiegender Meinung selbst dann, wenn ein freies Rückforderungsrecht vereinbart worden ist.[190]

89 Wird das Zuwendungsobjekt aufgrund Ausübung eines vertraglichen Rückforderungsrechts zurück übereignet, so **erlischt die Schenkungsteuer** gemäß § 29 Abs. 1 Nr. 1 ErbStG mit Wirkung für die Vergangenheit. Die bisherige Schenkungsteuerfestsetzung ist nach § 175 Abs. 1 S. 1 Nr. 2 AO aufzuheben oder entsprechend der Erlöschenswirkung zu ändern.[191] Nach § 29 Abs. 2 ErbStG hat der Beschenkte jedoch die Nutzungen, die ihm in der Zeit vor der Rückübertragung zugestanden haben, wie ein Nießbraucher zu versteuern, dies allerdings nur dann, wenn ihm auch die Nutzungen nach der Rückübertragung verbleiben und nicht etwa herausgegeben oder vergütet werden müssen.[192]

90 Die Rückübertragung aufgrund vorbehaltenen Rückforderungsrechts stellt auch keine neue Schenkung dar, da der vormalige Erwerber insoweit nicht freigebig, sondern in Erfüllung einer ihm obliegenden Verpflichtung handelt.[193] Das gilt jedoch nicht, wenn das Rückforderungsrecht erst **nachträglich**, d.h. nach Ausführung der Schenkung vereinbart wird; wird in einem solchen Fall das Rückforderungsrecht ausgeübt, so erlischt die Schenkungsteuerpflicht für die Erstübertragung nicht und die Rückübertragung stellt eine selbstständige steuerbare Rückschenkung dar.[194] Wird der geschenkte Grundbesitz nicht

188 BGH NJW 2016, 2957; zu dieser Entscheidung *von Proff*, ZEV 2016, 681; ebenso OLG München RNotZ 2025, 580, das eine Kombination von eingeschränktem Wohnungsrecht und einem durch Vormerkung gesicherten Rückforderungsrecht für unschädlich hält, wenn der Eintritt des Rückforderungsgrundes nicht vom Willen des Veräußerers, sondern von dem Verhalten des Erwerbers oder eines Dritten abhängt.

189 Siehe *v. Hoyenberg*, Vorweggenommene Erbfolge, 3. Kap. Rn 158.

190 BFH BStBl II 1989,1034; *Meyding*, ZEV 2005, 397, 400; *v. Hoyenberg*, Vorweggenommene Erbfolge, 3. Kap. Rn 158; zurückhaltender – für den Fall eines freien Rückforderungsrechts – *Wegmann*, Rn 182.

191 *Meincke/Hannes/Holtz*, § 29 Rn 2.

192 *Meincke/Hannes/Holtz*, § 29 Rn 27; *Ellenbeck*, MittRhNotK 1997, 41, 52; Hannes/*Roemer*, S. 1233.

193 Nachfolgend § 16 Rdn 80; *J. Mayer/Geck*, Übergabevertrag, § 17 Rn 118; *Jülicher*, DStR 1998, 1977, 1983; *Wegmann*, Rn 182.

194 *Meincke/Hannes/Holtz*, § 29 ErbStG Rn 9; FG Nürnberg DStRE 2004, 1466; *Carle*, ErbStB 2006, 72, 74; Hannes/*Roemer*, S. 1368.

an den Schenker, sondern aufgrund eines im Übergabevertrag vereinbarten Forderungsrechts an einen **Dritten** zurückübertragen, so erlischt nach wohl überwiegender Meinung die Schenkungsteuer ebenfalls nach § 29 Abs. 1 Nr. 1 ErbStG.[195] Für den Dritten stellt die Übertragung jedoch einen schenkungsteuerpflichtigen Erwerb dar.[196]

2. Einkommensteuer

In **einkommensteuerlicher Hinsicht** steht die Vereinbarung eines eingeschränkten, an bestimmte Tatbestände geknüpften Rückforderungsrechts dem Übergang des wirtschaftlichen Eigentums auf den Erwerber regelmäßig nicht entgegen,[197] während ein freies Rückforderungsrecht einen solchen Übergang verhindern kann.[198] 91

E. Gesamtmuster Rückforderungsrecht

▼ 92

Muster 11.19: Gesamtmuster Rückforderungsrecht

1. Der Veräußerer behält sich das Recht vor, die Rückübereignung des in dieser Urkunde übertragenen Grundbesitzes zu verlangen, falls einer der folgenden Rückübertragungsgründe eintritt:

   a) falls der Erwerber den Grundbesitz ohne Zustimmung des Veräußerers ganz oder teilweise veräußert oder belastet. Zu einer Veräußerung in diesem Sinne gehört auch die Errichtung einer Gütergemeinschaft, sofern der hier übertragene Grundbesitz nicht ehevertraglich zum Vorbehaltsgut erklärt wird. Zu einer Belastung in diesem Sinne gehört auch die Neuvalutierung einer in diesem Vertrag übernommenen Grundschuld;

   b) falls der Erwerber vor dem Veräußerer verstirbt;

   c) falls der Erwerber sich eines groben Undanks im Sinne des § 530 BGB schuldig macht;

   d) falls sich der Erwerber mit der in dieser Urkunde übernommenen Rentenzahlungsverpflichtung hinsichtlich eines Betrages, der drei Monatsbeträge übersteigt, in Verzug befindet;

195 *Meincke/Hannes/Holtz*, § 29 ErbStG Rn 8; *Wächter*, ZEV 2001,78; offenlassend *J. Mayer/Geck*, Übergabevertrag, § 13 Rn 186.
196 *Wächter*, ZEV 2001, 78; *Jülicher*, DStR 1998, 1997, 1983.
197 BFH BStBl II 1997, 382; BFH ZEV 1998, 445.
198 BFH BStBl II 1989, 877; BFH ZEV 1998, 445; *v. Hoyenberg*, Vorweggenommene Erbfolge, 3. Kap. Rn 159.

e) falls in den Grundbesitz Zwangsvollstreckungsmaßnahmen eingeleitet und nicht innerhalb von vier Wochen wieder aufgehoben werden;

f) falls über das Vermögen des Erwerbers das Insolvenzverfahren eröffnet oder die Eröffnung mangels Masse abgelehnt wird;

g) falls der Erwerber von seinem (gegebenenfalls künftigen) Ehepartner geschieden wird oder länger als sechs Monate getrennt lebt im Sinne des § 1567 BGB. Dieses Recht besteht jedoch nicht, wenn der Erwerber ehevertraglich sichergestellt hat, dass der in dieser Urkunde übertragene Grundbesitz und dessen Wertsteigerungen im Rahmen eines Zugewinnausgleichs nicht berücksichtigt werden.

2. Zu einer Veräußerung und Belastung der in dieser Urkunde übertragenen Grundstücke Flur 3 Nr. 6 und Flur 4 Nr. 7 erteilt der Veräußerer bereits hiermit seine ausdrückliche und uneingeschränkte Zustimmung. Hinsichtlich der übrigen in dieser Urkunde übertragenen Grundstücke, mit Ausnahme der Hofstelle und des Grundstücks Flur 5 Nr. 8, kann der Erwerber von dem Veräußerer die Zustimmung zu einer Veräußerung und Belastung verlangen, sofern die Veräußerung oder Belastung mit den Grundsätzen ordnungsgemäßer Wirtschaft zu vereinbaren ist und den Zweck des schuldrechtlichen Verfügungsverbots (den Erhalt des Grundbesitzes in der Familie) nicht wesentlich beeinträchtigt oder gefährdet.

3. Das Rückforderungsrecht ist nicht vererblich und nicht übertragbar. Hat der Veräußerer jedoch das Rückforderungsrecht zu seinen Lebzeiten berechtigt ausgeübt, so ist der durch die Ausübung des Rechts entstandene Rückübereignungsanspruch sowohl vererblich als auch übertragbar.

   Das Rückforderungsrecht ist höchstpersönlich und kann nicht durch Vertreter, weder durch rechtsgeschäftliche noch durch gesetzliche Vertreter, ausgeübt werden.

4. Die Ausübung des Rückforderungsrecht bedarf der Schriftform. Das Rückforderungsrecht kann nur innerhalb von zwölf Monaten, nachdem der Rückforderungsberechtigte vom Rückforderungsgrund Kenntnis erlangt hat, ausgeübt werden. Das gilt jedoch nicht für eine Rückforderung wegen Vorversterbens des Erwerbers (Rückforderungsgrund gemäß Ziff. 1. Buchst. b)); diesbezüglich wird eine Ausübungsfrist ausdrücklich ausgeschlossen.

5. Wechselt der Eigentümer des übertragenen Grundbesitzes, so kommt es für den Eintritt eines Rückforderungsgrundes auf die Person, das Verhalten, das Eigentum und die sonstigen Verhältnisse bei dem neuen Eigentümer an.

6. Übt der Veräußerer das Rückforderungsrecht aus, so hat der Erwerber den Grundbesitz an den Veräußerer, gegebenenfalls an dessen Erben, zurück zu übereignen.

   Die Rückübereignung hat unentgeltlich zu erfolgen, sofern nachstehend nicht anderes vereinbart ist.

7. Im Falle der Rückforderung sind dem Erwerber Zug um Zug gegen Rückübereignung zu erstatten:

   a) Herauszahlungen, die der Erwerber aufgrund dieses Vertrages an seine Geschwister geleistet hat;

   b) das Gutabstandsgeld, das der Erwerber aufgrund dieses Vertrages an den Veräußerer gezahlt hat,

   c) nachgewiesene werterhöhende Aufwendungen des Erwerbers in den übertragenen Grundbesitz, soweit die Werterhöhung im Zeitpunkt der Rückübertragung noch besteht,

   d) Tilgungsleistungen, die der Erwerber auf die nach diesem Vertrag übernommenen Darlehensverbindlichkeiten erbracht hat.

   In Anrechnung auf diesen Erstattungsbetrag hat der Veräußerer im Wege der befreienden Schuldübernahme die Darlehen zu übernehmen, die der Erwerber zur Finanzierung der zu erstattenden Leistungen und Aufwendungen aufgenommen hat. Soweit diese Darlehen auf dem übertragenen Grundbesitz dinglich gesichert sein sollten, hat der Veräußerer auch die zu ihrer Sicherung bestellten Grundpfandrechte zu übernehmen.

   Im Streitfall wird der Erstattungsbetrag von einem von der zuständigen Industrie- und Handelskammer zu bestellenden Schiedsgutachter bestimmt, dessen Kosten die Parteien je hälftig tragen.

   Im Übrigen werden alle wechselseitigen Ansprüche aus gezogenen Nutzungen, erbrachten Leistungen oder gemachten Aufwendungen ausdrücklich ausgeschlossen.

8. Der Besitz, die Nutzungen, die Lasten und die Gefahr gehen zu dem Zeitpunkt auf den Rückforderungsberechtigten über, an dem er sein Rückforderungsrecht schriftlich ausgeübt hat.

9. Die mit der Rückübertragung verbundenen Kosten und Steuern hat der Rückforderungsberechtigte zu tragen.

10. Mit Vollzug der Rückübertragung entfällt der mit dem Erwerber in dieser Urkunde vereinbarte Pflichtteilsverzicht; der Pflichtteilsverzicht ist insoweit auflösend bedingt.

11. Zur Sicherung des aufschiebend bedingten Anspruchs des Veräußerers auf Rückübereignung bewilligen und beantragen die Vertragsbeteiligten die Eintragung einer Auflassungsvormerkung zugunsten des Veräußerers – befristet auf dessen Lebens-

zeit – auf dem gesamten in dieser Urkunde übertragenen Grundbesitz, jedoch mit Ausnahme der Grundstücke Flur 3 Nr. 6 und Flur 4 Nr. 7.

Die Auflassungsvormerkung soll im Grundbuch Rang erhalten nach den Belastungen, die der Erwerber in dieser Urkunde übernommen hat, sowie nach den übrigen zugunsten des Veräußerers in dieser Urkunde bewilligten Rechten.

▲

F. Rückforderung des gesamten Betriebes

93 Denkbar ist auch, dass sich ein vorbehaltenes Rückforderungsrecht nicht nur auf die zum Betrieb gehörenden Grundstücke, sondern auf den Betrieb als solchen erstrecken soll, sei es, um dem Veräußerer die Möglichkeit einer Fortführung des Betriebs in wieder eigener Regie zu geben, sei es aus Gründen steuerlicher Vorsorge, um die Auflösung stiller Reserven bei einer nur teilweisen, nicht das gesamte übertragene Betriebsvermögen erfassenden Rückübertragung zu vermeiden.[199] Ein ausführliches Formulierungsbeispiel für ein solches umfassendes Rückforderungsrecht findet sich bei *Krauß*.[200]

199 *Krauß*, Vermögensnachfolge, Rn 3085.
200 Vermögensnachfolge in der Praxis, 7. Aufl. 2025, Rn 3086.

§ 12 Pflichtteilsverzicht des Übernehmers in Bezug auf den sonstigen Nachlass des Übergebers

A. Allgemeines

Vor dem Hintergrund, dass durch die Übergabe des landwirtschaftlichen Betriebes an einen Abkömmling des Übergebers etwaige Pflichtteilsansprüche des **übernehmenden Abkömmlings** hinsichtlich des weiteren **hoffreien Nachlasses** des Übergebers nicht ausgeschlossen werden,[1] sollte der Übergabevertrag auch zu der Frage Stellung nehmen, ob der Übernehmer sich die Zuwendung auf seinen Pflichtteil anrechnen lassen muss bzw. ob er auf seinen Pflichtteil in Bezug auf den sonstigen Nachlass des Übergebers verzichtet.[2] 1

B. Pflichtteilsverzicht gegenüber dem Übergeber

In der Regel ist davon auszugehen, dass der Übernehmer durch die Übergabe des Hofes bzw. des landwirtschaftlichen Betriebes vollständig abgefunden werden soll und ihm daher keine weiteren Ansprüche in Bezug auf das sonstige, hoffreie Vermögen des Übergebers mehr zustehen sollen. Dann bietet es sich an, den Übernehmer in dem Übergabevertrag einen Pflichtteilsverzicht bezüglich des sonstigen hoffreien Nachlasses erklären zu lassen. Sofern sich der Übergeber in dem Übergabevertrag ein Rückforderungsrecht vorbehalten hat, sollte der Pflichtteilsverzicht ggf. auflösend bedingt werden für den Fall, dass der Übergeber das Rückforderungsrecht geltend macht. 2

▼ 3

Muster 12.1: Pflichtteilsverzicht des Übernehmers gegenüber dem Übergeber

Der Übernehmer verzichtet hiermit mit Wirkung für sich und seine Abkömmlinge gegenüber dem dies annehmenden Übergeber auf sein gesetzliches Pflichtteilsrecht einschließlich etwaiger Pflichtteilsergänzungsansprüche. 12.1

Das gesetzliche Erbrecht des Übernehmers bleibt bestehen, ein Erbverzicht wird ausdrücklich nicht erklärt.

(Ggf. zusätzlich: Der Verzicht ist auflösend bedingt. Er entfällt, wenn der Übergeber von seinem in § eingeräumten Rückforderungsrecht Gebrauch macht und infolgedessen das Eigentum an dem in dieser Urkunde übertragene Grundbesitz zu Lebzeiten des Übergebers wieder an diesen zurückübertragen wird.)

▲

1 OLG Schleswig AgrarR 1972, 362; *Faßbender*, in: Faßbender/Hötzel/v. Jeinsen/Pikalo, § 17 Rn 143.
2 Lüdtke-Handjery/v. Jeinsen/*Roemer*, § 17 Rn 116.

C. Pflichtteilsverzicht des Übernehmers gegenüber dem Übergeber und dessen Ehegatten

4 Häufig befindet sich der zu übertragene Hof im alleinigen Eigentum eines Elternteils des Übernehmers, während sich das sonstige hoffreie Vermögen im Eigentum des anderen Elternteils befindet.[3] In diesem Fall ist es dann erforderlich, dass der Übernehmer auch gegenüber dem Ehegatten des Übergebers auf sein Pflichtteil verzichtet, wenn sichergestellt werden soll, dass der Übernehmer in Bezug auf den gesamten hoffreien Nachlass seiner Eltern keine Ansprüche mehr stellen kann. Sofern ein solcher Pflichtteilsverzicht gegenüber dem Ehegatten des Übergebers in den Hofübergabevertrag aufgenommen wird, ist es wegen § 2348 Abs. 2 S. 1 BGB zwingend erforderlich, dass auch der nicht veräußernde Ehegatte des Übergebers **persönlich** an der Beurkundung teilnimmt, da eine Vertretung insoweit nicht zulässig ist.

5 ▼

12.2

Muster 12.2: Pflichtteilsverzicht des Übernehmers gegenüber dem Übergeber und dessen Ehegatten

Der Übernehmer verzichtet hiermit mit Wirkung für sich und seine Abkömmlinge gegenüber seinen dies annehmenden Eltern, d.h. gegenüber dem Übergeber und seinem zu erschienenen Ehegatten, auf sein gesetzliches Pflichtteilsrecht einschließlich etwaiger Pflichtteilsergänzungsansprüche.

Das gesetzliche Erbrecht des Übernehmers bleibt bestehen, ein Erbverzicht wird ausdrücklich nicht erklärt.

(Ggf. zusätzlich: Der Verzicht ist auflösend bedingt. Er entfällt, wenn der Übergeber von seinem in § eingeräumten Rückforderungsrecht Gebrauch macht und infolgedessen das Eigentum an dem in dieser Urkunde übertragene Grundbesitz zu Lebzeiten des Übergebers wieder an diesen zurückübertragen wird.)

▲

D. Anrechnung auf den Pflichtteil

6 Denkbar wäre auch, anstelle eines umfassenden Verzichts des Übernehmers auf den Pflichtteil lediglich zu vereinbaren, dass sich der Übernehmer den Wert des zugewendeten landwirtschaftlichen Betriebes nach § 2315 BGB auf seinen Pflichtteil am sonstigen, hoffreien Nachlass des Übergebers anrechnen zu lassen hat. Je nachdem, wie groß das sonstige hoffreie Vermögen des Übergebers noch ist, verbliebe dem Übernehmer dann

3 Eine solche Vermögensverteilung zwischen den Ehegatten wird oft auch aus **steuerlichen Gründen** vorgenommen, um eine klare Trennung zwischen dem steuerlichen Betriebsvermögen und dem Privatvermögen herbeizuführen.

evtl. noch ein restlicher Pflichtteilsanspruch, den er nach dem Tode des Übergebers geltend machen könnte.

Diese Regelung macht allerdings nur dann Sinn, wenn der Übergeber überhaupt noch 7
über nennenswertes hoffreies Vermögen verfügt, an dem der Übernehmer später noch beteiligt werden soll, und eine abschließende Regelung in Bezug auf dieses Vermögen derzeit noch nicht getroffen werden kann oder soll. Vor dem Hintergrund, dass der übertragene landwirtschaftliche Betrieb jedoch in der Regel das wesentliche Vermögen des Übergebers darstellen wird, läuft eine solche Anrechnungsbestimmung im Ergebnis häufig auf das gleiche Ergebnis hinaus wie ein Pflichtteilsverzicht. Hinzu kommt, dass eine solche Anrechnungsbestimmung nicht unbedingt dazu beiträgt, spätere Streitigkeiten zwischen den Abkömmlingen des Übergebers über einen etwa noch verbleibenden Pflichtteilsanspruch des Übernehmers zu vermeiden, da sie keine abschließende Regelung in Bezug auf das zu verteilende Vermögen darstellt, sondern die Streitigkeiten sachlich nur auf die Ebene der Nachlassbewertung[4] und zeitlich auf den Zeitpunkt des Todes des Übergebers verlagert. Aus diesem Grunde ist es im Interesse einer einvernehmlichen Nachlassregelung in jedem Fall vorzugswürdig, mit dem Übernehmer einen Pflichtteilsverzicht und in Bezug auf die weichenden Erben eine klare Abfindungsregelung (ggf. ebenfalls in Kombination mit entsprechenden Pflichtteilsverzichten) zu vereinbaren, anstatt eine bloße Anrechnungsbestimmung zu treffen, die eine ganze Reihe von höchst komplexen und streitanfälligen Verfahrens- und Bewertungsfragen mit sich bringt.[5] Aus diesem Grund hat die Anrechnungsbestimmung im Bereich der Hofübergabe keine große praktische Bedeutung.

4 Ausführlich zum Berechnungs- und Bewertungsverfahren siehe *Muscheler*, Erbrecht (Band II), Rn 4195 ff.
5 Ebenso *v. Hoyenberg*, Vorweggenommene Erbfolge, 7. Kap. Rn 20 und 26.

§ 13 Regelung des Verhältnisses zu den weichenden Erben

A. Allgemeines

1 Sofern der Übergeber den Hof einem seiner Abkömmlinge überträgt, was in der Praxis der Regelfall sein dürfte, stellt sich regelmäßig die Frage, ob und wie diese Übertragung im Verhältnis zu den **Geschwistern** des Übernehmers auszugleichen ist. Um spätere Streitigkeiten in Bezug auf etwaige Abfindungsansprüche und Pflichtteilsrechte unter den Abkömmlingen des Übergebers zu vermeiden, empfiehlt es sich daher, auch die „weichenden Geschwister“ des Übernehmers an dem Hofübergabevertrag zu beteiligen und die Frage des Ausgleichs unter den Geschwistern einvernehmlich zu regeln.

2 Neben den insoweit in Betracht kommenden Verzichten in Bezug auf etwaige höferechtliche Ansprüche sind hier auch Erb- und Pflichtteilsverzichte in Bezug auf das sonstige, hoffreie Vermögen des Übergebers sowie einvernehmliche Regelung zur Höhe und zu den sonstigen Modalitäten etwaiger Abfindungen zu behandeln.

3 Diese Überlegungen gelten im Übrigen nicht nur in Bezug auf die weichenden Abkömmlinge des Übergebers, sondern auch in Bezug auf seinen **Ehegatten**. Auch dem Ehegatten des Übergebers können bezüglich des Hofes gemäß § 12 Abs. 10 HöfeO Pflichtteilsrechte und gemäß § 13 HöfeO Nachabfindungsansprüche zustehen.[1] Sofern der Ehegatte des Übergebers nur die ihm in dem Hofübergabevertrag eingeräumten Rechte erhalten soll, empfiehlt es sich daher, auch entsprechende Verzichtserklärungen des Ehegatten des Übergebers in den Hofübergabevertrag mit aufzunehmen.

4 Die konkrete Ausgestaltung der diesbezüglich in Betracht kommenden Regelungen hängt allerdings davon ab, ob es sich bei dem übertragenen Hof um einen Hof im Sinne der Höfeordnung handelt oder nicht.

B. Verzichte in Bezug auf höferechtliche Abfindungsansprüche

I. Abfindung nach § 12 HöfeO

5 Nach § 4 HöfeO fällt der Hof mit dem Tode des Hofeigentümers nur **einem** Erben, dem Hoferben, zu (**Höferechtliche Sondernachfolge**). Dieser wird ohne weitere dingliche Vollzugsakte mit dem Hoferbfall Alleineigentümer des Hofes. Den Miterben, die nicht Hoferbe geworden sind, steht – vorbehaltlich einer anderweitigen Regelung durch Übergabevertrag oder Verfügung von Todes wegen – gemäß § 12 Abs. 1 HöfeO ein **Anspruch auf Geldabfindung** gegen den Hoferben zu. Miterben i.S.d. § 12 HöfeO sind diejenigen

1 Beck'sches Formularbuch Erbrecht/*Raude*, G.X.6 Ziff. 12.

Personen, die kraft gesetzlicher Erbfolge des BGB oder durch Verfügung von Todes wegen Erben des Hofes geworden wären, wenn dieser nicht aufgrund der höferechtlichen Sondernachfolge dem Hoferben angefallen wäre.[2]

6 Wird der Hof durch **Hofübergabevertrag** an einen hoferbeberechtigten **Abkömmling des Hofeigentümers** übertragen, so gilt zugunsten der anderen Abkömmlinge der Hoferbfall bereits mit dem Zeitpunkt der Übertragung, d.h. mit der **Eigentumsumschreibung** auf den Übernehmer,[3] als eingetreten (**Fiktion des Hoferbfalls**). Die anderen Abkömmlinge[4] können daher in einem solchen Fall, der in der Praxis den Regelfall einer Hofübergabe darstellen dürfte, ihre Abfindung gemäß § 12 HöfeO bereits zu **Lebzeiten des Hofübergebers** verlangen. Ist die Abfindung, was zulässig ist, durch Hofübergabevertrag ausgeschlossen oder niedriger bemessen worden als der gesetzliche Pflichtteil, so können die anderen Abkömmlinge den Pflichtteil oder den zur Erreichung des Pflichtteils erforderlichen Differenzbetrag, jeweils bezogen auf den Hof, ebenfalls schon mit der Umschreibung des Eigentums auf den Hofübernehmer fordern.[5] All dies gilt jedoch nur hinsichtlich des Hofes, nicht aber für das hoffreie Vermögen.[6]

7 Die Abfindung bemisst sich gemäß § 12 Abs. 2 HöfeO nach dem sog. **Hofeswert**. Als Hofeswert gelten seit dem 1.1.2025[7] nach § 12 Abs. 2 S. 2 HöfeO lediglich **60 Prozent des für den Hof zuletzt festgestellten Grundsteuerwertes des Betriebes der Land- und Forstwirtschaft**. Damit liegt der Hofeswert als Bemessungsgrundlage für die höferechtliche Abfindung zwar deutlich höher[8] als nach der bisherigen Regelung, die als Hofeswert das Eineinhalbfache des Einheitswertes der land- und forstwirtschaftlichen Besitzung bestimmt hatte. Auch dieser neue Hofeswert bleibt aber immer noch weit hinter dem Verkehrswert zurück.[9] Auch der Pflichtteil in Bezug auf den Hof richtet sich über

2 *Graß*, Landwirtschaftserbrecht, § 12 HöfeO Rn 13; *Schmitte*, S. 73.

3 Unter „Zeitpunkt der Übertragung" i.S.d. § 17 Abs. 2 HöfeO ist die Umschreibung des Eigentums auf den Übernehmer zu verstehen, vgl. BGHZ 1, 143; BGHZ 8, 213; Lüdtke-Handjery/v. Jeinsen/*Roemer*, § 17 HöfeO Rn 131.

4 Nicht aber sonstige Personen, auch nicht der Ehegatte des Hofübergebers, OLG Celle RdL 2008, 160 m. Anm. *Dehne*; OLG Celle RdL 2009, 49; Lüdtke-Handjery/v. Jeinsen/*Roemer*, § 17 HöfeO Rn 134. Der Ehegatte des Übergebers kann daher seine Abfindung erst mit dem Tode des Übergeber verlangen, OLG Celle RdL 2008, 160, 161; *Roemer*, RdL 2025, 133, 140 f.

5 Lüdtke-Handjery/v. Jeinsen/*Roemer*, § 17 HöfeO Rn 132.

6 *Faßbender*, in: Faßbender/Hötzel/v. Jeinsen/Pikalo, § 17 HöfeO Rn 170.

7 Dem Tag des Inkrafttretens des Gesetzes zur Änderung der Höfeordnung und zur Änderung der Verfahrensordnung für Höfesachen vom 4.12.2024, BGBl 2024 I Nr. 395.

8 Nach den Berechnungen der vier nordwestdeutschen Bauernverbände wird sich der durchschnittliche Hofeswert im Vergleich zum bisherigen Recht um etwa das 2,5-fache erhöhen, so *Schmitte*, AUR 2022, 455, 458.

9 Bezogen auf die landwirtschaftlichen Flächen (ohne Wohngebäude) beträgt der Hofeswert nur zwischen 6 Prozent bis 11,8 Prozent des Verkehrswertes, *Graß*, AUR 2023, 167, 169 f. unter Bezugnahme auf ein Gutachten von Prof. Dr. Bahrs, Institut für landwirtschaftliche Betriebslehre, Hohenheim, das dieser im Auftrag der vier nordwestdeutschen Bauernverbände erstattet hatte, vgl. *Schmitte*, AUR 2022, 455, 456.

§ 12 Abs. 10 HöfeO nur nach dem niedrigen Hofeswert des § 12 Abs. 2 HöfeO, so dass der Pflichtteil in der Hälfte der gesetzlichen Abfindung nach § 12 Abs. 2 HöfeO besteht.[10] Kommen besondere Umstände in Betracht, die die für den Wert des Hofes von besonderer Bedeutung sind, in dem Hofeswert nicht oder nicht genügend zum Ausdruck, so können nach § 12 Abs. 2 S. 3 HöfeO auf Verlangen Zu- oder Abschläge nach billigem Ermessen gemacht werden.[11]

II. Verzicht auf eine Abfindung nach § 12 HöfeO

Die weichenden Erben können durch Vertrag auf die ihnen nach § 12 HöfeO zustehende Abfindung verzichten. Ein solcher Verzicht kommt insbesondere dann in Betracht, wenn die Verzichtenden bereits in der Vergangenheit Zuwendungen vom Hofübergeber erhalten haben, etwa in Form von Grundstücken oder Geldleistungen, oder diese Zuwendungen, zumeist aufgrund verpflichtender Vereinbarungen im oder im Zusammenhang mit dem Hofübergabevertrag, noch erhalten sollen. 8

Zu beachten ist, dass die Erklärung der weichenden Erben, sie seien bereits abgefunden oder sie verzichteten auf weitere über die vertraglich vereinbarte Abfindung hinausgehende Abfindungsansprüche, keinen Verzicht auf Nachabfindungsansprüche nach § 13 HöfeO enthält.[12] Zum Verzicht auf Nachabfindungsansprüche gemäß § 13 HöfeO siehe Rdn 18 ff.

1. Verzicht auf bereits entstandene Ansprüche gemäß § 12 HöfeO

Ist Gegenstand des Verzichts ein **bereits entstandener** Abfindungsanspruch, so handelt es sich um einen **Erlassvertrag** gemäß § 397 BGB, der zwischen dem weichenden Erben und dem Hoferben abzuschließen ist[13] und **keiner Form** bedarf.[14] Ein Verzicht auf schon entstandene Abfindungsansprüche liegt vor, wenn der Verzichtsvertrag nach Eintritt des Hoferbfalls geschlossen wird, bei einer Hoferbfolge von Todes wegen also nach dem Tod des Erblassers. Bei einer lebzeitigen Hofübergabe an einen Abkömmling des Übergebers 9

10 BGH RdL1957, 295, 296; Lüdtke-Handjery/v. Jeinsen/*Roemer*, § 16 HöfeO Rn 80.

11 Nach BGHZ 146, 74 gilt § 12 Abs. 2 S. 3 HöfeO entsprechend, wenn sich die bei Inkrafttreten der HöfeO im Jahre 1976 zugrunde gelegte Wertrelation zwischen Einheitswert und Ertragswert infolge der Entwicklung der allgemeinen wirtschaftlichen Verhältnisse und der unterbliebenen Anpassung der steuerlichen Einheitswerte erheblich verschoben hat.

12 OLG Oldenburg, RdL 1978, 215; OLG Celle, RdL 1982, 333; Lüdtke-Handjery/v. Jeinsen/*Roemer*, § 17 HöfeO Rn 111.

13 *Ivo*, ZEV 2004, 316, 317.

14 *Ivo*, ZEV 2004, 316, 319; Lüdtke-Handjery/v. Jeinsen/*Haarstrich*, § 12 HöfeO Rn 20. Insoweit vergleichbar mit dem Verzicht auf einen bereits entstandenen Pflichtteilsanspruch nach dem Tode des Erblassers, der als Erlassvertrag ebenfalls formfrei möglich ist, KG OLGZ 1976, 193; MüKo-BGB/*Lange*, § 2317 BGB Rn 9.

entsteht der Abfindungsanspruch der übrigen Abkömmlinge des Übergebers nach § 17 Abs. 2 HöfeO bereits mit der Eigentumsumschreibung auf den Übernehmer. Verzichten Geschwister des Übernehmers **nach** dessen Eintragung als neuer Hofeigentümer im Grundbuch diesem gegenüber auf ihre Abfindungsansprüche nach § 12 HöfeO, so handelt es sich ebenfalls um eine formfrei möglichen Erlassvertrag.[15]

10 ▼

13.1 **Muster 13.1: Verzicht auf bereits entstandenen Abfindungsanspruch nach § 12 HöfeO**

E ist als Hoferbe seines am verstorbenen Vaters V Eigentümer des Lindenhofes in A. geworden. Es handelt sich um einen Hof im Sinne der HöfeO, eingetragen im Grundbuch von C. in Blatt 300. Der Bruder des E., B., verzichtet hiermit auf seine Abfindungsansprüche nach § 12 HöfeO. E. nimmt diesen Verzicht an. Der Verzicht erstreckt sich nicht auf Nachabfindungsansprüche nach § 13 HöfeO.

▲

2. Verzicht auf künftige Abfindungsansprüche gemäß § 12 HöfeO

11 Hiervon zu unterscheiden ist der **Verzicht** auf künftige, noch **nicht entstandene Abfindungsansprüche** aus § 12 HöfeO. Ein solcher Verzicht ist ebenfalls zulässig.[16] Es handelt sich bei ihm nach überwiegender Ansicht um einen **gegenständlich beschränkten Erbverzicht**, der zwischen dem Erblasser (Hofübergeber) und den weichenden Erben abgeschlossen wird und nach § 2348 BGB der **notariellen Beurkundung** bedarf.[17] Verzichten die weichenden Erben nicht gegenüber dem Erblasser (Hofübergeber), sondern gegenüber dem künftigen Hoferben (Hofübernehmer) auf ihre künftigen Abfindungsansprüche nach § 12 HöfeO, so bedarf der Verzichtsvertrag nach § 311b Abs. 5 S. 2 BGB der **notariellen Beurkundung**.[18] Der Umstand, dass nach allgemeinem BGB ein gegenständlich beschränkter Erbverzicht – anders als ein gegenständlich beschränkter Pflichtteilsver-

15 Weitergehend aber *Ivo*, ZEV 2004, 316, 317, der auch den *im* Hofübergabevertrag erklärten Verzicht als einen Verzicht auf bereits entstandene Abfindungsansprüche ansieht.

16 *Ivo*, ZEV 2004, 316, 317; Lüdtke-Handjery/v. Jeinsen/*Haarstrich*, § 12 HöfeO Rn 12; *Graß*, Landwirtschaftserbrecht, § 4 HöfeO Rn 17; OLG Celle, ErbR 2024, 152 m. Anm. *Gerlach-Worch*.

17 OLG Celle ErbR 2024, 152 m. Anm. *Gerlach-Worch*; *Ivo*, ZEV 2004, 316, 317, 319; Lüdtke-Handjery/v. Jeinsen/*Haarstrich*, § 12 HöfeO Rn 12; *Graß*, Landwirtschaftserbrecht, § 4 HöfeO Rn 17. Nach *Seutemann*, Landwirtschaftssachen, S. 218 ff. handelt es sich dagegen bei dem Verzicht auf künftige Abfindungsansprüche aus § 12 und § 13 HöfeO um eine Verzichtsvereinbarung eigener Art, die vom Erbverzichtsvertrag über das gesetzliche Hoferbrecht zu unterscheiden sei und auf die, anders als bei einem Erbverzicht, § 2346 Abs. 1 S. 2 BGB nicht anwendbar sei. Näher hierzu *Roemer*, AUR 2025, 82, 93.

18 OLG Hamm AgrarR 1988, 197; OLG Celle, Beschl. v. 20.9.2016, I-10 W 217/15, jeweils zu künftigen Nachabfindungsansprüchen nach § 13 HöfeO; für den Verzicht auf künftige Abfindungsansprüche aus § 12 HöfeO gilt nichts anderes.

zicht – nicht möglich ist,[19] steht der Zulässigkeit des Verzichts auf künftige Abfindungsansprüche nicht entgegen, da § 12 HöfeO lediglich einen schuldrechtlichen Anspruch des weichenden Erben gegen den Hoferben begründet und ein isolierter Verzicht hierauf weder die Gesamtrechtsnachfolge in das hoffreie Vermögen noch diejenige in den Hof ändert.[20] Der Verzicht erstreckt sich gemäß § 2349 BGB auch auf die Abkömmlinge des Verzichtenden, sofern nichts anderes bestimmt ist.[21]

Der Vertrag über den Verzicht auf künftige Abfindungsansprüche kann als vorbereitende Maßnahme für eine zu einem späteren Zeitpunkt geplante Hofübergabe vor Abschluss des Hofübergabevertrages geschlossen oder im Hofübergabevertrag selbst vereinbart werden.

▼ 12

Muster 13.2: Verzicht auf künftige Abfindungsansprüche nach § 12 HöfeO im Hofübergabevertrag 13.2

Sachverhalt: Der Landwirt V möchte seinen Hof an seinen Sohn S. übertragen. V hat noch zwei weitere Kinder, die Tochter T und den Sohn G, die im Hofübergabevertrag auf ihre Abfindungsansprüche nach § 12 HöfeO verzichten sollen.

1. Die Tochter T verzichtet hinsichtlich des in diesem Hofübergabevertrag übertragenen Hofes auf Abfindungsansprüche nach § 12 HöfeO einschließlich diesbezüglicher Pflichtteilsansprüche. Der Verzicht ist aufschiebend bedingt. Aufschiebende Bedingung ist die in diesem Hofübergabevertrag vereinbarte Zahlung von EUR an T. Der Verzicht soll sich auch auf die Abkömmlinge der Verzichtenden erstrecken. Vom Verzicht ausdrücklich ausgenommen sind etwaige Nachabfindungsansprüche nach § 13 HöfeO. Der Hofeigentümer V nimmt diesen Verzicht an.

2. Der weitere Sohn G. erklärt sich aufgrund bereits erhaltener Vorempfänge hinsichtlich seiner Ansprüche nach § 12 HöfeO für abgefunden. Er verzichtet auf etwaige weitergehende Ansprüche aus § 12 HöfeO einschließlich diesbezüglicher Pflichtteilsansprüche. Der Verzicht soll sich auch auf die Abkömmlinge der Verzichtenden erstrecken. Vom Verzicht ausdrücklich ausgenommen sind etwaige Nachabfindungsansprüche nach § 13 HöfeO. Der Hofeigentümer V und der Hofübernehmer S. nehmen diesen Verzicht an.

▲

19 Grüneberg/*Weidlich*, § 2346 Rn 3; *Ivo*, ZEV 2004, 316, 317.
20 *Ivo*, ZEV 2004, 316, 317; Lüdtke-Handjery/v. Jeinsen/*Haarstrich*, § 12 HöfeO Rn 12.
21 *Ivo*, ZEV 2004, 316, 318.

III. Verzicht auf Nachabfindungsansprüche nach § 13 HöfeO

1. Nachabfindung gemäß § 13 HöfeO

13 Die HöfeO soll sicherstellen, dass der Hof im Erbfall **ungeteilt erhalten bleibt**.[22] Dieses Anliegen soll durch zwei gesetzliche Vorgaben erreicht werden. Zum einen durch die in § 4 HöfeO angeordnete **höferechtliche Sondernachfolge**, nach der Hoferbe immer nur **eine** Person werden kann. Zum anderen durch die in § 12 HöfeO vorgesehene **Begrenzung der Abfindung** der weichenden Erben auf ein Maß, das hinter dem Verkehrswert der land- und forstwirtschaftlichen Besitzung deutlich zurückbleibt.[23]

Der Grund für das Abfindungsprivileg des Hoferben und das den weichenden Erben insoweit auferlegte Opfer **entfällt**, wenn der Hoferbe den Hof oder hofzugehöriges Vermögen innerhalb von **20 Jahren** nach dem Erwerb des Hofes ganz oder teilweise veräußert oder auf andere Weise als land- oder forstwirtschaftlich gewinnbringend nutzt.[24] In diesen Fällen schreibt § 13 HöfeO daher eine **Nachabfindung** (Abfindungsergänzung) vor. Hoferbe im vorgenannten Sinn ist nicht nur derjenige, der den Hof kraft Gesetzes oder aufgrund einer Verfügung von Todes wegen geerbt hat, sondern auch derjenige, dem der Hof durch Übergabevertrag im Wege der vorweggenommenen Hoferbfolge übertragen worden ist. Beide unterliegen der Nachabfindungspflicht, wenn einer der in § 13 HöfeO genannten Nachabfindungstatbestände erfüllt wird. Gläubiger des Nachabfindungsanspruchs aus § 13 HöfeO sind in erster Linie die Miterben, die nicht Hoferben geworden sind (§§ 12 Abs. 1, 13 Abs. 1 HöfeO), ferner über § 12 Abs. 10 HöfeO auch die dort genannten Personen.

14 § 13 HöfeO enthält sieben **ergänzungspflichtige Tatbestände**, nämlich:

- die Veräußerung des Hofes (Abs. 1 S. 1),
- die Veräußerung von Einzelgrundstücken (Abs. 1 S. 2),
- die Einbringung des Hofes in eine Gesellschaft (Abs. 1 S. 4),
- die Veräußerung und Verwertung von Hofeszubehör (Abs. 4a),
- die gewinnbringende Nutzung des Hofes oder Teilen des Hofes auf andere Weise als land- oder forstwirtschaftlich (Abs. 4b),
- die Veräußerung oder Verwertung von Surrogaten (Abs. 6),
- die Verwertung oder Veräußerung durch Rechtsnachfolger (Abs. 7).

Die Rechtsprechung neigt zu einer **weiten Auslegung** der Nachabfindungstatbestände, wobei als Einfallstor häufig § 13 Abs. 4b (**landwirtschaftsfremde Nutzung**) dient.

22 Lüdtke-Handjery/v. Jeinsen/*Haarstrich*, § 13 HöfeO Rn 1.

23 Der Abfindungsanspruch bemisst sich gemäß § 12 Abs. 2 HöfeO lediglich nach dem sog. Hofeswert. Dieser Hofeswert liegt auch nach der am 1.1.2025 in Kraft getretenen Neuregelung des § 12 Abs. 2 HöfeO weit unter dem Verkehrswert, vgl. oben Rdn 7 mit Fn 9.

24 Lüdtke-Handjery/v. Jeinsen/*Haarstrich*, § 13 HöfeO Rn 1.

Als **nachabfindungspflichtig** eingestuft wurden z.B.: 15

Die Veräußerung eines Milchkontingents,[25] die Belastung des Hofes mit Grundpfandrechten außerhalb einer ordnungsgemäßen Hofbewirtschaftung,[26] die Bestellung von Erbbaurechten,[27] der Sandabbau,[28] die Vermietung und Verpachtung von Hofgebäuden zu nicht landwirtschaftlichen Zwecken,[29] die Verpachtung von Hofland zum Betrieb von Windenergieanlagen[30] sowie die Verpachtung von Ackerland zur Nutzung als Golfplatz.[31]

Am Erlös sind die Nachabfindungsberechtigten nach Maßgabe ihrer Erbquote zu beteiligen,[32] die ihnen nach allgemeinem Recht zustünde (§ 13 Abs. 1 S. 1 HöfeO). Vom Erlös abzusetzen sind die durch die Veräußerung oder Verwertung entstehenden öffentlichen Abgaben, die vom Hoferben zu tragen sind. Daher ist die auf den Veräußerungsgewinn entfallende Einkommensteuer abzugsfähig, soweit sie tatsächlich gezahlt wurde.[33] Die Nachabfindungspflicht ist degressiv ausgestaltet: Sie verringert sich um ein Viertel des Erlöses, wenn die Veräußerung oder Verwertung später als zehn Jahre, und um die Hälfte des Erlöses, wenn die Veräußerung oder Verwertung später als 15 Jahre nach dem Erwerb des Hofes erfolgt (§ 13 Abs. 5 S. 5 HöfeO). Weitere erlösrelevante Abschläge und Zuschläge nach § 13 Abs. 5 Höfe sind zu beachten. 16

Nicht nachabfindungspflichtig ist die Übergabe des Hofes im Wege der vorweggenommenen Erbfolge; sie gilt nach § 13 Abs. 1 S. 3 HöfeO ausdrücklich nicht als Veräußerung i.S.d. § 13 Abs. 1 S. 1 HöfeO.

Wegen der weiteren Einzelheiten zur Nachabfindung gemäß § 13 HöfeO ist auf die einschlägige Kommentarliteratur zur HöfeO zu verweisen sowie auf *Führ*.[34]

Das **Landgutrecht** des **BGB** enthält **keine** Nachabfindungsbestimmungen für den Fall, dass der Erbe oder Übernehmer des landwirtschaftlichen Betriebes diesen nach dem Erwerb veräußert oder zu landwirtschaftsfremden Zwecken gewinnbringend nutzt.[35] Regelungen zur Nachabfindung können jedoch vertraglich vereinbart werden, z.B. in Anleh- 17

25 BGHZ 135, 292.
26 BGHZ 146, 94.
27 BGHZ 73, 282; OLG Hamm, AgraR 1988, 1984, 134.
28 OLG Hamm AgrarR 1988, 21.
29 BGH AgrarR 2000, 298.
30 BGHZ 180, 285: Zur Frage der Nachabfindungspflicht bei Errichtung und Betrieb von Photovoltaik- und Biogasanlagen vgl. *Dingerdissen*, ErbR 2009, 330; *Führ*, RNotZ 2012, 303, 314.
31 OLG Hamm AUR 2009, 399.
32 Sind sie auf den Pflichtteil gesetzt, so steht ihnen auch hinsichtlich der Nachabfindung nur die Pflichtteilquote zu. Auf den Pflichtteil sind sie aber nicht bereits dadurch verwiesen, dass ein anderer zum Hoferben berufen worden ist. Vielmehr muss deutlich zum Ausdruck kommen, dass sie auch hinsichtlich ihrer höferechtlichen Ansprüche nur auf den Pflichtteil gesetzt sein sollen; *Fränkel*, RdL 1950, 297, 299 f.; Lüdtke-Handjery/v. Jeinsen/*Roemer*, § 17 HöfeO Rn 99.
33 BGHZ 98, 382, 389; *Führ*, RNotZ 2012, 303, 309.
34 *Führ*, RNotZ 2012, 303.
35 BGH NJW 1987, 1260, 1262.

nung an § 13 HöfeO. Das Zuweisungsverfahren nach dem GrdStVG, das allerdings in der Praxis nur eine geringe Bedeutung hat, sieht dagegen in § 17 GrdStVG eine Nachabfindungsregelung vor. Auch die fortgeltenden Landesanerbengesetze einzelner Bundesländer kennen Bestimmungen zur Nachabfindung, z.B. das rheinland-pfälzische Gesetz über die Höfeordnung in § 26 oder die hessische Landgüterordnung in § 18.

2. Verzicht auf bereits entstandene Nachabfindungsansprüche

18 Auf bereits entstandene Nachabfindungsansprüche aus § 13 HöfeO kann durch formfreien Erlassvertrag (§ 397 BGB) zwischen dem Hoferben und den weichenden Erben verzichtet werden.[36] Insoweit gelten die vorstehenden Erläuterungen zum Verzicht auf schon entstandene Abfindungsansprüche nach § 12 HöfeO entsprechend. Als maßgeblicher Zeitpunkt wird dabei der Hoferbfall bzw. – bei einer Hofübergabe – die Eigentumsumschreibung auf den Hofübernehmer angesehen, so dass ein nach Eintritt des Hoferbfalls oder nach Eigentumsüberschreibung des an einen hoferbenberechtigten Abkömmling übertragenen Hofes vereinbarter Verzicht auf Nachabfindungsansprüche auch dann als Erlassvertrag formfrei möglich sein soll, wenn bei Abschluss der Verzichtsvereinbarung noch kein Nachabfindungstatbestand verwirklicht war.[37]

3. Verzicht auf künftige Nachabfindungsansprüche

19 Ein Verzicht auf künftige, noch nicht entstandene Nachabfindungsansprüche aus § 13 HöfeO ist als beschränkter Erbverzichtsvertrag zulässig.[38] Der Vertrag ist zwischen dem Erblasser (Hofeigentümer) und den weichenden Erben abzuschließen und bedarf nach § 2348 BGB der **notariellen Beurkundung**.[39] Verzichten die weichenden Erben nicht gegenüber dem Erblasser (Hofübergeber), sondern gegenüber dem künftigen Hoferben (Hofübernehmer) auf ihre künftigen Nachabfindungsansprüche aus § 13 HöfeO, so bedarf der Verzicht nach § 311b Abs. 5 S. 2 BGB der notariellen Beurkundung.

Allgemein gehaltene Abfindungserklärungen der weichenden Erben in Hofübergabeverträgen („Wir erklären uns hinsichtlich des Hofes für abgefunden") enthalten keinen Verzicht auf Nachabfindungsansprüche; vielmehr müssen Nachabfindungsansprüche wegen ihrer besonderen Bedeutung und Reichweite grundsätzlich ausdrücklich als Gegenstand des Verzichts genannt werden.[40]

36 *Ivo*, ZEV 2004, 316, 318.

37 *Ivo*, ZEV 2004, 316, 318 f. unter Hinweis darauf, dass Gegenstand des Verzichts eine bedingte und dem Rechtsgrund nach bereits angelegte Forderung sei.

38 *Ivo*, ZEV 2004, 316, 318; OLG Celle, ErbR 2024, 152 m. Anm. *Gerlach-Worch*.

39 *Ivo*, ZEV 2004, 316, 318, 319; OLG Celle ErbR 2024,152 m. Anm. *Gerlach-Worch*.

40 OLG Hamm AgrarR 1988, 197; OLG Celle, Beschl. v. 20.9.2016, I-10 W 217/15; OLG Oldenburg RdL 1978, 215; OLG Celle, RdL 1982, 333; Lüdtke-Handjery/v. Jeinsen/*Roemer*, § 17 HöfeO Rn 114.

▼ 20

Muster 13.3: Verzicht auf künftige Nachabfindungsansprüche nach § 13 HöfeO 13.3

Sachverhalt: Der Hofeigentümer E möchte seinen Hof an seinen Sohn S. übertragen. Der weitere Sohn B. des Hofeigentümers soll im Hofübergabevertrag neben seinen Ansprüchen aus § 12 HöfeO auch auf etwaige Nachabfindungsansprüche gemäß § 13 HöfeO verzichten.

Lösung: Der Sohn B. verzichtet hinsichtlich des in diesem Hofübergabevertrag übertragenen Hofes auf Abfindungsansprüche nach § 12 HöfeO und ausdrücklich auch auf Nachabfindungsansprüche nach § 13 HöfeO, und zwar jeweils einschließlich diesbezüglicher Pflichtteilsansprüche. Der Verzicht ist aufschiebend bedingt. Aufschiebende Bedingung ist die in diesem Hofübergabevertrag vereinbarte Zahlung von EUR an B. Der Verzicht soll sich auch auf die Abkömmlinge des Verzichtenden erstrecken. Der Hofeigentümer E. nimmt diesen Verzicht an.

▲

IV. Der gegenständlich auf den Hof beschränkte Erbverzicht

Nach dem allgemeinen Erbrecht des BGB ist infolge des Grundsatzes der Universalsukzession ein auf einzelne Vermögensgegenstände oder reale Vermögensteile beschränkter Erbverzicht nicht zulässig.[41] Anders im Höferecht der HöfeO. Da ein Hof i.S.d. HöfeO im Wege der Sonderrechtsnachfolge auf den Hoferben übergeht und der Hof und das hoffreie Vermögen sich kraft Gesetzes unterschiedlich vererben, kann sich ein Erbverzicht **wahlweise** auf den Hof, das hoffreie Vermögen oder auf beides erstrecken und damit auch auf den Hof beschränken.[42] 21

Durch den auf den Hof beschränkten Erbverzicht werden nicht nur Abfindungsansprüche nach § 12 HöfeO, sondern auch Nachabfindungsansprüche gemäß § 13 HöfeO ausgeschlossen.[43] Auf den durch den Erbverzicht bewirkten Verlust auch der Nachabfindungsansprüche aus § 13 HöfeO sollte der Notar ausdrücklich hinweisen.[44]

Der gegenständlich auf den Hof beschränkte Erbverzicht bedarf gemäß § 2348 BGB zu seiner Wirksamkeit der **notariellen Beurkundung**. Der Erblasser (Hofeigentümer),

41 Grüneberg/*Weirich*, § 2346 Rn 3; *Ivo*, ZEV 2004, 316, 317.

42 BGH NJW 1952, 102, 103; OLG Oldenburg OLGR 1998, 12; *Ivo*, ZEV 2004, 316; *Hötzel*, in: Faßbender/Hötzel/v. Jeinsen/Pikalo, § 11 HöfeO Rn 12.

43 *Hötzel*, in: Faßbender/Hötzel/v. Jeinsen/Pikalo, § 13 HöfeO Rn 57; *Ivo*, ZEV 2004, 316; BGH NJW 1997, 653. Die Entscheidung des BGH betraf zwar einen allgemeinen, nicht auf den Hof beschränkten, Erbverzicht. Das dort zum Wegfall auch der Nachabfindungsansprüche aus § 13 HöfeO Gesagte gilt aber ebenso für den gegenständlich auf den Hof beschränkten Erbverzicht.

44 Vgl. die in diese Richtung weisenden Ausführungen in BGH NJW 1997, 653. Dort auch zur Frage des Wegfalls der Geschäftsgrundlage, wenn der Erbverzicht den Erhalt des Hofes in der Hand des Hoferben und seiner Nachkommen bezweckt hat, der Hoferbe aber den Hof bereits einige Jahre nach dem Erbfall veräußert.

dem gegenüber verzichtet wird, kann sich bei Abschluss des Erbverzichtsvertrages nicht vertreten lassen (§ 2347 Abs. 2 BGB).

22 ▼

Muster 13.4: Gegenständlich auf den Hof im Sinne der HöfeO beschränkter Erbverzicht

13.4

E ist Eigentümer eines Hofes im Sinne der HöfeO. Der Hof ist eingetragen in den Grundbüchern des Amtsgerichts A von C Blatt 100 und Blatt 205.

Der Sohn des E, Herr S, verzichtet hiermit gegenüber seinem Vater E – gegenständlich beschränkt auf den vorgenannten Hof – auf sein gesetzliches Erbrecht und auf sein gesetzliches Pflichtteilsrecht. Der Verzicht soll sich auch auf die Abkömmlinge des Verzichtenden erstrecken.

Der Verzicht erfolgt unentgeltlich. Er steht unter keiner Bedingung.

E nimmt den Verzicht an.

Der Notar hat über die Bedeutung und die Rechtsfolgen dieses Verzichts belehrt. Er hat insbesondere darauf hingewiesen,

- dass infolge des Verzichts dem S und seinen Abkömmlingen hinsichtlich des Hofes weder Abfindungsansprüche nach § 12 Höfe noch Nachabfindungsansprüche nach § 13 Höfe noch diesbezügliche Pflichtteilsansprüche zustehen,
- dass das gesetzliche Erbrecht und das gesetzliche Pflichtteilsrecht hinsichtlich des hoffreien Vermögens des E durch den Verzicht nicht berührt werden.

▲

C. Verzichte in Bezug auf die allgemeinen erb- und pflichtteilsrechtlichen Ansprüche

23 Die vorgenannten Verzichtserklärungen in Bezug auf das übertragene Hofvermögen kommen grundsätzlich nur dann zum Tragen, wenn es sich bei dem übertragenen Hof um einen Hof i.S.d. Höfeordnung handelt. Handelt es sich bei dem übertragenen Anwesen dagegen nicht um einen Hof i.S.d. HöfeO oder existiert neben dem höferechtlich gebundenen Vermögen noch weiteres, hoffreies Vermögen, gehen die vorgenannten Verzichtserklärungen insoweit ins Leere. Denn die vorgenannten Verzichtserklärungen erfassen nur die höferechtlichen Abfindungsansprüche, die sonstigen erb- bzw. pflichtteilsrechtlichen Ansprüche des BGB (insbesondere die Ansprüche aus den §§ 2303 ff., 2325 ff. BGB) bleiben hiervon unberührt. Wenn also dem Übernehmer in einem Übergabevertrag nicht nur ein Hof i.S.d. Höfeordnung, sondern darüber hinaus auch noch hoffreies Vermögen übertragen wird, kann den weichenden Erben, die in dem Übergabevertrag ledig-

lich auf ihren Abfindungsanspruch nach § 12 HöfeO verzichtet haben, in Bezug auf das mitübertragene hoffreie Vermögen immer noch ein Pflichtteils- bzw. Pflichtteilsergänzungsanspruch nach den §§ 2303 ff., 2325 ff. BGB zustehen.

Zu Bedenken ist zudem, dass die für die Abschmelzung des Pflichtteilsergänzungs- 24
anspruchs relevante Zehnjahresfrist des § 2325 Abs. 3 BGB nach Ansicht der Rechtsprechung noch nicht zu laufen beginnt, wenn der Erblasser den verschenkten Gegenstand aufgrund vorbehaltener Rechte weiterhin im Wesentlichen selber nutzen kann, was insbesondere bei Vorbehalt eines Nießbrauchs typischerweise der Fall ist.[45] Aus diesen Gründen ist es in jedem Fall ratsam, die weichenden Erben nicht nur bei einem Übergabevertrag außerhalb des Anwendungsbereichs der HöfeO, sondern **auch bei der Übergabe eines Hofes i.S.d. HöfeO** an dem Vertrag zu beteiligen und ausdrücklich klarzustellen, welche Reichweite etwaige von den weichenden Erben abgegebene Verzichtserklärungen haben sollen.

I. Umfassender Erbverzicht der weichenden Erben

Die weichenden Erben können zunächst unbeschränkt auf ihr gesetzliches Erbrecht ge- 25
mäß § 2346 Abs. 1 BGB verzichten. Ein solcher unbeschränkter Erbverzicht, der der notariellen Beurkundung bedarf (§ 2348 BGB), erfasst sowohl den Hof als auch das hoffreie Vermögen. Dieser Erbverzicht bewirkt, dass der Verzichtende aus dem Kreis der gesetzlichen Erben ausscheidet und ihm damit auch keine Pflichtteilsansprüche (§ 2346 Abs. 1 S. 2 BGB) und auch keine Abfindungsansprüche aus den §§ 12, 13 HöfeO mehr zustehen.[46] Zu bedenken ist hierbei aber, dass durch den Erbverzicht eines weichenden Erben die Pflichtteilsansprüche der anderen weichenden Erben erhöht werden. Verzichten die anderen weichenden Erben daher nicht parallel ebenfalls auf ihr Erb- bzw. Pflichtteilsrecht, sollte mit dem betreffenden weichenden Erben lediglich ein Pflichtteilsverzicht, nicht jedoch ein Erbverzicht vereinbart werden.

▼ 26

Muster 13.5: Umfassender Erbverzicht der weichenden Erben

Die Schwester des Übernehmers, Frau S, verzichtet hiermit mit Wirkung für sich und ihre Abkömmlinge gegenüber dem dies annehmenden Übergeber, Herrn M, auf ihr gesetzliches Erbrecht einschließlich etwaiger Pflichtteils- und Pflichtteilsergänzungsansprüche sowie etwaiger Abfindungs- und Nachabfindungsansprüche aus den §§ 12, 13 HöfeO.

(Ggf. zusätzlich: Der Verzicht steht unter der aufschiebenden Bedingung der Zahlung des in § ___ vereinbarten Abfindungsbetrages.)

▲

45 BGHZ 125, 395; BGH NJW 2016, 2957.
46 BGH ZEV 1997, 69; Lüdtke-Handjery/v. Jeinsen/*Roemer*, § 17 Rn 110.

27 Neben dem vorstehenden, umfassenden Erbverzicht kommt im **Anwendungsbereich der HöfeO** ausnahmsweise auch noch die Möglichkeit in Betracht, dass die weichenden Erben lediglich **gegenständlich beschränkt** auf ihr gesetzliches Erbrecht **in Bezug auf den Hof** verzichten (vgl. vorstehendes Muster 13.4).

II. Umfassender Pflichtteilsverzicht der weichenden Erben

28 Anstelle eines umfassenden Erbverzichts können die weichenden Erben auch einen umfassenden Pflichtteilsverzicht erklären, durch den sie auf alle denkbaren Pflichtteils- und Abfindungsansprüche in Bezug auf den derzeitigen und zukünftigen Nachlass des Übergebers verzichten. In der Praxis wird man einen solchen Verzicht insbesondere dann in Erwägung ziehen, wenn der weichende Erbe bereits durch entsprechende Ausgleichszahlungen des Übernehmers oder anderweitige Zuwendungen aus dem hoffreien Vermögen des Übergebers vollständig abgefunden wurde oder noch abgefunden werden soll und daher sichergestellt werden soll, dass der weichende Erbe zukünftig keine weiteren Ansprüche in Bezug auf den Nachlass des Übergebers mehr stellen kann. Der Pflichtteilsverzicht bedarf zu seiner Wirksamkeit der notariellen Beurkundung (§ 2346 Abs. 2, § 2348 BGB). Der Erblasser kann bei seinem Abschluss nicht vertreten werden (§ 2347 BGB),[47] eine Fehlerquelle, die insbesondere beim Abschluss eines Übergabevertrages, der neben anderen Vereinbarungen auch einen (umfassenden oder gegenständlich beschränkten) Pflichtteilsverzicht enthält, übersehen werden kann.[48]

29 ▼

Muster 13.6: Umfassender Pflichtteilsverzicht der weichenden Erben

13.6 Die Schwester des Übernehmers, Frau S, verzichtet hiermit mit Wirkung für sich und ihre Abkömmlinge gegenüber dem dies annehmenden Übergeber, Herrn M, auf ihr gesetzliches Pflichtteilsrecht einschließlich etwaiger Pflichtteilsergänzungsansprüche und etwaiger Abfindungsansprüche aus § 12 HöfeO.

Das gesetzliche Erbrecht der Frau S bleibt bestehen, ein Erbverzicht wird ausdrücklich nicht erklärt.

(Ggf. zusätzlich: Der Verzicht steht unter der aufschiebenden Bedingung der Zahlung des in §   vereinbarten Abfindungsbetrages.)

47 Ausnahme in § 2347 S. 2 BGB: Bei Geschäftsunfähigkeit des Erblassers kann der Vertrag durch seinen gesetzlichen Vertreter geschlossen werden.

48 *Keim*, ZEV 2023, 691. Zur Haftung des Notars bei Nichtbeachtung des Vertretungsausschusses nach § 2347 S. 1 BGB im Falle vollmachtloser Vertretung des Erblassers vgl. BGH NJW 2025, 53.

(Ggf. zusätzlich: Es wird ausdrücklich klargestellt, dass sich der vorstehende Verzicht nicht auf etwaige Nachabfindungsansprüche nach § 13 HöfeO erstreckt. Diese bleiben vielmehr vorbehalten, soweit nicht in dieser Urkunde unter § etwas anderes vereinbart ist.)

▲

III. Gegenständlich beschränkter Pflichtteilsverzicht der weichenden Erben

Denkbar wäre aber auch, dass die weichenden Erben lediglich in Bezug auf das in dem Hofübergabevertrag übertragene Vermögen auf ihren Pflichtteil verzichten. Ein solch **gegenständlich beschränkter Pflichtteilsverzicht** würde das Pflichtteil der weichenden Erben am übrigen Nachlass des Übergebers unberührt lassen. Eine solche Regelung, die zulässig ist,[49] ist vor allem dann sinnvoll, wenn der Übergeber neben dem übergebenen landwirtschaftlichen Vermögen noch über nennenswertes hoffreies Vermögen verfügt, welches ggf. erst zu einem späteren Zeitpunkt unter den Abkömmlingen aufgeteilt werden soll. 30

▼ 31

Muster 13.7: Gegenständlich beschränkter Pflichtteilsverzicht der weichenden Erben 13.7

Die Schwester des Übernehmers, Frau S, verzichtet hiermit mit Wirkung für sich und ihre Abkömmlinge gegenüber dem dies annehmenden Übergeber, Herrn M, gegenständlich beschränkt auf das dem Übernehmer in dieser Urkunde übertragene Vermögen auf ihr gesetzliches Pflichtteilsrecht einschließlich etwaiger Pflichtteilsergänzungsansprüche und etwaiger Ansprüche aus § 12 HöfeO.

Das gesetzliche Erbrecht der S und ihr Pflichtteil am übrigen Nachlass des M bleiben bestehen.

(Ggf. zusätzlich: Der Verzicht steht unter der aufschiebenden Bedingung der Zahlung des in § vereinbarten Abfindungsbetrages.)

(Ggf. zusätzlich: Es wird ausdrücklich klargestellt, dass sich der vorstehende Verzicht nicht auf etwaige Nachabfindungsansprüche nach § 13 der HöfeO erstreckt. Diese bleiben vielmehr vorbehalten, soweit nicht in dieser Urkunde unter § etwas anderes vereinbart ist.)

▲

49 Zur Zulässigkeit des gegenständlich beschränkten Pflichtteilsverzicht vgl. nur *J. Mayer*, ZEV 2000, 263; MüKoBGB/*Wegerhoff*, § 2346 Rn 22; *Krauß*, Vermögensnachfolge, Rn 5451, 5464.

IV. Regelungen in Bezug auf die Höhe des Pflichtteilsanspruchs

32 Sofern die weichenden Erben nicht dazu bereit sind, die vorgenannten Pflichtteilsverzichtserklärungen abzugeben, besteht bei der Übertragung eines landwirtschaftlichen Betriebes, der **nicht Hof i.S.d. HöfeO** ist, allerdings ggf. noch die Möglichkeit, die Höhe des Pflichtteilsanspruchs der weichenden Erben auch ohne Mitwirkung der betreffenden Erben zu begrenzen.

33 Grundsätzlich bemisst sich die Höhe des Pflichtteilsanspruchs bei einem landwirtschaftlichen Betrieb, der **kein Hof i.S.d. HöfeO** ist, gemäß § 2311 Abs. 2 S. 1 BGB nach dem Schätzwert des Betriebs. Dabei ist auf **den gemeinen Wert** abzustellen, verstanden als den Wert, den der Gegenstand für jedermann im Rechtsverkehr hat.[50] Der Übergeber hat in diesem Fall jedoch gemäß **§ 2312 BGB** die Möglichkeit, im Übergabevertrag oder durch letztwillige Verfügung anzuordnen, dass für die Bemessung der Höhe des Pflichtteilsanspruchs nicht der gemeine Wert, sondern der **Ertragswert** des übernommenen Landguts maßgeblich sein soll. Der Ertragswert bestimmt sich dann gemäß § 2049 Abs. 2 BGB nach dem Reinertrag, den das Landgut nach seinen bisherigen wirtschaftlichen Bestimmungen bei ordnungsgemäßer Bewirtschaftung nachhaltig gewähren kann.[51] Dieses Privileg des § 2312 BGB bei der Pflichtteilsberechnung gilt aber nur, wenn der Übernehmer des Landguts zu den in § 2303 BGB bezeichneten pflichtteilsberechtigten Personen gehört[52] und das Landgut zum Zeitpunkt des Todes des Übergebers noch betreibt. Gibt der Übernehmer das Landgut nämlich noch vor dem Tode des Übergebers auf und veräußert es, scheidet eine Anwendung von § 2312 BGB nach Ansicht des BGH aus.[53]

D. Ausgleichung unter den Abkömmlingen (§§ 2050 ff. BGB)

34 In dem Übergabevertrag sollte auch klargestellt werden, ob der Übernehmer den Wert des zugewendeten Vermögens gegenüber seinen Geschwistern bei der späteren Erbauseinan-

50 BGH NJW 1954, 1764.

51 Die meisten Bundesländer haben auf der Grundlage von Art. 137 EGBGB durch Landesgesetz Kapitalisierungsfaktoren festgelegt, mit denen der jährliche Reinertrag zu multiplizieren ist, um zum Ertragswert des Landguts zu gelangen. Der Vervielfältiger beträgt je nach Bundesland zwischen 17 und 25, vgl. die Übersicht bei *Graß*, Landwirtschaftserbrecht, § 2049 BGB Rn 88 ff. Von der Ermächtigung, auch zu bestimmen, wie der Reinertrag zu ermitteln ist, haben die Bundesländer – mit Ausnahme von Schleswig-Holstein, dessen diesbezügliche Regelung durch BVerfG NJW 1988, 2723 jedoch als verfassungswidrig verworfen wurde – dagegen keinen Gebrauch gemacht, so dass in der Praxis der Reinertrag regelmäßig durch ein Bewertungsgutachten eines Sachverständigen zu ermitteln ist, *Graß*, Landwirtschaftserbrecht, § 2049 BGB Rn 78. In Schleswig-Holstein ist über § 36 Abs. 2 S. 3 BewG das 18-fache des jährlichen Reinertrags anzusetzen, *Graß*, Landwirtschaftserbrecht, § 2049 BGB Rn 103.

52 Wenn die Übergabe des Landguts an zwei Personen in Bruchteilsgemeinschaft erfolgt, soll das Privileg des § 2312 BGB ebenfalls entfallen (vgl. BGH FamRZ 1977, 195).

53 BGH NJW 1995, 1352.

dersetzung nach dem Tod des Übergebers nach den §§ 2050 ff. BGB zur Ausgleichung zu bringen hat oder nicht. Denn wenn es sich bei dem übertragenen landwirtschaftlichen Betrieb um eine **Ausstattung** i.S.d. § 1624 BGB handelt (was zumindest außerhalb des Anwendungsbereichs der HöfeO häufig der Fall sein dürfte[54]) und der Übergabevertrag zur der Frage der Ausgleichung keine Regelung enthält, findet eine Anrechnung gemäß §§ 2050 Abs. 1, 2052 BGB **kraft Gesetzes** statt. Ist der übertragene landwirtschaftliche Betrieb hingegen **nicht** als Ausstattung anzusehen, ist das zugewendete Vermögen nur auszugleichen, wenn der Erblasser dies bei der Zuwendung **angeordnet** hat (§ 2050 Abs. 3 BGB). Vor diesem Hintergrund sollte auch die Frage der Ausgleichungspflicht in dem Übergabevertrag geregelt werden.

Sofern die Beteiligten unter keinen Umständen wollen, dass eine Anrechnung erfolgt, 35
sollte dies in dem Übergabevertrag entsprechend klargestellt bzw. angeordnet werden.

▼ 36

Muster 13.8: Ausschluss der Ausgleichungspflicht

Der Erwerber hat den Wert der heutigen Zuwendung gegenüber seinen Geschwistern nicht nach den §§ 2050 ff. BGB auszugleichen. Eine Ausgleichung bzw. Anrechnung nach den §§ 2050 ff. BGB ist ausgeschlossen.

▲

Wünschen die Beteiligten hingegen, dass der Wert der Zuwendung bei der späteren Erbauseinandersetzung zwischen dem Übernehmer und seinen Geschwistern in jedem Fall anzurechnen bzw. auszugleichen ist, empfiehlt sich ebenfalls eine entsprechende Anordnung bzw. Klarstellung in den Übergabevertrag aufzunehmen.

▼ 37

Muster 13.9: Anordnung der Ausgleichungspflicht

Der Erwerber hat den Wert der heutigen Zuwendung gegenüber den übrigen Abkömmlingen des Übergebers bei gesetzlicher Erbfolge oder bei Erbfolge nach § 2052 BGB nach den §§ 2050 ff. BGB auszugleichen.

▲

Die Anordnung einer solchen Anrechnungspflicht macht allerdings nur dann Sinn, wenn der Übergeber nach der Übertragung des landwirtschaftlichen Betriebes noch über genügend weiteres Vermögen verfügt, das im Rahmen einer Erbauseinandersetzung unter den Abkömmlingen des Übergebers verteilt werden soll.

Reicht das sonstige, beim Übergeber verbleibende Vermögen hingegen nicht aus, um spä- 38
ter eine entsprechende Anrechnung durchzuführen, ist der Übernehmer nach **§ 2056 BGB** grundsätzlich nicht verpflichtet, den erhaltenen Mehrempfang aus seinem eigenen Ver-

54 Unklar ist, ob auch die Übergabe eines Hofes i.S.d. HöfeO eine Ausstattung darstellt. Nach Ansicht des OLG Schleswig (AgrarR 1972, 362, 363) könne die Hofübergabe wegen der Erbfallfiktion des § 17 Abs. 2 HöfeO keine Ausstattung sein, da diese eine Zuwendung unter Lebenden voraussetze.

mögen auszugleichen.[55] Eine solche Ausgleichungspflicht aus dem eigenen Vermögen des Übernehmers bzw. aus dem ihm im Rahmen des Übergabevertrages zugewendeten Vermögens lässt sich daher nur durch Vereinbarung entsprechender Gleichstellungsgelder, Abfindungs- oder Ausgleichzahlungen erreichen.

39 Hinzu kommt das Problem, dass zur Durchführung der Anrechnung nach den §§ 2050 ff. BGB ebenso wie bei der Pflichtteilsanrechnung nach § 2315 BGB[56] komplizierte und im Detail umstrittene[57] Bewertungsverfahren durchzuführen sind,[58] die zu weiteren Streitigkeiten zwischen den Abkömmlingen führen können. Die Anordnung einer Ausgleichungspflicht nach den §§ 2050 ff. BGB stellt daher zumindest im Bereich der Hofübergabe regelmäßig keine geeignete Lösung dar, um für einen interessengerechten Ausgleich unter den Abkömmlingen des Übergebers zu sorgen. Vorzuziehen ist vielmehr auch hier eine Gestaltung, wonach die gesetzliche Ausgleichungspflicht nach den §§ 2050 ff. BGB ausgeschlossen und stattdessen detaillierte Abfindungsregelungen mit den weichenden Geschwistern über konkret bezifferte Gleichstellungsgelder vereinbart werden.

E. Abfindung der weichenden Erben

40 Handelt es sich bei dem übergebenen landwirtschaftlichen Betrieb um einen **Hof i.S.d. Höfeordnung**, werden bereits durch die Übergabe des Hofes an einen Abkömmling **zu Lebzeiten des Übergebers** entsprechende Abfindungsansprüche der weichenden Abkömmlinge nach § 12 HöfeO ausgelöst.[59] Die Höhe der Abfindung richtet sich in diesem Fall nach dem Hofeswert. Dieser beträgt gemäß § 12 Abs. 2 S. 2 HöfeO **60 Prozent des Grundsteuerwertes des Betriebes der Land- und Forstwirtschaft**, der für den Hof zuletzt festgestellt worden ist.

41 Bei der Übergabe eines landwirtschaftlichen Betriebes, der **kein Hof i.S.d. Höfeordnung** ist, entstehen etwaige Pflichtteilsergänzungsansprüche der weichenden Abkömmlinge nach § 2325 BGB dagegen erst **mit dem Tode des Übergebers**. Die Höhe dieser Pflicht-

55 MüKoBGB/*Fest*, § 2056 BGB Rn 1, 2; Faßbender/Hötzel/v. Jeinsen/Pikalo/*Faßbender*, § 17 Rn 64. Die Regelung in § 12 Abs. 9 HöfeO, wonach der Hoferbe eine ausgleichspflichtige Zuwendung entgegen der Vorschrift des § 2056 BGB zumindest teilweise auszugleichen hat, findet auf eine lebzeitige Hofübergabe keine Anwendung, da die lebzeitige Hofübergabe wegen der damit verbundenen Erbfallfiktion des § 17 Abs. 2 HöfeO keine ausgleichspflichtige Zuwendung i.S.v. § 13 Abs. 8 HöfeO darstellt.

56 Siehe dazu oben § 12 Rdn 7.

57 So ist z.B. bereits umstritten, welcher **Zeitpunkt** für die Nachlassbewertung im Rahmen des Ausgleichungsverfahrens maßgeblich sein soll. Nach Ansicht des BGH (NJW 1986, 931, 932) ist hierfür der Zeitpunkt des Erbfalls maßgeblich, während nach a.A. (z.B. MüKo-BGB/*Fest*, § 2055 Rn 17) auf den Zeitpunkt der Auseinandersetzung abzustellen ist. Ebenfalls umstritten ist, in welchem Maße eine etwaige **Geldwertveränderung** bei der Wertermittlung zu berücksichtigen ist (vgl. MüKo-BGB/*Fest*, § 2055 Rn 19).

58 Vgl. MüKo-BGB/*Fest*, § 2055 BGB Rn 17 ff.

59 Siehe dazu oben § 13 Rdn 6.

teilsergänzungsansprüche richtet sich dann – vorbehaltlich einer etwaigen Abschmelzung nach § 2325 Abs. 3 BGB – entweder gem. § 2311 BGB nach dem Verkehrswert des Betriebes oder, bei entsprechender Anordnung des Übergebers gem. § 2312 BGB nach dem Ertragswert des Betriebes.

Enthält der Übergabevertrag daher keine Regelungen zu etwaigen Abfindungen und auch keine Verzichtserklärungen der weichenden Erben in Bezug auf ihre höferechtlichen Abfindungs- und erbrechtlichen Pflichtteilsansprüche, können die weichenden Erben je nachdem, ob es sich bei dem übergebenen Betrieb um einen Hof i.S.d. HöfeO gehandelt hat, die oben genannten Ansprüche geltend machen. In beiden Konstellationen empfiehlt es sich daher, zur Vermeidung von Streitigkeiten die Höhe und die sonstigen Modalitäten einer etwaigen Abfindungs- oder Ausgleichszahlung an die „weichenden Erben" in dem Übergabevertrag konkret zu regeln. **42**

I. Vereinbarungen zur Abfindung unter Beteiligung der weichenden Erben

Die Höhe der Abfindung kann, auch im Anwendungsbereich der Höfeordnung, zwischen den Beteiligten grundsätzlich **frei vereinbart** werden.[60] Eine Bindung an die Höhe der gesetzlichen Abfindungen besteht nicht. Die Beteiligten können von den gesetzlichen Vorgaben beliebig abweichen, und zwar sowohl nach oben wie nach unten. **43**

Daher kann die Abfindung grundsätzlich auch auf „**Null**" gesetzt werden, wenn sich die weichenden Erben damit einverstanden erklären und dazu bereit sind, auf ihre sämtlichen höferechtlichen und pflichtteilsrechtlichen Ansprüche durch Abgabe entsprechender Verzichtserklärungen zu verzichten. **44**

Die **obere Grenze** der Abfindung wird dagegen durch die Leistungsfähigkeit des Übernehmers bestimmt. Denn die Belastung, die mit der Verpflichtung zur Zahlung der Abfindung verbundenen ist, darf nicht so hoch sein, dass dadurch der Fortbestand oder die ordnungsgemäße Bewirtschaftung des Hofes ausgeschlossen oder gefährdet ist.[61] Wird diese Grenze überschritten, kann daher das Landwirtschaftsgericht bzw. die nach dem GrdStVG zuständige Behörde die zu dem Übergabevertrag nach dem GrdStVG und der HöfeO ggf. erforderliche Genehmigung versagen.[62] **45**

Sofern die Abfindung sofort fällig sein soll, kann zur Absicherung des weichenden Erben die Umschreibung des übergebenen Grundbesitzes im Grundbuch von der Zahlung abhängig gemacht werden. Andernfalls kann die vereinbarte Abfindung auch durch **46**

60 Lüdtke-Handjery/v. Jeinsen/*Roemer*, § 17 Rn 96.
61 BGH AUR 2014, 259, 261; BGH RdL 1953, 278; Lüdtke-Handjery/v. Jeinsen/*Roemer*, § 17 Rn 98.
62 Siehe dazu unten § 14.

Eintragung einer Hypothek oder Grundschuld dinglich gesichert werden. Sofern die Fälligkeit der Abfindung weit in die Zukunft hinausgeschoben ist, sollte auch eine Wertsicherung oder angemessene Verzinsung[63] des Abfindungsgeldes mit den Beteiligten erörtert werden.

47 Nicht vergessen werden sollte in diesem Zusammenhang, dass der weichende Erbe, der im Übergabevertrag abgefunden wird, im Gegenzug auf etwaige höferechtliche Abfindungsansprüche (§ 12 HöfeO) und auf erbrechtliche Pflichtteils- und Pflichtteilsergänzungsansprüche (§ 2325 BGB) gegenüber dem Übergeber – ggf. gegenständlich beschränkt auf das an den Übernehmer übertragene Vermögen – verzichtet. Für den Fall, dass der Übernehmer das übertragene Vermögen alsbald weiterveräußern sollte, ist evtl. auch noch eine Regelung zu etwaigen Nachabfindungsansprüchen (§ 13 HöfeO) der weichenden Erben mit aufzunehmen.

48 ▼

13.10 **Muster 13.10: Zahlung einer Abfindung an einen am Hofübergabevertrag beteiligten weichenden Erben**

1. Der Übernehmer verpflichtet sich, als (ggf. weitere) Gegenleistung für die Übertragung des Hofanwesens an seine zu   erschienene Schwester, Frau S, eine Abfindung in Höhe von 100.000 EUR (in Worten: einhunderttausend EUR) zu zahlen. Der Erschienenen zu   , Frau S, steht das Recht zu, die Zahlung unmittelbar an sich zu fordern.

2. Die Abfindung ist mit einem Teilbetrag in Höhe von 30.000 EUR (in Worten: dreißigtausend EUR) fällig binnen vier Wochen nach Beurkundung dieses Vertrages.

3. Der hiernach verbleibende Restbetrag in Höhe von 70.000 EUR (in Worten: siebzigtausend EUR) wird dem Übernehmer gestundet. Der gestundete Restbetrag ist fällig binnen drei Monaten nach dem Tode des Übergebers. Bis dahin ist der gestundete Restbetrag mit 2 % (in Worten: zwei Prozent) p.a. zu verzinsen. Die Zinsen sind fällig und zahlbar jeweils zum 31. Dezember eines jeden Jahres.

4. Der gestundete Restbetrag wird abweichend von den vorstehenden Regelungen sofort fällig, wenn der Übernehmer mit den Zinszahlungen für mehr als drei Monate in Verzug ist oder wenn Zwangsvollstreckungsmaßnahmen in den übertragenen Grundbesitz eingeleitet werden oder wenn über das Vermögen des Übernehmers das Insolvenzverfahren eröffnet oder die Eröffnung mangels Masse abgelehnt wird.

5. Der Übernehmer unterwirft sich wegen des vorstehend vereinbarten Abfindungsbetrages nebst Verzugszinsen in Höhe von fünf Prozentpunkten über dem Basiszins-

63 Ansonsten besteht wegen der Regelung in § 12 Abs. 3 BewG die Gefahr, dass entweder die ersparten Zinsen gemäß § 7 Abs. 1 Nr. 1 der Schenkungssteuer unterliegen oder fiktive Zinsen als Kapitalertrag der Einkommensteuer unterfallen.

satz ab dem heutigen Tage seiner Schwester S gegenüber der sofortigen Zwangsvollstreckung aus dieser Urkunde in sein gesamtes Vermögen und in Ansehung der nachfolgend bestellten Grundschuld auch in der Weise, dass die Zwangsvollstreckung gegen den jeweiligen Eigentümer des mit der Grundschuld belasteten Grundbesitzes zulässig ist. Der Forderungsberechtigten kann ohne weitere Nachweise eine vollstreckbare Ausfertigung dieser Urkunde erteilt werden.

6. Zur Sicherung des Anspruchs auf Zahlung des vorstehend vereinbarten Abfindungsbetrages bewilligen und beantragen die Beteiligten die Eintragung einer nicht abtretbaren Buchgrundschuld über 100.000 EUR nebst 2 % Jahreszinsen ab dem heutigen Tage zugunsten der zu erschienenen Schwester des Übernehmers, Frau S, auf dem übertragenen Grundstück Gemarkung Flur 4 Nr. 15 mit der Zwangsvollstreckungsunterwerfung gemäß § 800 ZPO.

7. Die zu erschienene Schwester des Übernehmers, Frau S, erklärt sich mit Erhalt des vorstehend vereinbarten Abfindungsbetrages im Hinblick auf den in dieser Urkunde übertragenen Grundbesitz für vollständig abgefunden. Sie verzichtet daher aufschiebend bedingt auf den Erhalt des Abfindungsbetrages gegenüber ihrem dies annehmenden Vater, Herrn M, gegenständlich beschränkt auf das dem Übernehmer in dieser Urkunde übertragene Vermögen auf ihr gesetzliches Pflichtteilsrecht einschließlich etwaiger Pflichtteilsergänzungsansprüche und auf etwaige Ansprüche aus § 12 HöfeO.

8. Das gesetzliche Erbrecht der S und ihr Pflichtteil am übrigen Nachlass des Übergebers Herrn M bleiben bestehen.

   (Ggf. zusätzlich: Es wird ausdrücklich klargestellt, dass sich der vorstehende Verzicht nicht auf etwaige Nachabfindungsansprüche nach § 13 der HöfeO erstreckt. Diese bleiben vielmehr vorbehalten, soweit nicht in dieser Urkunde unter § etwas anderes vereinbart ist.)

▲

II. Regelungen zur Abfindung ohne Beteiligung der weichenden Erben

Werden die weichenden Erben an dem Übergabevertrag hingegen **nicht** beteiligt, etwa 49
weil sie dazu nicht bereit sind, besteht für die Beteiligten jedoch gleichwohl die Möglichkeit, in dem Übergabevertrag Regelungen zur Abfindung der weichenden Erben zu treffen. In diesem Fall verpflichtet sich der Übernehmer dann lediglich gegenüber dem Übergeber, eine entsprechende Abfindung an einen weichenden Erben zu bezahlen, dem dann ggf. im Rahmen eines **echten Vertrags zugunsten Dritter** i.S.v. § 328 Abs. 1 BGB das Recht eingeräumt werden kann, die Zahlung unmittelbar an sich zu fordern.

50 Auch in diesem Fall können die Vertragsbeteiligen nach den oben dargestellten Grundsätzen die Höhe der Abfindung zunächst einmal frei festlegen. Da der weichende Erbe in diesem Fall an dem Übergabevertag jedoch nicht beteiligt ist, liegt hier in der Regel kein Verzicht des weichenden Erben in Bezug auf etwaige weitergehende höferechtliche Abfindungsansprüche und/oder erbrechtliche Pflichtteilsergänzungsansprüche vor.

51 Die **untere Grenze** der Abfindung wird daher in diesem Fall durch das jeweilige **Pflichtteilsrecht** der weichenden Erben gezogen.[64] Wenn die in dem Übergabevertrag festgelegte Abfindung **niedriger** ist als der Betrag, der dem weichenden Erben aufgrund eines Pflichtteilsrechts zusteht, kann er deshalb immer noch den zur Erreichung des Pflichtteils erforderlichen **Differenzbetrag** verlangen bzw. die vertragliche festgelegte Abfindung **zurückweisen** und stattdessen den **Pflichtteil** fordern.[65]

Wie hoch dieser Pflichtteil ist, hängt dann wiederum davon ab, ob es sich bei dem übertragenen Anwesen um einen Hof i.S.d HöfeO handelt.

52 **Im Anwendungsbereich der HöfeO** beläuft sich der Pflichtteil auf die **Hälfte der gesetzlichen Abfindung nach § 12 HöfeO**.

Außerhalb des Anwendungsbereichs der HöfeO bemisst sich der Pflichtteil dagegen nach den **allgemeinen Regelungen** der §§ 2303, 2325 BGB, also (vorbehaltlich einer etwaigen Abschmelzung nach § 2325 Abs. 3 BGB) nach der Hälfte des Wertes des gesetzlichen Erbteils des jeweiligen Erben an dem übergebenen landwirtschaftlichen Betrieb, dessen Wert sich dann gemäß § 2311 BGB nach dem **Verkehrswert** bzw., bei entsprechender Anordnung gemäß § 2312 BGB, nach dem **Ertragswert** richtet.

53 Zu beachten ist allerdings, dass der höferechtliche Pflichtteilsanspruch der weichenden Erben im Anwendungsbereich der HöfeO nur dann auf die Hälfte der gesetzlichen Abfindung nach § 12 HöfeO reduziert ist, wenn der Übergeber dies in dem Hofübergabevertrag **ausdrücklich zum Ausdruck** gebracht hat.[66] Enthält der Hofübergabevertrag keine Bestimmung zur Abfindung der pflichtteilsberechtigten weichenden Erben, steht ihnen grundsätzlich die allgemeine höferechtliche Abfindung nach § 12 Abs. 2 HöfeO zu, die sich nach 60 Prozent des Grundsteuerwertes des landwirtschaftlichen Betriebes bemisst. Sofern die weichenden Erben von der höferechtlichen Abfindung des § 12 HöfeO ausgeschlossen werden sollen und nur den höferechtlichen Pflichtteilsanspruch in Höhe der **Hälfte** der gesetzlichen Abfindung nach § 12 HöfeO erhalten sollen, erfordert dies eine eindeutige Erklärung des Übergebers, die keinen Zweifel daran lässt, dass eine Reduzierung auf den höferechtlichen Pflichtteil gewollt ist.[67] Aus diesem Grunde sollte

64 Lüdtke-Handjery/v. Jeinsen/*Roemer*, § 17 Rn 97.
65 Lüdtke-Handjery/v. Jeinsen/*Roemer*, § 17 Rn 132.
66 Lüdtke-Handjery/v. Jeinsen/*Roemer*, § 17 Rn 99.
67 Lüdtke-Handjery/v. Jeinsen/*Roemer*, § 17 Rn 99.

zumindest bei einer Hofübergabe im Anwendungsbereich der HöfeO auch dann, wenn ein weichender Erbe keinerlei vertraglich festgelegte Abfindungsgelder erhalten soll, in jedem Fall ausdrücklich klargestellt werden, ob der weichende Erbe dann die volle höferechtliche Abfindung nach § 12 HöfeO oder nur den höferechtlichen Pflichtteilsanspruch in Höhe der Hälfte der gesetzlichen Abfindung nach § 12 HöfeO erhalten soll.

▼ 54

Muster 13.11: Einseitiger Ausschluss höferechtlicher Ansprüche durch den Übergeber

Die Schwester des Übernehmers, Frau S, erhält keine Abfindung, sie soll lediglich ihren Pflichtteil erhalten. Sämtliche weitergehenden Abfindungs- und Nachabfindungsansprüche der Frau S nach den §§ 12, 13 HöfeO werden ausdrücklich ausgeschlossen.

▲

Wenn den weichenden Erben im Rahmen eines höferechtlichen Übergabevertrag eine Abfindung eingeräumt wurde, die zwar über dem höferechtlichen Pflichtteilsanspruch, aber unter der höferechtlichen Abfindung des § 12 HöfeO liegt, müssen sich die betreffenden Erben damit abfinden. Sie können dann nicht die vertraglich festgelegte Abfindung ausschlagen und stattdessen die gesetzlich festgelegte Abfindung verlangen oder zusätzlich zu der vertraglichen Abfindung noch den Differenzbetrag zu der gesetzlichen Abfindung nach § 12 HöfeO einfordern.[68]

Sofern einem nicht an der Beurkundung teilnehmenden weichenden Erben in dem 55 Übergabevertrag Abfindungsansprüche eingeräumt werden, sollte zudem klargestellt werden, ob sich der weichende Erbe den Wert der entsprechenden Abfindungszahlung auf seinen **Pflichtteil** gemäß § 2315 BGB **anrechnen** lassen muss. Denn ansonsten besteht die Gefahr, dass der Übernehmer den im Übergabevertrag festgelegten Abfindungsbetrag zusätzlich noch einmal ganz oder teilweise als Pflichtteil an den weichenden Erben auszahlen muss. Eine solche Anrechnungsbestimmung kommt auch dann in Betracht, wenn der betreffende weichende Erbe nicht an dem Übergabevertrag beteiligt ist, da es sich bei der Anrechnungsbestimmung lediglich um eine einseitige empfangsbedürfte Willenserklärung des Übergebers handelt, für die keine bestimmte Form vorgeschrieben ist. Diese Erklärung muss, um wirksam zu sein, lediglich dem betreffenden Erben rechtzeitig vor oder spätestens mit der Entgegennahme der Zuwendung zugehen.[69] Insofern sollte auch geregelt werden, wie der Zugang nachweisbar bewirkt werden soll.

68 Lüdtke-Handjery/v. Jeinsen/*Roemer*, § 17 Rn 101 u. 133.
69 *Krauß*, Vermögensnachfolge in der Praxis, Rn 5276.

56 ▼

13.12 **Muster 13.12: Zahlung einer Abfindung an einen am Hofübergabevertrag nicht beteiligten weichenden Erben**

1. Der Übernehmer verpflichtet sich, als (ggf. weitere) Gegenleistung für die Übertragung des Hofanwesens an seine Schwester, Frau S, eine Abfindung in Höhe von 50.000 EUR (in Worten: fünfzigtausend EUR) zu zahlen. Der Abfindungsberechtigten steht das Recht zu, die Zahlung unmittelbar an sich zu fordern.
2. Die Abfindung ist fällig binnen vier Wochen nach Beurkundung dieses Vertrages.
3. Der Übernehmer unterwirft sich wegen des vorstehend vereinbarten Abfindungsbetrages gegenüber seiner Schwester, Frau S, der sofortigen Zwangsvollstreckung aus dieser Urkunde in sein gesamtes Vermögen. Der Abfindungsberechtigten kann ohne weitere Nachweise vollstreckbare Ausfertigung dieser Urkunde erteilt werden.
4. Auf eine Absicherung der vorstehenden Zahlungspflicht, etwa durch Eintragung eines Grundpfandrechts im Grundbuch oder durch Stellung einer Bankbürgschaft, wird nach Belehrung verzichtet.
5. Die Schwester des Übernehmers, Frau S, soll über die vorstehende Zahlung hinaus keine weitere Abfindung erhalten. Sämtliche weitergehenden Abfindungs- und Nachabfindungsansprüche der Frau S nach den §§ 12, 13 HöfeO werden ausdrücklich ausgeschlossen. Sie ist insofern auf den Pflichtteil gesetzt, wobei sie sich den Wert der vorgenannten Abfindungszahlung auf ihren Pflichtteil am Nachlass des Übergebers anrechnen zu lassen hat. Die Beteiligten weisen den beurkundenden Notar an, der Tochter des Übergebers, Frau S, diese Anrechnungsbestimmung unverzüglich durch Übersendung einer Abschrift dieses Vertrages per Einwurf-Einschreiben anzuzeigen.

▲

III. Regelung zur Nachabfindung

57 Wenn der Übernehmer des landwirtschaftlichen Betriebes den Betrieb oder einzelne Teile davon nach der Übernahme veräußern oder auf andere Weise zu Geld machen sollte (z.B. durch den Bau von Windrädern oder Biogasanlagen, Gewinnung von Bodenschätzen, Verpachtung von Flächen als Golfplatz etc.), stellt sich die Frage, ob die weichenden Erben an dem damit ggf. verbundenen Gewinn beteiligt werden sollen.

58 Handelt es sich bei dem übergebenen landwirtschaftlichen Betrieb um einen **Hof i.S.d. Höfeordnung**, können den weichenden Erben im Falle einer späteren Veräußerung oder anderweitigen gewinnbringenden Nutzung von hofzugehörigem Vermögen gemäß § 13 HöfeO entsprechende Nachabfindungsansprüche zustehen.

Bei der Übergabe eines landwirtschaftlichen Betriebes, der **kein Hof i.S.d. Höfeordnung** ist, sieht das **BGB** – anders als die Landesanerbengesetze[70] – solche Nachabfindungsansprüche der weichenden Erben dagegen nicht vor.

Enthält der Übergabevertrag daher keine Regelungen zu etwaigen Nachabfindungen und auch keine Verzichtserklärungen der weichenden Erben in Bezug auf ihre höferechtlichen Nachabfindungsansprüche, können die weichenden Erben je nachdem, ob es sich bei dem übergebenen Betrieb um einen Hof i.S.d. HöfeO gehandelt hat, entweder die oben genannten höferechtlichen Nachabfindungsansprüche geltend machen, oder sie gehen – bei Übergabe eines Nicht-Hofes – nach BGB leer aus. In beiden Konstellationen empfiehlt es sich daher, zur Vermeidung von Streitigkeiten die Höhe und die sonstigen Modalitäten einer etwaigen Nachabfindung in dem Übergabevertrag konkret zu regeln. 59

1. Vereinbarungen zur höferechtlichen Nachabfindung

Neben Vereinbarungen über einen Verzicht auf Nachabfindungsansprüche (vgl. dazu Abschn. B. III.) kommen auch vertragliche Regelungen in Betracht, welche die gesetzliche Nachabfindung der HöfeO **modifizieren**. Diese können z.B. zum Gegenstand haben: 60

- die Verkürzung und die Verlängerung der zwanzigjährigen Nachabfindungsfrist;[71]
- den Beginn der Nachabfindungsfrist;
- die Freistellung einzelner Grundstücke oder von Teilen des Hofeszubehörs von einer Nachabfindungspflicht;
- die Freistellung bestimmter Nutzungen, die nicht oder möglicherweise nicht land- oder forstwirtschaftlichen Zwecken dienen, von einer Nachabfindungspflicht (z.B. die Errichtung und der Betrieb von Biogas-, Photovoltaik- und Windkraftanlagen und die Verpachtung von hofzugehörigen Grundstücken zum Betrieb derartiger Anlagen);
- Regelungen zur nachabfindungsfreien Re-Investition von Veräußerungserlösen;
- die Berechnung der Nachabfindung;
- die Höhe der Nachabfindung;
- die Fälligkeit der Nachabfindung;
- die Aufhebung oder Abänderung der Degression in § 13 Abs. 4 S. 5 HöfeO.

70 § 13 Brandenburgische HöfeO, § 29 BremHöfeG, § 18 HessLandgüterO, § 26 RhPfHöfeO, § 23 Badisches Hofgütergesetz.

71 Zulässig ist auch der vollständige Verzicht auf die Nachabfindungsfrist, *Raude*, RNotZ 2016, 69, 88.

61 ▼

13.13

Muster 13.13: Modifizierte Nachabfindungsregelung im Hofübergabevertrag: Verkürzung der Nachabfindungsfrist; Freistellung einzelner Grundstücke von der Nachabfindung

Hinsichtlich etwaiger Nachabfindungsansprüche nach § 13 HöfeO treffen der Übergeber, der Übernehmer sowie die miterschienenen weiteren Kinder (weichende Erben) des Übergebers folgende Vereinbarungen:

Die von den weichenden Erben in diesem Hofübergabevertrag erklärten Verzichte erstrecken sich nicht auf Nachabfindungsansprüche nach § 13 HöfeO. Nachabfindungsansprüche gemäß § 13 HöfeO bleiben vielmehr bestehen, allerdings mit folgenden hiermit vereinbarten Einschränkungen:

- An die Stelle der in § 13 HöfeO jeweils genannten Frist von 20 Jahren tritt eine Frist von lediglich 15 Jahren.
- Die in diesem Hofübergabevertrag übertragenen Grundstücke Flur 5 Nr. 16 und Flur 6 Nr. 12 sind nicht Gegenstand von Nachabfindungsansprüchen. Diese Grundstücke können daher veräußert oder in sonstiger Weise verwertet werden, ohne dass hierdurch Nachabfindungsansprüche entstehen.

▲

62 ▼

13.14

Muster 13.14: Ausführlichere Nachabfindungsregelung im Hofübergabevertrag

1. Die von den weichenden Erben in diesem Hofübergabevertrag erklärten Verzichte erstrecken sich nicht auf Nachabfindungsansprüche nach § 13 HöfeO. Nachabfindungsansprüche gemäß § 13 HöfeO bleiben vielmehr bestehen, allerdings mit folgenden hiermit vereinbarten Abweichungen:

   a) Sollte der Übernehmer innerhalb von 20 Jahren, beginnend mit dem heutigen Tag, den Hof oder zum Hof gehörende Grundstücke veräußern oder sonstige Verwertungsmaßnahmen im Sinne von § 13 Abs. 4 HöfeO durchführen, so erhalten die weichenden Erben, diese untereinander zu gleichen Anteilen, lediglich ______ Prozent des Nettoerlöses nach Abzug sämtlicher Veräußerungskosten und Steuern. Hinsichtlich des restlichen Erlöses verzichten die weichenden Erben auf Nachabfindungsansprüche gemäß § 13 HöfeO, sofern und soweit der Übernehmer die Erlöse aus einer Veräußerung oder einer sonstigen Verwertungsmaßnahme im Sinne des § 13 Abs. 4 HöfeO innerhalb der steuerlichen Re-Investitionsfristen in beliebige Wirtschaftsgüter des landwirtschaftlichen Betriebes reinvestiert. Es ist nicht erforderlich, dass in ein gleiches Wirtschaftsgut investiert wird.

   b) Bei Grundstücksveräußerungen und Erwerb von Ersatzland ist es nicht erforderlich, dass ein gleichwertiger Ersatzerwerb im Sinne des § 13 Abs. 2 HöfeO erfolgt. Es kann also auch eine höherwertige oder größere Ersatzlandfläche erworben werden. Die Begrenzung der anrechnungsfähigen Re-Investition „bis zur Höhe der für einen gleichwertigen Ersatzerwerb angemessenen Aufwendungen" im Sinne des § 13 Abs. 2 S. 1 HöfeO wird ausgeschlossen.

c) Eine Nachabfindung wird in folgenden Fällen ausgeschlossen:

aa) wenn Gewinne aus landwirtschaftsfremder Nutzung des Hofvermögens, die gemäß § 13 HöfeO nachabfindungspflichtig wären, in Hofvermögen reinvestiert werden;

bb) wenn auf hofzugehörigen Grundstücken Photovoltaikanlagen errichtet oder im Rahmen des Betriebs von Photovoltaikanlagen Einkünfte erzielt werden;

cc) wenn durch die Überlassung hofzugehöriger Grundstücke im Rahmen der Nutzung für Windenergie Einkünfte erzielt werden;

dd) wenn auf hofzugehörigen Grundstücken Biogasanlagen betrieben werden.

2. Die zwanzigjährige Nachabfindungsfrist des § 13 HöfeO beginnt mit dem heutigen Tag, was die Vertragsbeteiligten hiermit ausdrücklich vereinbaren.[72]

▲

2. Vereinbarungen zur Nachabfindung außerhalb des Anwendungsbereichs der HöfeO

Die für eine Nachabfindung außerhalb des Anwendungsbereichs der HöfeO in Betracht 63
kommenden Regelungen sind sorgfältig zu formulieren, insbesondere im Hinblick auf die Erfassung etwaiger Umgehungsfälle. Auch die Frage der Geltungsdauer der Nachabfindungsverpflichtung ist mit den Beteiligten zu erörtern. Denn je länger die Frist dauert, innerhalb der bei Veräußerungen ein Ausgleich zu leisten ist, desto wahrscheinlicher wird im Ernstfall gestritten. Um sicherzustellen, dass die nachabfindungsberechtigten Erben von einer anspruchsauslösenden Veräußerung überhaupt erfahren und ihre Nachabfindungsansprüche geltend machen können, empfiehlt sich regelmäßig die Eintragung einer (ggf. zeitlich befristeten) Grundschuld zugunsten der Abfindungsberechtigten.

72 Muster 13.14 in enger Anlehnung an *Führ*, RNotZ 2012, 303, 321 und *Roemer/Führ*, in: Beck'sches Formularbuch Immobilienrecht, A.II. 5, § 11.

64 ▼

13.15

Muster 13.15: Ausführliche Nachabfindungsverpflichtung außerhalb des Anwendungsbereichs der HöfeO[73]

1. Falls der in dieser Urkunde übertragene Grundbesitz innerhalb einer Frist von 15 Jahren, von heute an gerechnet, von dem Übernehmer oder seinen Erben ganz oder teilweise veräußert werden sollte, ist der Übernehmer verpflichtet, seinen zu erschienenen Geschwistern A, B und C als Nachabfindung jeweils einen Geldbetrag in Höhe von jeweils 25 % des Nettoveräußerungsgewinnes auszubezahlen.

2. Um den Nettoveräußerungsgewinn zu ermitteln sind von dem Verkaufserlös etwaige auf den Veräußerungsgewinn entfallende Steuern, etwaige von dem Übernehmer aufgrund dieses Vertrages erbrachte Gegenleistungen und etwaige werterhöhende Investitionen des Übernehmers in den Grundbesitz abzuziehen. Sollten sich die Beteiligten über den sich hiernach ergebenden Nettoveräußerungsgewinn nicht einigen, ist dieser auf der Grundlage der vorstehenden Formel von einem vereidigten Sachverständigen, der auf Antrag eines Beteiligten von dem Präsidenten der zuständigen Landwirtschaftskammer zu benennen ist, zu ermitteln. Die Kosten des Gutachtens tragen zur Hälfte der Übernehmer und zur anderen Hälfte die Abfindungsberechtigten zu unter sich gleichen Teilen.

3. Wird kein Kaufpreis, sondern eine andere Gegenleistung vereinbart, tritt an die Stelle des Verkaufserlöses der Verkehrswert des veräußerten Grundbesitzes, der im Streitfall von dem vorgenannten Sachverständigen festzusetzen ist. Auf der Grundlage des so festgestellten Verkehrswertes ist sodann entsprechend den vorstehenden Grundsätzen der Nettoveräußerungsgewinn zu ermitteln.

4. Der Nachabfindungsbetrag ist mit Erhalt eines etwaigen Kaufpreises, spätestens binnen sechs Monaten nach Beurkundung des Veräußerungsvertrages, zur Zahlung fällig.

5. Für jedes Jahr, dass nach Beurkundung des heutigen Übergabevertrages verstrichen ist, reduziert sich der an die Abfindungsberechtigten zu zahlende Nachabfindungsbetrag um $1/15$, also nach 15 Jahren somit auf Null.

6. Die Verpflichtung zur Zahlung der Nachabfindung besteht nicht:

   a) bei einer Veräußerung an Ehegatten oder Abkömmlinge des Übernehmers, sofern diese die hier vereinbarte Nachabfindungsverpflichtung auf deren restliche Laufzeit übernehmen,

73 In Anlehnung an den Formulierungsvorschlag bei *Krauß*, Vermögensnachfolge in der Praxis, Rn 2564.

b) bei einer Veräußerung von Flächen in einer Gesamtgröße von weniger als ha,

c) soweit der Übernehmer den Erlös innerhalb von zwei Jahren ab Veräußerung zum Erwerb von anderen landwirtschaftlichen Ersatzgrundstücken, Vieh oder Maschinen verwendet oder innerhalb von vier Jahren zur Errichtung baulicher oder technischer Anlagen wieder in den Betrieb oder einen Ersatzbetrieb reinvestiert,

d) soweit der Übernehmer den Erlös innerhalb von vier Jahren zur Abfindung weichender Erben verwendet.

7. Bei einem Erwerb von anderen landwirtschaftlichen Ersatzgrundstücken im vorstehenden Sinne gilt die Verpflichtung zur Zahlung einer Nachabfindung auch bei einer Veräußerung der betreffenden Ersatzgrundstücke.

8. Einer Veräußerung steht ein Eigentumsverlust im Rahmen der Zwangsversteigerung gleich.

9. Die Nachabfindungsansprüche sind vererblich, nicht jedoch übertragbar.

10. Zur Sicherung dieser bedingten Nachabfindungspflicht bestellt der Übernehmer hiermit zugunsten seiner Geschwister A, B und C jeweils eine nicht abtretbare, für die Dauer von 15 Jahren ab dem heutigen Tage befristeten Buchgrundschuld über 100.000 EUR auf dem übertragenen Grundstück Gemarkung Flur 4 Nr. 15. Die Grundschulden sollen untereinander den gleichen Rang erhalten.

▲

3. Freistellung der weichenden Erben von Unterhaltspflichten

Da der Übergeber mit dem landwirtschaftlichen Betrieb häufig sein gesamtes bzw. einen 65
wesentlichen Teil seines Vermögens weggibt, besteht für die weiteren Abkömmlinge des Übergeber die erhöhte Gefahr, im Falle einer Pflegebedürftigkeit des Übergebers für dessen **Unterhalt** aufkommen zu müssen (sog. „Elternunterhalt",[74] §§ 1601 ff. BGB).[75] Dieses Risiko besteht insbesondere dann, wenn der Übergabevertrag keine Pflegeverpflichtung des Übernehmers enthält bzw. die übernommene Pflegeverpflichtung nur den Sockelbedarf abdeckt und der Übergeber nicht über genügend eigene Einkünfte verfügt, um die anfallenden Pflegekosten zu tragen. Auch wenn die diesbezüglichen Befürchtungen der weichenden Erben angesichts der im Bereich des Elternunterhalts geltenden Einkommens- und Vermögensfreigrenzen[76] häufig an Gewicht verlieren, sollte die Proble-

74 Ausführlich zum Elternunterhalt *Krauß*, Vermögensnachfolge in der Praxis, Rn 1326 ff.

75 Zu dem damit verbundenen Risiko eines Sozialhilferegresses siehe *Vaupel*, RNotZ 2009, 497, 522 ff.

76 Siehe dazu ausführlich *Krauß*, Vermögensnachfolge in der Praxis, Rn 1331 ff.; 1363 ff.; 1413 ff.

matik einer möglichen Heimunterbringung des Übergebers trotzdem mit den Beteiligten thematisiert und ggf. im Übergabevertrag geregelt werden.[77]

66 Ein Unterhaltsverzicht des Übergebers für den Fall seiner Pflegebedürftigkeit ist dazu allerdings kein geeignetes Gestaltungsmittel, denn die Pflicht zur Leistung von Verwandtenunterhalt kann für die Zukunft nicht vertraglich ausgeschlossen werden (§ 1614 BGB).

67 In Betracht kommen hierfür vielmehr schuldrechtliche **Freistellungsvereinbarungen** zwischen den Geschwistern, durch die sich der Übernehmer im Innenverhältnis gegenüber seinen Geschwistern verpflichtet, sie von ihren gesetzlichen Unterhaltspflichten gegenüber den gemeinsamen Eltern (und evtl. auch von etwaigen Rückforderungsansprüchen der Eltern aus § 528 BGB in Bezug auf etwaige Abfindungsgelder, die die weichenden Geschwister aus Anlass der Übergabe erhalten haben) insgesamt freizustellen. Allerdings sollte man mit solchen Freistellungsklauseln sehr **vorsichtig** umgehen.[78] Denn aus Sicht des Übernehmers stellt die Freistellungsverpflichtung ein nur schwer kalkulierbares Risiko dar, während die Freistellungsverpflichtung aus der Sicht der weichenden Geschwister immer nur so viel wert ist wie die Bonität des zur Freistellung Verpflichteten. Daher stellt sich bei einer Freistellungsverpflichtung regelmäßig das Problem einer ausreichenden Absicherung,[79] wobei sich allerdings die Höhe der erforderlichen Sicherheit kaum bemessen lässt.[80] Aus diesen Gründen raten auch die Bauernverbände in ihrer Beratungspraxis von Freistellungsklauseln grundsätzlich ab.[81]

68 Stattdessen wird zumindest im Bereich der allgemeinen Vermögensnachfolge häufig empfohlen, den für den Übernehmer wichtigen Pflichtteilsverzicht der weichenden Geschwister an die Bedingung zu knüpfen, dass die weichenden Geschwister nicht für Unterhaltslasten ihrer Eltern in Anspruch genommen werden.[82] Durch einen solchen auflösend bedingten Pflichtteilsverzicht wird im Falle eines Sozialhilferegresses der vor Abgabe des Pflichtteilsverzichts bestehende Rechtszustand wiederhergestellt, so dass die weichenden Geschwister zumindest nicht ihre etwaigen Pflichtteilsergänzungsansprüche verlieren.[83] Ob sich diese Überlegungen auf den Bereich der landwirtschaftlichen Betriebsübergabe ohne weiteres übertragen lassen, darf allerdings angesichts der unterschiedlichen Interessenlage bezweifelt werden.

77 *Söbbeke*, ZEV 2006, 493, 496.
78 Kritisch vor allem *Mayer*, ZEV 2007, 145, 149 ff.; *Langenfeld/Günther*, Grundstückszuwendungen, 4. Kap. Rn 100; siehe auch *Krauß*, Vermögensnachfolge in der Praxis, Rn 2343.
79 Zu den in Betracht kommenden Sicherheiten siehe *Krauß*, Vermögensnachfolge in der Praxis, Rn 2348 ff. mit weiteren Formulierungsvorschlägen.
80 *Mayer*, ZEV 2007, 145, 150.
81 Vgl. *Mayer/Geck*, Der Übergabevertrag, § 3 Rn 268; *Mayer*, ZEV 2007, 145, 149.
82 *Mayer*, ZEV 2007, 145, 150 f.; *Krauß*, Vermögensnachfolge in der Praxis, Rn 2349.
83 Für weitere Einzelheiten mit Formulierungsvorschlägen siehe *Krauß*, Vermögensnachfolge in der Praxis, Rn 2349 ff.

Sofern man sich nach alledem dennoch dazu entscheidet, eine Freistellungsverpflichtung in den Übergabevertrag mit aufzunehmen, sollte vor dem Hintergrund, dass die Freistellungsverpflichtung lediglich im Innenverhältnis gilt, auch etwas zu ihrer Besicherung gesagt werden. Als Absicherung käme dann z.B. die Eintragung eines Grundpfandrechts in Höhe der voraussichtlichen Pflegekosten in Betracht.[84] 69

▼ 70

Muster 13.16: Allgemeine Freistellungsverpflichtung

1. Der Übernehmer verpflichtet sich gegenüber seinen zu erschienen Geschwistern, Herrn A, Frau B und Frau C, im Falle einer etwaigen Heimunterbringung des Übergebers sämtliche Kosten des Pflegeheims alleine zu tragen und seine Geschwister A, B und C von sämtlichen gesetzlichen Unterhaltsleistungen gegenüber dem Übergeber (und allen Ansprüchen des Übergebers aus § 528 BGB auf Rückzahlung der in dieser Urkunde vereinbarten Abfindungsgelder) vollumfänglich freizustellen. 13.16

   Diese Regelung gilt unabhängig vom jeweiligen Einkommen und Vermögen der Beteiligten.

2. Die Erschienenen wurden von dem Notar darüber belehrt, dass es sich bei der vorstehenden Vereinbarung lediglich um eine Vereinbarung im Innenverhältnis handelt. Die gesetzlichen Unterhaltsansprüche des Übergebers gegen seine Kinder (und das gesetzliche Rückforderungsrecht des Übergebers aus § 528 BGB) werden hierdurch nicht berührt.

3. Auf eine besondere Absicherung der vorstehenden Freistellungsverpflichtung, etwa durch Eintragung einer Grundschuld zugunsten der Geschwister A, B und C, wird verzichtet.

▲

Angesichts der oben bereit angesprochenen Tatsache, dass eine umfassende Freistellungsvereinbarung zu einer erheblichen **finanziellen Belastung** des Übernehmers führen kann, besteht auch die Möglichkeit, den Umfang der Freistellungsverpflichtung von dem Wert des übergebenen Vermögens bzw. von der wirtschaftlichen Leistungsfähigkeit des Übernehmers abhängig zu machen. Dies kann z.B. durch eine Begrenzung der Freistellungsverpflichtung auf einen bestimmten **Höchstbetrag** geschehen.

84 Siehe dazu *Krauß*, Vermögensnachfolge in der Praxis, Rn 2348.

71 ▼

Muster 13.17: Begrenzte Freistellungsvereinbarung zwischen Geschwistern[85]

13.17

1. Der Übernehmer verpflichtet sich gegenüber seinen zu erschienen Geschwistern, Herrn A, Frau B und Frau C, im Falle einer etwaigen Heimunterbringung des Übergebers sämtliche Kosten des Pflegeheims alleine zu tragen und seine Geschwister A, B und C von sämtlichen gesetzlichen Unterhaltsleistungen gegenüber dem Übergeber freizustellen, und zwar bis zu einem Betrag von 50.000 EUR. Die Freistellungsverpflichtung endet daher, wenn der Übernehmer an den Übergeber Unterhaltszahlungen erbracht hat, die insgesamt den Betrag von 50.000 EUR übersteigen. Die aufgrund dieses Vertrages erbrachten Rentenzahlungen (Leibrente/dauernde Last) gelten nicht als Unterhaltszahlungen im vorstehenden Sinne.
2. Die Erschienenen wurden von dem Notar darüber belehrt, dass es sich bei der vorstehenden Vereinbarung lediglich um eine Vereinbarung im Innenverhältnis handelt. Die gesetzlichen Unterhaltsansprüche des Übergebers gegen seine Kinder werden hierdurch nicht berührt.
3. Auf eine besondere Absicherung der vorstehenden Freistellungsverpflichtung, etwa durch Eintragung einer Grundschuld zugunsten der Geschwister A, B und C wird verzichtet.

▲

85 Weitere Formulierungsvorschläge für eine Begrenzung der Freistellungsverpflichtung finden sich bei *Krauß*, Vermögensnachfolge in der Praxis, Rn 1679 ff.

§ 14 Die Genehmigung des Übergabevertrages nach HöfeO und GrdStVG

A. Die Genehmigung des Hofübergabevertrages durch das Landwirtschaftsgericht

Da Gegenstand des Hofübergabevertrages die Übertragung von land- und forstwirtschaftlichen Grundstücken ist, bedarf er der Genehmigung nach dem Grundstücksverkehrsgesetz (§ 2 GrdStVG). Zuständig für die Erteilung der Genehmigung ist bei der Übergabe eines Hofes i.S.d. HöfeO jedoch nicht die Grundstücksverkehrsbehörde, sondern gemäß § 17 Abs. 3 HöfeO das Amtsgericht als Landwirtschaftsgericht. Das Landwirtschaftsgericht entscheidet in der Besetzung mit einem Berufsrichter als Vorsitzenden und zwei ehrenamtlichen Richtern (§ 2 Abs. 2 LwVG) durch Beschluss. Entscheidet statt des Landwirtschaftsgerichts versehentlich die sachlich unzuständige Grundstücksverkehrsbehörde, z.B. weil die Hofeigenschaft übersehen worden ist, so ist deren Bescheid mit dem Antrag auf gerichtliche Entscheidung anfechtbar, aber nach herrschender Meinung nicht nichtig; unterbleibt die fristgerechte Anfechtung, so wird der Bescheid rechtsbeständig.[1] 1

Das zum Genehmigungszwang führende Angehörigenprivileg des § 8 Nr. 2 GrdStVG gilt nach § 31 Abs. 1 GrdStVG **nicht** für Höfe i.S.d. HöfeO, so dass im Genehmigungsverfahren vor dem Landwirtschaftsgericht stets zu prüfen ist, ob Versagungsgründe nach dem GrdStVG vorliegen.

Grundstückverkehrsrechtlich können einer Genehmigung des Hofübergabevertrages entgegenstehen: 2

- der Rückbehalt von hofzugehörigen Grundstücken („unwirtschaftliche Verkleinerung oder Aufteilung" i.S.d. § 9 Abs. 1 Nr. 2 GrdStVG);[2]
- die Belastung des Hofübernehmers mit überhöhten Gegenleistungen, welche den Bestand oder eine ordnungsgemäße Bewirtschaftung des Hofes gefährden (Versagungsgrund nach § 9 Abs. 1 Nr. 3 GrdStVG).[3]

1 *Bolte*, in: Becker/Bolte/Lückemeier, HöfeO, § 16 HöfeVfO Rn 27; *Faßbender*, in: Faßbender/Hötzel/v. Jeinsen/Pikalo, § 17 HöfeO Rn 204; *Graß*, Landwirtschaftserbrecht, § 17 HöfeO Rn 118; Lüdtke-Handjery/v. Jeinsen/*Roemer*, § 16 HöfeVfO Rn 34; a.A. – Nichtigkeit – *Netz*, Grundstücksverkehrsgesetz, § 3 Rn 1394 und OLG Schleswig SchlHA 1954, 124. Das OLG Schleswig macht jedoch die Einschränkung, dass nur bei einer offensichtlichen Zuständigkeitsüberschreitung von einer Nichtigkeit ausgegangen werden könne. Von einer offensichtlichen Zuständigkeitsüberschreitung könne jedoch nicht die Rede sein, wenn das Grundbuchamt aufgrund der Genehmigung der Behörde den Eigentumswechsel eingetragen habe, a.a.O., S. 126.

2 Ausführlich hierzu Lüdtke-Handjery/v. Jeinsen/*Roemer*, § 17 HöfeO Rn 157 ff.

3 Näher hierzu Lüdtke-Handjery/v. Jeinsen/*Roemer*, § 17 HöfeO Rn 161 f.

3 **Höferechtlich** kommen als **Versagungsgründe** in Betracht:[4]

- die fehlende Wirtschaftsfähigkeit des Übernehmers,
- die Übergabe des Hofes an mehrere Übernehmer (Ausnahme: Erwerb durch Ehegatten),
- die Aushöhlung der Hoferbfolge durch den Rückbehalt von Grundstücken oder durch Aufbürdung zu hoher Versorgungs- und Abfindungslasten,[5] die für den Übernehmer nicht tragbar sind.

Der Notar, der den Hofübergabevertrag beurkundet hat, gilt nach § 16 HöfeVfO in Verbindung mit § 13 Abs. 2 HöfeVfO als ermächtigt, den Antrag auf landwirtschaftsgerichtlich Genehmigung des Hofübergabevertrages zu stellen.

4 ▼

14.1 **Muster 14.1: Belehrung über das Erfordernis der landwirtschaftsgerichtlichen Genehmigung**

Der Notar hat darauf hingewiesen, dass der Hofübergabevertrag zu seiner Wirksamkeit der Genehmigung durch das Landwirtschaftsgericht bedarf. Der Notar soll diese Genehmigung einholen. Sie wird hiermit beantragt.

▲

B. Die Genehmigung des Übergabevertrages durch die Grundstücksverkehrsbehörde

5 Wird ein landwirtschaftlicher Betrieb übertragen, der **nicht** Hof i.S.d. HöfeO ist, so bedarf der Übergabevertrag der Genehmigung nach dem Grundstücksverkehrsgesetz (§ 2 GrdStVG). Zuständig für die Erteilung der Genehmigung ist jedoch die Grundstückverkehrsbehörde und nicht, anders als bei der Übergabe eines Hofes i.S.d. HöfeO, das Landwirtschaftsgericht. Entscheidet gleichwohl das Landwirtschaftsgericht, so ist dessen Beschluss wirksam und kann, da das Landwirtschaftsgericht in seiner Entscheidungsbefugnis der Landwirtschaftsbehörde übergeordnet ist, auch nicht mit der Rüge fehlender Zuständigkeit angefochten werden.[6]

6 In der weit überwiegenden Anzahl der Fälle wird der landwirtschaftliche Betrieb an enge Angehörige des Veräußerers übertragen. In diesen Fällen besteht nach § 8 Nr. 2 GrdStVG

4 Lüdtke-Handjery/v. Jeinsen/*Roemer*, § 17 Rn 166; *Graß*, Landwirtschaftserbrecht, § 17 HöfeO Rn 105 ff. Nach h.M. sind im Genehmigungsverfahren vor dem Landwirtschaftsgericht nicht nur grundstücksverkehrsrechtliche, sondern auch höferechtliche Versagungsgründe zu prüfen, vgl. hierzu die vorstehenden Nachweise.

5 *Graß*, Landwirtschaftserbrecht, § 17 HöfeO Rn 107.

6 BGH Rdl 1956, 201; OLG Celle RdL 1956, 339; *Faßbender*, in: Faßbender/Hötzel/v. Jeinsen/Pikalo, § 17 HöfeO Rn 204; *Graß*, Landwirtschaftserbrecht, § 17 HöfeO Rn 116; *Roemer*, in: Lüdtke-Handjery/v. Jeinsen, HöfeO, § 16 HöfeVfO Rn 34.

ein **Genehmigungszwang**. Voraussetzung ist, dass der Erwerber mit dem Eigentümer in gerader Linie oder bis zum dritten Grad in der Seitenlinie verwandt oder bis zum zweiten Grad verschwägert oder Ehegatte des Veräußerers ist. Weitere Voraussetzung für die Gewährung des genehmigungsrechtlichen Angehörigenprivilegs ist, dass der Betrieb **geschlossen** übertragen wird. Der Genehmigungszwang entfällt daher, wenn der Übergeber einzelne zum Betrieb gehörende Grundstücke für sich oder Dritte zurückbehält und nicht an den Erwerber mit überträgt.[7] Das Angehörigenprivileg des § 8 Nr. 2 GrdStVG gilt **nicht** für Höfe i.S.d. HöfeO (§ 31 GrdStVG).

In den – sehr seltenen – Fällen, in denen der Genehmigungszwang des § 8 Nr. 2 GrdStG nicht eingreift, ist das Vorliegen etwaiger grundstückverkehrsrechtlicher Versagungsgründe nach § 9 GrdStVG zu prüfen. Hierzu wird auf die Ausführungen zu Rdn 2 verwiesen.

Der Notar, der den Übergabevertrag beurkundet hat, gilt nach § 3 Abs. 2 S. 2 GrdStVG als ermächtigt, die Genehmigung zu beantragen.

▼ 7

Muster 14.2: Belehrung über das Erfordernis der Genehmigung nach dem GrdStVG

Der Notar hat darauf hingewiesen, dass Vertrag zu seiner Wirksamkeit der Genehmigung nach dem Grundstückverkehrsgesetz bedarf. Der Notar soll diese Genehmigung einholen. Sie wird hiermit beantragt. 14.2

▲

7 OLG Stuttgart RdL 1962, 237; OLG Stuttgart RdL 1986, 162; *Martinez*, in: Düsing/Martinez, § 8 GrdStVG Rn 4.

§ 15 Notar- und Gerichtskosten

A. Notarkosten

I. Übergabevertrag über einen landwirtschaftlichen Betrieb

1. Allgemeines

Für die Beurkundung eines Übergabevertrages über einen landwirtschaftlichen Betrieb fällt eine 2,0-Gebühr gemäß KV-Nr. 21100 GNotKG an. Hinzukommt eine Vollzugsgebühr gemäß KV-Nr. 22112 GNotKG in Höhe von 50 EUR für die Einholung der behördlichen Genehmigung nach dem GrdStVG bzw. (bei der Übergabe eines Hofes im Sinne der HöfeO) für die Einholung der Genehmigung des Landwirtschaftsgerichts gemäß § 17 Abs. 3 HöfeO. Übt der Notar noch weitere Vollzugstätigkeiten aus, z.B. die Einholung einer Löschungsbewilligung, erhält er hierfür eine 0,5-Gebühr nach KV-Nr. 22110.[1] 1

2. Das Kostenprivileg des § 48 GNotKG

Bei der Ermittlung des Geschäftswertes ist das kostenrechtliche **Bewertungsprivileg** 2
des § 48 GNotKG zu beachten. Danach ist als Wert eines land- und forstwirtschaftlichen Betriebes, der die Voraussetzungen des § 48 GNotKG erfüllt, nicht der Verkehrswert anzusetzen, sondern höchstens 50 Prozent des Grundsteuerwertes des Betriebes der Land- und Forstwirtschaft. Der halbe Grundsteuerwert liegt weit unter dem Verkehrswert; er macht nur einen Bruchteil des tatsächlichen Wertes aus.[2] Die kostenrechtliche Privilegierung der landwirtschaftlichen Betriebsübergabe soll nach der Vorstellung des Gesetzgebers eine rechtzeitige Hofnachfolgereglung erleichtern und damit zugleich dem im öffentlichen Interesse liegenden Erhalt leistungsfähiger landwirtschaftlicher Betriebe im Familienbesitz dienen.[3] Das BVerfG hat das Kostenprivileg als verfassungsgemäß gebilligt.[4]

Wird eine land- oder forstwirtschaftliche Besitzung übertragen, die die gesetzlichen Vor- 3
gaben des § 48 GNotKG nicht erfüllt, z.B. weil die erforderliche Hofstelle fehlt, so richtet sich der Geschäftswert nach dem Verkehrswert des Betriebes.[5]

1 *H. Schmidt*, RNotZ 2016, 658, 661.
2 Vgl. oben § 13 Rdn 7 mit Fn 9.
3 Vgl. die Gesetzesbegründungen, wiedergegeben in BVerfG NJW 1996, 1463 (zu § 19 Abs. 4 KostO, der Vorgängernorm des § 48 GNotKG) und in BGH NJW 2024, 1423.
4 BVerfG NJW 1996, 1463 zu § 19 Abs. 4 KostO, der Vorgängernorm des § 48 GNotKG. § 19 Abs. 4 KostO hatte als Wert den vierfachen Einheitswert des landwirtschaftlichen Betriebes vorgegeben.
5 *H. Schmidt*, RNotZ 2016, 658, 661.

4 Ist der Grundsteuerwert des land- und forstwirtschaftlichen Betriebes noch nicht festgestellt, so ist nach § 48 Abs. 2 GNotKG das Vierfache des zuletzt festgestellten Einheitswertes als Wert zugrunde zu legen. Die Bewertung nach dem Einheitswert ist sodann nach der ersten Feststellung des Grundsteuerwertes zu berichtigen (§ 48 Abs. 2 S. 2 GNotKG).

5 § 48 GNotKG hat nicht zwingend zur Folge, dass als Geschäftswert eines Hofübergabevertrages stets der halbe Grundsteuerwert zugrunde zu legen ist. Da das **Austauschprinzip** des § 97 Abs. 3 GNotKG durch § 48 GNotKG **nicht** beseitigt wird,[6] sind vielmehr die im Übergabevertrag übernommenen Gegenleistungen dem halben Grundsteuerwert des Betriebes gegenüberzustellen. Nur wenn der halbe Grundsteuerwert höher ist als die Summe dieser Gegenleistungen, ist er als Geschäftswert heranzuziehen. Übersteigt jedoch die Summe dieser Gegenleistungen den halben Grundsteuerwert, so bestimmt sich der Geschäftswert des Übergabevertrages nach der Summe dieser Gegenleistungen.[7] Letzteres dürfte **sehr häufig** der Fall sein.[8]

Beispiel:

Der Landwirt V, 60 Jahre alt und verwitwet, überträgt seinen landwirtschaftlichen Betrieb an seinen Sohn S. Der Grundsteuerwert des Betriebes beträgt 300.000 EUR. In dem Übergabevertrag übernimmt der Sohn folgende Gegenleistungen:

- Einräumung eines Wohnungsrechts im übertragenen Anwesen, monatlicher Nutzungswert: 400 EUR;
- Verpflichtung zur Zahlung einer lebenslangen monatlichen Rente in Höhe von 1.500 EUR;
- Übernahme von grundpfandrechtlich gesicherten Darlehensverbindlichkeiten in Höhe von 100.000 EUR;
- Verpflichtung, seine Schwester mit 50.000 EUR herauszuzahlen.

Wert dieser Gegenleistungen:

- Wohnungsrecht: (400 EUR x 12 x 10) gemäß § 52 Abs. 4 GNotKG: 48.000 Euro
- Lebenslange Rente (1.500 EUR x 12 x 10) gemäß § 52 Abs. 4 GNotKG: 180.000 Euro
- Schuldübernahme: 100.000 Euro
- Herauszahlung: 50.000 Euro

6 Korintenberg/*Tiedtke*, § 48 GNotKG Rn 51.

7 *Diehn*, Notarkostenberechnungen, Rn 544 ff.; *H. Schmidt*, RNotZ 2016, 658, 661.

8 *H. Schmidt*, RNotZ 2026, 658, 661.

Gesamtwert der Gegenleistungen: 378.000 Euro

Der halbe Grundsteuerwert des Betriebes beträgt 150.000 EUR (300.000 EUR: 2).

Da der Gesamtwert der Gegenleistungen höher ist als der halbe Grundsteuerwert, ist als Geschäftswert des Übergabevertrages die Summe der Gegenleistungen, also 378.000 EUR zugrunde zu legen.

3. Voraussetzungen des § 48 GNotKG

Für die Inanspruchnahme des Bewertungsprivilegs des § 48 GNotKG müssen folgende gesetzliche Voraussetzungen erfüllt werden: 6

a) Land- oder forstwirtschaftlicher Betrieb mit Hofstelle

§ 48 GNotKG ist nur anwendbar, wenn ein land- oder forstwirtschaftlicher Betrieb mit Hofstelle vorliegt. Hofstelle im Sinne des § 48 GNotKG ist derjenige Ort, von dem aus die landwirtschaftlichen Flächen bewirtschaftet werden; sie umfasst Betriebswohnungen und Wohnteil ebenso wie Ställe, Scheunen, Hallen, Werkstatt und Garagen.[9] Zur Hofstelle gehört ein ausreichendes Wohngebäude.[10] 7

Die Anwendung des § 48 GNotKG ist nicht davon abhängig, dass für den übertragenen landwirtschaftlichen Betrieb ein Hofvermerk im Grundbuch eingetragen ist.[11] Auch ein Betrieb, dessen Hofvermerk im Grundbuch gelöscht worden ist, kann nach § 48 GNotKG begünstigt sein.[12] 8

b) Zusammenhang mit einer Übergabe oder einer Zuwendung

§ 48 GNotKG privilegiert weder den Land- oder Forstwirt als solchen noch dessen Vermögen als solches, sondern ausschließlich Vorgänge, die **in unmittelbarem Zusammenhang mit der Übertragung oder Zuwendung** eines land- oder forstwirtschaftlichen Betriebes mit Hofstelle stehen,[13] einschließlich der Abfindung weichender Erben. Erfasst werden daher insbesondere Übergabeverträge, daneben aber auch Testamente und Erbverträge, wenn und soweit diese die Vererbung eines land- oder forstwirtschaftlichen Betriebes mit Hofstelle zum Gegenstand haben. Auch sonstige Rechtsgeschäfte, die einen konkreten Bezug zu einer nach § 48 GNotKG begünstigten Übergabe oder Zuwendung eines land- oder forstwirtschaftlichen Betriebes mit Hofstelle haben, können begünstigt sein, wie z.B. Spezialvollmachten zum Abschluss eines Übergabevertrages sowie Erb- und Pflichtteilsverzichte, wenn diese zusammen mit der Hofübergabe oder zumindest 9

9 *Diehn*, in: Bormann/Diehn/Sommerfeld, § 48 GNotKG Rn 3.
10 *Diehn*, in: Bormann/Diehn/Sommerfeld, § 48 GNotKG Rn 4a.
11 OLG Celle NJOZ 2018, 1934.
12 OLG Celle NJOZ 2018, 1934.
13 *Diehn*, in: Bormann/Diehn/Sommerfeld, § 48 GNotKG Rn 6; Korintenberg/*Tiedtke*, § 48 GNotKG Rn 13.

in einem engen zeitlichen Zusammenhang mit ihr beurkundet werden.[14] Nach § 48 Abs. 4 GNotKG findet die Vorschrift auch auf Höfe im Sinne der HöfeO Anwendung.

c) Übergabe oder Zuwendung an natürliche Personen

10 § 48 GNotKG begünstigt nur Übergaben und Zuwendungen an **natürliche Personen**. Eine Übertragung des landwirtschaftlichen Betriebes an eine juristische Person wie etwa eine Kapitalgesellschaft oder eine Stiftung wird nicht von § 48 GNotKG erfasst.[15]

11 Ebenfalls nicht privilegiert ist der Erwerb durch eine Personengesellschaft, auch nicht durch eine Gesellschaft bürgerlichen Rechts, und zwar auch dann nicht, wenn deren Gesellschafter Abkömmlinge des Übergebers sind.[16]

12 Auch ein Erwerb durch **mehrere Personen** ist möglich, insbesondere in Bruchteilsgemeinschaft, sofern es sich bei den Erwerbern um natürliche Personen handelt.[17] Der Erwerber muss nicht zwingend ein Familienangehöriger sein.[18] Obwohl eine solche Voraussetzung dem Gesetzeszweck entsprochen hätte, hat sie im Wortlaut der Norm keinen Ausdruck gefunden.[19]

d) Unmittelbare Fortführung des Betriebs durch den Erwerber

13 Weitere Voraussetzung ist, dass eine **unmittelbare Fortsetzung des Betriebs** durch den Erwerber selbst beabsichtigt ist (§ 48 Abs. 1 Nr. 1 GNotKG). Der Betrieb muss daher zum maßgeblichen Zeitpunkt objektiv fortführbar sein und seine Fortführung dem erkennbaren Willen der Beteiligten entsprechen.[20]

14 Bei verpachteten Betrieben ist zu unterscheiden:

Ein landwirtschaftlicher Betrieb, der im Zeitpunkt der Übergabe nicht an den Erwerber,[21] sondern an Dritte verpachtet ist, steht einer Fortführung durch den Erwerber grundsätzlich entgegen.[22] Etwas anderes gilt nach der Rechtsprechung des BGH jedoch dann, wenn der Betrieb an einen **nahen Familienangehörigen** des Übernehmers verpachtet ist und der

14 BeckOK Kostenrecht/*Soutier*, Stand: 1.6.2025, § 48 GNotKG Rn 18. Zu den nach § 48 GNotKG begünstigten Geschäften vgl. die Zusammenstellung bei Korintenberg/*Tiedtke*, § 48 GNotKG Rn 14.

15 *Diehn*, in: Bormann/Diehn/Sommerfeld, § 48 GNotKG Rn 12; Korintenberg/*Tiedtke*, § 48 GNotKG Rn 29.

16 LG Stralsund, BeckRS 2019, 63362; Korintenberg/*Tiedtke*, § 48 GNotKG Rn 29; BeckOK KostR/*Soutier*, Stand: 1.6.2025, § 48 GNotKG Rn 23; a.A. *Diehn*, in: Bormann/Diehn/Sommerfeld, § 48 GNotKG Rn 12.

17 *Diehn*, in: Bormann/Diehn/Sommerfeld, § 48 GNotKG Rn 12.

18 *Diehn*, in: Bormann/Diehn/Sommerfeld, § 48 GNotKG Rn 12; Korintenberg/*Tiedtke*, § 48 GNotKG Rn 29.

19 *Diehn*, in: Bormann/Diehn/Sommerfeld, § 48 GNotKG Rn 12.

20 *Diehn*, in: Bormann/Diehn/Sommerfeld, § 49 GNotKG Rn 13.

21 Eine Verpachtung an den Erwerber selbst ist unschädlich, Korintenberg/*Tiedtke*, § 48 GNotKG Rn 39.

22 OLG München BeckRS 2024, 2106; *Diehn*, in: Bormann/Diehn/Sommerfeld, § 48 GNotKG Rn 14; Korintenberg/*Tiedtke*, § 48 GNotKG Rn 39.

Übernehmer den Betrieb mit dem Pächter in Arbeitsteilung gemeinschaftlich bewirtschaftet; in einem solchen Fall soll § 48 GNotKG anwendbar sein.[23]

Bei einer Übergabe unter Nießbrauchsvorbehalt ist zu unterscheiden: 15

Ist der Betrieb verpachtet, gelten die vorstehenden Ausführungen.

Wird ein Betrieb in der Weise unter Nießbrauchsvorbehalt übergeben, dass der Übergeber den Betrieb in Ausübung seines Nießbrauchsrechts an den Erwerber verpachtet, der ihn selbst bewirtschaftet (Rheinische Hofübergabe), so ist § 48 GNotKG anwendbar.

Bewirtschaftet der Übergeber aufgrund seines vorbehaltenen Nießbrauchsrechts den Betrieb zunächst weiter selbst, so steht dies einer Kostenprivilegierung nicht entgegen,[24] da § 48 GNotKG auch eine gleitende Übergabe durch Übertragung unter Nießbrauchsvorbehalt begünstigen soll.[25]

e) Der Betrieb als Teil der Existenzgrundlage des zukünftigen Inhabers

Des Weiteren muss der land- oder forstwirtschaftliche Betrieb unmittelbar nach Vollzug der Übergabe oder Zuwendung einen nicht nur unwesentlichen **Teil der Existenzgrundlage** des zukünftigen Betriebsinhabers bilden (§ 48 Abs. 1 Nr. 2 GNotKG). Damit wird entsprechend dem Gesetzeszweck, leistungsfähige Betriebe im bäuerlichen Familienbesitz zu erhalten, vorausgesetzt, dass der Betrieb über eine gewisse **Mindestgröße** verfügt.[26] Da das Gesetz selbst keine bezifferte Mindestgröße vorgibt, wird vorgeschlagen, insoweit als **Anhaltspunkt** auf die Klassifizierung durch die landwirtschaftlichen Alterskassen gemäß § 1 Abs. 5 des Gesetzes über die Altershilfe für Landwirte abzustellen, die etwa für den Bereich der land- und forstwirtschaftlichen Alterskassen Franken und Oberbayern eine Mindestbetriebsgröße von 8 ha für landwirtschaftliche Betriebe vorsehen.[27] 16

§ 48 GNotKG enthält keine Bestimmungen darüber, in welchem Umfang (prozentualem Verhältnis) die Einkünfte aus dem Betrieb zum Gesamteinkommen des Betriebsinhabers beitragen müssen, um in den Genuss des Kostenprivilegs zu kommen. Einigkeit besteht darüber, dass auch Betriebe, die im **Nebenerwerb** geführt werden, begünstigungsfähig sein können.[28] Berücksichtigungsfähig sind neben den aus dem Betrieb erzielten Einnah- 17

23 BGH NJW 2024, 1423 = MittBayNot 2024, 609 mit kritischer Anm. *Heitzer*. Im Fall des BGH war der Betrieb an den Ehemann der Übernehmerin verpachtet.

24 *Seutemann*, in: Landwirtschaftsgericht: Wertfestsetzung und Kostenrecht im Zusammenhang mit Hofübergaben, Skript zum Vortrag auf dem 79. Agrarrechtsseminar in Goslar am 26.9.2024.

25 *Diehn*, in: Bormann/Diehn/Sommerfeld, § 48 GNotKG Rn 14; BR-Drucks 517/12; BeckOK Kostenrecht/*Soutier*, Stand: 1.6.2025, § 48 GNotKG Rn 13 und 22; Korintenberg/*Tiedtke*, § 48 GNotKG Rn 9.

26 OLG München BeckRS 2024, 2106; *Diehn*, in: Bormann/Diehn/Sommerfeld, § 48 GNotKG Rn 16; Korintenberg/*Tiedtke*, § 48 GNotKG Rn 21.

27 Korintenberg/*Tiedtke*, § 48 GNotKG Rn 22; BecKOK KostR/*Soutier*, Stand: 1.6.2025, § 48 GNotKG Rn 25.

28 BayOblG NJW-RR 2001, 1366 (zu § 19 Abs. 4 KostO); *Diehn*, in: Bormann/Diehn/Sommerfeld, § 48 GNotKG, Rn 16; Korintenberg/*Tiedtke*, § 48 GNotKG Rn 21.

men auch die mit der Betriebsführung verbundenen vergütungsfreien Naturalleistungen wie z.B. mietfreies Wohnen und der Verbrauch von im Betrieb erzielten Produkten, für die Aufwendungen erspart werden.[29] Im Übrigen scheint die Praxis insoweit recht großzügig zu sein und auch eher geringe Erträge des landwirtschaftlichen Betriebes ausreichen zu lassen.[30]

f) Das nach § 48 GNotKG begünstigte Vermögen

18 Sind die Voraussetzungen des § 48 GNotKG erfüllt, erstreckt sich das Bewertungsprivileg (halber Grundsteuersatz) auf das **gesamte** land- und forstwirtschaftliche Vermögen im Sinne des **Bewertungsgesetzes** (BewG).[31] Nach § 158 Abs. 2 BewG ist die wirtschaftliche Einheit des land- und forstwirtschaftlichen Vermögens der Betrieb der Land- und Forstwirtschaft. Dazu gehören nach § 158 Abs. 3 BewG alle Wirtschaftsgüter, die dem Betrieb der Land- und Forstwirtschaft dauernd zu dienen bestimmt sind, insbesondere der Grund und Boden, die Wirtschafts- und Wohngebäude, die stehenden Betriebsmittel und der normale Bestand an umlaufenden Betriebsmitteln. **Nicht** zum land- und forstwirtschaftlichen Vermögen gehören die in § 158 Abs. 4 BewG genannten Gegenstände, insbesondere Grundstücke und Gebäude, die **nicht** land- und forstwirtschaftlichen Zwecken dienen, Geschäftsguthaben und Wertpapiere sowie Geldforderungen und Zahlungsmittel. Bauland und Bauerwartungsland zählen ebenfalls nicht zum land- und forstwirtschaftlichen Vermögen im Sinne des BewG.[32]

19 Nach § 232 Abs. 4 BewG gehören Grund und Boden sowie Gebäude und Gebäudeteile, die Wohnzwecken oder anderen nicht land- und forstwirtschaftlichen Zwecken dienen, nicht zum land- und forstwirtschaftlichen Vermögen. Damit wird der Wohnteil eines land- und forstwirtschaftlichen Betriebes anders als nach früherem Recht (§ 34 BewG a.F.) nicht mehr von den Vorschriften des BewG für land- und forstwirtschaftlichen Vermögen erfasst, sondern von den Bestimmungen zur Bewertung von Grundvermögen.[33] Der Gesetzgeber wollte aber das Kostenprivileg des § 48 GNotKG auch auf den Wohnteil des Betriebes erstrecken, soweit er dem Inhaber des Betriebes, den zu seinem Haushalt gehörenden Familienmitgliedern oder den Altenteilern zu Wohnzwecken dient, und hat

29 OLG Hamm ZNotP 2022, 168 m. Anm. *Kersten.*

30 Das BayObLG hat jährliche Betriebsüberschüsse von 8.600 DM (BayObLG MittBayNot 1997, 381) bzw. 12.000 DM (BayObLG MittBayNot 2003, 239) genügen lassen. *Seutemann* hält es für ausreichend, wenn die jährlichen Einkünfte aus der Land- und Forstwirtschaft in der Regel mindestens 5.000 EUR betragen, in: Landwirtschaftsgericht: Wertfestsetzung und Kostenrecht im Zusammenhang mit Hofübergaben, Skript zum Vortrag auf dem 79. Agrarrechtsseminar in Goslar am 29.9.2024.

31 *Diehn*, in: Bormann/Diehn/Sommerfeld, § 48 GNotKG Rn 20; Korintenberg/*Tiedtke*, § 48 GNotKG Rn 16.

32 *Diehn*, in: Bormann/Diehn/Sommerfeld, § 48 GNotKG Rn 23.

33 *Diehn*, in: Bormann/Diehn/Sommerfeld, § 48 GNotKG Rn 24.

dies in der Novelle zu § 48 GNotKG[34] durch den Zusatz „und entsprechenden Wohnteil" ausdrücklich angeordnet.[35]

II. Hoferklärungen

20 Im Anwendungsbereich der HöfeO gilt fakultatives Höferecht. Der Eigentümer eines Hofes im Sinne der HöfeO, der die Geltung der HöfeO für seinen landwirtschaftlichen Betrieb nicht wünscht, kann die Hofeigenschaft durch **negative Hoferklärung** (Hofaufhebungserklärung) und Löschung des Hofvermerks im Grundbuch aufheben (§ 1 Abs. 4 S. 1 HöfeO). Umgekehrt kann er die Hofeigenschaft durch **positive Hoferklärung** (Hofeinführungserklärung) und Eintragung des Hofvermerks im Grundbuch auch (wieder) einführen (§ 1 Abs. 4 S. 2 HöfeO), sofern seine Besitzung die Voraussetzungen des § 1 Abs. 1 HöfeO erfüllt. Sowohl die Hofeinführungs- wie auch die Hofaufhebungserklärung bedürfen gemäß § 4 Abs. 2 HöfeVfO der öffentlichen Beglaubigung.

1. Hofeinführungserklärung

21 Hat der Notar die Hofeinführungserklärung entworfen und beglaubigt, so steht ihm hierfür eine 1,0-Gebühr nach KV-Nr. 21200, 24101 zu. Gleiches gilt, wenn er die Erklärung nicht lediglich beglaubigt, sondern beurkundet.

22 Fraglich und **umstritten** ist, welcher **Geschäftswert** der positiven Hoferklärung zugrunde zu legen ist. Verbreitet wird vertreten, dass als Geschäftswert ein Bruchteil des Verkehrswertes des Hofes im Sinne der HöfeO anzusetzen sei, wobei 20 % bis 30 % des Verkehrswertes für zutreffend gehalten werden.[36] Nach anderer Ansicht ist als Geschäftswert der vierfache Einheitswert des Hofes maßgebend.[37] Da die zuletzt genannte Ansicht zu § 48 GNotKG a.F. vertreten worden ist, der als Wert das Vierfache des Einheitswertes angeordnet hatte, müssten ihre Vertreter nach der Neufassung des § 48 GNotKG durch das Kostenrechtsänderungsgesetz 2025 wohl annehmen, dass als Wert der Hofeinführungserklärung nunmehr der halbe Grundsteuerwert anzusetzen sei. Wieder andere gehen davon aus, dass als Geschäftswert nur 20 % des Wertes nach § 48 GNotKG zugrunde zu legen sei.[38]

34 Durch Kostenrechtsänderungsgesetz vom 7.4.2025 (BGBl 2025 I Nr. 109).

35 *Diehn*, in: Bormann/Diehn/Sommerfeld, § 48 GNotKG Rn 24.

36 Korintenberg/*Bormann*, § 36 GNotKG Rn 62; *Diehn*, in: Bormann/Diehn/Sommerfeld, § 36 Rn 34.

37 Korintenberg/*Tiedtke*, § 48 GNotKG Rn 58; ebenso *Faßbender*, Das Kostenprivileg der Landwirtschaft, 1990, Rn 216 für den Fall einer „isolierten" Hofeinführungserklärung, die nicht als bloße flankierende Maßnahme zu einer Verfügung von Todes wegen oder einem Übergabevertrag abgegeben wird.

38 *Fackelmann*, in: Kersten/Bühling, Formularbuch der Freiwilligen Gerichtsbarkeit, § 36 Rn 193 und *H. Schmidt*, RNotZ 2016, 658, 663, die jeweils zu § 48 GNotKG a.F. annehmen, dass als Geschäftswert der Hofeinführungserklärung 20 % des vierfachen Einheitswertes anzusetzen seien.

2. Hofaufhebungserklärung

23 Hat der Notar die Hofaufhebungserklärung entworfen und beglaubigt, so steht ihm hierfür eine 1,0-Gebühr nach KV-Nrn. 21200, 24101 zu. Gleiches gilt, wenn er die Erklärung, was nicht selten geschieht, beurkundet und nicht lediglich beglaubigt hat. Überwiegend wird vertreten, dass als Geschäftswert der negativen Hoferklärung ein Bruchteil des Verkehrswertes zugrunde zu legen sei, wobei meist 20 % des Verkehrswertes des Hofes für richtig gehalten werden.[39] Ein Rückgriff auf § 48 GNotKG wird mit der Begründung abgelehnt, dass die Hofaufhebungserklärung gerade nicht der Fortführung des Betriebes diene.[40] Diese Begründung überzeugt nicht, da die Hofaufhebungserklärung auf unterschiedlichen Beweggründen beruhen kann (vgl. § 3 Abschn. D.V.) und keineswegs mit einer Einstellung oder gar Aufgabe des Betriebes verbunden sein muss.[41]

B. Gerichtskosten, Behördliche Kosten

I. Übergabe eines landwirtschaftlichen Betriebes

1. Grundbuch

24 Für die **Eigentumsumschreibung** des übertragenen Grundbesitzes fällt eine 1,0-Gebühr nach Nr. 14110 Nr. 1 KV GNotKG an. Der Geschäftswert ist gemäß § 69 GNotKG der Wert der Grundstücke. Ist jedoch ein land- oder forstwirtschaftlicher Betrieb, der die Voraussetzungen des § 48 GNotKG erfüllt,[42] Gegenstand der Übertragung, so ist Geschäftswert nicht der Verkehrswert der Grundstücke, sondern 50 Prozent des Grundsteuerwertes des Betriebs der Land- und Forstwirtschaft. § 97 Abs. 3 GNotKG findet hier keine An-

39 LG Flensburg JurBüro 1985, 265 und 919 m. Anm. *Mümmler*; Korintenberg/*Bormann*, § 36 GNotKG Rn 62; *Führ/Raude*, in: Kersten/Bühling, Formularbuch der Freiwilligen Gerichtsbarkeit, § 113, Rn 43; *Fackelmann*, in: Kersten/Bühling, § 36 Rn 196; Korintenberg/*Tiedtke*, § 48 GNotKG Rn 58, der 10 % bis 30 % des Verkehrswertes für angemessen hält.

40 *H. Schmidt*, RNotZ 2016, 658, 663; *Fackelmann*, in: Kersten/Bühling, Formularbuch der Freiwilligen Gerichtsbarkeit, § 36 Rn 195.

41 In vielen Fällen wird der landwirtschaftliche Betrieb in der Praxis trotz Hofaufhebungserklärung und Löschung des Hofvermerks weiter aktiv fortgeführt. *Faßbender*, Das Kostenprivileg in der Landwirtschaft, 1990, Rn 215, befürwortet eine Kostenprivilegierung der Hofaufhebungserklärung (nach § 19 Abs. 4 KostO, der Vorgängernorm des § 48 GNotKG), wenn zugleich ein Übergabevertrag oder ein Erbvertrag über das nunmehr entstehende Landgut abgeschlossen wird, welcher der Fortführung des Betriebes dient. Als Geschäftswert der Hofaufgabeerklärung befürwortet er in diesem Fall einer „flankierenden" Hofaufgabeerklärung 10 % bis 20 % des „Betriebswertes", a.a.O. Rn 216.

42 Zu diesen Voraussetzungen vgl. die obigen Ausführungen in Abschn. A.I.3.

wendung, so dass der halbe Grundsteuerwert auch dann heranzuziehen ist, wenn die Summe der Gegenleistungen höher ist als der halbe Grundsteuerwert.[43] Ist der Grundsteuerwert noch nicht festgestellt, so beträgt der Geschäftswert gemäß § 48 Abs. 2 GNotKG das Vierfache des zuletzt festgestellten Einheitswertes.

2. Gerichtliche Genehmigung des Übergabevertrages bei einem Hof i.S.d. HöfeO

Der Übergabevertrag über einen Hof im Sinne der HöfeO bedarf, sofern eine Genehmi- **25**
gung nach dem GrdStVG erforderlich ist, nach § 17 Abs. 3 HöfeO der Genehmigung durch das Landwirtschaftsgericht. Das Verfahren über die Erteilung dieser Genehmigung löst nach KV Nr. 15112 GNotKG eine 0,5-Gebühr aus.[44] Der Geschäftswert bestimmt sich nach §§ 60, 48 GNotKG,[45] also nach dem halben Grundsteuerwert, sofern der übertragene Hof die Voraussetzungen des § 48 GNotKG erfüllt.

3. Behördliche Genehmigung nach dem GrdStVG

Im Genehmigungsverfahren nach dem GrdStVG vor der Grundstücksverkehrsbehörde **26**
(nicht aber vor dem Landwirtschaftsgericht) werden nach § 23 GrdStVG keine Gebühren und Auslagen erhoben.

II. Gerichtskosten im Zusammenhang mit Hoferklärungen nach der HöfeO

1. Landwirtschaftsgericht

Hat der Eigentümer eines Hofes im Sinne der HöfeO gegenüber dem Landwirtschafts- **27**
gericht eine positive oder eine negative Hoferklärung abgegeben, so ersucht das Landwirtschaftsgericht das Grundbuchamt gemäß § 3 Abs. 1 Nr. 2 HöfeVfO um Eintragung des Hofvermerks bzw. (im Falle einer negativen Hoferklärung) um Löschung des Hofvermerks. Für das Verfahren vor dem Landwirtschaftsgericht über das entsprechende **Ersuchen an das Grundbuchamt** fällt eine 0,5-Gebühr gemäß Nr. 15112 Abs. 1 KV

43 BeckOK KostR/*Soutier*, § 48 GNotKG Rn 12; BayOblG DNotZ 1990, 668 zu § 19 Abs. 4 KostO, der Vorgängernorm des § 48 GNotKG.

44 OLG Hamm BeckRS 2015, 8159 = RNotZ 2015, 462; Korintenberg/*Fackelmann*, KV Nr. 15112 Rn 14; *H. Schmidt*, RNotZ 2016, 658, 661.

45 OLG Hamm ZNotP 2022, 168 Rn 10; OLG Celle BeckRS 2024, 28068; *H. Schmidt*, RNotZ 2016, 658, 661; Toussaint/*Kawell*, § 48 GNotKG Rn 39.

GNotKG an.[46] Hiermit werden die aufgrund der Hoferklärung vorzunehmenden Tätigkeiten des Landwirtschaftsgerichts (Prüfung der Hoferklärung und ihrer Rechtsfolgen sowie Ersuchen an das Grundbuchamt gemäß § 3 Abs. 1 Nr. 2 HöfeVfO) erfasst.[47] Die Höhe der Gebühr bestimmt sich nach § 34 GNotKG Tabelle A.[48]

Den Gebührentatbestand in Abs. 1 der Nr. 15112 KV GNotKG hat der Gesetzgeber durch Kostenrechtsänderungsgesetz 2021 (BGBl I, 3229) eingeführt, nachdem einige Oberlandesgerichte zuvor die Ansicht vertreten hatten, das entsprechende Verfahren vor dem Landwirtschaftsgericht sei gerichtsgebührenfrei.[49]

28 Darüber, welcher **Geschäftswert (Gegenstandswert)** für das vorgenannte Verfahren zugrunde zu legen ist, bestehen unterschiedliche Ansichten. Nach überwiegender Ansicht in der Rechtsprechung der Oberlandesgerichte soll sich der Geschäftswert nach dem Einheitswert des Hofes bestimmen, wobei im Regelfall der einfache Einheitswert angemessen sei.[50] Das OLG Hamm spricht sich dafür aus, den Geschäftswert nach einem Bruchteil des Verkehrswertes zu bemessen, wobei es 10 % des Verkehrswertes für angemessen hält.[51] Die zitierten Entscheidungen der Oberlandesgerichte betrafen allesamt Verfahren über das Ersuchen auf Löschung des Hofvermerks aufgrund negativer Hoferklärung.[52] In einem Verfahren auf Eintragung des Hofvermerks aufgrund positiver Hoferklärung hat das OLG Köln[53] als Geschäftswert den zweifachen Einheitswert zugrunde gelegt, zugleich aber ausgeführt, dass es im Falle einer negativen Hoferklärung den einfachen Einheitswert für richtig hielte. Die Gerichte begründen den Ansatz des niedrigen Geschäftswertes mit dem geringen Aufwand, der für das Landwirtschaftsgericht insbesondere mit dem Ersuchen um Löschung des Hofvermerks verbunden sei.[54]

Eine Anwendung des § 48 GNotKG wird mit der Begründung abgelehnt, dass eine Löschung des Hofvermerks aufgrund negativer Hoferklärung gerade nicht der Erhaltung des Hofes diene und daher nach der Intention des Gesetzgebers nicht das Kostenprivileg

46 OLG Oldenburg BeckRS 2022, 24342; *Sommerfeldt*, in: Bormann/Diehn/Sommerfeldt, Nr. 15112 KV GNotKG Rn 3.
47 OLG Oldenburg BeckRS 2022, 24342; *Sommerfeldt*, in: Bormann/Diehn/Sommerfeldt, Nr. 15112 KV GNotKG Rn 3.
48 OLG Oldenburg BeckRS 2022, 24342.
49 Vgl. hierzu mit Nachweisen OLG Oldenburg BeckRS 2022, 24342.
50 OLG Oldenburg BeckRS 2022, 24342; OLG Celle BeckRS 2023, 9805; OLG Celle BeckRS 2015, 130451; OLG Köln BeckRS 2016, 6093.
51 OLG Hamm BeckRS 2023, 4012 unter teilweiser Aufgabe von OLG Hamm BeckRS 2016, 15547, wo sich das Gericht noch für 20 % des Verkehrswertes ausgesprochen hatte.
52 Mit Ausnahme der Entscheidung OLG Köln BeckRS 2016, 6093. Diese betraf das Verfahren auf Eintragung des Hofvermerks aufgrund positiver Hoferklärung. Hier hielt das Gericht einen Geschäftswert in Höhe des zweifachen Einheitswertes für zutreffend, erklärte aber in einem obiter dictum, dass im Falle einer negativen Hoferklärung der einfache Einheitswert zugrunde zu legen sei.
53 OLG Köln BeckRS 2016, 6093.
54 Vgl. die Nachweise in Fn 51.

des § 48 GNotKG verdiene.[55] Diese Begründung überzeugt nicht, da die Hofaufhebungserklärung auf unterschiedlichen Beweggründen beruhen kann (vgl. oben § 3 Abschn. D.V.) und nicht mit einer Einstellung oder gar Aufgabe des landwirtschaftlichen Betriebes gleich zu setzen ist.[56]

2. Grundbuchamt

Für die Eintragung des Hofvermerks aufgrund positiver Hoferklärung und die Löschung 29
des Hofvermerks aufgrund negativer Hoferklärung fallen **beim Grundbuchamt** aufgrund insoweit fehlenden Gebührentatbestandes **keine** Gebühren an.[57]

55 OLG Hamm BeckRS 2016, 15547; OLG Oldenburg BeckRS 2022, 24342.

56 In der Praxis werden landwirtschaftliche Betriebe in vielen Fällen auch nach einer Hofaufhebungserklärung und Löschung des Hofvermerks aktiv fortgeführt.

57 *Sommerfeldt*, in: Bormann/Diehn/Sommerfeldt, Nr. 15112 KV GNotKG Rn 2; *H. Schmidt*, RNotZ 2016, 658, 663.

§ 16 Steuerrecht

A. Einführung: Steuerliche Grundlagen

Die unentgeltliche Übertragung von landwirtschaftlichen Betrieben im Rahmen der vorweggenommenen Erbfolge ist aus steuerlicher Sicht sowohl unter einkommensteuerlichen als auch unter schenkungsteuerlichen Aspekten besonders zu prüfen. Bei der **Einkommensteuer** steht dabei im Vordergrund, den Betrieb nicht zu zerschlagen und ungewollt erhebliche stille Reserven, also die Differenz zwischen dem Verkehrswert und dem Buchwert, versteuern zu müssen (§ 6 Abs. 3 EStG). Bei der **Schenkungsteuer** ist besonders die sachliche Steuerbefreiung bei der Übertragung landwirtschaftlicher Betriebe (§ 13b Abs. 1 Nr. 1 ErbStG) zu berücksichtigen, welche sich aber nur auf die landwirtschaftlich genutzten Flächen, Wirtschaftsgebäude und das Inventar bezieht, nicht aber auf Wohngebäude wie das Betriebsleiter- oder Altenteilerhaus oder auch das Betriebskapitalkonto (§ 158 BewG). Weniger relevant aus steuerlicher Sicht sind Fragen zur **Grunderwerbsteuer** und zur **Umsatzsteuer**. In der Regel werden landwirtschaftliche Betriebe von Eltern auf Kinder übertragen, so dass die Grunderwerbsteuerbefreiung für Übertragungen in gerader Linie gem. § 3 Nr. 6 GrEStG greift. Werden jedoch Übertragungen außerhalb der geraden Linie vertraglich vereinbart, ist der Übergabevertrag auf mögliche Gegenleistungen zu überprüfen, die der Grunderwerbsteuer unterfallen. Umsatzsteuerlich wird im Regelfall das Rechtsinstitut der „Geschäftsveräußerung im Ganzen“ gem. § 1 Abs. 1a UStG greifen, welches einen nicht steuerbaren Umsatz darstellt, der keine Umsatzsteuerlast auslöst. Schließlich werden noch die Auswirkungen bei der **Gewerbesteuer** und der **Grundsteuer** dargestellt. 1

Die Gliederung der steuerlichen Auswirkungen orientiert sich an einem typischen Muster eines Übergabevertrages über landwirtschaftliche Betriebe, siehe dazu das Gesamtmuster in § 17.

I. Einkommensteuer

Die unentgeltliche Übertragung von betrieblichen Einheiten im Rahmen der vorweggenommenen Erbfolge wird vom Gesetzgeber im Einkommensteuergesetz an verschiedenen Stellen behandelt. § 6 Abs. 3 EStG regelt die Frage, ob ein entgeltlicher oder unentgeltlicher Übergang stattfindet und wie die einzelnen Wirtschaftsgüter anzusetzen und zu beurteilen sind. § 10 Abs. 1a Nr. 2 EStG regelt die Frage, wie Versorgungsleistungen, also insbesondere Altenteilsleistungen, steuerlich zu behandeln sind. Während die beiden vorgenannten Rechtsnormen auch für unentgeltliche Übertragungen außerhalb der Land- und Forstwirtschaft gelten, sind die Regelungen in § 14 Abs. 2, 3 EStG nur 2 bei den Einkünften aus Land- und Forstwirtschaft anzuwenden. Es handelt sich insoweit um einkommensartspezifische Sonderregeln.[1]

1. Unentgeltliche Betriebsübertragung

3 Ausgangspunkt bei der ertragsteuerlichen Würdigung der unentgeltlichen Betriebsübertragung ist die gesetzliche Regelung des § 6 Abs. 3 EStG. Gegenstand der Übertragung können danach ein Betrieb, Teilbetrieb oder Anteile eines Mitunternehmers an einem Betrieb (Mitunternehmeranteil) sein. Die aktuelle gesetzliche Fassung des § 6 Abs. 3 EStG gilt seit dem VZ 2001.[2] Die Finanzverwaltung hat zu Zweifelsfragen zu § 6 Abs. 3 EStG Stellung genommen mit BMF-Schreiben vom 20.11.2019.[3]

4 Es spielt dabei keine Rolle, ob der landwirtschaftliche Betrieb zum Zeitpunkt der Übergabe aktiv bewirtschaftet oder verpachtet ist. Es spielt ebenfalls keine Rolle, ob der Betrieb oder die zu übertragenen Grundstücke Hofesvermögen i.S.d. HöfeO sind oder nicht. Entscheidend ist, ob der landwirtschaftliche Betrieb oder die zu übertragenen Flächen dem steuerlichen Betriebsvermögen zuzuordnen sind. Handelt es sich um einen dem ertragsteuerlichen Betriebsvermögen zuzuordnenden landwirtschaftlichen Betrieb, ist Rechtsfolge der unentgeltlichen Betriebsübertragung, dass der Übernehmer die übertragenen Wirtschaftsgüter mit den Werten anzusetzen hat, die auch sein Rechtsvorgänger angesetzt hat. Es sind daher zwingend die Buchwerte des Übergebers zum Zeitpunkt des Übergangs des wirtschaftlichen Eigentums vom Übernehmer fortzuführen. Eine Wahlmöglichkeit besteht hier nicht. Der Übernehmer tritt ertragsteuerlich in die Fußstapfen des Übergebers, setzt also die Buchwerte fort und auch die entsprechenden Abschreibungsreihen. Durch die Buchwertfortführung wird die Aufdeckung von stillen Reserven vermieden.

a) Einheitlicher Übertragungsakt

5 Bei einer lebzeitigen Übertragung eines landwirtschaftlichen Betriebs kann die Buchwertklausel des § 6 Abs. 3 EStG nur dann in Anspruch genommen werden, wenn (1) alle wesentlichen Betriebsgrundlagen (2) in einem einheitlichen Übertragungsakt vom Übergeber (3) in zeitlichem Zusammenhang auf den Rechtsnachfolger übergehen. Werden die wesentlichen Grundlagen des Betriebs teilweise verschenkt und teilweise entgeltlich übertragen, ist von einer Betriebszerschlagung auszugehen, so dass die schenkweise übertragenen Betriebsgrundlagen als laufende Entnahme zu behandeln sind und damit eine zusätzliche Steuerlast neben den veräußerten Wirtschaftsgütern auslösen.

1 BMF v. 17.5.2022, BStBl II 2022, S. 678.
2 UntStFG v. 20.12.2001, BGBl I 2001, S. 3158.
3 BStBl I 2019, S. 1291.

Beispiel 1 6

Landwirt L ist Eigentümer eines landwirtschaftlichen Betriebs mit 10 ha landwirtschaftlicher Nutzfläche (LN), der nicht mehr aktiv bewirtschaftet wird. L hat zwei Kinder und überträgt auf das eine Kind 6 ha und auf das andere Kind 4 ha und die Hofstelle.

Lösung:

Diese Art der Übertragung führt zu einer steuerlichen Zerschlagung der betrieblichen Einheit, so dass zwangsweise die gesamten stillen Reserven, die in den Flächen und den Wirtschaftsgebäuden enthalten sind, auf einen Schlag von L aufzudecken sind. Unter den weiteren Voraussetzungen können dafür ein Freibetrag und ein ermäßigter Steuersatz gem. §§ 14 Abs. 1, 16 Abs. 4, 34 EStG in Anspruch genommen werden.

Beispiel 2

Landwirt L ist Eigentümer eines landwirtschaftlichen Betriebs mit 10 ha landwirtschaftlicher Nutzfläche (LN), der nicht mehr aktiv bewirtschaftet wird. L überträgt auf sein Kind 6 ha und behält sich 4 ha und die Hofstelle zurück.

Lösung:

Im Rahmen dieser Übertragung wird nicht der gesamte Betrieb in einem einheitlichen Übertragungsakt auf die nächste Generation übertragen. Allerdings liegt auch nicht eine Zerschlagung der betrieblichen Einheit vor, weil L sich 4 ha und die Hofstelle zurückbehält. Die Übertragung von 6 ha an sein Kind bedeutet jedoch eine steuerpflichtige Entnahme dieser 6 ha aus seinem Betriebsvermögen, weil nicht alle wesentlichen Betriebsgrundlagen (mind. 90 % der Eigentumsflächen) übertragen worden sind. Dieser Entnahmegewinn ist nicht steuerlich begünstigt, ein ermäßigter Steuersatz kann von L nicht in Anspruch genommen werden. Bei dem Kind sind diese Flächen grundsätzlich dem steuerlichen Privatvermögen zuzuordnen, es sei denn, das Kind bewirtschaftet die Flächen aktiv in einem eigenen landwirtschaftlichen Betrieb oder ordnet diese Flächen einem landwirtschaftlichen Betrieb mit Betriebsvermögen zu.

Beispiel 3

Landwirt L ist Eigentümer eines landwirtschaftlichen Betriebs mit 30 ha landwirtschaftlicher Nutzfläche (LN), der nicht mehr aktiv bewirtschaftet wird. L hat drei Kinder und möchte jedem der drei Kinder 10 ha LN übertragen. Ein Kind bekommt zusätzlich die Hofstelle.

Lösung:

Um die Voraussetzung des § 6 Abs. 3 EStG zu erfüllen, muss die Übertragung aus einem Betriebsvermögen in ein – neues oder bestehendes – Betriebsvermögen erfolgen.

Dafür müssen die drei Kinder vorab eine Mitunternehmerschaft, z.B. eine Gesellschaft bürgerlichen Rechts (GbR), gründen, die spätestens zum Zeitpunkt der Übertragung vorliegt. Es ist möglich, die Flächen in das Gesamthandsvermögen der GbR zu übertragen, also in das Gesellschaftsvermögen der GbR. Zu diesem Zweck ist die GbR zunächst in das Gesellschaftsregister als eGbR einzutragen. Nach Auffassung der Finanzverwaltung ist es möglich, jedem der drei Kinder 10 ha LN zu Eigentum zu übertragen, wenn die drei Kinder zuvor eine Mitunternehmerschaft, z.B. eine GbR, gegründet haben und sich in dem Vertrag dazu verpflichten, die Flächen der GbR zur Nutzung zu überlassen.[4] In diesen Fällen muss die GbR nicht in ein Gesellschaftsregister eingetragen werden, weil nicht die GbR Eigentümer der Grundstücke, sondern das jeweilige Kind Alleineigentümer der Flächen wird. Vorteil der zweiten Lösung ist, dass bei einer späteren Auseinandersetzung und Realteilung der GbR gem. §§ 16 Abs. 3, 14 Abs. 3 EStG, welche einkommensteuerrechtlich ohne Aufdeckung von stillen Reserven möglich ist, keine Grunderwerbsteuer entsteht, weil Flächeneigentum nicht mehr eigentumsrechtlich aus dem Gesellschaftsvermögen in das jeweilige Alleineigentum der Kinder übertragen werden muss.

7 Von einem einheitlichen Übertragungsakt kann auch dann gesprochen werden, wenn mehrere zivilrechtliche Verträge als zeitlich nacheinander folgende Einzelakte zu einer Gesamtübertragung führen, sofern dies auf einem einheitlichen Willensentschluss beruht. Voraussetzung ist, dass zwischen den einzelnen Übertragungsvorgängen ein zeitlicher und sachlicher Zusammenhang besteht und ein äußerer Zeitrahmen von zwei Jahren nicht überschritten wird.[5] Eine gesetzliche Frist für die Verklammerung verschiedener einzelner Übertragungsvorgänge gibt es nicht, so dass in der Praxis darauf geachtet werden muss, dass der Vertrag von Anfang an diesen Voraussetzungen entspricht. Zuletzt hat die Finanzverwaltung eine Frist von 18 Monaten als ausreichend genannt,[6] um Verträge miteinander zu verklammern. In diesen Fällen bietet es sich aus notarieller Sicht an, eine Auflassungsvollmacht für übersehene Grundstücke in den Vertrag mit aufzunehmen (siehe § 2 Rdn 39, 40).

b) Wesentliche Betriebsgrundlagen

8 Der Begriff der wesentlichen Betriebsgrundlage gem. § 6 Abs. 3 EStG ist normspezifisch auszulegen, so dass im Anwendungsbereich der unentgeltlichen Betriebsübertragung auf die funktionelle Betrachtungsweise abzustellen ist.[7] Funktional wesentlich können nur solche Wirtschaftsgüter sein, die im Zeitpunkt des Übertragungsvorgangs für die Funk-

4 LfSt Bayern v. 15.12.2020, DStR 2021, S. 480.
5 BFH v. 12.4.1989, I R 105/85, BStBl II 1989, S. 653.
6 BMF v. 20.11.2019, BStBl I 2019, S. 1291, Tz. 15.
7 BFH v. 2.10.1997, IV R 84/96, BStBl II 1998, S. 104.

tion des Betriebs von Bedeutung sind, es kommt dabei nicht darauf an, ob erhebliche stille Reserven in diesen Wirtschaftsgütern enthalten sind.

Bei einem landwirtschaftlichen Betrieb gehören zu den funktional wesentlichen Betriebs- 9
grundlagen die landwirtschaftlichen Flächen. Nach Auffassung der Rechtsprechung gelten 90 % der Flächen eines landwirtschaftlichen Betriebs bei der unentgeltlichen Betriebsübertragung gem. § 6 Abs. 3 EStG als funktional wesentliche Betriebsgrundlage, die auf den Betriebsnachfolger übertragen werden müssen.[8] Gepachtete Flächen scheiden aus der Beurteilung aus, da bei diesen das Eigentum nicht übertragen werden kann. Zurückbehaltene Flächen, die nicht mehr als 10 % der bisherigen Eigentumsflächen ausmachen, werden in der Regel immer von untergeordneter Bedeutung sein. Nach Auffassung des BFH ist ein Zurückbehalt von 18 % der Flächen dagegen bereits eine wesentliche Betriebsgrundlage, wonach die Anwendung des § 6 Abs. 3 EStG ausscheiden könnte.[9] Liegt dagegen nur eine geringfügige Überschreitung der 10 %-Grenze vor, liegt noch kein Verstoß gegen den Grundsatz der Übertragung aller wesentlichen Betriebsgrundlagen[10] (so bei einem Rückbehalt von 12 % der Fläche) vor.

Davon abweichend hat das FG Düsseldorf[11] entschieden, dass es keinen Automatismus 10
gibt, dass bei Überschreiten der 10 %-Grenze stets eine funktional wesentliche Betriebsgrundlage anzunehmen ist. In dem entschiedenen Fall hat das Gericht in einer besonderen Konstellation Weideflächen, die schon länger als 30 Jahre vor der eigentlichen Hofübergabe fremdverpachtet wurden, nicht als wesentliche Betriebsgrundlage eines Ackerbaubetriebs gewertet. Dabei hat sich das Gericht darauf gestützt, dass die prozentuale Grenze von 10 % nur als Anhaltspunkt für das Vorliegen wesentlicher Betriebsgrundlage anzusehen ist, die Größe, die Güte, der Wert und die Nutzungsart des Grundstücks kann daneben ebenfalls von Bedeutung sein.[12] Diese Entscheidung des FG Düsseldorf entspricht nicht der gefestigten Rechtsprechung des BFH.[13] Das Urteil des FG Düsseldorf kann daher allenfalls in besonderen Ausnahmekonstellationen herangezogen werden. Vorherrschende Auffassung in Rechtsprechung und Verwaltung ist die Annahme, dass nur bei einem forstwirtschaftlichen Betrieb auch einzelne forstwirtschaftliche Flächen das Merkmal eines selbstständigen Teilbetriebs und damit von wesentlichen Betriebsgrundlagen haben können. Bei einem landwirtschaftlichen Betrieb sind dagegen die Nutzflächen in einem Umfang von bis zu 10 % keine wesentliche Betriebsgrundlage. In die Berechnung der Grenze sind alle im Eigentum des Betriebsinhabers stehenden landwirtschaftlichen Nutzflächen, die zum steuerlichen Betriebsvermögen gehören, einzubeziehen, wobei es

8 BFH v. 28.3.1985, IV R 88/81, BStBl II 1985, S. 508; BFH v. 8.9.2005, IV B 101/04, BFH/NV 2006, S. 53.
9 BFH v. 1.2.1990, IV R 8/89, BStBl II 1990, S. 428.
10 BFH v. 9.7.1981, IV R 101/77, BStBl II 1982, S. 20.
11 FG Düsseldorf v. 22.11.2024, 3 K 2604/21 E, juris.
12 BFH v. 28.3.1985, IV R 88/81, BStBl II 1985, S. 508.
13 BFH v. 24.2.2005, IV R 28/00, BFH/NV 2005, S. 1062.

auf die Nutzung der einzelnen Fläche, also aktive Bewirtschaftung oder Verpachtung, nicht ankommt.[14] Der Umfang der wesentlichen Betriebsgrundlagen ist entscheidend für die Frage, ob bei der Übertragung der Wirtschaftsgüter einzelne Flächen zurückbehalten werden können. Umfasst der Rückbehalt daher nicht mehr als 10 % der im Eigentum des Betriebsinhabers stehenden landwirtschaftlichen Nutzflächen, die zum steuerlichen Betriebsvermögen zählen, wird die Übertragung der Betriebsgrundlagen von mehr als 90 % als unentgeltliche Betriebsübertragung i.S.d. § 6 Abs. 3 EStG behandelt, eine Aufdeckung von stillen Reserven erfolgt nicht.

11 Keine funktional wesentliche Betriebsgrundlage ist die Hofstelle einschließlich der Wirtschaftsgebäude.[15] Dies gilt für viehlose Betriebe und auch für alle verpachteten Betriebe. Handelt es sich dagegen um einen aktiv bewirtschafteten viehhaltenden Betrieb, stellen die Stallgebäude als solche eine funktional wesentliche Betriebsgrundlage dar. Ebenfalls zu den nicht wesentlichen Betriebsgrundlagen zählen in der Landwirtschaft Lieferrechte, Prämienrechte oder auch das lebende und tote Inventar. Diese Wirtschaftsgüter können jederzeit über den Markt erworben oder angeschafft werden. Lediglich bei reinen Pachtbetrieben kann das Inventar unter bestimmten Umständen zu den wesentlichen Betriebsgrundlagen zählen.[16]

c) Steuerliches Privatvermögen

12 Anders sind die einkommensteuerlichen Regelungen, soweit steuerliches Privatvermögen vorliegt. Von steuerlichem Privatvermögen ist nur dann auszugehen, wenn dies unzweifelhaft nachgewiesen werden kann. Es reicht nicht aus, wenn Flächen schon jahrelang verpachtet sind und bereits die Rechtsvorgänger nicht mehr die Berufsbezeichnung Landwirt führen. Möglicherweise können Billigkeitsregelungen in Anspruch genommen werden, um von einer Privatisierung der Flächen auszugehen. Sind landwirtschaftliche Flächen vor dem 1.7.1970 nicht mehr selber bewirtschaftet worden, kann von Privatvermögen ausgegangen werden, wenn in der Steuererklärung für das Jahr 1969 Einkünfte aus Vermietung und Verpachtung erklärt worden sind. Gleiches gilt, wenn seit der Zeit der Währungsreform (21.6.1948) durchgängig Einkünfte aus Vermietung und Verpachtung erklärt worden sind. Im Zweifel werden diese Steuererklärungen aus den alten Jahren nicht mehr vorhanden sein, so dass u.U. ein Nachweisproblem besteht. Die Billigkeitsregelung der parzellenweisen Verpachtung – Verpachtung an mehrere Pächter vor dem 19.4.1988 – hat der BFH als eine nicht mit der Gesetzeslage im Einklang stehende norminterpretierende Richtlinie bezeichnet, die keinen Vertrauenstatbestand auf Privatisie-

14 LfSt Bayern v. 8.10.2024, DStR 2025, S. 345 mit Übergangsregelung nur für Bayern.

15 BFH v. 18.3.1999, IV R 65/98, BStBl II 1999, S. 198; BeckOK EStG, Kirchhof/Kulosa/Ratschow/*Stephany*, § 14 Rn 41.

16 BFH v. 26.10.1989, IV R 25/88, BStBl II 1990, S. 373.

rung in der Vergangenheit schafft.[17] In einem bundeseinheitlichen Ländererlass geht die Verwaltung davon aus, dass die einschlägigen Verwaltungsanweisungen zur Übergangsregelung zur parzellenweise Verpachtung landwirtschaftlicher Betriebe weiterhin Anwendung finden.[18]

Ist von steuerlichem Privatvermögen auszugehen, muss nicht der Betrieb im Ganzen auf einen Nachfolger oder eine Nachfolgergruppe übertragen werden, sondern die einzelnen Flächen können nach freiem Willen des Schenkers gegenständlich und einzeln auf die beschenkten Personen übertragen werden. Es spielt daher keine Rolle, wenn bei einem Restbetrieb von 10 ha landwirtschaftlicher Fläche dem einen Kind 6 ha und dem anderen Kind 4 ha sowie die Hofstelle zugeordnet werden. 13

2. Rückbehalt

Soweit nicht alle Flächen übertragen werden, also Flächen in einem Umfang von bis zu 10 % der Gesamtflächen zurückbehalten werden, liegt ertragsteuerlich gem. § 14 Abs. 2 EStG keine Betriebszerschlagung vor. Die zurückbehaltenen Flächen stellen beim Übergeber einen verkleinerten landwirtschaftlichen Betrieb dar.[19] Dies gilt in allen Fällen, in denen der Übergeber diese zurückbehaltenen Flächen oder eine einzelne Fläche weiterhin landwirtschaftlich i.S.d. § 13 Abs. 1 Nr. 1 EStG nutzt, also entweder durch Eigenbewirtschaftung oder Verpachtung. Die bisherige Voraussetzung, dass die zurückbehaltenen Flächen eine Mindestgröße von 3.000 qm aufweisen[20] müssen, ist durch die Neuregelung gem. § 14 Abs. 2 EStG obsolet geworden. Eine eigene Hofstelle oder eigene Betriebsmittel brauchen für das Entstehen eines verkleinerten Restbetriebs nicht vorhanden sein. Eine Zwangsbetriebsaufgabe im Zusammenhang mit einer unentgeltlichen Betriebsübertragung gem. § 6 Abs. 3 EStG kann in der Landwirtschaft nur (noch) dann eintreten, wenn die vom Übergeber zurückbehaltene Fläche nicht mehr für Zwecke i.S.d. § 13 Abs. 1 Nr. 1 EStG genutzt wird.[21] 14

Der Mindestrückbehalt gem. § 14 Abs. 2 EStG oder die zuvor geltende Grenze von 3.000 qm ist nicht als Teilbetriebsgrenze zu verstehen.[22] Voraussetzung für die Anwendung des § 6 Abs. 3 EStG ist es, dass mind. 90 % der wesentlichen Betriebsgrundlagen, also der landwirtschaftlichen Flächen, übertragen werden. Werden dagegen Flächen in einer Größenordnung von z.B. 30 ha landwirtschaftlicher Nutzfläche (LN) (Acker-, Grünland) auf drei Kinder zu Alleineigentum von jeweils 10 ha LN übertragen, liegt 15

17 BFH v. 12.3.2020, VI R 35/17, BFH/NV 2020, S. 849.
18 LfSt Bayern v. 12.11.2021, zitiert nach juris.
19 BFH v. 24.2.2005, IV R 28/00, BFH/NV 2005, S. 1062; BMF v. 17.5.2022, BStBl I 2022, S. 678.
20 BFH v. 16.11.2017, VI R 63/15, BFH/NV 2018, S. 369.
21 So schon BMF v. 1.12.2000, BStBl I 2000, S. 1556.
22 So auch FG Düsseldorf v. 22.11.2024, 3 K 2604/21, juris.

eine Betriebszerschlagung vor, auch wenn jedes der Kinder Flächen von mehr als 3.000 qm erhält.[23] Als Ausweichgestaltung siehe Beispiel Rdn 6.

Erfolgt dagegen eine Übertragung der Flächen auf Kinder, die mitunternehmerisch verbunden sind, bleibt die Betriebsvermögenseigenschaft erhalten. Es spielt dabei keine Rolle, ob die eigentumsrechtliche Übertragung der Flächen in das Gesamthands- oder Sonderbetriebsvermögen der Mitunternehmerschaft erfolgt.[24]

16 Vorteil der Rechtsprechung des BFH ist es, dass zum einen die Regelung des § 6 Abs. 3 EStG mehrfach hintereinander genutzt werden kann. So kann bei einem Betrieb mit 100 ha landwirtschaftlicher Fläche zunächst 90 ha landwirtschaftlicher Fläche auf das eine Kind übertragen werden. Von dem Rückbehalt von 10 ha können einige Zeit später von den Eltern wiederum 9 ha auf das zweite Kind übertragen werden. Der Rückbehalt von 1 ha stellt dann immer noch einen selbstständigen, dem ertragsteuerlichen Betriebsvermögen zuzuordnenden Betrieb dar und diese Restfläche von 1 ha kann u.U. auf ein drittes Kind übertragen werden. Zum anderen kann für den zurückbehaltenen Kleinstbetrieb selbstständig eine Betriebsaufgabeerklärung abgegeben und damit die steuerlichen Vergünstigungen eines Freibetrags gem. §§ 14 Abs. 2, 16 Abs. 4 EStG und der ermäßigte Steuersatz des § 34 EStG in Anspruch genommen werden.

17 Besondere Vorsicht ist geboten, wenn zum steuerlichen Betriebsvermögen auch gewillkürtes Betriebsvermögen wie z.B. ein vermietetes Wohnhaus zählt. Bei diesen der Landwirtschaft wesensfremden Wirtschaftsgütern ist zu berücksichtigen, dass diese nur dann weiterhin zum Betriebsvermögen zählen, wenn die für diese wesensfremde Nutzung genutzte Fläche nicht mehr als 10 % der Gesamtfläche ausmacht.[25] Will der Übergeber daher ein Mietwohnhaus im Rahmen seines steuerlichen Betriebsvermögens zurückbehalten, ist sicherzustellen, dass die zurückbehaltene Flächen nicht mehr als 10 % des Gesamtbetriebs ausmacht, gleichzeitig die dem Mietwohnhaus zugeordnete Fläche nicht mehr als 10 % der zurückbehaltenen Fläche ausmacht. Es ist eine doppelte 10 %-Grenze zu berücksichtigen.

18 Soweit der Betrieb dem steuerlichen Privatvermögen zuzuordnen ist, muss auf den Rückbehalt keine Rücksicht genommen werden. Es können alle Fläche übertragen werden, es können auch nur Teilflächen übertragen werden. In dieser steuerlichen Konstellation spielt daher der Rückbehalt keine Rolle.

23 BFH v. 16.11.2017, VI R 63/15, BFH/NV 2018, S. 369.
24 LfSt Bayern v. 15.12.2020, DStR 2021, S. 480.
25 BFH v. 22.8.2002, IV R 57/00, BStBl II 2003, S. 16.

3. Behandlung von Altenteils- und Gegenleistungen

Im Rahmen eines Hofübergabevertrags werden regelmäßig auch Gegenleistungen des Übernehmers vereinbart. Dazu zählen Altenteilsleistungen an die Eltern als Übergeber, die Übernahme von betrieblichen oder privaten Schulden oder auch die Zahlung von Ausgleichsgeldern an Geschwister. Die Rechtsprechung und dem folgend die Finanzverwaltung geht in langjähriger Rechtstradition davon aus, dass die Betriebsübertragung im Wege der vorweggenommenen Erbfolge ein privater Vorgang ist und damit für Zwecke der Einkommensteuer kein Anschaffungs- oder Veräußerungsgeschäft darstellt, welches nach kaufmännischen Gesichtspunkten gegeneinander abgewogen ist.[26] Deshalb gelten einige Besonderheiten bei der Behandlung von vereinbarten Gegenleistungen. 19

a) Altenteilsleistungen, private Verbindlichkeiten

Soweit der Übernehmer private Versorgungsleistungen seinen Eltern gegenüber zu erbringen hat, also in erster Linie Altenteilsleistungen wie eine dauernde Last oder eine Leibrente als Barzahlung, stellt diese Leistung weder Veräußerungsentgelt bei den Übergebern noch Anschaffungskosten des Übernehmers dar. Es handelt sich um Versorgungsleistungen gegen Vermögensübertragung, geregelt in § 10 Abs. 1a Nr. 2 EStG.[27] Die vom Übernehmer zu zahlenden Versorgungsleistungen stellen keinen Betriebsaufwand dar, sie können jedoch als Sonderausgaben geltend gemacht werden. Zur Versteuerung der Altenteilsleistungen (siehe Rdn 25). Hat der Übernehmer private Verbindlichkeiten der Übergeber zu übernehmen, ist dagegen von einer Entgeltlichkeit auszugehen. Allerdings können die Aufwendungen des Übergebers nicht als Betriebsaufwand oder als zusätzliche Anschaffungskosten angesehen werden, soweit seine gesamten Gegenleistungen niedriger sind als das Kapitalkonto des übertragenen Betriebes (siehe Rdn 23). Dies wird der Regelfall sein. Die Tilgung solcher Darlehen wirkt sich daher ertragsteuerlich nicht aus. 20

Der Mietwert der Altenteilswohnung im Rahmen eines Hofübergabevertrages wird von der Finanzverwaltung als nicht abziehbarer Aufwand behandelt.[28] Dem hat das FG Nürnberg[29] widersprochen. Nach Auffassung der Richter ist der Nutzungswert der Altenteilerwohnung bei der verpflichteten Person, also dem Übernehmer, als Sonderausgabenabzug zuzulassen. Korrespondierend muss der Hofübergeber den Nutzungswert seiner Altenteilerwohnung als sonstige Einkünfte erfassen. Die gegen das Urteil des FG Nürnberg eingelegte Revision zum BFH[30] ist noch nicht entschieden. Es wird allgemein davon

26 BMF v. 13.1.1993, BStBl I S. 80.
27 Dazu 4. Rentenerlass BMF v. 11.3.2010, BStBl I 2010, S. 227.
28 BMF v. 11.3.2010, BStBl I 2010, S. 227, Rn 46; 4. Rentenerlass.
29 FG Nürnberg v. 6.2.2025, 4 K 1279/23, juris; Revision eingelegt, Az BFH: X R 5/25.
30 AZ BFH: X R 5/25.

ausgegangen, dass der BFH die Entscheidung des FG Nürnberg bestätigt, so dass auch der Nutzungs- oder Mietwert der Altenteilerwohnung vom Übernehmer als Sonderausgaben abziehbar ist, wobei die Versteuerung beim Altenteiler und Übergeber als sonstige Einkünfte berücksichtigt werden muss. Von daher bietet es sich an, in dem Übergabevertrag einen Nutzungswert für die Altenteilerwohnung mit aufzunehmen, soweit dies noch nicht vorgesehen ist. Eine Orientierungsgröße kann dabei ein örtlicher Mietspiegel oder vergleichbare Mieten sein.

b) Betriebliche Verbindlichkeiten

21 Werden betriebliche Verbindlichkeiten übernommen, bleibt die Übernahme dieser Verbindlichkeiten im Rahmen einer Gesamtbetriebsübertragung unberücksichtigt.

c) Leistungen an Geschwister

22 Hat der Übernehmer Gleichstellungs- oder Abstandsgelder an seine Geschwister zu leisten, handelt es sich um ein Veräußerungs- und Anschaffungsgeschäft, also um ein entgeltliches Geschäft. Ob sich diese Leistungen ertragsteuerlich auswirken, hängt davon ab, ob sämtliche Gegenleistungen insgesamt höher sind als das Kapitalkonto des übernommenen Betriebes (siehe Rdn 20). Wenn dies nicht der Fall ist, wirken sich diese Zahlungen ertragsteuerlich nicht aus. Muss der Hofübernehmer ein Darlehen aufnehmen, um die Leistung an seine Geschwister zu erfüllen, kann er jedoch die Zinslast als Betriebsaufwand geltend machen. Zur schenkungsteuerlichen Behandlung siehe Rdn 88.

d) Einheitstheorie

23 Zur steuerlichen Beurteilung werden zunächst alle entgeltlichen Gegenleistungen zusammengerechnet und dann im Rahmen der Einheitstheorie dem Kapitalkonto des Übergebers gegenübergestellt. Keine entgeltlichen Gegenleistungen sind das Baraltenteil, das Wohnrecht einschließlich des Nutzungswertes des Wohnrechts und auch die Übernahme von betrieblichen Verbindlichkeiten, weil diese mit dem Betrieb im Zusammenhang stehen. Als entgeltliche Gegenleistungen kommen daher nur Geschwisterabfindungen und die Übernahme von privaten Verbindlichkeiten der Übergeber in Betracht. Sind die entgeltlichen Gegenleistungen, also Übernahme von privaten Verbindlichkeiten oder Gleichstellungsgelder an Geschwister, niedriger als das Kapitalkonto des Übergebers, liegt insgesamt ein unentgeltliches Geschäft vor.[31] In diesem Fall hat der Übernehmer die Buchwerte des Übergebers uneingeschränkt fortzuführen. Nur in dem Fall, in dem die Gegenleistungen das Kapitalkonto überschreiten, ist von einem insgesamt entgeltlichen Geschäft im Rahmen der Einheitstheorie auszugehen, so dass der Übergeber in diesem Fall einen Veräußerungserlös erzielt und zu versteuern hat. Der Übernehmer hat im Gegenzug Anschaffungskosten zu erfassen. In der Land- und Forstwirtschaft ist das

31 BMF v. 13.1.1993, BStBl I S. 80, Rn 35, 38.

Kapitalkonto regelmäßig aufgrund der Eigentumsquote an landwirtschaftlichen Flächen relativ hoch, so dass in den seltensten Fällen von einem entgeltlichen Geschäft auszugehen ist.

Umgekehrt bedeutet dies gleichzeitig, dass der Übernehmer einen Teil der von ihm aufgewendeten Gegenleistungen, also insbesondere Gleichstellungsgelder an Geschwister oder die Übernahme von privaten Verbindlichkeiten der Eltern, regelmäßig steuerlich nicht bei der Einkommensteuer geltend machen kann. Soweit der Übernehmer dafür ein Darlehen aufnimmt, um diese Gleichstellungsgelder oder Gegenleistungen zahlen zu können, kann er die anfallenden Zinsen als Betriebsaufwand geltend machen. **24**

e) Versteuerung der Altenteilsleistungen

Eine Sonderregelung hat der Gesetzgeber vorgesehen für die üblichen Altenteilsleistungen, also Bar-Altenteil, Wohnrecht oder auch Pflegeleistungen. Gem. der Regelung des § 10 Abs. 1a Nr. 2 EStG stellen diese Leistungen beim Übernehmer Sonderausgaben in voller Höhe dar. Es spielt keine Rolle, ob eine dauernde Last oder eine Leibrente vereinbart worden ist. Die steuerliche Differenzierung hat der Gesetzgeber ab 2007 durch die gesetzliche Regelung des § 10 Abs. 1a Nr. 2 EStG beseitigt. Sowohl eine dauernde Last als auch eine Leibrente können in vollem Umfang vom Übernehmer als Sonderausgaben steuerlich geltend gemacht werden. Nach Auffassung des FG Nürnberg gilt dies auch für den Miet- oder Nutzungswert der Altenteilerwohnung, für welchen ebenfalls der Sonderausgabenabzug in Anspruch genommen werden kann. Gegen das Urteil hat die Finanzverwaltung Revision zum BFH eingelegt.[32] Bislang lässt die Finanzverwaltung den Miet- oder Nutzungswert der Altenteilerwohnung nicht zum Sonderausgabenabzug zu.[33] **25**

Korrespondierend müssen die Übergeber diese Leistungen als sonstige Einnahmen gem. § 22 EStG versteuern. Es gilt ein strenges Korrespondenzprinzip. Nur solche Leistungen sind beim Übernehmer als Sonderausgaben abziehbar, die gleichzeitig beim Übergeber steuerpflichtige Einkünfte darstellen. Da die Eltern im Regelfall einen altersbedingt niedrigeren Einkommensteuertarif als der Unternehmer haben, errechnet sich daraus ein Steuervorteil auf Ebene der Gesamtfamilie. **26**

f) Steuerliches Privatvermögen

Andere Regeln gelten, wenn der landwirtschaftliche Betrieb dem steuerlichen Privatvermögen zuzuordnen ist. Werden in dieser Konstellation Altenteils- oder Gegenleistungen vereinbart, ist nicht von einer unentgeltlichen Übertragung, sondern von einer teilentgeltlichen Übertragung auszugehen. Die Leistungen sind aufzuteilen in den entgeltlichen und **27**

32 FG Nürnberg v. 6.2.2025, 4 K 1279/23, juris; Az BFH: X R 5/25.
33 BMF v. 11.3.2010, BStBl I 2010, S. 227, Rn 46.

den unentgeltlichen Teil, es ist zu differenzieren zwischen dem Zinsanteil und dem Baranteil der Leistung. Es ist eine komplizierte Berechnung nach den Vorgaben des 4. Rentenerlasses vorzunehmen.[34] Der Zinsanteil ist der Besteuerung zu unterwerfen, der Baranteil im Regelfall steuerfrei, wenn die Privatisierung schon länger als zehn Jahre gem. § 23 Abs. 1 EStG zurückliegt.

28 Liegt steuerliches Privatvermögen vor, ist statt einer Altenteils- oder Gegenleistung besser ein Nießbrauchsrecht zu vereinbaren. Dies ist das Standardgestaltungsinstrument bei der Übertragung von steuerlichem Privatvermögen.

4. Besonderheiten steuerlicher Wahlrechte

a) Rücklage gem. § 6b EStG

29 Gem. § 6 Abs. 3 EStG ist der Übernehmer verpflichtet, die Buchwerte des Übergebers fortzuführen. Er hat kein eigenes Wahlrecht, von diesen Werten abzuweichen. Hat der Übergeber eine steuerliche Rücklage gem. §§ 6b, 6c EStG gebildet, muss der Betriebsübernehmer daher auch diese fortführen.[35] Eine Rücklage gem. §§ 6b, 6c EStG ist kein Wirtschaftsgut, sondern nur ein Bilanzierungswahlrecht, welches bei einer Übertragung gem. § 6 Abs. 3 EStG vom Übergeber nicht zurückgehalten werden kann. Bildlich gesprochen klebt es am Betriebsvermögen des Übergebers und geht auf jeden Fall mit auf den Übernehmer über.

Dies bedeutet in der Konsequenz, dass der Übergeber eine Veräußerung der Fläche vorgenommen und den zu versteuernden Gewinn in einer Rücklage zunächst geparkt hat. Wenn zwischenzeitlich die Hofübergabe stattfindet, übernimmt der Übernehmer diese latente Steuerbelastung und muss, soweit er nicht reinvestieren kann oder er nicht die finanziellen Mittel hat, die Steuerlast tragen. Würde der Übergeber dem Übernehmer in diesem Fall die Geldmittel für eine Reinvestition zur Verfügung stellen, ist dies eine gesonderte Schenkung, die nicht sachlich begünstigt ist.[36] Diese ist auf den persönlichen Freibetrag des Übernehmers anzurechnen.

b) Teilwertabschreibung und Wertaufholung

30 Ein vergleichbares Risiko für den Übernehmer besteht in den Fällen, in denen der Übergeber eine Teilwertabschreibung auf Wirtschaftsgüter, insbesondere auf Flächen, gem. § 6 Abs. 1 S. 1 Nr. 2 EStG vorgenommen hat. Da der Übernehmer zwingend die Buchwerte des Übergebers fortzuführen hat, kann es bei einem Ansteigen der Bodenpreise dazu kommen, dass der Übernehmer eine Wertaufholung des Buchwertes der Flächen

34 4. Rentenerlass BMF v. 11.3.2010, BStBl I 2010, S. 227, Rn 69.
35 BFH v. 22.9.1994, IV R 61/93, BStBl II 1995, S. 367.
36 BFH v. 23.4.2009, IV R 9/06, BStBl II 2010, S. 664.

steuerlich zu erfassen hat. Dies folgt aus der Regelung des § 6 Abs. 1 S. 1 Nr. 2 S. 3 EStG. Es ist zu jedem Bilanzstichtag zu prüfen, ob der niedrigere Teilwert noch mit der Realität übereinstimmt. Auch hier hatte der Übergeber den steuerlichen Vorteil, der steuerliche Nachteil liegt beim Übernehmer. Im Rahmen einer vorweggenommenen Übertragung landwirtschaftlicher Betriebe ist aus Sicht des Übernehmers daher sorgfältig die Bilanz insgesamt und die einzelnen Bilanzpositionen im Besonderen zu überprüfen.

5. Höfeordnung und Einkommensteuerrecht

Die höferechtlichen Begriffe Hofvermögen und hoffreies Vermögen sind nicht deckungs- 31
gleich und streng zu unterscheiden von den steuerlichen Begriffen Betriebsvermögen und Privatvermögen. Während die höferechtlichen Begrifflichkeiten ausschließlich in diesem Rechtsgebiet gelten und erbrechtlichen Charakter haben, ist der steuerliche Begriff des Betriebsvermögens oder des Privatvermögens nur für Zwecke der Einkommensteuer heranzuziehen. Es gibt keine Deckungsgleichheit, auch wenn es Überschneidungen geben kann. Wird ein Betrieb im Rahmen einer Hofaufgabeerklärung aus der HöfeO herausgenommen, bedeutet dies nicht gleichzeitig eine steuerliche Betriebsaufgabe gem. §§ 14 Abs. 1, 16 Abs. 3 EStG. Die Begriffe Betriebsaufgabe und Abwahl der HöfeO stehen nebeneinander und haben keine (steuer-)rechtliche Verbindung. Eine steuerliche Betriebsaufgabe kann nur durch eindeutige Erklärung gegenüber der Finanzverwaltung gem. § 16 Abs. 3b EStG erfolgen. Die Abwahl der HöfeO, also die Hofaufgabeerklärung, erfüllt nicht die Kriterien einer steuerlichen Betriebsaufgabe i.S.d. § 16 Abs. 3b EStG.

Zählen Wirtschaftsgüter zum gewillkürten steuerlichen Betriebsvermögen, sind sie nicht 32
zwingend auch gleichzeitig Hofesvermögen. Dies trifft besonders in den Fällen zu, in denen ein Mehrfamilienhaus dem steuerlichen – gewillkürten – Betriebsvermögen zuzuordnen ist, was aber nicht zwingend Hofesvermögen darstellt. Soweit im Rahmen der HöfeO eine lebzeitige Übertragung des Hofvermögens erfolgt, ist in diesen Fällen besonders darauf zu achten, dass auch weiteres zum ertragsteuerlichen Betriebsvermögen zählendes Vermögen, welches nicht Hofesvermögen darstellt, auf den Hofnachfolger übergeht. Wird dies nicht geregelt, läge in Höhe des Anteils, in dem der Hofnachfolger nicht an diesem Wirtschaftsgut beteiligt ist, eine steuerpflichtige Entnahme vor. Werden daher Betriebe unentgeltlich übertragen, die gleichzeitig Hof i.S.d. HöfeO darstellen, ist darauf zu achten, dass neben dem Hofesvermögen auch das hoffreie Vermögen, welches steuerliches Betriebsvermögen darstellt, auf den Hofnachfolger mit übertragen wird.

II. Schenkungsteuer

Landwirtschaftliche Betriebe werden im Rahmen der Erbschaft- und Schenkungsteuer 33
besonders behandelt. Es ist zu differenzieren zwischen der Bewertung eines landwirt-

schaftlichen Betriebs (1. Stufe) und der Besteuerung des Betriebs (2. Stufe). Bei der Bewertung spielt es keine Rolle, ob der landwirtschaftliche Betrieb zu Lebzeiten – dann Schenkungsteuer – oder im Todesfall – dann Erbschaftsteuer – übertragen wird, die Bewertungsregeln sind identisch.

1. Bewertung land- und forstwirtschaftlicher Betriebe – 1. Stufe

34 Landwirtschaftliche Betriebe werden für Zwecke der Erbschaft- und Schenkungsteuer nach den besonderen Regeln der §§ 158–175 BewG bewertet. Ansatzpunkt der Bewertung ist nicht der Verkehrswert, sondern ein besonderer Bedarfswert. Dieser Wert gilt auch für Zwecke der Grunderwerbsteuer.

a) Umfang des Betriebs

35 Zum land- und forstwirtschaftlichen Betrieb zählen alle Wirtschaftsgüter, welche für die Bewirtschaftung erforderlich sind. Dies sind die Flächen, die Wirtschaftsgebäude, das Inventar und die immateriellen Wirtschaftsgüter wie Prämienansprüche. Auch das Wohngebäude mit dem dazugehörigen Grund und Boden zählt zum landwirtschaftlichen Vermögen. Hinzuweisen ist an dieser Stelle bereits, dass Wohngebäude jedoch nicht der sachlichen Befreiung des landwirtschaftlichen Vermögens gem. § 13b Abs. 2 Nr. 1 ErbStG unterfallen. Nicht dazu zählen Flächen oder Gebäude, die nicht mehr für landwirtschaftliche Zwecke genutzt werden, also z.B. an Gewerbetreibende verpachtet sind. Nicht dazu zählt gem. § 158 Abs. 4 BewG auch das Geschäftsguthaben, Wertpapiere und Beteiligungen sowie Geldforderungen und Zahlungsmittel. Das Betriebskonto zählt daher schenkungsteuerlich nicht zum landwirtschaftlichen Vermögen und ist gesondert zu bewerten.

36 Landwirtschaftliche Flächen, die in einem Bebauungsplan liegen oder die in absehbarer Zeit eine Bebauung zugänglich gemacht werden können, sind gem. § 159 BewG dem Grundvermögen und nicht mehr dem land- und forstwirtschaftlichen Vermögen zuzuordnen. Dies gilt nicht für die Hofstelle sowie eine Umgriffsfläche von 1 ha rund um die Hofstelle (§ 159 Abs. 3 S. 2 BewG). Flächen, auf denen sich Anlagen zur Erzeugung von erneuerbaren Energien, also Windkraftanlagen oder Freiflächen-PV-Anlagen befinden, sollen nach Auffassung der Finanzverwaltung ebenfalls nicht zum landwirtschaftlichen Vermögen zählen, sondern sind dem Grundvermögen zuzuordnen. Diese Rechtsauffassung vertreten die Bundesländer in gleich lautenden Erlassen zur Bewertung von Grundstücken mit Windkraftanlagen oder Freiflächen-PV-Anlagen.[37] Dies gilt nicht, soweit es sich um eine Agri-PV-Anlage gemäß der Kategorie I oder II der DIN-SPEC 91434 handelt. Die Bodenwertermittlung erfolgt in diesen Fällen durch eine Kapitalisierung des

37 Oberste Finanzbehörden der Länder v. 6.3.2024, BStBl I S. 378.

Nutzungsentgelts und einer Hinzurechnung des abgezinsten Bodenwertes für die jeweilige Restvertragslaufzeit.

b) Aktive oder verpachtete Betriebe, Stückländerei

Die eigentliche Bewertung des landwirtschaftlichen Vermögens gilt sowohl für aktiv be- 37
wirtschaftete als auch für verpachtete Betriebe. Die Verpachtung wird als andere Form der aktiven Bewirtschaftung angesehen. Durch die Ergänzung des § 158 Abs. 2 BewG um einen Satz 3 ist geklärt, dass die Verpachtung von Flächen eine andere Form der aktiven Bewirtschaftung darstellt. Diese Gesetzesänderung ist erforderlich gewesen, weil der BFH den bewertungsrechtlichen Begriff des Betriebs der Land- und Forstwirtschaft tätigkeitsbezogen verstehen wollte und dafür verlangt hat, dass der Steuerpflichtige die Land- und Forstwirtschaft selber betreibt.[38] Auf dieses Urteil hat die Finanzverwaltung mit einem Nichtanwendungserlass reagiert,[39] anschließend erfolgte die bereits genannte Gesetzesänderung. Dabei ist nun auch gesetzlich geregelt, dass eine Fläche dann zum landwirtschaftlichen Vermögen i.S.d. Bewertungsrechtes zählt, wenn diese vom Eigentümer oder einem Pächter für landwirtschaftliche Zwecke genutzt wird, wobei Brachland, Stilllegungsflächen oder auch Unland ebenfalls dazu zählen. Auch spielt es keine Rolle, ob der landwirtschaftliche Betrieb bei der Einkommensteuer dem Betriebsvermögen oder dem Privatvermögen zuzuordnen ist. Entscheidend ist allein die landwirtschaftliche Nutzung, nicht aber die einkommensteuerliche Einordnung. Soweit Flächen zum Zeitpunkt der Bewertung, also zum Zeitpunkt des wirtschaftlichen Übergangs, für länger als 15 Jahre verpachtet sind, gelten diese Einzelflächen als Stückländereien gem. § 160 Abs. 7 BewG. Solche Stückländereiflächen sind gesondert zu bewerten und für sie ist ein gesonderter Grundbesitzwert gem. § 168 Abs. 2 BewG festzustellen. Dies hängt damit zusammen, dass diese Flächen erbschaftsteuerlich nicht sachlich befreit sind gem. § 13b Abs. 1 ErbStG.

c) Reingewinn-, Mindestwertverfahren

Bei der Bewertung des landwirtschaftlichen Vermögens ist zu differenzieren zwischen 38
dem Reingewinnverfahren gem. § 163 BewG und dem Mindestwertverfahren gem. § 164 BewG.[40] Insgesamt gibt es fast 800 Kategorien, in welche land- und forstwirtschaftliche Betriebe eingeordnet werden können. Dabei wird differenziert zwischen dem Bundesland, der Nutzungsart und der Betriebsgröße. Im Schnitt kann man als Faustzahl einen Wertansatz von 8.000 EUR/ha als Höchstwert zugrunde legen.[41]

38 BFH v. 16.11.2022, II R 39/20, BStBl II 2024, S. 246.

39 Gleich lautende Erlasse der Obersten Finanzbehörden der Länder v. 19.2.2024, BStBl I 2024, S. 380.

40 Zu den Einzelheiten Leingärtner/*Stephany*, Kap. 93.

41 Leingärtner/*Stephany*, Kap. 93, Rn 305.

39 Das Reingewinnverfahren orientiert sich an der Ertragsmöglichkeit des Vermögens. Es basiert auf Feststellungen des landwirtschaftlichen Testbetriebsnetzes, welches vom Bundesministerium für Ernährung und Landwirtschaft (BMEL)[42] jährlich erhoben werden. Im Rahmen dieses Verfahrens können Schulden nicht gesondert angesetzt werden, weil die Ertragsfähigkeit nach Abzug des Kapitaldienstes Maßstab der Bewertung ist. Die Zahlen selber kommen aus dem Testbetriebsnetz des BMLEH. Da es bei dem Reingewinnverfahren in der Regel zu negativen oder nur knapp positiven Werten kommt, greift eher das Mindestwertverfahren. Im Rahmen des Mindestwertverfahrens können betriebliche Schulden berücksichtigt werden, wobei aber insgesamt kein negativer Wert entstehen darf.

d) Behaltensfrist und Nachbewertung

40 Diese günstige Art der Bewertung mit Ertragswerten ist mit einer Behaltensfrist von 15 Jahren nach dem Stichtag der Übertragung, wobei hier nicht auf den obligatorischen Vertrag, sondern auf den Übergang des wirtschaftlichen Eigentums abzustellen ist, versehen. Soweit innerhalb von 15 Jahren eine Veräußerung einzelner Flächen oder Gebäude stattfindet, hat eine Nachbewertung nach den Regeln des § 162 Abs. 3, 4 BewG stattzufinden. Es ist ein Liquidationswert gem. § 166 BewG zu ermitteln. Der Liquidationswert ist bei Flächen der vom Gutachterausschuss zum Zeitpunkt der Schenkung zuletzt festgestellte Bodenrichtwert abzüglich eines Abschlags von 10 %. Für Gebäude ist eine Bewertung nach den Regeln für das Grundvermögen vorzunehmen. Bei allen anderen Wirtschaftsgütern, also insbesondere dem Inventar, ist eine Verkehrswertbewertung auf den Stichtag der Schenkung vorzunehmen. Dies gilt allerdings nur für wesentliche Wirtschaftsgüter mit einem Wert von mind. 50.000 EUR.[43]

e) Wohnungen

41 Soweit Betriebswohnungen oder der Wohnteil, bestehend aus der Betriebswohnung oder dem Altenteilerhaus, mitübertragen werden, sieht § 167 BewG vor, dass diese Gebäude nach den üblichen Regeln für das Grundvermögen bewertet werden. Für die land- und forstwirtschaftlichen Besonderheiten gibt es einen Wertabschlag von 15 %, zudem ist für die den Wohngebäuden zuzuordnende Grundfläche maximal das fünffache der bebauten Fläche anzusetzen. Soweit der Steuerpflichtige einen niedrigeren Wertansatz geltend machen will, kann er das Gutachten eines öffentlich bestellten Gutachters gem. § 167 Abs. 4 BewG beibringen. Die Wohnungen, also sowohl die Betriebswohnungen als auch der Wohnteil, nehmen nicht an der sachlichen Steuerbefreiung für das landwirtschaftliche Vermögen gem. § 13b Abs. 2 Nr. 1 ErbStG teil.

42 Die aktuelle Bezeichnung seit 2025 lautet: Bundesministerium für Landwirtschaft, Ernährung und Heimat (BMLEH).
43 ErbStR B 162 Abs. 4.

f) Grundbesitzwert landwirtschaftliches Vermögen

Die Bewertung des landwirtschaftlichen Betriebs hat durch das Belegenheits-Finanzamt zu erfolgen. Das Belegenheits-Finanzamt hat dann entsprechende Grundbesitzwerte gem. § 168 BewG festzustellen. Darin ist zu differenzieren zwischen dem Wert des landwirtschaftlichen Wirtschaftsteils, dem Wert der Betriebswohnungen und dem Wert des Wohnteils. Zudem sind Stückländereiflächen gesondert festzustellen. 42

2. Besteuerung – 2. Stufe

Landwirtschaftliches Vermögen gilt als begünstigtes Vermögen für Zwecke der Erbschaft- und Schenkungsteuer gem. § 13b Abs. 1 Nr. 1 ErbStG. Es handelt sich um eine umfassende sachliche Befreiung. Diese sachliche Befreiung umfasst die landwirtschaftlich genutzten Flächen, die Wirtschaftsgebäude sowie das gesamte Inventar. Es spielt keine Rolle, ob es sich um eine Selbstbewirtschaftung oder eine Verpachtung handelt. Ebenfalls spielt es keine Rolle, ob es sich ertragsteuerlich um Privatvermögen oder Betriebsvermögen handelt. Voraussetzung ist allein eine entsprechende Festsetzung gem. § 168 Abs. 1 Nr. 1 BewG. 43

Stückländereien, also Flächen, die zum Stichtag der Übertragung für mehr als 15 Jahre verpachtet sind, zählen nicht zum erbschaftsteuerlich begünstigten Vermögen. Dagegen zählen Flächen, die wegen ihrer Bebaubarkeit dem Grundvermögen gem. § 159 BewG zuzuordnen sind, dann noch zum erbschaftsteuerlichen begünstigten Vermögen, wenn diese Flächen selber bewirtschaftet werden. Damit können auch Baulandflächen in den Genuss der sachlichen Befreiung für das land- und forstwirtschaftliche Vermögen gelangen. 44

Nicht zum landwirtschaftlich begünstigten Vermögen zählen sämtliche Wohngebäude, also sowohl das Betriebsleiterhaus, das Altenteilerhaus, Betriebswohnungen oder fremdvermietete Wohneinheiten. Für fremdvermietete Wohneinheiten kann ein Abschlag von 10 % gem. § 13d ErbStG in Anspruch genommen werden. Ebenfalls nicht zum erbschaftsteuerlich begünstigten Vermögen zählt das Betriebskonto, Geldforderungen oder auch Beteiligungen. 45

Die Inanspruchnahme der sachlichen Erbschaftsteuerbefreiung für das land- und forstwirtschaftliche Vermögen steht unter mehreren Voraussetzungen. So kann eine Befreiung von 85 % und ein Abschlag von 150.000 EUR in Anspruch genommen werden, wenn der Betrieb unverändert fünf Jahre weitergeführt wird. Eine Befreiung von 100 % kann in Anspruch genommen werden, wenn der Betrieb sieben Jahre fortgeführt wird. Erfolgt innerhalb dieser Behaltensfristen von fünf Jahren oder sieben Jahren eine Veräußerung einzelner Wirtschaftsgüter oder des gesamten Betriebs, fällt die erbschaftsteuerliche Befreiung anteilig weg. Für jedes volle Jahr der Betriebsfortführung verbleibt 46

1/5 oder 1/7 der Befreiung. Die Befreiung fällt nur dann nicht weg, wenn eine Reinvestition innerhalb von sechs Monaten erfolgt.

47 Innerhalb der Frist von fünf Jahren dürfen zudem keine Überentnahmen von mehr als 150.000 EUR vorliegen. Der Betriebsnachfolger darf daher nicht mehr als 150.000 EUR über den von ihm erwirtschafteten Gewinn hinaus aus dem Betrieb entnehmen. Weiterhin ist eine Lohnsummenklausel zu berücksichtigen. Diese greift jedoch erst ab einer Arbeitnehmerzahl von mehr als fünf Beschäftigten, welche bei den klassischen landwirtschaftlichen Betrieben im Regelfall nicht gegeben sein wird.[44]

48 Im Ergebnis können daher landwirtschaftliche Betriebe im Rahmen einer lebzeitigen Schenkung komplett steuerfrei übertragen werden, weil für das originär landwirtschaftlich genutzte Vermögen, also die Flächen, Wirtschaftsgebäude und das Inventar, eine sachliche Befreiung greift. Für alle anderen Wirtschaftsgüter muss der persönliche Freibetrag des Übernehmers ausreichen, wenn keine Schenkungsteuer anfallen soll.

III. Grunderwerbsteuer

49 Gehen landwirtschaftliche Betriebe im Rahmen der vorweggenommenen Erbfolge von der Elterngeneration auf die Kindergeneration über, also in gerader Linie, gilt die allgemeine Grunderwerbsteuerbefreiung gem. § 3 Nr. 6 GrEStG. Danach ist der Erwerb durch Personen, die mit dem Veräußerer in gerader Linie verwandt sind, steuerfrei. Dies gilt auch bei dem Übergang auf Stiefkinder oder Ehegatten.

50 Erfolgt eine Übertragung außerhalb der geraden Verwandtschaftslinie, greift die allgemeine Befreiung von der Grunderwerbsteuer, soweit es sich um eine Schenkung gem. § 3 Nr. 2 GrEStG handelt. Problematisch sind die Fälle, in denen außerhalb der geraden Verwandtschaftslinie, also zwischen Onkel und Tante einerseits und Neffe und Nichte andererseits, ein landwirtschaftlicher Betrieb schenkweise übertragen und Gegenleistungen wie z.B. ein Bar-Altenteil, ein Wohnrecht oder ein Nießbrauchsvorbehalt, vereinbart werden. Diese Auflagen, die bei der Schenkungsteuer abziehbar sind, lösen in diesem Umfang eine Grunderwerbsteuerbelastung aus.

51 Die Bewertung für grunderwerbsteuerliche Zwecke bestimmt sich gem. § 8 GrEStG. Es sind gem. § 8 Abs. 2 GrEStG die gleichen Regeln anzuwenden wie für die Bewertung für Zwecke der Erbschaft- und Schenkungsteuer.

52 Das GrEStG ist zwar ein Bundesgesetz, die Höhe der Grunderwerbsteuersätze wird jedoch von den Ländern selbstständig bestimmt. Derzeit differiert die Grunderwerbsteuer zwischen 3,5 % und 6,5 % je nach Bundesland.

44 Zur Berechnung siehe Leingärtner/*Stephany*, Kap. 96, Rn 34 ff.

IV. Umsatzsteuer

Die vorweggenommene, lebzeitige Übertragung eines landwirtschaftlichen Betriebs gilt umsatzsteuerlich gem. § 1 Abs. 1a UStG als Geschäftsveräußerung im Ganzen. Bei einer Geschäftsveräußerung im Ganzen im umsatzsteuerlichen Sinne ist von einem nicht steuerbaren Umsatz auszugehen, so dass keine Umsatzsteuerpflicht entsteht. 53

Umsatzsteuerlich tritt der Nachfolger als neuer Unternehmer in die Fußstapfen des Übergebers. Soweit der Übergeber bestimmte umsatzsteuerliche Wahlrechte in Anspruch genommen hat, ist der Übernehmer an diese Fristen gebunden. 54

Dies gilt insbesondere für die Sonderregelung der Umsatzsteuerpauschalierung für landwirtschaftliche Betriebe gem. § 24 UStG. Soweit der Übergeber diese Sonderregelung abgewählt und damit zur Regelbesteuerung optiert hat, gilt diese Erklärung für fünf Jahre gem. § 24 Abs. 4 UStG. Sind diese fünf Jahre zum Zeitpunkt der Übergabe noch nicht abgelaufen, ist der Übernehmer an die Frist des Rechtsvorgängers gebunden. Soweit die Frist von fünf Jahren bereits abgelaufen ist, kann der Übernehmer unmittelbar die Umsatzsteuerpauschalierung gem. § 24 UStG anwenden. Die Umsatzsteuerpauschalierung kann ab 2022 nur noch dann angewendet werden, wenn der Gesamtumsatz gem. § 19 Abs. 3 UStG im Vorjahr nicht höher als 600.000 EUR war. 55

Der Übernehmer hat darüber hinaus die Vorsteuerkorrekturfristen des § 15a UStG zu berücksichtigen, falls er von der Pauschalierung gem. § 24 UStG zur Regelbesteuerung wechseln will oder umgekehrt. In beiden Fällen gelten für ihn die vom Übergeber bereits ausgelösten Fristen fort. 56

V. Gewerbesteuer

Landwirtschaftliche Einkünfte unterliegen nicht der Gewerbesteuer. Soweit landwirtschaftliche Betriebe neben den originär landwirtschaftlichen Umsätzen auch gewerbliche Umsätze erzielen, gelten besondere Abgrenzungskriterien gem. R 15.5 EStR. Der Landwirtschaft wesensnahe gewerbliche Einkünfte können bis zu einem Umsatz von 51.500 EUR, maximal aber ⅓ des Gesamtumsatzes, noch zu den landwirtschaftlichen Einkünften gerechnet werden, auch wenn sie eigentlich gewerbliche Einkünfte darstellen. Die beiden Grenzwerte gelten sowohl für Umsätze aus dem Handel mit Produkten, also dem Zukauf und Verkauf von landwirtschaftlichen Produkten, als auch für landwirtschaftliche Dienstleistungen. Maximal können daher Umsätze bis 103.000 EUR, höchstens aber ⅓ des Gesamtumsatzes, noch den landwirtschaftlichen Einkünften zugeordnet werden. 57

VI. Grundsteuer

58 Das BVerfG hat in mehreren Verfahren am 10.4.2018 entschieden,[45] dass die bisherige Einheitsbewertung nach Maßgabe der Verhältnisse von 1964 kein geeignetes Kriterium für Zwecke der Bewertung von landwirtschaftlichem Vermögen oder Grundvermögen mehr ist. Der Gesetzgeber ist daraufhin aktiv geworden und hat die Einheitsbewertung durch eine neue Grundsteuerwertfeststellung ersetzt. Die neuen Grundsteuerwerte sind bundesweit auf den 1.1.2022 neu festgestellt worden. Dabei wird differenziert zwischen dem Bundesmodell, welches in elf Bundesländern angewendet wird, sowie spezifischen Ländermodellen in den Bundesländern Baden-Württemberg, Bayern, Hamburg, Hessen und Niedersachsen. Daneben gibt es teilweise Landesgrundsteuergesetze, die Regelungen über differenzierte Hebesätze im Rahmen des Grundvermögens vorsehen. Für das land- und forstwirtschaftliche Vermögen gelten in allen Bundesländern die gleichen Voraussetzungen, die Differenzierungen der Bundesländer untereinander zwischen dem Bundesmodell und den jeweiligen Ländermodellen bezieht sich immer nur auf das Grundvermögen.

59 Erstmalig sind die neuen Regeln der Grundsteuerwertfeststellung mit dem Hauptfeststellungszeitraum 1.1.2022 auf den Grundsteuererhebungszeitraum 2025 anzuwenden. Die Kommunen haben entsprechend des ihnen zustehenden Hebesatzrechts Entscheidungen zur Festsetzung der Höhe der Grundsteuer A, der Grundsteuer B und der Grundsteuer C getroffen. In einigen Bundesländern wird darüber hinaus differenziert bei der Grundsteuer B zwischen dem Hebesatz B1 für Wohngrundstücke und B2 für Nichtwohngrundstücke. Die neuen Regeln für die Bewertung des landwirtschaftlichen Vermögens für Zwecke der Grundsteuer ab dem 1.1.2022 finden sich in den §§ 232 bis 242 BewG. Das landwirtschaftliche Vermögen umfasst dabei alle Flächen, Wirtschaftsgebäude und das Inventar- und Tiervermögen. Nicht erfasst bei der Bewertung des land- und forstwirtschaftlichen Vermögens sind die Wohngebäude, also Betriebsleiterhaus, Altenteilerhaus, Betriebswohnungen oder auch Unterkünfte für Saisonarbeitskräfte. Diese Gebäudlichkeiten zählen zum Grundvermögen. Bei der Übertragung eines landwirtschaftlichen Betriebes im Rahmen der vorweggenommenen Erbfolge oder auch im Todesfall liegt bewertungsrechtlich eine Zurechnungsfortschreibung vor. Der bisherige Grundsteuerwertfeststellungsbescheid für den Übergeber wird aufgehoben und für den Übernehmer wird bei gleichbleibender Bemessungsgrundlage und -werten der Grundsteuerfeststellungswert entsprechend der Änderung der tatsächlichen Verhältnisse zum Beginn des folgenden Kalenderjahres neu festgestellt. Durch die Übertragung ergeben sich daher keine Änderungen hinsichtlich des Grundsteuerwertfeststellungsbescheides und auch keine Änderung im Hinblick auf den Grundsteuermessbescheid.

45 BVerfG, Urt. v. 10.4.2018, BGBl I 2018, S. 531.

B. Begriff des landwirtschaftlichen Betriebsvermögens

Bei der Übertragung eines landwirtschaftlichen Betriebes im Rahmen der vorweggenommenen Erbfolge ist einkommensteuerlich eine Begünstigung nur dann gegeben, wenn der Betrieb als Sachgesamtheit übertragen wird. Fragen stellen sich hinsichtlich von Teilbetrieben wie z.B. Forst und der Möglichkeit eines Flächenrückbehaltes. Für Zwecke der Ertragsteuer (Einkommensteuer, Gewerbesteuer, Körperschaftsteuer) wird differenziert zwischen dem steuerlichen Betriebsvermögen und dem steuerlichen Privatvermögen. Nicht behandelt wird hier die bewertungsrechtliche Begrifflichkeit des landwirtschaftlichen Vermögens einerseits und des Grundvermögens andererseits. Diese Begrifflichkeiten unterscheiden sich, die ertragsteuerlichen Begriffe des Betriebsvermögens sind nicht deckungsgleich mit dem bewertungsrechtlichen Begriff des landwirtschaftlichen Vermögens. Dies wird daraus deutlich, dass für Zwecke der Erbschaftsteuer das landwirtschaftliche Vermögen heranzuziehen ist, welches sich aus steuerlichem Betriebs- und Privatvermögen zusammensetzen kann. 60

I. Sachgesamtheit

Die Übertragung eines Betriebes von der einen Generation auf die nächste Generation ist gem. § 6 Abs. 3 EStG steuerneutral zwingend zu Buchwerten umzusetzen, wenn ein gesamter Betrieb übertragen wird. Dabei stellt der Gesetzgeber auf die Sachgesamtheit des betrieblichen Vermögens ab. Es sind alle funktional wesentlichen Wirtschaftsgüter zu übertragen. 61

In der Land- und Forstwirtschaft sind in erster Linie die Flächen funktional wesentliche Wirtschaftsgüter. Wirtschaftsgebäude zählen nur dann zu den funktional wesentlichen Wirtschaftsgütern, wenn ohne sie die betriebliche Tätigkeit nicht oder nicht ohne Weiteres durchgeführt werden kann. So sind nur bei Tierhaltungsbetrieben die Gebäude wesentliche Betriebsgrundlagen. Bei einem reinen Ackerbaubetrieb, der zur Unterstellung seiner Maschinen oder zur Zwischenlagerung seine Ernteerlöse jederzeit auf Leichtbauhallen, Lagerkapazitäten bei der aufnehmenden Hand (Warenhandelsgesellschaften) oder auf Lohnunternehmerleistungen zurückgreifen kann, stellen Wirtschaftsgebäude dagegen keine wesentliche Betriebsgrundlage mehr dar.[46] Auch das Inventar und immaterielle Wirtschaftsgüter wie Zahlungsansprüche nach der gemeinsamen Agrarpolitik der EU (GAP) zählen nicht zu den wesentlichen Betriebsgrundlagen, weil diese relativ einfach und leicht am Markt erworben werden können. Eine Ausnahme besteht nur für Pachtbetriebe, bei denen u.U. das Inventar eine wesentliche Betriebsgrundlage darstellen kann.[47] 62

46 Beck OK EStG, § 13 EStG Rn 463.
47 Zum Begriff der funktional wesentlichen Betriebsgrundlage LfSt Bayern v. 8.10.2024, DStR 2025, S. 345.

63 Aus notarieller Sicht ist es daher von großer Wichtigkeit, sorgfältig den Übertragungsgegenstand mit allen Flächen zu erfassen und aufzunehmen. Ein gewisser Flächenrückbehalt lässt der steuerliche Gesetzgeber zu (siehe unten).

II. Teilbetrieb

64 Auch die Übertragung eines Teilbetrieb ist einkommensteuerlich gem. § 6 Abs. 3 S. 1 EStG begünstigt. Soweit der Teilbetrieb insgesamt mit allen wesentlichen Betriebsgrundlagen übertragen wird, erfolgt eine zwingende Buchwertfortführung, also eine Übertragung ohne Aufdeckung von stillen Reserven und damit ohne eine Steuerlast.

65 Von einem Teilbetrieb spricht man, wenn ein organisatorisch mit einer gewissen Selbstständigkeit ausgestatteter Teil eines Betriebes der Land- und Forstwirtschaft vorliegt.[48] Für den Bereich der Land- und Forstwirtschaft ist von einer organisatorischen Zusammenfassung personeller, sachlicher und anderer Arbeitsmittel zu einer selbstständigen Einheit auszugehen. Es muss ein solcher Teilbetrieb mit einer gewissen Selbstständigkeit ausgestattet, organisch ein geschlossener Teil des Gesamtbetriebes und für sich selber lebensfähig sein. Anders und in Abgrenzung zu gewerblichen Betrieben ist für die Annahme eines Teilbetriebs in der Landwirtschaft nicht die örtliche Trennung, Verwendung anderer Betriebsmittel, anderes Anlagevermögen, eigener Kundenstamm, eigenes Personal oder eigene Buchführung ausschlaggebend, sondern eine eigene Hofstelle und besonders das jeweilige Anlagevermögen mit der Nutzungsmöglichkeit der einzelnen Flächen von entscheidender Bedeutung. Der Forstbetriebsteil eines Land- und Forstwirts gilt daher immer als Teilbetrieb.[49] Ebenfalls als Teilbetrieb angesehen werden können die verschiedenen bewertungsrechtlichen Nutzungen wie Weinbau, Gartenbau oder sonstige landwirtschaftliche Nutzung. In der Landwirtschaft ist jedenfalls zu trennen zwischen einem Teilbetrieb und einem Betriebsteil. So stellen die Schweinehaltung einerseits und der Ackerbau andererseits jeweils Betriebsteile, nicht aber selbstständige Teilbetriebe im einkommensteuerlichen Sinne dar.

III. Flächenrückbehalt

66 Die einkommensteuerliche Regelung des § 6 Abs. 3 S. 1 EStG stellt auf die Übertragung aller funktional wesentlichen Betriebsgrundlagen ab. Gefestigte Rechtsprechung des BFH ist es, dass hier eine Wesentlichkeitsgrenze von 90 % gezogen wird.[50] Diese Grenze wird in erster Linie auf die Flächenausstattung des Betriebes berechnet. So auch mittler-

48 BFH v. 29.3.2001, IV R 62/99, BFH/NV 2001, S. 1248.
49 BMF v. 18.5.2018, BStBl I 2018, S. 689.
50 BFH 8.9.2005, IV B 101/04, BFH/NV 2006, S. 53; Beck OK EStG, § 13 EStG Rn 461.

weile die gesetzliche Regelung des § 14 Abs. 2 EStG. Dies bedeutet im Umkehrschluss, dass bis zu 10 % der landwirtschaftlichen Flächen vom Übergeber zurückbehalten werden können, ohne dass die Steuerneutralität der Übertragung des Hauptbetriebes an den Vermögensnachfolger gefährdet ist, also die Steuerneutralität gem. § 6 Abs. 3 S. 1 EStG verloren gehen könnte. Bei einem 50 ha-Betrieb können daher 5 ha landwirtschaftliche Nutzfläche LN zurückbehalten werden, bei einem Betrieb mit 150 ha Betriebsfläche sogar bis zu 15 ha LN.[51]

Der Rückbehalt von Flächen kann ein interessantes Gestaltungsmodell sein, um damit **67** weichende Erben abzufinden oder für den Lebensabend Flächen auf dem Namen des bisherigen Betriebsinhabers zu belassen (siehe Rdn 16).

IV. Schenkungsteuer

Begünstigtes Vermögen gem. § 158 BewG ist der landwirtschaftliche Betrieb. Entschei- **68** dend ist der tatsächliche Übertragungsgegenstand. Dies bedeutet im Umkehrschluss, dass der Umfang des landwirtschaftlichen Betriebes bestimmt wird durch den Übertragungsakt selber. Von daher kommt es nicht darauf an, ob aus einem einheitlichen Betrieb alle Flächen übertragen werden oder nur ein Teil der Flächen. In allen Fällen, so auch bei der Übertragung von nur 5 ha aus einem 40 ha LN großen Betrieb, kann die schenkungsteuerliche Bewertung für das land- und forstwirtschaftliche Vermögen gem. §§ 158 ff. BewG genauso in Anspruch genommen werden wie die begünstigte Besteuerung gem. § 13b Abs. 1 Nr. 1 ErbStG.

In der Gestaltungsberatung ist darauf zu achten, die ertragsteuerlichen Voraussetzungen **69** der unentgeltlichen Betriebsübertragung mit den schenkungsteuerlichen Regeln übereinander zu bekommen, die teilweise auseinanderlaufen. Besonders zu beachten ist, dass sich die ertragsteuerliche Begrifflichkeit von Betriebs- und Privatvermögen unterscheidet von den bewertungsrechtlichen Begriffen des landwirtschaftlichen Vermögens und des Grundvermögens. Wenn aus einem Betrieb mit 40 ha LN nur 5 ha LN auf ein Kind übertragen wird, kann dafür zwar schenkungsteuerlich eine Befreiung beantragt werden, aber ertragsteuerlich stellt dies eine Entnahme mit der entsprechenden Zwangsversteuerung bei der Einkommensteuer dar.

51 Zum Begriff der funktional wesentlichen Betriebsgrundlage LfSt Bayern v. 8.10.2024, DStR 2025, S. 345.

C. Nutzungsvorbehalt und Rückforderungsrechte

I. Wohnrechte

70 Es ist in der Landwirtschaft üblich, dass bei der Übertragung eines land- und forstwirtschaftlichen Betriebes der oder die Übergeber sich ein lebenslanges Wohnungsrecht zurückbehalten. Das zurückbehaltene Wohnungsrecht ist Teil des Leibgedings, bestehend aus Wohnrecht, Bar-Altenteil und ggfs. weiteren Auflagen wie z.B. die Übernahme von Beerdigungskosten.

71 Der Vorbehalt des Wohnrechts kann unentgeltlich oder entgeltlich erfolgen, wobei das unentgeltliche Vorbehalten des Wohnrechts die Regel ist.

72 Einkommensteuerlich ist das Wohnrecht unproblematisch. Soweit die Wohnung bereits steuerliches Privatvermögen darstellt, was bei allen Betriebsleiter- oder Altenteilerhäusern, die kein Denkmal sind, der Fall sein wird, gibt es keinerlei ertragsteuerliche Auswirkungen. Bei denkmalgeschützten Wohneinheiten stellt das zurückbehaltene Wohnrecht aber ebenfalls ertragsteuerlich keine Zwangsentnahme dar. Dies folgt aus § 13 Abs. 2 Nr. 2 EStG. Für Wohnungen im denkmalgeschützten Betriebsvermögen, für welches sich der Übergeber ein Wohnungsrecht zurückbehält, ist ein Nutzungswert beim Betriebsübernehmer als zusätzlicher Ertrag steuerlich anzusetzen. Im Gegenzug kann der Betriebsübernehmer alle damit im Zusammenhang stehenden Ausgaben steuerlich als Betriebsaufwand geltend machen.

Bei dem Rückbehalt eines Wohnrechts an einer dem steuerlichen Privatvermögen zugeordneten Wohneinheit (Betriebsleiterhaus, Altenteilerhaus) kann der Betriebsübernehmer alle Aufwendungen steuerlich als Sonderausgaben geltend machen, die mit der Wohnung im Zusammenhang stehen. Dies folgt aus dem 4. Rentenerlass der Finanzverwaltung zur Vermögensübergabe gegen Versorgungsleistung.[52] Steuerlich als Sonderausgaben abziehbar sind alle Aufwendungen, die für die Instandhaltung der Wohnung des Altenteilers erforderlich sind. Das FG Nürnberg[53] ist der Auffassung, dass auch der Miet- und Nutzungswert der Altenteilswohnung nach einer Hofübergabe als Sonderausgabe des Übernehmers abziehbar ist. Die Finanzverwaltung hat gegen dieses Urteil Revision zum BFH eingelegt.[54]

II. Nießbrauch

1. Vorbehaltsnießbrauch

73 Ebenfalls im Rahmen der Hofnachfolge sind Nießbrauchsgestaltungen in der Land- und Forstwirtschaft üblich und werden oft vereinbart. Häufigster Anwendungsfall ist die Über-

52 BMF v. 11.3.2010, 4. Rentenerlass, BStBl I S. 227.
53 FG Nürnberg v. 6.2.2025, 4 K 1279/23, juris.
54 Az. BFH: X R 5/25.

tragung eines landwirtschaftlichen Betriebs gegen Vorbehaltsnießbrauch. In diesem Fall entstehen bei einem aktiv bewirtschafteten Betrieb zwei Unternehmen im steuerlichen Sinne, zum einen in der Hand des neuen Eigentümers, zum anderen in der Hand des Vorbehaltsnießbrauchers,[55] dem bisherigen Alt-Eigentümer. Der Vorbehaltsnießbraucher – Alt-Eigentümer – erzielt Einkünfte aus der laufenden Bewirtschaftung des Betriebs, der neue Eigentümer solche aus der Veräußerung des Grundbesitzes. Die Abschreibung für die Wirtschaftsgüter des Anlagevermögens kann der Vorbehaltsnießbraucher geltend machen.[56] In dieser Konstellation kann der Neu-Eigentümer, also der Nießbrauchbesteller, eine Betriebsaufgabeerklärung gem. § 16 Abs. 3b EStG abgeben.[57] Liegt dagegen ein verpachteter land- und forstwirtschaftlicher Betrieb vor, entstehen bei einer unentgeltlichen Übertragung gegen Vorbehaltsnießbrauch im steuerlichen Sinne drei Betriebe, nämlich ein ruhender in der Hand des nunmehrigen Eigentümers und Nießbrauchsverpflichteten, ein ruhender Betrieb in der Hand des Nießbrauchsberechtigten und bisherigen Eigentümers (Vorbehaltsnießbraucher) und ein wirtschaftender Betrieb in der Hand des Pächters (Dritter). Die Rechtsprechung zu der unentgeltlichen Übertragung eines land- und forstwirtschaftlichen Betriebs unter Nießbrauchsvorbehalt gilt nach Auffassung des BFH auch für die Übertragung eines verpachteten Betriebes.[58] Solange daher die Wiederaufnahme der aktiven Bewirtschaftung des Betriebes möglich erscheint, scheidet eine Betriebsaufgabe ohne Abgabe einer eindeutigen Betriebsaufgabeerklärung auch bei der Übertragung eines ruhenden Verpachtungsbetriebs unter Nießbrauchsvorbehalt aus.[59] Mit diesem Urteil hat der VI. Senat des BFH seine Rechtsprechung gefestigt, wonach von einer Betriebsaufgabe im land- und forstwirtschaftlichen Bereich nur dann auszugehen ist, wenn eine eindeutige Betriebsaufgabeerklärung gem. § 16 Abs. 3b EStG auch tatsächlich gegenüber der Finanzverwaltung abgegeben worden ist. Immer dann, wenn die Wiederaufnahme der aktiven Bewirtschaftung eines Betriebes möglich erscheint, ist von einer Fortführung des steuerlichen Betriebsvermögens auszugehen, auch bei der Übertragung eines verpachteten Betriebes gegen Nießbrauchsvorbehalt. Diese Rechtsprechung ist konsequent, auch wenn es im ersten Schritt seltsam erscheinen mag, dass der BFH von drei steuerlich vorhandenen Betrieben ausgeht. Diese Rechtsprechung wird aber von dem Gedanken geleitet, dass das vorbehaltene Nutzungsrecht nur ein Zwischenschritt zur endgültigen Eigentumsübertragung auf die nächste Generation ist, die gerade in den Kreisen der Land- und Forstwirtschaft häufig vorkommt. Auch die Finanzverwaltung hat sich dieser Auffassung mittlerweile angeschlossen.[60] Während daher ein landwirtschaftlicher Betrieb im Rahmen der unentgeltlichen

55 BFH 26.2.1987, IV R 325/84, BStBl 1987 II S. 772.
56 BFH 24.6.2009, IV R 20/07, BFH/NV 2010 S. 20.
57 BFH 13.11.1963, GrS 1/63, BStBl 1964 III S. 124; BFH 18.3.1964, IV 114/61, BStBl 1964 III S. 303.
58 BFH 8.5.2019, VI R 26/17, BStBl 2019 II S. 60.
59 Anders bei Gewerbebetrieben BFH 25.1.2017, X R 59/14, BStBl 2019 II S. 730.
60 BMF v. 28.10.2025, DStR 2025, S. 2551.

Übertragung gegen Vorbehaltsnießbrauch in den Anwendungsbereich des § 6 Abs. 3 EStG fällt, gilt dies nicht für einen Gewerbebetrieb, der als Einzelunternehmen geführt wird. Häufig befinden sich auf landwirtschaftlichen Hofstellen ein Gewerbebetrieb PV-Anlage. Soweit daher in einem Hofübergabevertrag sowohl ein landwirtschaftlicher Betrieb als auch ein gewerblicher Betrieb, jeweils als Einzelunternehmen, gegen Nießbrauchsvorbehalt übertragen wird, kommt es zu unterschiedlichen einkommensteuerlichen Rechtsfolgen. Während für die Übertragung des landwirtschaftlichen Betriebsteils gegen Nießbrauchsvorbehalt die Buchwertfortführung gem. § 6 Abs. 3 EStG in Anspruch genommen werden kann, gilt dies nicht für die Übertragung des gewerblichen Betriebs PV-Anlage gegen Nießbrauchsvorbehalt. Diese Auffassung gilt bei aktiv betriebenen PV-Anlagen für Übertragungen ab dem 17.4.2025.[61] Wird daher im Zusammenhang mit einem landwirtschaftlichen Betrieb auch ein Gewerbebetrieb PV-Anlage übertragen, ist das Nießbrauchsrecht nicht auf den Gewerbebetrieb auszudehnen. Entweder wird der Gewerbebetrieb PV-Anlage nicht mitübertragen oder gegen Vereinbarung einer Versorgungsleistung i.S.d. § 10 Abs. 1a Nr. 2 EStG. Auch eine Veräußerung des Gewerbebetriebs PV-Anlage ist im Rahmen der Beratung zu überlegen.

74 Verzichtet der Nießbrauchsberechtigte später unentgeltlich auf sein Nießbrauchsrecht, liegt ein schenkungsteuerlicher Tatbestand i.S.d. § 7 Abs. 1 ErbStG vor. Da auf ein Recht verzichtet wird, greifen die Begünstigungen für das land- und forstwirtschaftliche Vermögen gem. §§ 13a, b ErbStG nicht. Wird bei Erwerben vor 2009 auf ein vorbehaltenes Nießbrauchsrecht unentgeltlich verzichtet, liegt zwar auch eine steuerpflichtige Schenkung nach Auffassung des BFH[62] vor, allerdings ist der um die erbschaftsteuerlichen Freibeträge gekürzte Kapitalwert des Nießbrauchs beim Rechtsverzicht um den Kapitalwert des Nießbrauchs zum Zeitpunkt der Vermögensübertragung, die vor 2009 lag, zu kürzen. Aufgrund dieser Kürzung ergibt sich im Ergebnis keine Besteuerung.[63] Bei einem entgeltlichen Verzicht auf das Nießbrauchsrecht ist dies beim Verzichtenden einkommensteuerlicher Ertrag, soweit sich das Nießbrauchsrecht auf ertragsteuerliches Betriebsvermögen bezieht.[64] Es spielt dabei keine Rolle, ob diese Zahlung vom Übernehmer oder ggfs. direkt vom Käufer des Grundstücks gezahlt wird, an dem das Nießbrauchsrecht zu löschen ist.

2. Betriebsaufgabe

75 In diesen Fällen ist eine Versteuerung des Betriebsaufgabegewinns zum Zeitpunkt der Aufgabeerklärung vorzunehmen. Anschließend erzielt der Neu-Eigentümer bei einer ent-

61 BMF v. 28.10.2025, DStR 2025, S. 2551.
62 BFH, Urt. v. 17.3.2004, BStBl II 2004, S. 429.
63 So auch Ländererlass vom 23.9.2004, BStBl I S. 939.
64 BFH, Urt. v. 8.5.2019, VI R 26/17, BStBl II 2019, S. 660.

geltlichen Nießbrauchsüberlassung Einkünfte aus Vermietung und Verpachtung gem. § 21 Abs. 1 EStG. Der Bewirtschafter, also der Nießbraucher oder Alt-Eigentümer, erzielt unverändert Einkünfte aus Land- und Forstwirtschaft gem. § 13 EStG, die Vergleichbarkeit zur Bewirtschaftung eines Pächterbetriebs liegt hier vor.

3. Rheinische Hofübergabe

Eine besondere Art der Übergabe des landwirtschaftlichen Betriebs gegen Nießbrauch ist **76** die sog. „Rheinische Hofübergabe". In diesem Fall überlässt der Vorbehaltsnießbraucher sein Nießbrauchsrecht zur Bewirtschaftung an den Übernehmer (Neu-Eigentümer) der Flächen. Regelmäßig wird darüber ein Pachtvertrag oder auch ein Wirtschaftsüberlassungsvertrag abgeschlossen. Eine Aufdeckung von stillen Reserven erfolgt nicht, § 6 Abs. 3 EStG ist auf die „Rheinische Hofübergabe" anzuwenden.[65]

4. Buchwertansatz

Anders als bei Gewerbebetrieben,[66] wo die Übertragung eines Gewerbebetriebs unter **77** Vorbehaltsnießbrauch nicht zum Buchwert gem. § 6 Abs. 3 EStG möglich ist,[67] können landwirtschaftliche Betriebe unter Vorbehaltsnießbrauch unverändert zum Buchwert übertragen werden.[68] Die anderweitige Behandlung landwirtschaftlicher Betriebe ist eine bereichsspezifische Auslegung des BFH, weil die Einstellung oder Beendigung der landwirtschaftlichen Betätigung durch den Veräußerer grundsätzlich kein Kriterium für die Anwendung des § 6 Abs. 3 EStG darstellt. Ausschlaggebend ist allein, dass das Eigentum an allen wesentlichen Betriebsgrundlagen des landwirtschaftlichen Betriebs übergeht.

Auch ist die Einstellung der land- und forstwirtschaftlichen Betätigung des bisherigen Be- **78** triebsinhabers keine notwendige Voraussetzung.[69] In diesem Urteil stellt der X. Senat des BFH Abgrenzungskriterien für eine unterschiedliche Behandlung gewerblicher Betriebe und landwirtschaftlicher Betriebe bei einer Gesamtbetriebsübertragung unter Vorbehaltsnießbrauch auf. Der BFH hat für den Bereich der Einkünfte aus Land- und Forstwirtschaft bekräftigt, dass ein vorbehaltener Nießbrauch bei einer unentgeltlichen Übertragung eines verpachteten land- und forstwirtschaftlichen Betriebes nicht zu einer Betriebsaufgabe führt.[70] Offengelassen hat der BFH dagegen Fragestellungen, wo sich landwirtschaftli-

65 BFH 24.2.2005, IV R 28/00, BFH/NV 2005, S. 1262.
66 BFH 25.1.2017, X R 59/14, BStBl II 2019, S. 730.
67 BMF v. 28.10.2025, DStR 2025, S. 2551 mit einer Übergangsregelung.
68 BFH 8.5.2019, VI R 26/17, BStBl II 2019, S. 660.
69 BFH 25.1.2017, X R 59/14, BFH 29.1.2025, X R 35/19, BStBl II 2025, S. 768.
70 BFH 8.5.2019, VI R 26/17, BStBl 2019 II S. 660.

cher und gewerblicher Betrieb überschneiden, so z.B. beim Nebeneinander mit einer gewerblichen Tätigkeit, beim Strukturwandel oder bei nachträglichen Feststellungen der Betriebsprüfung. Aus den Urteilsgründen[71] lässt sich aber die Tendenz herauslesen, dass der für die Besteuerung der Land- und Forstwirtschaft zuständige VI. Senat des BFH die Auffassung des X. Senats nicht teilt. Dies dürfte auch bei einem Nebeneinander von landwirtschaftlicher und gewerblicher Tätigkeit, beim Strukturwandel oder bei nachträglichen Feststellungen der Betriebsprüfung gelten. Die Finanzverwaltung hat sich dieser Auffassung angeschlossen und lässt einen Vorbehaltsnießbrauch bei der Übertragung von landwirtschaftlichen Betrieben uneingeschränkt zu, auch wenn die Rechtslage bei Gewerbebetrieben eine andere ist.[72]

III. Rückforderung

79 Wenn Rückforderungsrechte in einem Übergabevertrag ausgeübt werden, geht der gesamte ehemals übergebene Betrieb auf die Eltern als Vermögensübergeber zurück. In diesem Fall ist steuerlich von einer Gesamtbetriebsübertragung i.S.d. § 6 Abs. 3 S. 1 EStG auszugehen. Es gilt Buchwertfortführung, eine Aufdeckung von stillen Reserven findet nicht statt.

80 Schenkungsteuerlich ist die Rückgängigmachung einer Übertragung aufgrund eines vertraglichen Rückübertragungsrechtes gem. § 29 Abs. 1 Nr. 1 ErbStG so abzuwickeln, dass eine möglicherweise bei der Erstübertragung angefallene Schenkungsteuer vom Finanzamt zurückgefordert werden kann. Die vorherige Schenkung ist daher komplett rückabzuwickeln, es liegt jedenfalls keine Schenkung vom Übernehmer an den Übergeber vor, der sein vertragliches Rückübertragungsrecht ausübt.

D. Gegenleistungen

81 Die Vereinbarung von Gegenleistungen in einem landwirtschaftlichen Übergabevertrag sind in der Regel Versorgungsleistungen im Zusammenhang mit einer Vermögensübertragung. In der landwirtschaftlichen Literatur spricht man vom klassischen Altenteil, in der steuerlichen Literatur von einer Vermögensübergabe gegen Versorgungsleistungen, die in § 10 Abs. 1a Nr. 2 EStG geregelt ist. Näheres dazu findet sich im Rentenerlass der Finanzverwaltung, dem derzeit geltenden 4. Rentenerlass.[73] Soweit diese Gegenleistungen für die Übertragung von ertragsteuerlichen Betriebsvermögen i.S.d. § 10 Abs. 1a Nr. 2 EStG geleistet werden, also für die Übertragung eines Betriebes, Teilbetriebes oder

71 BFH 8.5.2019, VI R 26/17, BStBl 2019 II S. 660.
72 BMF v. 28.10.2025, BStBl I 2025, S. 1834.
73 BMF v. 11.3.2010, BStBl I, S. 227.

Mitunternehmeranteils, können diese Gegenleistungen als Sonderausgaben ertragsteuerlich beim Übernehmer geltend gemacht werden. Dies gilt gem. § 10 Abs. 1a Nr. 2 Satz 3 EStG auch für den Teil der Versorgungsleistungen, der auf den Wohnteil eines Betriebs der Land- und Forstwirtschaft entfällt. Dazu zählen das Betriebsleiter- und Altenteilerhaus gem. § 34 Abs. 2 BewG. Das FG Nürnberg hat zudem den Abzug des Miet- oder Nutzungswertes der Altenteilerwohnung zugelassen.[74] Die dagegen eingelegte Revision beim BFH ist noch nicht entschieden, aber es wird damit gerechnet, dass der BFH die Revision der Finanzverwaltung zurückweist und der Auffassung des FG Nürnberg zustimmen wird.[75]

I. Umfang der Gegenleistungen

Die vereinbarten Gegenleistungen im Rahmen eines solchen Hofübergabevertrages sind danach zu unterscheiden, ob es sich um Versorgungsleistungen, um Verpflichtungen zur Übertragung von Gegenständen des Betriebsvermögens oder Ausgleichszahlungen handelt. **82**

Private Versorgungsleistungen, wie z.B. das Bar-Altenteil an die Übergeber, sind steuerlich nicht als Gegenleistung einzuordnen und stellen daher kein Entgelt für die Vermögensübergabe dar.[76] Dagegen ist die Übernahme von Verbindlichkeiten der Übergeber, z.B. eine private Darlehensverbindlichkeit der Altenteiler, als Gegenleistung und damit als Anschaffungskosten des Erwerbers einzuordnen. Auch Ausgleichszahlungen oder Gleichstellungsgelder an Geschwister stellen Veräußerungsentgelte und damit Anschaffungskosten dar. **83**

Aus Vereinfachungsgründen greift hier nach Auffassung der Finanzverwaltung die Einheitstheorie.[77] Soweit die als entgeltlich eingeordneten Gegenleistungen nicht höher sind als das Kapitalkonto des Übergebers, bleiben diese Gegenleistungen in der steuerlichen Betrachtung außen vor. Im Rahmen dieser Einheitsbetrachtung ist dann von einer einheitlichen unentgeltlichen Betriebsübergabe auszugehen, der Übergeber hat ohne Berücksichtigung der von ihm zu erbringenden Leistungen die Buchwerte des Übergebers zwingend fortzuführen. Im Gegenzug müssen die Übergeber, also die Eltern, auch keinen steuerpflichtigen Veräußerungsanteil versteuern. Sind die Gegenleistungen höher als das Kapitalkonto der Übergeber, ist von einem insgesamt entgeltlichen Geschäft auszugehen, die Übergeber müssen ein steuerpflichtiges Veräußerungsgeschäft erfassen, der Übernehmer hat steuerliche Anschaffungskosten, die er, soweit die Anschaffungskosten nicht auf **84**

74 FG Nürnberg v. 6.2.2025, 4 K 1279/23, juris.
75 Az. BFH: X R 5/25.
76 BMF v. 13.1.1993, BStBl I, S. 80, Rn 25.
77 BMF v. 13.1.1993, BStBl I, S. 80.

den Grund und Boden entfallen, im Rahmen der Abschreibung als Betriebsaufwand geltend machen kann. Soweit in einem Übergabevertrag zunächst zugunsten des Übergebers ein Vorbehaltsnießbrauchsrecht vereinbart worden ist, besteht häufig ein Bedürfnis, in höherem Alter auf das Nießbrauchsrecht zu verzichten und stattdessen auf eine Rentenzahlung aus Sicht des Übergebers zu wechseln. Soweit ein solches Nießbrauchsrecht an einem landwirtschaftlichen Betrieb im Zusammenhang mit wiederkehrenden Leistungen abgelöst wird, können die dann anfallenden Versorgungsleistungen steuerlich vom Übernehmer als Sonderausgaben geltend gemacht werden, soweit die Voraussetzung des § 10 Abs. 1a Nr. 2 EStG vorliegen, also es sich um ertragsteuerliches Betriebsvermögen handelt.[78] Der Wechsel vom Vorbehaltsnießbrauch zu Versorgungsleistungen braucht nicht bereits im Ausgangsvertrag, also im ursprünglichen Übertragungsvertrag, selbst vereinbart worden zu sein. Von daher führt ein Wechsel vom Nießbrauchsvorbehalt zu Versorgungsleistungen aus Sicht des Übernehmers zu abziehbaren Sonderausgaben, soweit die Versorgungsleistungen für die Übertragung eines Betriebes, Teilbetriebes oder Mitunternehmeranteils i.S.d. § 10 Abs. 1a Nr. 2 EStG erbracht werden müssen.

II. Schenkungsteuer

85 Die Vereinbarung von Gegenleistungen sind erbschaftsteuerlich als Nachlassverbindlichkeiten gem. § 10 Abs. 6 ErbStG zu berücksichtigen. Soweit die Gegenleistungen jedoch im Zusammenhang mit steuerbefreiten Vermögensgegenständen stehen, können sie anteilsmäßig nicht abgezogen werden. Dies wird der Regelfall bei der Übertragung von landwirtschaftlichen Betrieben sein, denn diese sind gem. § 13b Abs. 1 Nr. 1 ErbStG sachlich steuerbefreit. Trotzdem muss für schenkungsteuerliche Zwecke eine Aufteilung vorgenommen werden, weil die Übertragung der Wohneinheiten auf landwirtschaftlichen Betrieben, also sowohl das Betriebsleiterhaus als auch das Altenteilerhaus, steuerlich nicht begünstigt sind. Der Anteil der Versorgungsleistungen, welcher auf die Wohneinheiten entfällt, kann daher bereicherungsmindernd als Verbindlichkeiten gem. § 10 Abs. 6 ErbStG geltend gemacht werden. Weitere Gegenleistungen, wie z.B. die Übernahme von Beerdigungskosten oder Kosten für die Erneuerung der Heizungsanlage im Rahmen des Wohnrechts der Übergeber, können als Sonderausgaben ertragsteuerlich vom Übernehmer geltend gemacht werden.[79] Korrespondierend dazu haben die Übergeber diese vom Übernehmer getragenen Kosten als sonstige Einkünfte gem. § 22 Nr. 1a EStG steuerlich zu erfassen.

78 BMF vom 11.3.2010, BStBl I, S. 227, Rn 25.
79 BFH, Beschl. v. 21.6.2012, X B 76/11, BFH/NV 2012, S. 1594.

E. Regelungen im Verhältnis zu weichenden Geschwistern/Verhältnis zu Dritten

I. Zahlungen an Geschwister

Im Rahmen der Hofübergabeverträge werden häufig Ausgleichszahlungen oder Zahlungen an Geschwister vereinbart. Diese Zahlungen stellen einkommensteuerlich Anschaffungskosten des Hofübernehmers dar und könnten grundsätzlich zumindest anteilig als Abschreibung steuermindernd geltend gemacht werden. Im Bereich der Einkommensteuer und der Übertragung von Betrieben im Rahmen der vorweggenommenen Erbfolge gilt aber die Einheitstheorie.[80] Diese besagt, dass alle Leistungen des Übernehmers nur dann steuerlich berücksichtigt werden können, wenn diese in der Summe höher sind als das Kapitalkonto des übertragenen Vermögens. Dies wird im Regelfall nicht gegeben sein, weil das Kapitalkonto in erster Linie durch die Vermögenswerte der landwirtschaftlichen Flächen bestimmt wird und daher in aller Regel relativ hoch ist. Von daher gehen solche Zahlungen für den Hofübernehmer steuerlich ins Leere, er kann sie nicht einkommensteuerlich berücksichtigen. 86

Anders kann dies nur sein, wenn ein landwirtschaftlicher Betrieb mit einem negativen Kapitalkonto übergeben wird, der Betrieb also verschuldet ist. In diesem Fall stellen solche Gegenleistungen, also insbesondere Abfindungsleistungen an Geschwister, Anschaffungskosten dar, die gesamte Übertragung ist dann aus Sicht der Übergeber eine Veräußerung des Betriebes, eine entsprechende Steuerpflicht entsteht. 87

II. Schenkungsteuer

Schenkungsteuerlich können Nachlassverbindlichkeiten, wozu auch Gegenleistungen zählen, gem. § 10 Abs. 6 ErbStG von der Bemessungsgrundlage abgezogen werden. Dies gilt aber nicht für solche Gegenleistungen, die im Zusammenhang mit Übertragung von begünstigtem Vermögen stehen. Die Übertragung landwirtschaftlicher Betriebe ist gem. § 13b Abs. 1 Nr. 1 ErbStG erbschaftsteuerlich begünstigt, so dass solche Zahlungen in der Regel nicht abziehbar sind. Trotzdem ist eine Aufteilung dieser Zahlungen auf das begünstigte Vermögen und das nicht begünstigte Vermögen vorzunehmen. Nicht begünstigt sind die Wohnhäuser, also sowohl das Betriebsleiterhaus als auch das Altenteilerhaus. In diesen Fällen kann der Anteil der Gegenleistungen, der auf diese Vermögensgegenstände entfällt, von der schenkungsteuerlichen Bemessungsgrundlage abgezogen werden. Solche Geschwisterabfindungen, möglicherweise auch zum Verzicht auf Pflichtteilsansprüche nach allgemeinerbrechtlichen Regelungen oder im Zusammenhang mit 88

80 BMF v. 13.1.1993, BStBl I, S. 80.

der HöfeO, sind schenkungsteuerlich auch danach zu würdigen, ob es sich um einen Verzicht auf einen künftigen Pflichtteilsanspruch zwischen Geschwistern oder um eine den Eltern gegenüber zu erbringende Gegenleistung handelt. Soweit zwischen Geschwistern zu Lebzeiten der Eltern ein Geschwisterkind einen Verzicht auf seinen künftigen Pflichtteilsanspruch erklärt und dafür von seinen Geschwistern eine Geldzahlung erhält, liegt ein schenkungsteuerlicher Tatbestand zwischen den Geschwistern vor (BFH v. 10.5.2017, II R 25/15, BStBl 2018 II S. 201). Bei einer solchen Abfindung für den Verzicht auf einen künftigen Pflichtteilsanspruch ausschließlich zwischen Geschwistern ist das erbschaftsteuerliche Verhältnis (Freibetrag, Steuerklasse) zwischen den Geschwistern zugrunde zu legen, nicht das Verhältnis zu den Eltern. Wird dagegen im Rahmen eines Übergabevertrages zwischen Eltern und einem Geschwisterkind der Übernehmer verpflichtet, dem anderen Geschwisterkind eine Ausgleichszahlung zukommen zu lassen, hat das empfangende Kind erbschaftsteuerlich das Verhältnis zu den Eltern (Freibetrag, Steuerklasse) zugrunde zu legen. Das zahlende Kind kann diesen Betrag, wie oben ausgeführt, als Nachlassverbindlichkeit erbschaftsteuerlich geltend machen. Der Übernehmer hat im Verhältnis zu seinen Eltern als Übergeber eine Gegenleistung zu erbringen, für ihn liegt insoweit eine gemischte Schenkung vor. Von daher ist zu differenzieren, ob es sich um eine Zahlung zwischen Geschwistern für den Verzicht auf einen künftigen Pflichtteilsanspruch handelt, oder ob es sich um Zahlungen oder Zuwendungen handelt, welche in einem Hofübergabevertrag die Eltern mit dem Hofübernehmer vereinbaren und dieser verpflichtet ist, diesen Betrag direkt an seine Geschwister als weichende Erben zu zahlen.

F. Gebührenrecht: Steuerliche Anmerkungen

89 Steuerlich können die Kosten der Hofübergabe, also insbesondere die Notar- und Grundbuchkosten, nicht als Betriebsaufwand geltend gemacht werden. Diese Kosten resultieren aus einer privaten Veranlassung und stellen daher keinen abzugsfähigen Betriebsaufwand dar.

§ 17 Gesamtmuster von Übergabeverträgen über landwirtschaftliche Betriebe

A. Vertrag über die Übergabe eines Hofes i.S.d. HöfeO (Hofübergabevertrag)

▼ 1

Muster 17.1: Hofübergabevertrag

Verhandelt zu am

Vor mir, , Notar mit dem Amtssitz in , erschienen:

1. Als Veräußerer:

   Herr , geboren am , wohnhaft in

2. Als Erwerber:

   dessen Sohn, Herr , geboren am , wohnhaft in

3. Als weitere Beteiligte:

   a) die Tochter des Veräußerers und Schwester des Erwerbers:

      Frau , geborene , geboren am , wohnhaft in

   b) die Ehefrau des Veräußerers und Mutter der übrigen Vertragsbeteiligten:

      Frau , geborene , geboren am , wohnhaft in .

Die Erschienenen sind dem Notar von Person bekannt:

Die Erschienen erklärten:

Wir schließen folgenden **Hofübergabevertrag**:

§ 1 Grundbuchangaben, Hofeigenschaft

1. Der Veräußerer ist Eigentümer der landwirtschaftlichen Besitzung „Lindenhof" in J. Es handelt sich um einen Hof im Sinne der HöfeO. Der zuletzt festgestellte Grundsteuerwert der Besitzung beträgt 84.000 EUR. Der Hofvermerk ist im Grundbuch eingetragen.

2. Zum Hof gehört folgender Grundbesitz:

   (Es folgt die Auflistung und grundbuchmäßige Bezeichnung des gesamten hofzugehörigen Grundbesitzes).

3. Der Grundbesitz ist im Grundbuch wie folgt belastet:

   (Es folgt das Verzeichnis der im Grundbuch eingetragenen Belastungen).

   Diese Belastungen werden von dem Erwerber übernommen.

   Der Veräußerer tritt sämtliche Rückgewähransprüche und Eigentümerrechte an allen eingetragenen Grundpfandrechten am übertragenen Grundbesitz mit Wirkung ab Eigentumsumschreibung an den Erwerber ab und bewilligt die entsprechende Grundbucheintragung.

4. Der Erwerber ist wirtschaftsfähig im Sinne des § 6 Abs. 7 HöfeO. Er hat eine landwirtschaftliche Ausbildung absolviert und arbeitet seit zehn Jahren im Betrieb seines Vaters mit. Der Veräußerer erklärt nach Belehrung durch den Notar, dass er in der Vergangenheit keine erb- oder höferechtlichen Bindungen eingegangen sei, die ihn am Abschluss des Hofübergabevertrages hinderten.

§ 2 Übertragung

1. Der Veräußerer überträgt, soweit nachstehend nicht von einer Übertragung ausgenommen, dem Erwerber den gesamten in § 1 näher bezeichneten Grundbesitz nebst allen wesentlichen Bestandteilen, insbesondere allen Gebäuden und baulichen Anlagen, allen zugehörigen Rechten und dem gesamtem Zubehör gemäß § 2 und § 3 der HöfeO. Übertragen an den Erwerber werden auch alle sonstigen Aktiva und Passiva des landwirtschaftlichen Betriebes, soweit sie nicht im Folgenden von einer Übertragung ausgenommen sind.

2. Mitübertragen an den Erwerber werden insbesondere:

   a) das gesamte lebende und tote landwirtschaftliche Inventar, soweit nachfolgend nichts anderes vereinbart ist;

   b) die aufstehende Saat und alle landwirtschaftlichen Vorräte;

   c) das bei der Sparkasse D. geführte betriebliche Konto mit der IBAN nebst allen mit diesem Konto verbundenen Rechten und Ansprüchen;

   d) das bei der Sparkasse D. geführte Sparbuch mit der Nr. . Das auf diesem Sparbuch befindliche Guthaben hat der Veräußerer für betriebliche Instandsetzungs- und Investitionsmaßnahmen angespart. Der Anspruch auf Auszahlung des Guthabens nebst etwa hierauf noch gutzuschreibender Zinsen wird an den Erwerber abgetreten;

   e) sämtliche Anteile des Veräußerers an der Genossenschaft „Volksbank B. eG“;

   f) sämtliche Anteile des Veräußerers an der Molkerei-Genossenschaft „D.-Milch eG“;

g) die Beteiligung des Veräußerers an der Gesellschaft bürgerlichen Rechts mit der Bezeichnung „Landwirtschaftlicher Maschinenring D. GbR";

h) alle Ansprüche des Veräußerers auf landwirtschaftliche Beihilfen und Agrarförderung, insbesondere sämtliche Zahlungsansprüche, Prämien- und Ausgleichsansprüche im Rahmen der Gemeinsamen Agrarpolitik (GAP) der Europäischen Union.

3. Der Veräußerer überträgt dem Erwerber auch alle weiteren hofzugehörigen Grundstücke und hofzugehörigen Miteigentumsanteile an Grundstücken, auch wenn diese vorstehend nicht gesondert aufgeführt sein sollten. Der Veräußerer bevollmächtigt den Erwerber, diese Grundstücke und Miteigentumsanteile in grundbuchmäßiger Form zu bezeichnen und an sich aufzulassen sowie alle Erklärungen abzugeben und entgegenzunehmen, die zur Übertragung des Eigentums an diesen Grundstücken und Miteigentumsanteilen auf den Übernehmer erforderlich sind. Der Bevollmächtigte ist von den Beschränkungen des § 181 BGB befreit. Die Vollmacht erlischt nicht mit dem Tode des Veräußerers.

4. An den Erwerber ausdrücklich nicht mitübertragen werden:

   a) der Pkw der Marke VW- Passat mit dem amtlichen Kennzeichen ;

   b) der Rasenmäher-Traktor der Marke John Deere,

   c) der Oldtimer-Traktor des Fabrikats Hanomag Perfekt 300, Baujahr 1963,

   d) die gesamte Wohnungseinrichtung und sämtliche Gegenstände des Hausrats, die sich in der vom Veräußerer und seiner Ehefrau bewohnten Erdgeschosswohnung der Hofstelle befinden.

5. Der Erwerber nimmt die vorstehenden Übertragungen an.

§ 3 Wohnungsrecht

1. Der Veräußerer behält sich das lebenslängliche Wohnungsrecht an sämtlichen Räumen der Wohnung im Erdgeschoss der übertragenen Hofstelle Gemarkung Flur Nr. vor. Das Wohnungsrecht erstreckt sich auch auf die auf diesem Grundstück befindliche Garage sowie auf die Mitbenutzung der gemeinschaftlich genutzten Räume und Anlagen, insbesondere des Kellers und des Speichers.

   Mit dinglicher Wirkung wird als Inhalt des Wohnungsrechts vereinbart:

   Der Eigentümer ist verpflichtet, die dem Wohnungsrecht unterliegenden Räume in einem jederzeit gut bewohnbaren und beheizbaren Zustand zu erhalten. Er ist auch verpflichtet, die Kosten der Schönheitsreparaturen zu tragen.

Der Eigentümer hat ferner sämtliche Kosten der Versorgung und Entsorgung der dem Wohnungsrecht unterliegenden Räume und der zum gemeinschaftlichen Gebrauch bestimmten Anlagen und Einrichtungen zu tragen, insbesondere die Kosten für Strom, Heizung, Gas, Wasser, Abwasser, Schornsteinfeger und Müllabfuhr; dies gilt sowohl für die verbrauchsabhängigen wie auch für die verbrauchsunabhängigen Kosten der Ver- und Entsorgung.

2. Ein – durch den Tod des Übergebers aufschiebend bedingtes – inhaltsgleiches Wohnungsrecht wird hiermit auch der Ehefrau des Übergebers, Frau   , eingeräumt. (Gegebenenfalls zusätzlich: Weitere Bedingung dieses Wohnungsrechts ist, dass beim Tode des Übergebers dessen Ehe mit Frau   noch besteht und beide im Zeitpunkt des Todes des Veräußerers auch nicht voneinander im Sinne des § 1567 BGB getrennt leben sollten).

3. Das jeweilige Wohnungsrecht ist wie folgt auflösend bedingt:

   Es erlischt, wenn der Notar die Löschung des Wohnungsrechts beantragt.

   Der Notar wird angewiesen, den Löschungsantrag in gesiegelter Form zu stellen, wenn ihm eine behördliche Meldebescheinigung vorgelegt wird, aus der sich ergibt, dass der Wohnungsberechtigte seit mindestens sechs Monaten nicht mehr mit Haupt- oder Zeitwohnsitz im übertragenen Anwesen gemeldet ist, oder dem Notar ein ärztliches Attest vorgelegt wird, dem zufolge der Wohnungsberechtigte mit hoher Wahrscheinlichkeit aus gesundheitlichen Gründen daran gehindert ist, sein Wohnungsrecht im übertragenen Anwesen persönlich auszuüben.

   Unabhängig hiervon ist der Wohnungsberechtigte verpflichtet, auf Verlangen und auf Kosten des Eigentümers die Löschung des Wohnungsrechts in grundbuchmäßiger Form zu bewilligen, wenn er das übertragene Anwesen nicht nur vorübergehend verlassen hat.

   Etwaige Ersatz- und Entschädigungsansprüche des Wohnungsberechtigten im Zusammenhang mit dem Erlöschen des Wohnungsrechts und der Nutzung der Wohnung durch den Eigentümer oder durch Dritte werden ausgeschlossen.

§ 4 Versorgungsleistungen

1. Der Erwerber verpflichtet sich, an den Veräußerer auf dessen Lebensdauer eine Leibrente in Höhe von monatlich 1.500 EUR – in Worten: eintausendfünfhundert EUR – zu zahlen. Die Leibrente ist jeweils monatlich im Voraus bis zum ersten Tag des Monats zu zahlen, erstmals am ersten Tag des Monats, der auf die Beurkundung dieses Vertrages folgt.

2. Sollte der Veräußerer vor seiner Ehefrau, Frau   , versterben, so hat der Erwerber an diese, aufschiebend bedingt durch den Tod des Veräußerers, eine lebens-

lange Leibrente in Höhe von monatlich EUR zu zahlen. Diese Leibrente ist monatlich im Voraus bis zum ersten Tag des jeweiligen Monats zu zahlen, erstmals am ersten Tag des Monats, der auf das Ableben des Veräußerers folgt. (Gegebenenfalls zusätzlich: Der Zahlungsanspruch der Ehefrau des Veräußerers entfällt ersatzlos, wenn deren Ehe mit dem Veräußerer geschieden werden sollte oder beide im Zeitpunkt des Todes des Veräußerers im Sinne des § 1567 BGB voneinander getrennt leben sollten).

3. Etwaige Rentenrückstände, die im Zeitpunkt des Todes des jeweiligen Rentenberechtigten bestehen sollten, sind nicht vererblich; sie werden dem Erwerber bereits jetzt mit Wirkung zum Tod des jeweiligen Rentenberechtigten erlassen. Dies gilt jedoch nicht für Rentenrückstände, die der Rentenberechtigte zu seinen Lebzeiten im Wege der Zwangsvollstreckung geltend gemacht hat.

4. Die vorstehend vereinbarte Leibrente wird wie folgt wertgesichert:

   Sollte sich der vom Statistischen Bundesamt in Wiesbaden veröffentlichte Verbraucherpreisindex für Deutschland (Basis 2020 = 100) gegenüber dem Stand des auf die Beurkundung dieses Vertrages folgenden Monats um mehr als fünf Prozent nach oben oder unten verändern, so können sowohl der jeweilige Rentenberechtigte wie auch der Erwerber eine entsprechende Veränderung der monatlichen Leibrente um den gleichen Prozentsatz verlangen, und zwar ab Beginn des Monats, der auf die Indexveränderung folgt. Folgeanpassungen aufgrund dieser Wertsicherungsklausel können jeweils dann verlangt werden, wenn sich der Verbraucherpreisindex für Deutschland wiederum um mehr als fünf Prozent nach oben oder unten verändert hat. Das Anpassungsverlangen kann immer nur für die Zukunft gestellt werden; es bedarf der Schriftform.

   Eine Anpassung der Leibrente aus anderen Gründen, insbesondere nach § 323a ZPO und § 239 FamFG, wird ausgeschlossen.

5. Der Erwerber unterwirft sich gegenüber dem Veräußerer und dessen Ehefrau wegen des dinglichen und des persönlichen Anspruchs aus der nachfolgend jeweils bestellten Reallast sowie wegen der vorstehend vereinbarten persönlichen Zahlungsverpflichtung der sofortigen Zwangsvollstreckung aus dieser Urkunde.

   Der Notar ist ermächtigt, jederzeit ohne weitere Nachweise vollstreckbare Ausfertigung dieser Urkunde zu erteilen.

6. Zur Sicherung aller Ansprüche auf Zahlung der vorstehend vereinbarten monatlichen Beträge bestellt der Erwerber an dem gesamten übertragenen Grundbesitz, mit Ausnahme der Grundstücke Flur 3 Nr. 6 und Flur 4 Nr. 7, eine Reallast zugunsten des Veräußerers und eine durch den Tod des Veräußerers aufschiebend bedingte Reallast zugunsten dessen Ehefrau.

§ 5 Freistellung des Veräußerers von Verbindlichkeiten

1. Der Veräußerer ist Schuldner der Verbindlichkeiten, die durch die vorgenannte im Grundbuch von ___ Blatt ___ Abt. III Nr. 1 eingetragene Grundschuld der B. Bank gesichert sind.

2. Der Erwerber verpflichtet sich gegenüber dem Veräußerer, diesen mit Wirkung im Außenverhältnis zum Gläubiger von den durch diese Grundschuld gesicherten Verbindlichkeiten freizustellen. Dem Erwerber steht es frei, dies zu bewirken, indem er mit dem Gläubiger eine befreiende Schuldübernahme vereinbart oder die Verbindlichkeiten tilgt, sei es mit eigenen Mitteln oder durch Aufnahme eines neuen Darlehens, für das der Veräußerer nicht haften darf, oder auf andere Weise herbeiführt, dass der Veräußerer für diese Verbindlichkeiten nicht mehr in Anspruch genommen werden kann.

   Der Erwerber hat dem Veräußerer bis zum ___ durch Bestätigung des Gläubigers nachzuweisen, dass die Haftung des Veräußerers für diese Verbindlichkeiten erloschen ist. Bis zum Erlöschen dieser Haftung hat der Erwerber den Veräußerer im Innenverhältnis von jeglicher Inanspruchnahme freizustellen und die Zins- und Tilgungsleistungen auf diese Verbindlichkeiten zu erbringen.

   Der Notar wird angewiesen, die Eigentumsumschreibung auf den Erwerber erst nach Erhalt der vorgenannten Gläubigerbestätigung zu beantragen; vorher soll er keine die Auflassung enthaltene Ausfertigungen oder beglaubigte Abschriften dieser Urkunde erteilen.

   Nach den Angaben der Vertragsbeteiligten handelt es bei den gesicherten Verbindlichkeiten um solche aus dem Darlehen der B-Bank mit der Darlehensnummer ___; deren Höhe beträgt derzeit ___ EUR. Sollten die Verbindlichkeiten am Besitzübergangstag höher oder niedriger sein als vorstehend angegeben, so erfolgt kein Ausgleich.

3. Alle mit der Freistellung verbundenen Kosten hat der Erwerber zu tragen. Dies gilt auch für eine etwaige Vorfälligkeitsentschädigung.

4. Der Erwerber übernimmt die vorbezeichnete Grundschuld dinglich.

   Er erkennt an, dem Grundschuldgläubiger einen Betrag in Höhe des Nennbetrags der Grundschuld nebst ___ % Jahreszinsen ab Grundschuldbewilligung in der Weise zu schulden, dass das Anerkenntnis die Verpflichtung zur Zahlung selbstständig begründen soll. Er unterwirft sich in Höhe des Grundschuldbetrages nebst vorgenannter Zinsen der sofortigen Zwangsvollstreckung aus dieser Urkunde in sein gesamtes Vermögen. Der Notar wird ermächtigt, dem Grundschuldgläubiger ohne weitere Nachweise vollstreckbare Ausfertigung dieser Urkunde zu erteilen.

5. Der Veräußerer tritt mit Wirkung ab Eigentumsumschreibung sämtliche Rechte und Ansprüche, die ihm hinsichtlich der vorgenannten Grundschuld zustehen, insbesondere die Ansprüche auf Rückgewähr der Grundschuld, an den Erwerber ab und bewilligt die Eintragung der Abtretung im Grundbuch.

6. Die Sicherungszweckerklärung zur vorgenannten Grundschuld wird wie folgt geändert:

   Die Grundschuld sichert lediglich Verbindlichkeiten des Erwerbers, nicht aber solche des Veräußerers. Solange die in dieser Urkunde bewilligten Altenteilsrechte des Veräußerers und seiner Ehefrau bestehen, sichert die Grundschuld darüber hinaus einschränkend nur solche Verbindlichkeiten des Erwerbers, deren Absicherung der Veräußerer oder, im Falle seines Vorversterbens, seine Ehefrau schriftlich zugestimmt hat. Während des Bestehens dieser Altenteilsrechte ist eine Änderung oder Aufhebung der Sicherungszweckerklärung nur mit schriftlicher Zustimmung des Veräußerers oder, im Falle seines Vorversterbens, mit schriftlicher Zustimmung seiner Ehefrau zulässig.

   Der Notar wird beauftragt, die zur vorstehenden Änderung der Sicherungszweckerklärung erforderliche Zustimmung des Gläubigers einzuholen.

§ 6 Abfindung der weichenden Erben

1. Der Erwerber verpflichtet sich, an seine Schwester … eine Abfindung in Höhe von … EUR zu zahlen. Der Abfindungsbetrag ist fällig innerhalb von sechs Monaten, gerechnet ab heute.

   Der Abfindungsbetrag ist auf folgendes Konto der Schwester zu zahlen:

   Bankverbindung: …

   IBAN: ….

2. Wegen der Verpflichtung zur Zahlung dieses Abfindungsbetrages unterwirft sich der Erwerber gegenüber seiner Schwester der sofortigen Zwangsvollstreckung aus dieser Urkunde in sein gesamtes Vermögen. Der Notar wird ermächtigt, ohne weitere Nachweise vollstreckbare Ausfertigung dieser Urkunde zu erteilen.

   Auf eine weitere Absicherung des Abfindungsanspruchs, zum Beispiel durch Eintragung einer Grundschuld oder Hypothek im Grundbuch oder durch Stellung einer Bankbürgschaft, wird verzichtet.

§ 7 Abstandsgeld

1. Der Erwerber verpflichtet sich, ein Abstandsgeld in Höhe von 100.000 EUR (in Worten: einhunderttausend EUR) an den Veräußerer zu zahlen.

2. Das Abstandsgeld ist mit einem Teilbetrag in Höhe von 30.000 EUR (in Worten: dreißigtausend EUR) fällig binnen 4 Wochen nach Beurkundung dieses Vertrages.

3. Der hiernach verbleibende Restbetrag in Höhe von 70.000 EUR (in Worten: siebzigtausend EUR) wird dem Erwerber gestundet. Der gestundete Restbetrag ist fällig binnen drei Monaten nach schriftlichem Abruf durch den Veräußerer. Bis dahin ist der gestundete Restbetrag mit 2 % (in Worten: zwei Prozent) jährlich zu verzinsen. Die Zinsen sind fällig und zahlbar jeweils nachträglich zum 31. Dezember eines jeden Jahres.

4. Sollte der Veräußerer vor seiner Ehefrau, Frau F, versterben, ist das Abstandsgeld bzw. der gestundete Restbetrag an die Ehefrau des Veräußerers, Frau F, zu bezahlen, sofern das Abstandsgeld bzw. der gestundete Restbetrag nicht bereits zu Lebzeiten des Veräußerers vollständig an den Veräußerer bezahlt wurde. In diesem Fall ist der gestundete Restbetrag fällig binnen drei Monaten nach schriftlichem Abruf durch die Ehefrau des Veräußerers, Frau F. Bis zu diesem Zeitpunkt ist der gestundete Restbetrag entsprechend der vorstehenden Zinsregelung zu verzinsen.

5. Der gestundete Restbetrag wird abweichend von den vorstehenden Regelungen sofort fällig, wenn der Erwerber mit den Zinszahlungen für mehr als drei Monate in Verzug ist oder wenn Zwangsvollstreckungsmaßnahmen in den übertragenen Grundbesitz eingeleitet werden oder wenn über das Vermögen des Erwerbers das Insolvenzverfahren eröffnet oder die Eröffnung mangels Masse abgelehnt wird.

6. Der Anspruch auf Zahlung des Abstandsgeldes ist nicht abtretbar. Der beim Tode des Überlebenden der Eheleute Herr M und Frau F noch nicht abgerufene Teil des Abstandsgeldes nebst den hierauf entfallenden Zinsen wird dem Erwerber hiermit mit Wirkung zum Tode des Längstlebenden seiner Eltern erlassen.

7. Der Erwerber unterwirft sich wegen des vorstehend vereinbarten Abstandsgeldes nebst Zinsen in Höhe von 2 % jährlich ab dem heutigen Tage seinen Eltern, den Eheleuten Herr M und Frau F gegenüber der sofortigen Zwangsvollstreckung aus dieser Urkunde in sein gesamtes Vermögen und in Ansehung der nachfolgend bestellten Grundschulden auch in der Weise, dass die Zwangsvollstreckung gegen den jeweiligen Eigentümer des mit den Grundschulden belasteten Grundbesitzes zulässig ist. Dem jeweiligen Forderungsberechtigten kann ohne weitere Nachweise vollstreckbare Ausfertigung dieser Urkunde erteilt werden.

8. Zur Sicherung des Anspruchs auf Zahlung des gestundeten Restbetrages des Abstandsgeldes bestellt der Erwerber:

   a) eine durch den Tod des Veräußerers auflösend bedingte, nicht abtretbare Buchgrundschuld über 70.000 EUR nebst 2 % Jahreszinsen ab dem heutigen Tage, die Zinsen jeweils nachträglich fällig am 31. Dezember des Kalenderjahres, zugunsten des Veräußerers auf dem übertragenen Grundstück Gemarkung X Flur 4 Nr. 15 mit der Zwangsvollstreckungsunterwerfung gemäß § 800 ZPO;

b) eine durch den Tod des Veräußerers aufschiebend bedingte und durch den Tod der Ehefrau des Veräußerers, Frau F, auflösend bedingte, nicht abtretbare Buchgrundschuld über 70.000 EUR nebst 2 % Jahreszinsen ab dem heutigen Tage, die Zinsen jeweils nachträglich fällig am 31. Dezember des Kalenderjahres, zugunsten der Ehefrau des Veräußerers, Frau F, auf dem übertragenen Grundstück Gemarkung X Flur 4 Nr. 15 mit der Zwangsvollstreckungsunterwerfung gemäß § 800 ZPO.

§ 8 Pflegeverpflichtung

1. Der Erwerber verpflichtet sich, dem Veräußerer und dessen Ehefrau F. auf deren Lebenszeit die erforderliche Pflege und hauswirtschaftliche Versorgung in den Räumen des übertragenen Hofanwesens zu gewähren, soweit der Übergeber hierzu objektiv nicht mehr selbst in der Lage ist und solange die Pflegeverpflichtung dem Erwerber zumutbar ist. Als zumutbar wird dabei nur eine solche Pflege angesehen, die erforderlich ist, um einen Pflegebedürftigen mit dem Pflegegrad 1 gemäß § 15 Abs. 3 S. 4 Nr. 2 SGB XI in der heute geltenden Fassung zu betreuen, und die nach dem Urteil des Hausarztes des Veräußerers einen durchschnittlichen täglichen Zeitaufwand von nicht mehr als zwei Stunden erfordert. Darüberhinausgehende Pflegeleistungen hat der Erwerber nach diesem Vertrag nicht zu erbringen. Im Streitfall entscheidet der Hausarzt des Veräußerers als Schiedsgutachter nach billigem Ermessen, ob die Pflege nach den vorstehenden Grundsätzen erforderlich ist und dem Erwerber noch zugemutet werden kann.

2. Zur Pflege und hauswirtschaftlichen Versorgung gehört insbesondere die Hilfe beim Aufstehen und Zu-Bett-Gehen, An- und Auskleiden, Gehen und Treppensteigen, Nahrungsaufnahme, Verabreichung von Medikamenten sowie Körperpflege mit Ausnahme der Pflege des Intimbereichs, Verrichtung der anfallenden häuslichen Arbeiten wie Reinigung der Wohnung, Kleidung, Wäsche, Geschirrspülen, Zubereiten der Mahlzeiten, wobei die Kosten für die Beschaffung der hierfür erforderlichen Lebensmittel der Berechtigte selbst tragen muss, Erledigung der erforderlichen Einkäufe und Besorgungen, Fahrten zum Arzt, zur Apotheke und zum Krankenhaus.

   Die Pflegeverpflichtung umfasst außerdem nicht solche Leistungen, die nur von geschultem Personal erbracht werden können.

3. Die Pflegeverpflichtung ist nicht vererblich, sie endet mit dem Tode des Erwerbers. Der Erwerber ist berechtigt, für die Erfüllung der Pflegeverpflichtung auch Hilfspersonen einzusetzen. Er ist dazu aber nicht verpflichtet, soweit ihm selbst die Erfüllung der Pflegeverpflichtung nach Abs. 1 nicht zumutbar ist.

4. Die vorstehenden Verpflichtungen ruhen, soweit der Pflegebedürftige aufgrund seiner Pflegebedürftigkeit häusliche Pflegehilfe oder Pflegegeld nach den gesetzlichen Vorschriften beanspruchen kann. Soweit dem Erwerber das Pflegegeld überlassen wird, sind jedoch die Pflegeleistungen von ihm zu erbringen, für die Zahlungen aus der Pflegeversicherung geleistet werden.

   Die Verpflichtung zur Pflege und hauswirtschaftlichen Versorgung ruht ferner, solange der Pflegebedürftige, gleich aus welchem Grund, nicht mehr im übergebenen Hofanwesen wohnt. Ein Geldersatz steht ihm nur zu, wenn der Erwerber den Wegzug durch schuldhafte Schlecht- oder Nichterfüllung der Pflegeverpflichtung veranlasst hat, andernfalls werden Ersatzansprüche aus jedem Rechtsgrund, insbesondere auch solche aus etwaigen landesrechtlichen Vorschriften, ausgeschlossen.

§ 9 Beerdigung und Grabpflege

Die Erwerber verpflichten sich, dem Veräußerer und dessen Ehefrau Frau F. ein standesgemäßes Begräbnis auszurichten und die Grabstätte seiner Eltern entsprechend den örtlichen Gepflogenheiten zu pflegen. Die damit verbundenen Kosten einschließlich derjenigen für einen Grabstein und dessen Beschriftung hat der Erwerber zu tragen. Ein etwaiges Sterbegeld aus einer Sterbegeldversicherung steht dem Erwerber zu.

Auf eine dingliche Absicherung dieser Verpflichtungen wird verzichtet.

§ 10 Verzichte

1. Die Schwester des Erwerbers, Frau , erklärt sich – mit Erhalt der vorstehend in § 6 vereinbarten Abfindung – hinsichtlich ihrer Ansprüche aus § 12 HöfeO für abgefunden. Sie verzichtet auf etwa weitergehende Ansprüche aus § 12 HöfeO.
2. Sie verzichtet ferner, gegenständlich beschränkt auf das dem Erwerber in dieser Urkunde übertragene Vermögen, auf ihr gesetzliches Pflichtteilsrecht und auf Pflichtteilsergänzungsansprüche.
3. Die Verzichte stehen jeweils unter der aufschiebenden Bedingung der Zahlung des in § 6 vereinbarten Abfindungsbetrages. Sie werden vom Veräußerer angenommen.
4. Die Verzichte sollen sich jeweils auch auf die Abkömmlinge der Verzichtenden erstrecken.
5. Die vorstehenden Verzichte erstrecken sich ausdrücklich nicht auf etwaige Nachabfindungsansprüche nach § 13 HöfeO. Diese bleiben vielmehr vorbehalten, soweit nicht nachstehend in § 11 dieser Urkunde etwas Abweichendes vereinbart ist.
6. Die Ehefrau des Veräußerers, Frau , verzichtet auf ihre höferechtlichen Ansprüche, einschließlich etwaiger Nachabfindungsansprüche aus § 13 HöfeO. Sie verzichtet ferner, gegenständlich beschränkt auf das dem Erwerber in der heutigen

Urkunde übertragene Vermögen, auf ihr gesetzliches Pflichtteilsrecht und auf Pflichtteilergänzungsansprüche. Der Veräußerer nimmt diese Verzichte an.

7. Der Erwerber verzichtet auf sein gesetzliches Pflichtteilsrecht am Nachlass seines Vaters und auf sein gesetzliches Pflichtteilsrecht am Nachlass seiner Mutter. Die Verzichte sollen sich auch auf die Abkömmlinge des Verzichtenden erstrecken. Der Veräußerer und seine Ehefrau nehmen diese Verzichte an.

   Die Verzichte des Erwerbers sind auflösend bedingt; sie entfallen mit einer Rückübertragung nach § 12 dieser Urkunde.

§ 11 Nachabfindung

Hinsichtlich etwaiger Nachabfindungsansprüche nach § 13 HöfeO treffen die Vertragsbeteiligten folgende Vereinbarungen:

Die von der Schwester des Erwerbers in diesem Hofübergabevertrag erklärten Verzichte erstrecken sich nicht auf Nachabfindungsansprüche nach § 13 HöfeO. Nachabfindungsansprüche gemäß § 13 HöfeO bleiben vielmehr vorbehalten, allerdings mit folgenden hiermit vereinbarten Einschränkungen:

a) An die Stelle der in § 13 HöfeO jeweils genannten Frist von 20 Jahren tritt eine Frist von lediglich 15 Jahren; diese beginnt mit dem heutigen Tag.

b) Die in diesem Hofübergabevertrag übertragenen Grundstücke Flur 5 Nr. 16 und Flur 6 Nr. 12 sind nicht Gegenstand von Nachabfindungsansprüchen. Diese Grundstücke können daher veräußert oder in sonstiger Weise verwertet werden, ohne dass hierdurch Nachabfindungsansprüche entstehen.

c) Bei Grundstücksveräußerungen und Erwerb von Ersatzland ist es nicht erforderlich, dass ein gleichwertiger Ersatzerwerb im Sinne des § 13 Abs. 2 HöfeO erfolgt. Es kann also auch eine höherwertige oder größere Ersatzlandfläche erworben werden. Die in § 13 Abs. 2 S. 1 HöfeO vorgesehene Begrenzung der anrechnungsfähigen Re-Investition bis zur Höhe der für einen gleichwertigen Ersatzerwerb angemessenen Aufwendungen wird ausgeschlossen

   Ist die Re-Investitionssumme einschließlich Nebenkosten (z.B. für Makler, Notar, Grundbuchamt, Grunderwerbsteuer) nach Abzug von Ertragsteuern geringer als der Veräußerungserlös, so unterliegen nicht reinvestierte Erlöse der Nachabfindung gemäß § 13 HöfeO.

d) Eine Nachabfindung ist ausgeschlossen, wenn Gewinne aus landwirtschaftsfremder Nutzung des Hofvermögens, die gemäß § 13 HöfeO nachabfindungspflichtig wären, in Hofvermögen reinvestiert werden.

§ 12 Rückforderungsrecht

1. Der Veräußerer behält sich das Recht vor, die Rückübertragung des in dieser Urkunde übertragenen Grundbesitzes auf sich zu verlangen, falls einer der folgenden Rückforderungsgründe eintritt:

   a) falls der Erwerber den Grundbesitz ganz oder teilweise ohne Zustimmung des Veräußerers belastet oder veräußert;

   b) falls der Erwerber vor dem Veräußerer verstirbt;

   c) falls in den Grundbesitz Zwangsvollstreckungsmaßnahmen eingeleitet und nicht innerhalb von vier Wochen wieder aufgehoben werden;

   d) falls über das Vermögen des Erwerbers das Insolvenzverfahren eröffnet oder die Eröffnung mangels Masse abgelehnt wird;

   e) falls der Erwerber von seinem (gegebenenfalls künftigen) Ehepartner geschieden wird oder getrennt lebt im Sinne des § 1567 BGB, es sei denn, der Erwerber hat durch Ehevertrag sichergestellt, dass im Scheidungsfall kein Zugewinnausgleich stattfindet oder der in dieser Urkunde übertragene Grundbesitz und dessen Wertsteigerungen beim Zugewinnausgleich im Scheidungsfall nicht berücksichtigt werden.

2. Zu einer Veräußerung und Belastung der in dieser Urkunde übertragenen Grundstücke Flur 3 Nr. 6 und Flur 4 Nr. 7 erteilt der Veräußerer bereits hiermit seine ausdrückliche und uneingeschränkte Zustimmung. Hinsichtlich der übrigen in dieser Urkunde übertragenen Grundstücke kann der Erwerber von dem Veräußerer die Zustimmung zu einer Veräußerung und Belastung verlangen, sofern die Veräußerung oder Belastung mit den Grundsätzen ordnungsgemäßer Wirtschaft zu vereinbaren ist und den Zweck des schuldrechtlichen Verfügungsverbots nicht wesentlich beeinträchtigt oder gefährdet.

3. Das Rückforderungsrecht ist nicht vererblich und nicht übertragbar. Hat der Veräußerer jedoch das Rückforderungsrecht zu seinen Lebzeiten berechtigt ausgeübt, so ist der durch die Ausübung des Rechts entstandene Rückübereignungsanspruch sowohl vererblich als auch übertragbar.

   Das Rückforderungsrecht kann nur durch den Veräußerer selbst oder durch von ihm Bevollmächtigte ausgeübt werden, nicht jedoch durch gesetzliche Vertreter, Betreuer oder sonstige Personen.

4. Die Ausübung des Rückforderungsrecht bedarf der Schriftform. Das Rückforderungsrecht kann nur innerhalb von zwölf Monaten, nachdem der Rückforderungsberechtigte vom Rückforderungsgrund Kenntnis erlangt hat, ausgeübt werden. Das gilt jedoch nicht für eine Rückforderung wegen Vorversterbens des Erwerbers

(Rückforderungsgrund gemäß Ziff. 1. Buchst. b)); diesbezüglich wird eine Ausübungsfrist ausdrücklich nicht vereinbart.

5. Wechselt der Eigentümer des übertragenen Grundbesitzes, so kommt es für den Eintritt eines Rückforderungsgrundes auf die Person, das Verhalten, das Eigentum und die sonstigen Verhältnisse bei dem neuen Eigentümer an.

6. Übt der Veräußerer das Rückforderungsrecht aus, so hat der Erwerber den Grundbesitz an den Veräußerer, gegebenenfalls an dessen Erben, zurück zu übereignen. Die Rückübertragung hat unentgeltlich zu erfolgen, soweit nachfolgend nichts anderes vereinbart ist.

   Im Falle der Rückübertragung sind dem Erwerber zu erstatten:

   a) Abfindungen und Abstandsgelder, die der Erwerber aufgrund dieses Vertrages an seine Schwester und an seine Eltern geleistet hat;

   b) nachgewiesene werterhöhende Aufwendungen des Erwerbers in den übertragenen Grundbesitz, soweit die Werterhöhung im Zeitpunkt der Rückübertragung noch besteht,

   c) Tilgungsleistungen, die der Erwerber auf die nach diesem Vertrag übernommenen Darlehensverbindlichkeiten erbracht hat.

   In Anrechnung auf diesen Erstattungsbetrag hat der Veräußerer im Wege der befreienden Schuldübernahme die Darlehen zu übernehmen, die der Erwerber zur Finanzierung der zu erstattenden Gegenleistungen und Aufwendungen aufgenommen hat. Soweit diese Darlehen auf dem übertragenen Grundbesitz dinglich gesichert sein sollten, hat der Veräußerer auch die zu ihrer Sicherung bestellten Grundpfandrechte zu übernehmen.

   Im Streitfall wird der Erstattungsbetrag von einem von der zuständigen Industrie- und Handelskammer zu bestellenden Schiedsgutachter bestimmt, dessen Kosten die Parteien je hälftig tragen.

   Im Übrigen werden alle wechselseitigen Ansprüche aus gezogenen Nutzungen, erbrachten Leistungen oder gemachten Aufwendungen ausdrücklich ausgeschlossen.

7. Der Besitz, die Nutzungen, die Lasten und die Gefahr gehen zu dem Zeitpunkt auf den Rückforderungsberechtigten über, an dem er sein Rückforderungsrecht schriftlich ausgeübt hat.

8. Die mit der Rückübertragung verbundenen Kosten und Steuern hat der Rückforderungsberechtigte zu tragen.

9. Mit der Rückübertragung entfallen die von dem Erwerber in dieser Urkunde erklärten Pflichtteilsverzichte; die Pflichtteilsverzichte des Erwerbers sind insoweit auflösend bedingt.

10. Ein Rückforderungsrecht der Ehefrau des Veräußerers wird nicht vereinbart.

§ 13 Besitzübergang

Der Besitz, die Nutzungen, die Lasten sowie die Gefahr des Übertragenen Grundbesitzes gehen auf den Erwerber mit dem ersten Tag des auf die Beurkundung dieses Hofübergabevertrages folgenden Monats über.

§ 14 Gewährleistung

1. Ansprüche und Rechte des Erwerbers wegen eines Sachmangels der übertragenen Grundstücke, der bestehenden Gebäude und des sonstigen in dieser Urkunde übertragenen Vermögens werden ausgeschlossen.

2. Der Veräußerer ist verpflichtet, dem Erwerber das Eigentum an dem übertragenen Grundbesitz frei von im Grundbuch eingetragenen und vom Erwerber nicht übernommenen Belastungen und Beschränkungen zu verschaffen. Im Übrigen wird eine Rechtsmängelhaftung ausgeschlossen.

3. Von den vorstehenden Rechtsbeschränkungen ausgenommen ist eine Haftung bei Vorsatz und Arglist.

§ 15 Erschließung

Beiträge, Kosten und Abgaben nach dem Baugesetzbuch und Kommunalabgabengesetz gehen jeweils zu Lasten des Erwerbers, und zwar unabhängig davon, wann solche Beiträge, Kosten und Abgaben entstehen oder bereits entstanden sind.

§ 16 Kosten und Steuern

1. Die mit dieser Urkunde und ihrem Vollzug verbundenen Kosten trägt der Erwerber.

2. Der Notar hat auf eine mögliche Schenkungsteuer hingewiesen.

   Er hat den Beteiligten empfohlen, die steuerrechtlichen Folgen dieses Vertrages vor der Beurkundung von einem Steuerberater prüfen zu lassen.

§ 17 Auflassung, Grundbucherklärungen

1. Die Beteiligten sind ohne Bedingung und Befristung darüber einig, dass das Eigentum an dem übertragenen Grundbesitz auf den Erwerber übergeht.

Sie bewilligen die Eintragung des Eigentumswechsels in das Grundbuch. Diese Eintragungsbewilligung ist jedoch aufschiebend befristet auf den Tag des Besitzübergangs gemäß § 13 dieser Urkunde.

2. Die Beteiligten bewilligen und beantragen die Eintragung:

a) eines Altenteilsrechts zugunsten des Veräußerers, löschbar bei Todesnachweis, bestehend aus:

- einem durch den Löschungsantrag des Notars auflösend bedingten Wohnungsrecht auf dem Grundstück Gemarkung Flur Nr. gemäß in § 3 Ziffer 1., löschbar mit Nachweis der auflösenden Bedingung,

- einer Reallast zur Sicherung der in § 4 und § 8 vereinbarten Leistungen, einzutragen auf dem gesamten in dieser Urkunde übertragenen Grundbesitz mit Ausnahme der Grundstücke Gemarkung Flur 3 Nr. 6 und Flur 4 Nr. 7,

b) eines Altenteilsrechts zugunsten der Ehefrau des Veräußerers, Frau F., löschbar bei Todesnachweis, bestehend aus:

- einem – durch den Tod des Veräußerers aufschiebend bedingten und durch den Löschungsantrag des Notars auflösend bedingten Wohnungsrecht auf dem Grundstück Gemarkung Flur Nr. gemäß § 3 Ziffer 2., löschbar mit Nachweis der auflösenden Bedingung,

- einer – durch den Tod des Veräußerers aufschiebend bedingten Reallast – zur Sicherung der in § 4 Ziffer 2. vereinbarten aufschiebenden Zahlungsansprüche der Frau F., einzutragen auf dem gesamten in dieser Urkunde übertragenen Grundbesitz mit Ausnahme der Grundstücke Gemarkung Flur 3 Nr. 6 und Flur 4 Nr. 7,

- einer Reallast zur Sicherung der in § 8 vereinbarten Leistungen, einzutragen auf dem gesamten in dieser Urkunde übertragenen Grundbesitz, mit Ausnahme der Grundstücke Gemarkung Flur 3 Nr. 6 und Flur 4 Nr. 7,

c) einer – durch den Tod des Veräußerers auflösend befristeten – Auflassungsvormerkung zugunsten des Veräußerers zur Sicherung des aufschiebend bedingten Rückübereignungsanspruchs des Veräußerers gemäß § 12 dieser Urkunde auf dem gesamten in dieser Urkunde übertragenen Grundbesitz, mit Ausnahme der Grundstücke Flur 3 Nr. 6 und Flur 4 Nr. 7.

d) einer durch den Tod des Veräußerers auflösend bedingten, nicht abtretbaren Buchgrundschuld über 70.000 EUR nebst 2 % Jahreszinsen ab dem heutigen Tage, die Zinsen jeweils nachträglich fällig am 31. Dezember des Kalenderjahres, zugunsten des Veräußerers auf dem übertragenen Grundstück Gemarkung X Flur 4 Nr. 15 mit der Zwangsvollstreckungsunterwerfung gemäß § 800 ZPO;

e) einer durch den Tod des Veräußerers aufschiebend bedingten und durch den Tod der Ehefrau des Veräußerers, Frau F, auflösend bedingten, nicht abtretbaren Buchgrundschuld über 70.000 EUR nebst 2 % Jahreszinsen ab dem heutigen Tage, die Zinsen jeweils nachträglich fällig am 31. Dezember des Kalenderjahres, zugunsten der Ehefrau des Veräußerers, Frau F, auf dem übertragenen Grundstück Gemarkung X Flur 4 Nr. 15 mit der Zwangsvollstreckungsunterwerfung gemäß § 800 ZPO.

3. Die vorbewilligten Rechte sollen, sofern sie in einem Rangverhältnis zueinander stehen können, Rang in vorstehender Reihenfolge erhalten (§ 45 GBO).

4. Den Beteiligten ist bekannt, dass das Eigentum an dem übertragenen Grundbesitz erst mit der Eintragung des Eigentumswechsels im Grundbuch auf den Erwerber übergeht. Bis dahin können die Rechte des Erwerbers aus dieser Urkunde noch beeinträchtigt werden. Zum Schutz des Erwerbers vor einer möglichen Beeinträchtigung seiner Rechte kann eine Auflassungsvormerkung im Grundbuch eingetragen werden. Die Beteiligten verzichten nach Belehrung auf die Eintragung einer Auflassungsvormerkung zugunsten des Erwerbers im Grundbuch.

5. Alle Eintragungen aus dieser Urkunde sollen erfolgen nach Maßgabe der Anträge des Notars, der ermächtigt ist, diese auch getrennt und eingeschränkt zu stellen und in gleicher Weise zurückzunehmen sowie die Erklärungen der Beteiligten gegenüber dem Grundbuchamt zu ergänzen, zu ändern und zu berichtigen.

§ 18 Zustimmung des Ehegatten

Die Ehefrau des Veräußerers, die mit ihrem Ehemann im gesetzlichen Güterstand der Zugewinngemeinschaft lebt, stimmt diesem Hofübergabevertrag in vollem Umfang zu.

§ 19 Genehmigung des Landwirtschaftsgerichts

Der Hofübergabevertrag bedarf zu seiner Wirksamkeit der Genehmigung des Landwirtschaftsgerichts. Diese Genehmigung wird hiermit beantragt.

§ 20 Schlussbestimmungen

1. Genehmigungen aller Art werden wirksam mit ihrem Eingang beim Notar.

2. Der Notar wies die Beteiligten darauf hin, dass alle Vertragsvereinbarungen beurkundungspflichtig sind und dass Nebenabreden außerhalb dieser Urkunde zur Nichtigkeit des gesamten Vertrages führen können.

3. Sollten Erklärungen in dieser Urkunde ganz oder teilweise der Rechtswirksamkeit ermangeln oder nicht durchgeführt werden, so sollen dennoch die übrigen Erklärungen wirksam bleiben.

   Diese Niederschrift wurde den Erschienenen von dem Notar vorgelesen, von ihnen genehmigt und von ihnen und dem Notar wie folgt eigenhändig unterschrieben

▲

B. Übertragung eines landwirtschaftlichen Betriebes, der nicht Hof im Sinne der HöfeO ist

▼ 2

Muster 17.2: Übertragung eines landwirtschaftlichen Betriebes, der nicht Hof im Sinne der HöfeO ist 17.2

Verhandelt zu ____ am ____

Vor mir, ____, Notar mit dem Amtssitz in ____, erschienen:

1. Als Veräußerer:

   Herr ____, geboren am ____, wohnhaft in ____

2. Als Erwerber:

   dessen Sohn, Herr ____, geboren am, ____, wohnhaft in ____,

3. die Tochter des Veräußerers und Schwester des Erwerbers:

   Frau ____, geborene ____, geboren am ____,wohnhaft in ____.

4. die Ehefrau des Veräußerers und Mutter der übrigen Vertragsbeteiligten:

   Frau ____, geborene ____, geboren am ____, wohnhaft in ____.

Die Erschienenen sind dem Notar von Person bekannt:

Die Erschienen erklärten:

Wir schließen folgenden **Übergabevertrag**:

§ 1 Grundbuchangaben

1. Der Veräußerer ist Eigentümer des landwirtschaftlichen Betriebes „Gut Hohenstein" in B. Es handelt sich nicht um einen Hof im Sinne der HöfeO.
2. Zum Betrieb gehört folgender Grundbesitz, als dessen Alleineigentümer der Veräußerer im Grundbuch eingetragen ist:

(Es folgt die Auflistung und grundbuchmäßige Bezeichnung des gesamten zu übertragenden Grundbesitzes).

3. Der Grundbesitz ist im Grundbuch wie folgt belastet:

   (Es folgt das Verzeichnis der im Grundbuch eingetragenen Belastungen).

   Sämtliche vorgenannten Belastungen werden von dem Erwerber übernommen.

   Der Veräußerer tritt sämtliche Rückgewähransprüche und Eigentümerrechte an allen eingetragenen Grundpfandrechten am übertragenen Grundbesitz mit Wirkung ab Eigentumsumschreibung an den Erwerber ab und bewilligt die entsprechende Grundbucheintragung.

§ 2 Übertragung

1. Der Veräußerer überträgt dem Erwerber, soweit nachstehend nicht von einer Übertragung ausgenommen, den gesamten in § 1 näher bezeichneten Grundbesitz nebst allen wesentlichen Bestandteilen, insbesondere allen Gebäuden und baulichen Anlagen, allen zugehörigen Rechten und dem gesamtem Zubehör. Übertragen an den Erwerber werden auch alle sonstigen Aktiva und Passiva des landwirtschaftlichen Betriebes „Gut Hohenstein“, soweit sie nicht im Folgenden von einer Übertragung ausdrücklich ausgenommen sind.
2. Mitübertragen an den Erwerber werden insbesondere:
   a) das gesamte lebende und tote landwirtschaftliche Inventar, soweit nachstehend nichts anderes vereinbart ist;
   b) die aufstehende Saat und alle landwirtschaftlichen Vorräte;
   c) das bei der Sparkasse D. geführte betriebliche Konto mit der IBAN nebst allen mit diesem Konto verbundenen Rechten und Ansprüchen;
   d) das bei der Sparkasse D. geführte Sparbuch mit der Nr. . Das auf diesem Sparbuch befindliche Guthaben hat der Veräußerer für betriebliche Instandsetzungs- und Investitionsmaßnahmen angespart. Der Anspruch auf Auszahlung dieses Guthabens nebst etwa hierauf noch gutzuschreibender Zinsen wird an den Erwerber abgetreten;
   e) sämtliche Anteile des Veräußerers an der Genossenschaft „Volksbank B. eG“;
   f) sämtliche Anteile des Veräußerers an der Molkerei-Genossenschaft „D.-Milch eG“;
   g) die Beteiligung des Veräußerers an der Gesellschaft bürgerlichen Rechts mit der Bezeichnung „Landwirtschaftlicher Maschinenring D. GbR“;

h) alle Ansprüche des Veräußerers auf landwirtschaftliche Beihilfen und Agrarförderung, insbesondere sämtliche Zahlungsansprüche, Prämien- und Ausgleichsansprüche im Rahmen der Gemeinsamen Agrarpolitik (GAP) der Europäischen Union.

3. Der Veräußerer überträgt dem Erwerber auch alle weiteren zum landwirtschaftlichen Betrieb gehörenden Grundstücke und Miteigentumsanteile an Grundstücken, auch wenn diese vorstehend nicht gesondert aufgeführt sein sollten. Der Veräußerer bevollmächtigt den Erwerber, diese Grundstücke und Miteigentumsanteile in grundbuchmäßiger Form zu bezeichnen und an sich aufzulassen sowie alle Erklärungen abzugeben und entgegenzunehmen, die zur Übertragung des Eigentums an diesen Grundstücken und Miteigentumsanteilen auf den Übernehmer erforderlich sind. Der Bevollmächtigte ist von den Beschränkungen des § 181 BGB befreit. Die Vollmacht erlischt nicht mit dem Tode des Veräußerers.

4. An den Erwerber ausdrücklich nicht mitübertragen werden:

   a) der Pkw der Marke VW-Passat mit dem amtlichen Kennzeichen ;

   b) der Rasenmäher-Traktor der Marke John Deere,

   c) der Oldtimer-Traktor des Fabrikats Hanomag Perfekt 300, Baujahr 1963,

   d) die gesamte Wohnungseinrichtung und sämtliche Gegenstände des Hausrats, die sich in der vom Veräußerer und seiner Ehefrau bewohnten Erdgeschosswohnung der Hofstelle befinden.

5. Der Erwerber nimmt die vorstehenden Übertragungen an.

§ 3 Wohnungsrecht

1. Der Veräußerer behält sich das lebenslängliche Wohnungsrecht an sämtlichen Räumen der Wohnung im Erdgeschoss des auf dem übertragenen Grundstück Gemarkung Flur Nr. befindlichen Wohnhauses vor. Das Wohnungsrecht erstreckt sich auch auf die auf diesem Grundstück befindliche Garage sowie auf die Mitbenutzung der gemeinschaftlich genutzten Räume und Anlagen, insbesondere des Kellers und des Speichers.

   Mit dinglicher Wirkung wird als Inhalt des Wohnungsrechts vereinbart:

   Der Eigentümer ist verpflichtet, die dem Wohnungsrecht unterliegenden Räume in einem jederzeit gut bewohnbaren und beheizbaren Zustand zu erhalten. Er ist auch verpflichtet, die Kosten der Schönheitsreparaturen zu tragen.

   Der Eigentümer hat ferner sämtliche Kosten der Versorgung und Entsorgung der dem Wohnungsrecht unterliegenden Räume und der zum gemeinschaftlichen Gebrauch bestimmten Anlagen und Einrichtungen zu tragen, insbesondere die Kosten für

Strom, Heizung, Gas, Wasser, Abwasser, Schornsteinfeger und Müllabfuhr; dies gilt sowohl für die verbrauchsabhängigen wie auch für die verbrauchsunabhängigen Kosten der Ver- und Entsorgung.

2. Ein – durch den Tod des Übergebers aufschiebend bedingtes – inhaltsgleiches Wohnungsrecht wird hiermit auch der Ehefrau des Übergebers, Frau   , eingeräumt. (Gegebenenfalls zusätzlich: Weitere aufschiebende Bedingung dieses Wohnungsrechts ist, dass beim Tode des Übergebers dessen Ehe mit Frau   noch besteht).

3. Das jeweilige Wohnungsrecht ist wie folgt auflösend bedingt:

   Es erlischt, wenn der Notar die Löschung des Wohnungsrechts beantragt.

   Der Notar wird angewiesen, die Löschung des Wohnungsrechts zu beantragen wenn ihm eine behördliche Meldebescheinigung vorgelegt wird, aus der sich ergibt, dass der Wohnungsberechtigte seit mindestens sechs Monaten nicht mehr mit Haupt- oder Zweitwohnsitz im übertragenen Anwesen gemeldet ist, oder dem Notar ein ärztliches Attest vorgelegt wird, dem zufolge der Wohnungsberechtigte mit hoher Wahrscheinlichkeit daran gehindert ist, das Wohnungsrecht im übertragenen Anwesen persönlich auszuüben.

   Unabhängig hiervon ist der Wohnungsberechtigte verpflichtet, auf Verlangen und auf Kosten des Eigentümers die Löschung des Wohnungsrechts in grundbuchmäßiger Form zu bewilligen, wenn er das übertragene Anwesen nicht nur vorübergehend verlassen hat.

   Etwaige Ersatz- und Entschädigungsansprüche des Wohnungsberechtigten im Zusammenhang mit dem Erlöschen des Wohnungsrechts und der Nutzung der Wohnung durch den Eigentümer oder durch Dritte werden ausgeschlossen.

§ 4 Versorgungsleistungen

1. Der Erwerber verpflichtet sich, an den Veräußerer auf dessen Lebensdauer als dauernde Last einen Betrag in Höhe von monatlich 1.800 EUR – in Worten: eintausendachthundert EUR – zu zahlen. Der Betrag ist jeweils monatlich im Voraus bis zum dritten Tag des Monats zu zahlen, erstmals am dritten Tag des Monats, der auf die Beurkundung dieses Vertrages folgt.

2. Sollte der Veräußerer vor seiner Ehefrau, Frau   , versterben, so hat der Erwerber an diese, aufschiebend bedingt durch den Tod des Veräußerers, als dauernde Last einen Betrag in Höhe von monatlich   EUR zu zahlen. Der Betrag ist jeweils monatlich im Voraus bis zum dritten Tag des jeweiligen Monats zu zahlen, erstmals am dritten Tag des Monats, der auf das Ableben des Veräußerers folgt.

Der Zahlungsanspruch der Ehefrau entfällt jedoch ersatzlos, wenn deren Ehe mit dem Veräußerer geschieden werden sollte oder beide im Zeitpunkt des Todes des Veräußerers im Sinne des § 1567 BGB voneinander getrennt leben sollten.

3. Etwaige Rückstände aus den vorstehend vereinbarten Zahlungen, die im Zeitpunkt des Todes des jeweiligen Zahlungsberechtigten bestehen sollten, sind nicht vererblich; sie werden dem Erwerber bereits jetzt mit Wirkung zum Tode des jeweiligen Zahlungsberechtigten erlassen.

4. Bei einer wesentlichen Veränderung der heutigen Verhältnisse, insbesondere des Bedarfs des jeweiligen Zahlungsberechtigten, der Leistungsfähigkeit des Erwerbers oder der Kaufkraft des Geldes, ist jeder Vertragsteil in analoger Anwendung von § 323a ZPO und § 239 FamFG berechtigt, eine entsprechende Anpassung der monatlichen Zahlungen zu verlangen. Eine Wertsicherung der dauernden Last durch eine unmittelbare Ankoppelung an die Entwicklung des Verbraucherindexes für Deutschland wird nicht vereinbart. Eine Anpassung kann immer nur für die Zukunft gefordert werden; das Anpassungsverlangen bedarf der Schriftform.

   Ein Mehrbedarf, der dadurch entsteht, dass der jeweilige Zahlungsberechtigte das übertragene Hofanwesen verlässt, begründet kein Erhöhungsverlangen, es sei denn, der Erwerber hätte den Wegzug zu vertreten.

5. Der Erwerber unterwirft sich gegenüber dem Veräußerer und dessen Ehefrau wegen des dinglichen und des persönlichen Anspruchs aus der nachfolgend jeweils bestellten Reallast sowie wegen der vorstehend vereinbarten persönlichen Zahlungsverpflichtung der sofortigen Zwangsvollstreckung aus dieser Urkunde.

   Der Notar ist ermächtigt, jederzeit ohne weitere Nachweise vollstreckbare Ausfertigung dieser Urkunde zu erteilen.

6. Zur Sicherung aller Ansprüche auf Zahlung der vorstehend vereinbarten monatlichen Beträge bestellt der Erwerber an dem gesamten übertragenen Grundbesitz, mit Ausnahme der Grundstücke Flur 3 Nr. 6 und Flur Nr. 7, eine Reallast zugunsten des Veräußerers und eine durch den Tod des Veräußerers aufschiebend bedingte Reallast zugunsten dessen Ehefrau.

§ 5 Befreiende Schuldübernahme

1. Der Veräußerer ist Schuldner der Verbindlichkeiten, die durch die folgende im Grundbuch von … Blatt … in Abt. III Nr. 1 eingetragene Grundschuld gesichert werden:

   Grundschuld zugunsten der B-Bank in Höhe von … EUR nebst … % Jahreszinsen ab dem …, die Zinsen jeweils fällig nachtäglich am letzten Tag des Kalenderjahres.

2. Der Erwerber übernimmt die durch diese Grundschuld gesicherten Verbindlichkeiten nebst Zinsen und allen Nebenleistungen mit schuldbefreiender Wirkung anstelle des Veräußerers mit Wirkung ab dem Tag des Besitzübergangs, somit ab dem … . Nach den Angaben der Vertragsbeteiligten handelt es sich hierbei um die Verbindlichkeiten aus dem Darlehen der B-Bank mit der Darlehensnummer …, deren Höhe derzeit … EUR beträgt. Sollten die Verbindlichkeiten am Besitzübergangstag höher oder niedriger sein als vorstehend angegeben, so erfolgt kein Ausgleich.

   Der Notar hat darauf hingewiesen, dass die Schuldübernahme nur wirksam wird, wenn der Gläubiger sie genehmigt; vorher wird der Veräußerer nicht von seiner Haftung frei. Der Notar wird beauftragt, dem Gläubiger eine beglaubigte Abschrift dieser Urkunde zu übersenden und die Genehmigung der Schuldübernahme zu beantragen. Bis zur Erteilung dieser Genehmigung hat der Erwerber den Veräußerer von jeglicher Inanspruchnahme aus den übernommenen Verbindlichkeiten freizustellen (Erfüllungsübernahme); das gilt auch, wenn die Genehmigung verweigert wird. Die mit der Schuldübernahme verbundenen Kosten hat der Erwerber zu tragen.

3. Der Erwerber übernimmt die vorbezeichnete Grundschuld dinglich.

   Er erkennt an, dem Grundschuldgläubiger einen Betrag in Höhe des Nennbetrags der Grundschuld nebst … % Jahreszinsen ab Grundschuldbewilligung in der Weise zu schulden, dass das Anerkenntnis die Verpflichtung zur Zahlung selbstständig begründen soll. Er unterwirft sich in Höhe des Grundschuldbetrages nebst vorgenannter Zinsen der sofortigen Zwangsvollstreckung aus dieser Urkunde in sein gesamtes Vermögen. Der Notar wird ermächtigt, dem Grundschuldgläubiger ohne weitere Nachweise vollstreckbare Ausfertigung dieser Urkunde zu erteilen.

4. Der Veräußerer tritt mit Wirkung ab Eigentumsumschreibung sämtliche Rechte und Ansprüche, die ihm hinsichtlich der vorgenannten Grundschuld zustehen, insbesondere die Ansprüche auf Rückgewähr der Grundschuld, an den Erwerber ab und bewilligt die Eintragung der Abtretung im Grundbuch.

5. Die Sicherungszweckerklärung zur vorgenannten Grundschuld wird wie folgt geändert:

   Die Grundschuld sichert lediglich Verbindlichkeiten des Erwerbers, nicht aber solche des Veräußerers. Solange die in dieser Urkunde bewilligten Altenteilsrechte des Veräußerers und seiner Ehefrau bestehen, sichert die Grundschuld darüber hinaus einschränkend nur solche Verbindlichkeiten des Erwerbers, deren Absicherung der Veräußerer oder, im Falle seines Vorversterbens, seine Ehefrau schriftlich zugestimmt hat. Während des Bestehens dieser Altenteilsrechte ist eine Änderung oder Aufhebung der Sicherungszweckerklärung nur mit schriftlicher Zustimmung des Veräußerers, oder, im Falle seines Vorversterbens, mit schriftlicher Zustimmung seiner Ehefrau zulässig.

Der Notar wird beauftragt, die zur vorstehenden Änderung der Sicherungszweckerklärung erforderliche Zustimmung des Gläubigers einzuholen.

§ 6 Abfindung der weichenden Erben

1. Der Erwerber verpflichtet sich, an seine Schwester eine Abfindung in Höhe von EUR zu zahlen. Der Abfindungsbetrag ist fällig innerhalb von sechs Monaten, gerechnet ab heute.

   Der Abfindungsbetrag ist auf folgendes Konto der Schwester zu zahlen:

   Bankverbindung:

   IBAN:

2. Wegen der Verpflichtung zur Zahlung dieses Abfindungsbetrages unterwirft sich der Erwerber gegenüber seiner Schwester der sofortigen Zwangsvollstreckung aus dieser Urkunde in sein gesamtes Vermögen. Der Notar wird ermächtigt, ohne weitere Nachweise vollstreckbare Ausfertigung dieser Urkunde zu erteilen.

   Auf eine weitere Absicherung des Abfindungsanspruchs, zum Beispiel durch Eintragung einer Grundschuld oder Hypothek im Grundbuch oder durch Stellung einer Bankbürgschaft, wird verzichtet.

§ 7 Abstandsgeld

1. Der Erwerber verpflichtet sich, ein Abstandsgeld in Höhe von 100.000 EUR (in Worten: einhunderttausend EUR) an den Veräußerer zu zahlen.
2. Das Abstandsgeld ist mit einem Teilbetrag in Höhe von 30.000 EUR (in Worten: dreißigtausend EUR) fällig binnen vier Wochen nach Beurkundung dieses Vertrages.
3. Der hiernach verbleibende Restbetrag in Höhe von 70.000 EUR (in Worten: siebzigtausend EUR) wird dem Erwerber gestundet. Der gestundete Restbetrag ist fällig binnen drei Monaten nach schriftlichem Abruf durch den Veräußerer. Bis dahin ist der gestundete Restbetrag mit 2 % (in Worten: zwei Prozent) jährlich zu verzinsen. Die Zinsen sind fällig und zahlbar jeweils nachträglich zum 31. Dezember eines jeden Jahres.
4. Sollte der Veräußerer vor seiner Ehefrau, Frau F, versterben, ist das Abstandsgeld bzw. der gestundete Restbetrag an die Ehefrau des Veräußerers, Frau F, zu bezahlen, sofern und soweit das Abstandsgeld bzw. der gestundete Restbetrag nicht bereits zu Lebzeiten des Veräußerers an den Veräußerer bezahlt wurde. In diesem Fall ist der gestundete Restbetrag fällig binnen drei Monaten nach schriftlichem Abruf

durch die Ehefrau des Veräußerers, Frau F. Bis zu diesem Zeitpunkt ist der gestundete Restbetrag entsprechend der vorstehenden Zinsregelung zu verzinsen.

5. Der gestundete Restbetrag wird abweichend von den vorstehenden Regelungen sofort fällig, wenn der Erwerber mit den Zinszahlungen für mehr als drei Monate in Verzug ist oder wenn Zwangsvollstreckungsmaßnahmen in den übertragenen Grundbesitz eingeleitet werden oder wenn über das Vermögen des Erwerbers das Insolvenzverfahren eröffnet oder die Eröffnung mangels Masse abgelehnt wird.

6. Der Anspruch auf Zahlung des Abstandsgeldes ist nicht abtretbar. Der beim Tode des Überlebenden der Eheleute Herr M und Frau F noch nicht abgerufene Teil des Abstandsgeldes nebst den hierauf entfallenden Zinsen wird dem Erwerber hiermit mit Wirkung zum Tode des Längstlebenden seiner Eltern erlassen.

7. Der Erwerber unterwirft sich wegen des vorstehend vereinbarten Abstandsgeldes nebst Zinsen in Höhe von 2 % jährlich ab dem heutigen Tage seinen Eltern, den Eheleuten Herr M und Frau F gegenüber der sofortigen Zwangsvollstreckung aus dieser Urkunde in sein gesamtes Vermögen und in Ansehung der nachfolgend bestellten Grundschulden auch in der Weise, dass die Zwangsvollstreckung gegen den jeweiligen Eigentümer des mit den Grundschulden belasteten Grundbesitzes zulässig ist. Dem jeweiligen Forderungsberechtigten kann ohne weitere Nachweise vollstreckbare Ausfertigung dieser Urkunde erteilt werden.

8. Zur Sicherung des Anspruchs auf Zahlung des gestundeten Restbetrages des Abstandsgeldes bestellt der Erwerber:

   a) eine durch den Tod des Veräußerers auflösend bedingte, nicht abtretbare Buchgrundschuld über 70.000 EUR nebst 2 % Jahreszinsen ab dem heutigen Tage zugunsten des Veräußerers auf dem übertragenen Grundstück Gemarkung X Flur 4 Nr. 15 mit der Zwangsvollstreckungsunterwerfung gemäß § 800 ZPO;

   b) eine durch den Tod des Veräußerers aufschiebend bedingte und durch den Tod der Ehefrau des Veräußerers, Frau F, auflösend bedingte, nicht abtretbare Buchgrundschuld über 70.000 EUR nebst 2 % Jahreszinsen ab dem heutigen Tage, die Zinsen jeweils nachträglich fällig am 31. Dezember des Kalenderjahres, zugunsten der Ehefrau des Veräußerers, Frau F, auf dem übertragenen Grundstück Gemarkung X Flur 4 Nr. 15 mit der Zwangsvollstreckungsunterwerfung gemäß § 800 ZPO.

§ 8 Pflegeverpflichtung

1. Der Erwerber verpflichtet sich, dem Veräußerer und dessen Ehefrau auf deren Lebenszeit die erforderliche Pflege und hauswirtschaftliche Versorgung in den Räumen des übertragenen Hofanwesens zu gewähren, soweit der Übergeber hierzu objektiv nicht mehr selbst in der Lage ist und solange die Pflegeverpflichtung dem Erwerber

zumutbar ist. Als zumutbar wird dabei nur eine solche Pflege angesehen, die erforderlich ist, um einen Pflegebedürftigen mit dem Pflegegrad 1 gemäß § 15 Abs. 3 S. 4 Nr. 2 SGB XI in der heute geltenden Fassung zu betreuen, und die nach dem Urteil des Hausarztes des Veräußerers einen durchschnittlichen täglichen Zeitaufwand von nicht mehr als zwei Stunden erfordert. Darüberhinausgehende Pflegeleistungen hat der Erwerber nach diesem Vertrag nicht zu erbringen. Im Streitfall entscheidet der Hausarzt des Veräußerers als Schiedsgutachter nach billigem Ermessen, ob die Pflege nach den vorstehenden Grundsätzen erforderlich ist und dem Erwerber noch zugemutet werden kann.

2. Zur Pflege und hauswirtschaftlichen Versorgung gehört insbesondere die Hilfe beim Aufstehen und Zu-Bett-Gehen, An- und Auskleiden, Gehen und Treppensteigen, Nahrungsaufnahme, Verabreichung von Medikamenten sowie Körperpflege mit Ausnahme der Pflege des Intimbereichs, Verrichtung der anfallenden häuslichen Arbeiten wie Reinigung der Wohnung, Kleidung, Wäsche, Geschirrspülen, Zubereiten der Mahlzeiten, wobei die Kosten für die Beschaffung der hierfür erforderlichen Lebensmittel der Berechtigte selbst tragen muss, Erledigung der erforderlichen Einkäufe und Besorgungen, Fahrten zum Arzt, zur Apotheke und zum Krankenhaus.

   Die Pflegeverpflichtung umfasst außerdem nicht solche Leistungen, die nur von geschultem Personal erbracht werden können.

3. Die Pflegeverpflichtung ist nicht vererblich, sie endet mit dem Tode des Erwerbers. Der Erwerber ist berechtigt, für die Erfüllung der Pflegeverpflichtung auch Hilfspersonen einzusetzen. Er ist dazu aber nicht verpflichtet, soweit ihm selbst die Erfüllung der Pflegeverpflichtung nach Abs. 1 nicht zumutbar ist.

4. Die vorstehenden Verpflichtungen ruhen, soweit der Pflegebedürftige aufgrund seiner Pflegebedürftigkeit häusliche Pflegehilfe oder Pflegegeld nach den gesetzlichen Vorschriften beanspruchen kann. Soweit dem Erwerber das Pflegegeld überlassen wird, sind jedoch die Pflegeleistungen von ihm zu erbringen, für die Zahlungen aus der Pflegeversicherung geleistet werden.

   Die Verpflichtung zur Pflege und hauswirtschaftlichen Versorgung ruht ferner, solange der Pflegebedürftige, gleich aus welchem Grund, nicht mehr im übergebenen Hofanwesen wohnt. Ein Geldersatz steht ihm nur zu, wenn der Erwerber den Wegzug durch schuldhafte Schlecht- oder Nichterfüllung der Pflegeverpflichtung veranlasst hat, andernfalls werden Ersatzansprüche aus jedem Rechtsgrund, insbesondere auch solche aus etwaigen landesrechtlichen Vorschriften, ausgeschlossen.

   Auf die Eintragung einer Reallast zur Absicherung der vorstehenden Verpflichtungen im Grundbuch wird verzichtet.

§ 9 Beerdigung und Grabpflege

Die Erwerber verpflichten sich, dem Veräußerer und dessen Ehefrau Frau F. ein standesgemäßes Begräbnis auszurichten und die Grabstätte seiner Eltern entsprechend den örtlichen Gepflogenheiten zu pflegen. Die damit verbundenen Kosten einschließlich derjenigen für einen Grabstein und dessen Beschriftung hat der Erwerber zu tragen. Ein etwaiges Sterbegeld aus einer Sterbegeldversicherung steht dem Erwerber zu.

Auf eine dingliche Absicherung dieser Verpflichtungen wird verzichtet.

§ 10 Verzichte

1. Die Schwester des Erwerbers, Frau , verzichtet, gegenständlich beschränkt auf das dem Erwerber in dieser Urkunde übertragene Vermögen, gegenüber dem Veräußerer auf ihr gesetzliches Pflichtteilsrecht und auf Pflichtteilsergänzungsansprüche. Der Veräußerer nimmt diesen Verzicht an.

2. Der Verzicht steht unter der aufschiebenden Bedingung der Zahlung des in § 6 vereinbarten Abfindungsbetrages.

3. Der Verzicht soll sich auch auf die Abkömmlinge der Verzichtenden erstrecken.

4. Die Ehefrau des Veräußerers, Frau , verzichtet, gegenständlich beschränkt auf das dem Erwerber in der heutigen Urkunde übertragene Vermögen, gegenüber dem Veräußerer auf ihr gesetzliches Pflichtteilsrecht und auf Pflichtteilsergänzungsansprüche. Der Veräußerer nimmt diesen Verzicht an.

5. Der Erwerber verzichtet auf sein gesetzliches Pflichtteilsrecht am Nachlass seines Vaters und auf sein gesetzliches Pflichtteilsrecht am Nachlass seiner Mutter. Die Verzichte sollen sich auch auf die Abkömmlinge des Verzichtenden erstrecken. Der Veräußerer und seine Ehefrau nehmen diesen Verzicht jeweils an.

   Die Verzichte des Erwerbers sind auflösend bedingt; sie entfallen bei einer Rückübertragung nach § 12 oder § 13 dieser Urkunde.

§ 11 Nachabfindung

1. Für den Fall, dass der Erwerber die ihm in dieser Urkunde übertragenen Grundstücke oder einzelne dieser Grundstücke ganz oder teilweise innerhalb von 15 Jahren, gerechnet ab dem heutigen Tag, veräußern sollte, hat er an seine Schwester, die Erschienene zu 3., eine Nachabfindung in Höhe von 30 Prozent des nach Abzug der Kosten und Steuern verbleibenden Nettoveräußerungserlöses zu zahlen (Nachabfindung).

2. Der Nachabfindungsbetrag ist fällig innerhalb von drei Monaten nach Erhalt des Veräußerungserlöses.

3. Zur Sicherung des Nachabfindungsanspruchs bestellt der Erwerber an dem ihm übertragenen Grundstück Gemarkung Flur Nr. eine Sicherungshypothek bis zum Höchstbetrag von 100.000 EUR zugunsten seiner Schwester .

§ 12 Rückforderungsrecht des Veräußerers

1. Der Veräußerer behält sich das Recht vor, die Rückübertragung des in dieser Urkunde übertragenen Grundbesitzes auf sich zu verlangen, falls einer der folgenden Rückforderungsgründe eintritt:

   a) falls der Erwerber den Grundbesitz ganz oder teilweise ohne Zustimmung des Veräußerers belastet oder veräußert;

   b) falls der Erwerber vor dem Veräußerer verstirbt;

   c) falls in den Grundbesitz Zwangsvollstreckungsmaßnahmen eingeleitet und nicht innerhalb von vier Wochen wieder aufgehoben werden;

   d) falls über das Vermögen des Erwerbers das Insolvenzverfahren eröffnet oder die Eröffnung mangels Masse abgelehnt wird;

   e) falls der Erwerber von seinem (gegebenenfalls künftigen) Ehepartner geschieden wird oder getrennt lebt im Sinne des § 1567 BGB, es sei denn, der Erwerber hat durch Ehevertrag sichergestellt, dass im Scheidungsfall kein Zugewinnausgleich stattfindet oder der in dieser Urkunde übertragene Grundbesitz und dessen Wertsteigerungen beim Zugewinnausgleich und im Scheidungsfall nicht berücksichtigt werden.

2. Zu einer Veräußerung und Belastung der in dieser Urkunde übertragenen Grundstücke Flur 3 Nr. 6 und Flur 4 Nr. 7 erteilt der Veräußerer bereits hiermit seine ausdrückliche und uneingeschränkte Zustimmung. Hinsichtlich der übrigen in dieser Urkunde übertragenen Grundstücke kann der Erwerber von dem Veräußerer die Zustimmung zu einer Veräußerung und Belastung verlangen, sofern die Veräußerung oder Belastung mit den Grundsätzen ordnungsgemäßer Wirtschaft zu vereinbaren ist und den Zweck des schuldrechtlichen Verfügungsverbots nicht wesentlich beeinträchtigt oder gefährdet.

3. Das Rückforderungsrecht ist nicht vererblich und nicht übertragbar. Hat der Veräußerer jedoch das Rückforderungsrecht zu seinen Lebzeiten berechtigt ausgeübt, so ist der durch die Ausübung des Rechts entstandene Rückübereignungsanspruch sowohl vererblich als auch übertragbar.

   Das Rückforderungsrecht ist höchstpersönlich und kann nur durch den Veräußerer selbst ausgeübt werden, nicht aber durch Bevollmächtigte, gesetzliche Vertreter oder sonstige Personen.

4. Die Ausübung des Rückforderungsrecht bedarf der Schriftform. Das Rückforderungsrecht kann nur innerhalb von zwölf Monaten, nachdem der Rückforderungsberechtigte vom Rückforderungsgrund Kenntnis erlangt hat, ausgeübt werden. Das gilt jedoch nicht für eine Rückforderung wegen Vorversterbens des Erwerbers (Rückforderungsgrund gemäß Ziff. 1. Buchst. b)); diesbezüglich wird eine Ausübungsfrist ausdrücklich nicht vereinbart.

5. Wechselt der Eigentümer des übertragenen Grundbesitzes, so kommt es für den Eintritt eines Rückforderungsgrundes auf die Person, das Verhalten, das Eigentum und die sonstigen Verhältnisse bei dem neuen Eigentümer an.

6. Übt der Veräußerer das Rückforderungsrecht aus, so hat der Erwerber den Grundbesitz an den Veräußerer, gegebenenfalls an dessen Erben, zurück zu übereignen. Die Rückübertragung hat unentgeltlich zu erfolgen, soweit nachfolgend nichts anderes vereinbart ist.

   Im Falle der Rückübertragung sind dem Erwerber zu erstatten:

   a) Abfindungen und Abstandsgelder, die der Erwerber aufgrund dieses Vertrages an seine Schwester und an seine Eltern geleistet hat;

   b) nachgewiesene werterhöhende Aufwendungen des Erwerbers in den übertragenen Grundbesitz, soweit die Werterhöhung im Zeitpunkt der Rückübertragung noch besteht,

   c) Tilgungsleistungen, die der Erwerber auf die nach diesem Vertrag übernommenen Darlehensverbindlichkeiten erbracht hat.

   In Anrechnung auf diesen Erstattungsbetrag hat der Veräußerer im Wege der befreienden Schuldübernahme die Darlehen zu übernehmen, die der Erwerber zur Finanzierung der zu erstattenden Gegenleistungen und Aufwendungen aufgenommen hat. Soweit diese Darlehen auf dem übertragenen Grundbesitz dinglich gesichert sein sollten, hat der Veräußerer auch die zu ihrer Sicherung bestellten Grundpfandrechte zu übernehmen.

   Im Streitfall wird der Erstattungsbetrag von einem von der zuständigen Industrie- und Handelskammer zu bestellenden Schiedsgutachter bestimmt, dessen Kosten die Parteien je hälftig tragen.

   Im Übrigen werden alle wechselseitigen Ansprüche aus gezogenen Nutzungen, erbrachten Leistungen oder gemachten Aufwendungen ausdrücklich ausgeschlossen.

7. Der Besitz, die Nutzungen, die Lasten und die Gefahr gehen zu dem Zeitpunkt auf den Rückforderungsberechtigten über, an dem er sein Rückforderungsrecht schriftlich ausgeübt hat.

8. Die mit der Rückübertragung verbundenen Kosten und Steuern hat der Rückforderungsberechtigte zu tragen.

§ 13 Rückforderungsrecht der Ehefrau des Veräußerers

1. Das Recht, die Rückübertragung des in dieser Urkunde übertragenen Grundbesitzes auf sich verlangen zu können, und zwar unter den Voraussetzungen und zu den Bedingungen des Rückforderungsrechts gemäß § 12 dieser Urkunde, wird hiermit auch der Ehefrau des Veräußerers, der Erschienenen zu 4., für den Fall eingeräumt, dass der Veräußerer vor ihr versterben sollte. Soweit dabei in § 12 dieser Urkunde jeweils vom „Veräußerer" die Rede ist, ist damit im Rahmen des Übertragungsrechts der Ehefrau jeweils diese gemeint. Die Zustimmung und Zustimmungsverpflichtung nach § 12 Ziff. 2. erklärt die Erschienene zu 4. auch für sich.
2. Das Rückforderungsrecht der Ehefrau besteht jedoch nicht, falls im Zeitpunkt des Todes des Veräußerers dessen Ehe mit ihr geschieden worden sein sollte oder beide zu diesem im Sinne des § 1567 BGB voneinander getrennt leben sollten.
3. Das Rückforderungsrecht ist nicht vererblich und nicht übertragbar. Hat die Ehefrau jedoch das Übereignungsrecht zu ihren Lebzeiten berechtigt ausgeübt, so ist der durch die Ausübung des Rechts entstandene Rückübereignungsanspruch sowohl vererblich als auch übertragbar.

   Das Rückforderungsrecht ist höchstpersönlich und kann nur durch die Ehefrau selbst, nicht aber durch Bevollmächtigte, gesetzliche Vertreter oder sonstige Personen ausgeübt werden.
4. Die Ausübung des Rückforderungsrechts bedarf der Schriftform. Das Rückforderungsrecht kann nur innerhalb von zwölf Monaten, nachdem die Rückforderungsberechtigte vom Rückforderungsgrund Kenntnis erlangt hat, ausgeübt werden. Das gilt jedoch nicht für eine Rückforderung wegen Vorversterbens des Erwerbers (Rückforderungsgrund gemäß § 12 Ziff. 1. Buchst. b)); diesbezüglich wird eine Ausübungsfrist ausdrücklich nicht vereinbart.

§ 14 Besitzübergang

Der Besitz, die Nutzungen, die Lasten sowie die Gefahr des Übertragenen Grundbesitzes gehen auf den Erwerber mit dem ersten Tag des auf die Beurkundung dieses Übergabevertrages folgenden Monats über.

§ 15 Gewährleistung,

1. Ansprüche und Rechte des Erwerbers wegen eines Sachmangels der übertragenen Grundstücke, der bestehenden Gebäude und des sonstigen in dieser Urkunde übertragenen Vermögens werden ausgeschlossen.

2. Der Veräußerer ist verpflichtet, dem Erwerber das Eigentum an dem übertragenen Grundbesitz frei von im Grundbuch eingetragenen und vom Erwerber nicht übernommenen Belastungen und Beschränkungen zu verschaffen. Im Übrigen wird eine Rechtsmängelhaftung ausgeschlossen.

3. Von den vorstehenden Rechtsbeschränkungen ausgenommen ist eine Haftung bei Vorsatz und Arglist.

§ 16 Erschließung

Beiträge, Kosten und Abgaben nach dem Baugesetzbuch und Kommunalabgabengesetz gehen jeweils zu Lasten des Erwerbers, und zwar unabhängig davon, wann solche Beiträge, Kosten und Abgaben entstehen oder bereits entstanden sind.

§ 17 Kosten und Steuern

1. Die mit dieser Urkunde und ihrem Vollzug verbundenen Kosten trägt der Erwerber.

2. Der Notar hat auf eine mögliche Schenkungsteuer hingewiesen.

   Er hat den Beteiligten empfohlen, die steuerrechtlichen Folgen dieses Vertrages vor der Beurkundung von einem Steuerberater prüfen zu lassen.

§ 18 Auflassung, Grundbucherklärungen

1. Die Beteiligten sind ohne Bedingung und Befristung darüber einig, dass das Eigentum an dem übertragenen Grundbesitz auf den Erwerber übergeht.

   Sie bewilligen die Eintragung des Eigentumswechsels in das Grundbuch. Diese Eintragungsbewilligung ist jedoch aufschiebend befristet auf den Tag des Besitzübergangs gemäß § 14 dieser Urkunde.

2. Die Beteiligten bewilligen und beantragen die Eintragung:

   a) eines Wohnungsrechts zugunsten des Veräußerers auf dem Grundstück gemäß § 3 Ziff. 1. der Urkunde, mit dem Vermerk, dass zur Löschung des Rechts der Nachweis des Todes des Berechtigten genügt;

   b) eines – durch den Tod des Veräußerers aufschiebenden – Wohnungsrechts zugunsten der Ehefrau des Veräußerers, Frau , auf dem Grundstück gemäß § 3 Ziff. 2. der Urkunde, mit dem Vermerk, dass zur Löschung des Rechts der Nachweis des Todes der Berechtigten genügt,

   c) einer Reallast zugunsten des Veräußerers auf dem gesamten in dieser Urkunde übertragenen Grundbesitz, mit Ausnahme der Grundstücke Flur 3 Nr. 6 und Flur 4 Nr. 7, zur Sicherung der Zahlungsansprüche des Veräußerers gemäß § 4 dieser Urkunde, wobei jedoch die Abänderungsbefugnis nach § 4 Ziff. 4. nicht dinglicher Inhalt der Reallast ist, mit dem Vermerk, dass zur Löschung des Rechts der Nachweis des Todes des Berechtigten genügt,

d) einer – durch den Tod des Veräußerers aufschiebend bedingten – Reallast zugunsten der Ehefrau des Veräußerers, Frau   , auf dem gesamten in dieser Urkunde übertragenen Grundbesitz, mit Ausnahme der Grundstücke Flur 3 Nr. 6 und Flur 4 Nr. 7, zur Sicherung ihrer Zahlungsansprüche gemäß § 4 dieser Urkunde, wobei jedoch die Abänderungsbefugnis nach § 4 Ziff. 4 nicht dinglicher Inhalt der Reallast ist, mit dem Vermerk, dass zur Löschung des Rechts der Nachweis des Todes der Berechtigten genügt,

e) einer – durch den Tod des Veräußerers auflösend befristeten – Auflassungsvormerkung zugunsten des Veräußerers zur Sicherung des aufschiebend bedingten Rückübereignungsanspruch des Veräußerers gemäß § 12 dieser Urkunde auf dem gesamten in dieser Urkunde übertragenen Grundbesitz, mit Ausnahme der Grundstücke Flur 3 Nr. 6 und Flur 4 Nr. 7;

f) einer – durch den Tod der Erschienenen zu 4. auflösend befristeten – Auflassungsvormerkung zugunsten der Erschienenen zu 4. zur Sicherung ihres aufschiebend bedingten Rückübereignungsanspruch gemäß § 13 dieser Urkunde auf dem gesamten in dieser Urkunde übertragenen Grundbesitz, mit Ausnahme der Grundstücke Flur 3 Nr. 6 und Flur 4 Nr. 7;

g) einer durch den Tod des Veräußerers auflösend bedingten, nicht abtretbaren Buchgrundschuld über 70.000 EUR nebst 2 % Jahreszinsen ab dem heutigen Tage, die Zinsen jeweils nachträglich fällig am 31. Dezember des Kalenderjahres, zugunsten des Veräußerers auf dem übertragenen Grundstück Gemarkung X Flur 4 Nr. 15 mit der Zwangsvollstreckungsunterwerfung gemäß § 800 ZPO;

h) einer durch den Tod des Veräußerers aufschiebend bedingten und durch den Tod der Ehefrau des Veräußerers, Frau F, auflösend bedingten, nicht abtretbaren Buchgrundschuld über 70.000 EUR nebst 2 % Jahreszinsen ab dem heutigen Tage, die Zinsen jeweils nachträglich fällig am 31. Dezember des Kalenderjahres, zugunsten der Ehefrau des Veräußerers, Frau F, auf dem übertragenen Grundstück Gemarkung X Flur 4 Nr. 15 mit der Zwangsvollstreckungsunterwerfung gemäß § 800 ZPO.

i) einer Sicherungshypothek bis zum Höchstbetrag von 100.000 EUR zugunsten der Schwester des Erwerbers, der Erschienenen zu 3., auf dem übertragenen Grundstück Gemarkung   Flur   Nr.   gemäß § 11 der Urkunde.

Die vorbewilligten Rechte sollen, sofern sie in einem Rangverhältnis zueinander stehen können, Rang in vorstehender Reihenfolge erhalten (§ 45 GBO)

4. Den Beteiligten ist bekannt, dass das Eigentum an dem übertragenen Grundbesitz erst mit der Eintragung des Eigentumswechsels im Grundbuch auf den Erwerber übergeht. Bis dahin können die Rechte des Erwerbers aus dieser Urkunde noch beeinträchtigt werden. Zum Schutz des Erwerbers vor einer möglichen Beeinträchtigung seiner Rechte kann eine Auflassungsvormerkung im Grundbuch eingetragen werden. Die Beteiligten verzichten nach Belehrung auf die Eintragung einer Auflassungsvormerkung zugunsten des Erwerbers im Grundbuch.

5. Alle Eintragungen aus dieser Urkunde sollen erfolgen nach Maßgabe der Anträge des Notars, der ermächtigt ist, diese auch getrennt und eingeschränkt zu stellen und in gleicher Weise zurückzunehmen sowie die Erklärungen der Beteiligten gegenüber dem Grundbuchamt zu ergänzen, zu ändern und zu berichtigen.

§ 19 Zustimmung des Ehegatten

Die Ehefrau des Veräußerers, die mit ihrem Ehemann im gesetzlichen Güterstand der Zugewinngemeinschaft lebt, stimmt diesem Übergabevertrag in vollem Umfang zu.

§ 20 Genehmigung nach dem Grundstücksverkehrsgesetz

Der Übergabevertrag bedarf zu seiner Wirksamkeit der Genehmigung nach dem Grundstücksverkehrsgesetz. Diese Genehmigung wird hiermit beantragt.

§ 21 Schlussbestimmungen

1. Genehmigungen aller Art werden wirksam mit ihrem Eingang beim Notar.

2. Der Notar wies die Beteiligten darauf hin, dass alle Vertragsvereinbarungen beurkundungspflichtig sind und dass Nebenabreden außerhalb dieser Urkunde zur Nichtigkeit des gesamten Vertrages führen können.

3. Sollten Erklärungen in dieser Urkunde ganz oder teilweise der Rechtswirksamkeit ermangeln oder nicht durchgeführt werden, so sollen dennoch die übrigen Erklärungen wirksam bleiben.

Diese Niederschrift wurde den Erschienenen von dem Notar vorgelesen, von ihnen genehmigt und von ihnen und dem Notar wie folgt eigenhändig unterschrieben

.

▲

§ 18 Die Nachfolge in den landwirtschaftlichen Betrieb aufgrund Verfügung von Todes wegen

A. Die Zweckmäßigkeit einer Verfügung von Todes wegen

Wie eingangs erwähnt, gehen landwirtschaftliche Betriebe in den weitaus meisten Fällen nicht erst mit dem Tod des Eigentümers über, sondern werden bereits zu dessen Lebzeiten durch Übergabevertrag auf den Nachfolger übertragen. Das bedeutet jedoch nicht, dass Verfügungen von Todes wegen in diesem Bereich keine oder nur geringe Bedeutung hätten. Sie sind vielmehr sinnvoll und empfehlenswert[1] und kommen vor allem in folgenden Fällen in Betracht: 1

- Der Eigentümer ist noch verhältnismäßig jung und hat den Betrieb selbst erst vor nicht allzu langer Zeit übertragen erhalten oder geerbt. Eine Übergabe an seinen Nachfolger liegt noch in weiter Ferne.
- Der Eigentümer kann noch nicht beurteilen, wer als geeigneter Nachfolger in Betracht kommt, weil zum Beispiel seine Kinder noch minderjährig oder noch nicht geboren sind. Trotzdem möchte er bereits vorsorglich eine testamentarische Nachfolgeregelung treffen.[2]
- Eine spätere Übergabe zu Lebzeiten ist geplant, der vorgesehene Übernehmer steht auch fest, nicht jedoch der Zeitpunkt der Übergabe.
- Die gesetzliche (Hof-)Erbfolge, die ohne Verfügung von Todes wegen eintreten würde, entspricht nicht dem Willen des Eigentümers.
- Der Eigentümer möchte sich nicht zu Lebzeiten von seinem Betrieb trennen.

B. Vorfragen zur Ermittlung und Geeignetheit des anwendbaren Rechts

Derjenige, der als rechtlicher Berater und Gestalter mit der Vorbereitung einer Verfügung von Todes befasst wird, welche die Vererbung eines landwirtschaftlichen Betriebes zum Gegenstand hat, muss zunächst die Frage klären, nach welchem Recht sich diese Vererbung richten würde: Nach dem allgemeinen Erbrecht des BGB unter Berücksichtigung des Landgutrechts, nach dem Sondererbrecht der HöfeO oder nach einem der landesrechtlichen Anerbengesetze. 2

1 Münchener Anwaltshandbuch Agrarrecht/*v. Garmissen*, § 11 Rn 206 bezeichnet die Errichtung eines geeigneten Testaments als „ureigenste Pflicht" des Hofeigentümers, wenn er an einem generationsübergreifenden Fortbestand seines Betriebes interessiert sei.

2 Hier wird häufig der Ehegatte des Eigentümers eingesetzt. Dieser kann dann, wenn der Eigentümer vor ihm verstirbt, entscheiden, an wen er den Betrieb später weitergibt oder vererbt.

Ist die Vorfrage beantwortet, ist als nächstes zu klären, ob eine Vererbung nach diesem Recht gewünscht ist oder ob, insbesondere im Bereich des fakultativen Höferechts, nicht zulässigerweise die Geltung eines anderen Rechts gewählt werden sollte oder gewählt werden muss, um, z.B. durch die Aufhebung oder Einführung der Hofeigenschaft im Sinne der HöfeO, das angestrebte Ergebnis zu ermöglichen.

I. Der landwirtschaftliche Betrieb liegt im Geltungsbereich der HöfeO

1. Vorüberlegungen zur Beibehaltung, Einführung und Aufhebung der Hofeigenschaft

3 Liegt der landwirtschaftliche Betrieb, der vererbt werden soll, im Geltungsbereich der HöfeO, so ist zu prüfen, ob es sich bei ihm um einen Hof im Sinne der HöfeO handelt (zu den Voraussetzungen für das Bestehen einer Hofeigenschaft vgl. § 1 Rdn 7 ff. und § 2 Rdn 1 ff.). Handelt es sich um einen Hof im Sinne der HöfeO, so ist zu klären, ob es hierbei bleiben, also der Betrieb als Hof im Sinne der HöfeO vererbt werden soll, oder ob die Hofeigenschaft vor dem Tode des Erblassers durch negative Hoferklärung und Löschung des Hofvermerks im Grundbuch gemäß § 1 Abs. 4 S. 1 HöfeO aufgehoben werden soll und der Betrieb damit als Nicht-Hof vererbt werden soll.

4 Dabei können insbesondere folgende **Gesichtspunkte** eine Rolle spielen:

Hoferbe kann immer nur **eine** Person werden (§ 4 HöfeO). Möchte der Eigentümer eines Hofes im Sinne der HöfeO seinen landwirtschaftlichen Betrieb an **mehrere** Personen, z.B. an mehrere seiner Kinder, vererben, so muss er die Hofeigenschaft zu seinen Lebzeiten aufheben.

Eine Aufhebung der Hofeigenschaft ist auch dann erforderlich, wenn eine **nicht wirtschaftsfähige** Person Hofnachfolger werden soll, weil nach § 6 Abs. 6 S. 1 HöfeO und § 7 Abs. 1 S. 2 HöfeO nicht wirtschaftsfähige Personen als Hoferben ausscheiden. Wirtschaftsfähig ist nach § 6 Abs. 7 HöfeO, wer nach seinen körperlichen und geistigen Fähigkeiten, nach seinen Kenntnissen und seiner Persönlichkeit in der Lage ist, den von ihm zu übernehmenden Hof selbstständig ordnungsmäßig zu bewirtschaften (näher zur Wirtschaftsfähigkeit oben § 2 Rdn 7). Ausnahmen vom Erfordernis der Wirtschaftsfähigkeit bestehen gemäß § 6 Abs. 6 S. 2 HöfeO, wenn der Hof an den Ehegatten des Hofeigentümers vererbt werden soll sowie dann, wenn allein mangelnde Altersreife Grund der Wirtschaftsunfähigkeit ist.[3] Ausnahmsweise kann der Erblasser nach § 7 Abs. 1 S. 2 HöfeO

3 Der Ausnahmetatbestand der mangelnden Altersreife soll verhindern, dass ein Minderjähriger allein wegen altersbedingter Unerfahrenheit als Hofnachfolger ausscheidet. Er kommt daher nicht zur Anwendung, wenn der Minderjährige in Verhältnissen aufwächst, die nicht sein Hineinwachsen in die Wirtschaftsfähigkeit erwarten lassen, BGH RdL 1951, 302; *v. Jeinsen*, in: Lüdtke-Handjery/v. Jeinsen, § 6 HöfeO Rn 115.

auch einen nicht wirtschaftsfähigen Abkömmling zum Hoferben bestimmen, wenn sämtliche Abkömmlinge wegen Wirtschaftsunfähigkeit ausscheiden und ein wirtschaftsfähiger Ehegatte nicht vorhanden ist.

Die HöfeO sieht in § 13 **Nachabfindungsansprüche** vor, wenn der Hoferbe den Hof innerhalb von zwanzig Jahren nach dem Erwerb ganz oder teilweise veräußert oder auf andere Weise als land- oder forstwirtschaftlich gewinnbringend nutzt. Sollen Nachabfindungsansprüche nach § 13 HöfeO **vermieden** werden, so muss vor dem Tode des Hofeigentümers ebenfalls die Hofeigenschaft durch negative Hoferklärung und Löschung des Hofvermerks aufgehoben werden. § 13 HöfeO setzt nämlich voraus, dass die landwirtschaftliche Besitzung im Zeitpunkt des Erwerbs durch den potentiell Nachabfindungspflichtigen (noch) Hof im Sinne der HöfeO ist.[4] Ist die Hofeigenschaft daher bereits zu Lebzeiten des Erblassers weggefallen, sei es durch Hofaufgabeerklärung, sei es auf andere Weise, so bestehen keine Nachabfindungsansprüche gemäß § 13 HöfeO.[5] Auch wenn der Eigentümer aus anderen Gründen seine landwirtschaftliche Besitzung nicht als Hof im Sinne der Hofeigenschaft vererben möchte, muss er bereits zu seinen Lebzeiten die entsprechende Weichenstellung durch Hofaufgabeerklärung und Löschung des Hofvermerks vornehmen.[6] 5

Liegt der landwirtschaftliche Betrieb im Geltungsbereich der HöfeO, ohne Hof im Sinne der HöfeO zu sein, z.B. weil der Eigentümer die Hofeigenschaft in der Vergangenheit aufgehoben hatte, ist zu prüfen, ob die Hofeigenschaft durch positive Hoferklärung und Eintragung des Hofvermerks im Grundbuch gemäß § 1 Abs. 4 S. 2 HöfeO (wieder) eingeführt werden soll, um den Betrieb als Hof im Sinne der HöfeO vererben zu können. Das wird vor allem dann in Betracht kommen, wenn dem Hoferben das **Abfindungsprivileg des § 12 HöfeO** zugutekommen soll, das die gesetzliche Abfindung nicht am Verkehrswert der landwirtschaftlichen Besitzung, sondern am Hofeswert orientiert, der lediglich 60 % des Grundsteuerwertes beträgt (§ 12 Abs. 2 S. 2 HöfeO) und damit sowohl hinter dem Verkehrswert als auch dem Ertragswert deutlich zurückbleibt.[7] Auch der Pflichtteil in Bezug auf den Hof richtet sich über § 12 Abs. 10 HöfeO nur nach dem niedrigen Hofeswert gemäß § 12 Abs. 2 S. 2 HöfeO, so dass der Pflichtteil lediglich in der Hälfte der gesetzlichen Abfindung nach § 12 Abs. 2 HöfeO besteht.[8] 6

Eine Hofeinführung wird zu erwägen sein, wenn die Ansprüche der weichenden Erben in Bezug auf den landwirtschaftlichen Betrieb nicht schon zu Lebzeiten des Erblassers einvernehmlich und abschließend geregelt werden können und daher nach dessen Tod Aus- 7

4 *Graß*, Landwirtschaftserbrecht, § 13 HöfeO Rn 118.

5 *Graß*, Landwirtschaftserbrecht, § 13 HöfeO Rn 118; Lüdtke-Handjery/v. Jeinsen/*Haarstrich*, § 13 HöfeO Rn 59; *Roemer*, AUR 2025, 42, 51.

6 Zu den Beweggründen für eine Hofaufgabeerklärung siehe § 3 Rn 33 ff.

7 Vgl. die Erläuterungen in § 13 Rdn 7 mit Fn 9.

8 BGH RdL 1957, 295, 296.

einandersetzungen zu befürchten sind. Gleichzeitig wird mit der Hofeinführung die spätere Entstehung einer Erbengemeinschaft am Hof verhindert. Kehrseite der Hofeinführung ist, dass damit bei einer Vererbung auch die Vorgaben der HöfeO zu beachten sind, wie etwa das Erfordernis der Wirtschaftsfähigkeit des Hoferben, das Verbot, den Hof an mehrere Personen zu vererben, die Nachabfindungspflicht nach § 13 HöfeO, die spezifisch höferechtliche Bindung nach § 7 Abs. 2 HöfeO und die gänzlich andere gesetzliche Hoferbfolge.

2. Entgegenstehende Bindungen

8 Bereits nach allgemeinem Erbrecht kann der Erblasser durch frühere Verfügungen von Todes wegen, die er in einem Erbvertrag oder einem gemeinschaftlichen Testament bindend getroffen hat, daran gehindert sein, eine hiervon abweichende neue Verfügung von Todes wegen zu errichten. Neben dieser Bindung, die auch im Höferecht zu beachten ist, kann sich aus § 7 Abs. 2 HöfeO eine weitere, **spezifisch höferechtliche Bindung** ergeben. Hat nämlich der Hofeigentümer einem seiner Abkömmlinge gemäß § 6 Abs. 1 Nr. 1 HöfeO die Bewirtschaftung des Hofes auf Dauer übertragen, ohne sich ihm gegenüber die Bestimmung des Hoferben ausdrücklich vorbehalten zu haben, so ist, solange dieser den Hof bewirtschaftet, eine vom Eigentümer nach Übertragung der Bewirtschaftung vorgenommene Bestimmung eines anderen zum Hoferben gemäß § 7 Abs. 2 S. 1 HöfeO insoweit **unwirksam**, als durch sie der Hoferbenberechtigte von der Hoferbfolge ausgeschlossen würde. Gleiches gilt nach § 7 Abs. 2 S. 2 HöfeO, wenn der Hofeigentümer nach § 6 Abs. 1 Nr. 2 HöfeO durch Art und Umfang der Beschäftigung eines hoferbenberechtigten Abkömmlings auf dem Hof hat erkennen lassen, dass dieser den Hof übernehmen soll.

3. Gestaltungsüberlegungen

9 Nach § 4 HöfeO fällt der Hof als Teil der Erbschaft dem Hoferben zu. Der Hoferbe wird mit dem Tode des Hofeigentümers sofort und ohne weitere dingliche Vollzugsakte Alleineigentümer des Hofes. Ob es sich bei dieser höferechtlichen Besonderheit um eine Ausnahme vom Grundsatz der Universalsukzession handelt[9] oder um eine vom Gesetz mit dem Erbfall durchgeführte Auseinandersetzung ähnlich einer dinglich wirkenden Teilungsanordnung,[10] ist zwar streitig, hier jedoch nicht zu entscheiden. Für die inhaltliche Gestaltung einer Verfügung von Todes wegen ist es jedenfalls hilfreich, von einer höferechtlichen Sondernachfolge auszugehen, die im Ergebnis auf eine **Nachlassspal-**

9 So *Graß,* Landwirtschaftserbrecht, § 4 HöfeO Rn 7 ff.
10 So *v. Jeinsen*, in: Lüdtke-Handjery/v. Jeinsen, § 4 HöfeO Rn 4 ff.

tung in zwei Vermögen hinausläuft, die sich jeweils nach unterschiedlichem Recht vererben: bestehend aus dem Hof im Sinne der HöfeO (hofgebundenes Vermögen) auf der einen Seite und dem hoffreien Vermögen auf der anderen Seite.[11] Die Verfügungen, welche die Nachfolge in den Hof regeln, sollten daher (inhaltlich und sprachlich) von denjenigen getrennt werden, welche das hoffreie Vermögen zum Gegenstand haben. Überschneidungen lassen sich dabei nicht immer vermeiden. So ist in § 2 und § 3 HöfeO zwar detailliert geregelt, welche Gegenstände zu einem Hof im Sinne der HöfeO gehören und daher mit dem Tode des Hofeigentümers auf den Hoferben übergehen. Gleichwohl können Zweifel hinsichtlich der Hofzugehörigkeit einzelner Gegenstände bestehen. Auch ist das Hofesvermögen im Sinne der HöfeO nicht deckungsgleich mit dem steuerlichen Betriebsvermögen.[12] Zählen Wirtschaftsgüter zum gewillkürten steuerlichen Betriebsvermögen, sind sie nicht zwingend auch gleichzeitig Hofesvermögen im Sinne der §§ 2 und 3 HöfeO. So kann ein Mehrfamilienhaus dem steuerlichen gewillkürten Betriebsvermögen zugeordnet sein, ohne damit zum Hofesvermögen im Sinne der HöfeO zu gehören. Hier kann es, insbesondere auch aus steuerlichen Gründen, erforderlich sein, dem Hoferben durch Vermächtnis zusätzlich auch nicht zum Hofesvermögen gehörende Gegenstände zuzuwenden.[13]

4. Wegfall der Hofeigenschaft

Eine bei Errichtung des Testaments bestehende Hofeigenschaft kann zu einem späteren Zeitpunkt wegfallen, z.B. durch Hofaufhebungserklärung und Löschung des Hofvermerks im Grundbuch (§ 1 Abs. 4 S. 1 HöfeO). Ist dieser Fall im Testament nicht geregelt, können sich später **Auslegungsprobleme** ergeben.[14] Denkbar sind folgende Auslegungen:[15] 10

- Ist eine Person zum Hoferben **und** zugleich zum alleinigen Erben des hoffreien Vermögens berufen worden, so erbt sie als Alleinerbe auch die landwirtschaftliche Besitzung, die – bis zum Wegfall der Hofeigenschaft – den Hof im Sinne der HöfeO gebildet hat. Diese ist zwar kein Hof mehr, aber Bestandteil des Gesamtnachlasses des Erblassers, sofern sie bei dessen Tod noch in seinem Eigentum stand.[16]
- Ist jemand „nur" zum Hoferbe berufen worden, kann darin die Einsetzung zum Alleinerben des Gesamtnachlasses liegen. Dies kommt dann in Betracht, wenn die land-

11 *Graß*, Landwirtschaftserbrecht, § 4 HöfeO Rn 9; *Becker*, in: Becker/Bolte/Lückemeier, § 4 HöfeO Rn 1.
12 Vgl. hierzu und zum Folgenden § 16 Rdn 31 f.
13 Zur entsprechenden Problematik bei Hofübergabeverträgen vgl. § 16 Rdn 31 f.
14 Beck'sches Formularbuch Erbrecht/*Raude*, G.X.3, Nr. 9.
15 *Roemer*, AUR 2025, 338, 339.
16 *Otte*, NJW 1988, 672, 674.

wirtschaftliche Besitzung, die ihre Hofeigenschaft verloren hat, das wesentliche Vermögen des Erblassers darstellt.[17]

- Sollte nach den vorstehenden Auslegungsmöglichkeiten eine Berufung zum Alleinerben ausscheiden, so kann in der Einsetzung zum Hoferben u.U. eine Einsetzung zum Miterben gesehen werden, verbunden mit einer Teilungsanordnung oder einem Vorausvermächtnis, gerichtet auf Übereignung der landwirtschaftlichen Besitzung, die vormals den Hof im Sinne der HöfeO gebildet hat.[18]

Zur Vermeidung dieser Auslegungsprobleme sollte die Möglichkeit eines späteren Wegfalls der Hofeigenschaft in der Verfügung von Todes wegen bedacht und geregelt werden.[19]

5. Die gesetzliche Hoferbfolge

11 Hat der Erblasser, zu dessen Nachlass ein Hof im Sinne der HöfeO gehört, keine Verfügung von Todes wegen getroffen, so tritt die gesetzliche Erbfolge ein. In Bezug auf den Hof richtet sich gesetzliche Erbfolge nach der HöfeO. Die gesetzliche Hoferbfolge weicht ganz erheblich von der gesetzlichen Erbfolge nach dem allgemeinen Erbrecht ab. So sind gemäß § 5 HöfeO in folgender Hoferbenordnung berufen:

- die Kinder des Erblassers und deren Abkömmlinge (erste Hoferbenordnung),
- der Ehegatte des Erblassers (zweite Hoferbenordnung),
- die Eltern des Erblassers, wenn der Hof von ihnen oder aus ihren Familien stammt oder mit ihren Mitteln erworben worden ist (dritte Hoferbenordnung),
- die Geschwister des Erblassers und deren Abkömmlinge (vierte Hoferbenordnung).

Da Hoferbe immer nur **eine** Person werden kann (§ 4 HöfeO), musste die HöfeO bestimmen, wer von mehreren in einer Hoferbenordnung als Hoferben in Betracht kommenden Personen zum alleinigen gesetzlichen Hoferben berufen ist. Das ist in § 6 HöfeO geschehen. Hervorzuheben sind insbesondere die Bestimmungen in § 6 Abs. 1 S. 1 HöfeO zur **Rangfolge in der ersten Hoferbenordnung**. Danach ist als Hoferbe berufen:

- in erster Linie der Miterbe, dem vom Erblasser die Bewirtschaftung des Hofes im Zeitpunkt des Erbfalls auf Dauer übertragen ist, es sei denn, dass sich der Erblasser ihm gegenüber die Bestimmung des Hoferben ausdrücklich vorbehalten hat (Nr. 1),
- in zweiter Linie der Miterbe, hinsichtlich dessen der Erblasser durch die Ausbildung oder durch Art und Umfang der Beschäftigung auf dem Hof hat erkennen lassen, dass er den Hof übernehmen soll (Nr. 2),

17 OLG Hamm BeckRS 2018, 5366, Rn 25 ff.
18 BGH NJW 1988, 710, 711; *Otte*, NJW 1988, 672, 674; *Hagen*, AgraR 1989, 229, 231 f.
19 Beck'sches Formularbuch Erbrecht/*Raude*, G.X., Nr. 9.

- in dritter Linie der älteste der Miterben, oder, wenn in der Gegend Jüngstenrecht Brauch ist, der jüngste von ihnen (Nr. 3).

Liegen die Voraussetzungen der Nr. 2 bei mehreren Miterben vor, ohne dass erkennbar ist, wer von ihnen den Hof übernehmen soll, so ist unter diesen Miterben der älteste oder, wenn Jüngstenrecht Brauch ist, der jüngste als Hoferbe berufen (§ 6 Abs. 1 letzter Satz).

Die weiteren Einzelheiten zur Hoferbenordnung ergeben sich aus § 6 HöfeO.[20] Auch der gesetzliche Hoferbe muss **wirtschaftsfähig** sein (§ 6 Abs. 6 HöfeO). Zum Erfordernis der Wirtschaftsfähigkeit und seinen gesetzlichen Ausnahmen vgl. oben § 2 Rdn 7 f.

6. Der verwaiste Hof (§ 10 HöfeO)

Ausnahmsweise vererbt sich eine land- oder forstwirtschaftliche Besitzung, die im Zeitpunkt des Todes des Erblassers Hof im Sinne der HöfeO war, nach dem allgemeinem Erbrecht des BGB und **nicht** nach der HöfeO, wenn nach den Vorschriften der HöfeO kein Hoferbe vorhanden oder wirksam bestimmt ist (§ 10 HöfeO). Ein derartiger **sog. verwaister Hof** liegt vor, wenn beim Erbfall keiner der in § 5 HöfeO zur gesetzlichen Hoferbfolge berufenen Personen lebt oder alle durch Ausschlagung, Erbverzicht, Wirtschaftsunfähigkeit oder Erbunwürdigkeit ausscheiden und der Erblasser auch keinen Hoferben bestimmt hat.[21] 12

Beispiel:

Der verwitwete Erblasser hinterlässt drei Kinder, die alle wirtschaftsunfähig sind. Die Eltern des Erblassers sind vorverstorben. Der Erblasser war das einzige Kind seiner Eltern. Der Erblasser hat keine Verfügung von Todes wegen errichtet und keinen Hoferben bestimmt.

Ergebnis:

Die drei Kinder des Erblassers scheiden gemäß § 6 Abs. 6 S. 1 HöfeO wegen fehlender Wirtschaftsfähigkeit als Hoferben aus. Weitere Personen, die nach § 5 HöfeO als gesetzliche Hoferben in Betracht kämen, sind nicht vorhanden. Es erben damit die drei Kinder des Erblassers über § 10 HöfeO nach dem allgemeinen Erbrecht des BGB zu je $\frac{1}{3}$ Anteil. Die Hofeigenschaft entfällt, weil sich die Besitzung nun nicht mehr, wie von § 1 Abs. 1 HöfeO gefordert, im Alleineigentum einer Person oder im gemeinschaftlichen Eigentum von Ehegatten befindet.

Die Vererbung über § 10 HöfeO nach allgemeinem Erbrecht führt nicht immer zum Wegfall der Hofeigenschaft. Ist nur ein Erbe vorhanden oder sind Ehegatten die alleinigen

20 Hierzu wird auf die einschlägigen Kommentare zur HöfeO verwiesen.

21 *v. Jeinsen*, in: Lüdtke-Handjery/v. Jeinsen, § 10 HöfeO Rn 1.

Erben, so bleibt die Hofeigenschaft bestehen, und zwar auch dann, wenn der bürgerlichrechtliche Erbe nicht wirtschaftsfähig sein sollte.[22]

II. Der landwirtschaftliche Betrieb liegt außerhalb des Geltungsbereichs oder Anwendungsbereichs der HöfeO

13 Liegt der landwirtschaftliche Betrieb, der vererbt werden soll, außerhalb des Geltungsbereichs der HöfeO, befindet er sich also nicht in Niedersachsen, Nordrhein-Westfalen, Schleswig-Holstein oder Hamburg, oder liegt er zwar in einem dieser vier Bundesländer, ohne jedoch Hof im Sinne der HöfeO zu sein,[23] so kommt das **allgemeine Erbrecht des BGB** zur Anwendung unter Berücksichtigung der Bestimmungen des **Landgutsrechts** (insbesondere §§ 2049, 2312 BGB). In einigen Bundesländern bestehen daneben noch landesrechtliche Anerbengesetze (in Brandenburg, Bremen, Hessen, Rheinland-Pfalz und in Teilen von Baden-Württemberg, vgl. oben § 1 Rdn 9). Diese landesrechtlichen Anerbengesetze, die in der Praxis mit Ausnahme der Brandenburgischen HöfeO nur eine sehr geringe Rolle spielen, werden hier nicht behandelt.

14 Anders als im Höferecht der HöfeO kann nach allgemeinem Erbrecht ein landwirtschaftlicher Betrieb nicht nur an eine Person, sondern auch an mehrere Personen übergehen, sei es im Wege der gesetzlichen Erbfolge, sei es durch Verfügung von Todes wegen. Das Bewertungsprivileg der §§ 2049, 2312 BGB (Ansatz des Ertragswertes statt des Verkehrswertes) wird jedoch nur gewährt, wenn das Landgut an **eine** Person und nicht an eine Personenmehrheit übergeht.[24] Soll nach dem Tode des Erblassers nur eine Person Nachfolger des landwirtschaftlichen Betriebes werden, so bestehen nach allgemeinem Erbrecht mehrere Möglichkeiten. Der Erblasser kann den Nachfolger zum Alleinerben des gesamten Nachlasses, zu dem dann auch der landwirtschaftliche Betrieb gehört, einsetzen. Er kann den Nachfolger zum Miterben berufen und ihm den landwirtschaftlichen Betrieb im Wege einer Teilungsanordnung oder eines Vorausvermächtnisses zu Alleineigentum zuwenden. Der Erblasser kann ferner dem Nachfolger, ohne ihn zum Erben oder Miterben zu berufen, den landwirtschaftlichen Betrieb vermachen (§ 2147 BGB). Sofern der Nachfolger nicht Alleinerbe des gesamten Nachlasses werden soll, sondern den Betrieb als Miterbe im Wege der Teilungsanordnung bzw. des Vorausvermächtnisses oder als Nichterbe im Wege des Vermächtnisses erhalten soll, ist der landwirtschaftliche Betrieb als Gegenstand der Zuwendung möglichst genau und auch steuerlich ausreichend weit zu fassen und zu bezeichnen. Soll der Betrieb des Erblassers als Landgut im Sinne der §§ 2049 und

22 *Graß*, Landwirtschaftserbrecht, § 10 HöfeO Rn 13.
23 Z.B. weil die Hofeigenschaft durch Hofaufgabeerklärung und Löschung des Hofvermerks nach § 1 Abs. 4 HöfeO erloschen ist.
24 BGH FamRZ 1977,195; *Ruby*, ZEV 2007, 263, 265.

2312 BGB mit dem dort vorgesehenem Ertragswertprivileg auf den Nachfolger übergehen, so müssen im Zeitpunkt des Erbfalls die Voraussetzungen für das Bestehen eines Landguts und für die Inanspruchnahme des Bewertungsprivilegs vorliegen (zu Einzelheiten vgl. § 1 Rdn 12 ff.).

Zwar ist nach § 2049 Abs. 1 BGB „im Zweifel anzunehmen", dass ein zum Nachlass 15
gehörendes Landgut zum Ertragswert angesetzt werden soll, wenn ein Miterbe kraft Bestimmung des Erblassers das Recht haben soll, das Landgut zu übernehmen. Gleichwohl empfiehlt es sich, wenn der Erblasser den Ansatz des Ertragswertes anstelle des Verkehrswertes wünscht, dies stets ausdrücklich anzuordnen. Dies gilt auch im Rahmen des § 2312 Abs. 1 BGB, wenn der Ertragswert des Landguts für die Berechnung des Pflichtteils maßgebend sein soll. Hinterlässt der Erblasser nur einen Erben, so ist der Ertragswert des Landguts gemäß § 2312 Abs. 2 BGB nur dann der Berechnung des Pflichtteils zugrunde zu legen, wenn der Erblasser dies angeordnet hat; hier ist also eine solche Anordnung, soll sie zum Tragen kommen, nicht nur sinnvoll, sondern auch erforderlich.

C. Gesichtspunkte zur Gestaltung der Verfügung von Todes wegen

I. Vorbehalt von Abänderungsbefugnissen bei der Bestimmung des Hofnachfolgers

Regelmäßig besteht der Wunsch, dass der landwirtschaftliche Betrieb auch nach dem Tod 16
des Eigentümers in der Familie bleiben und deshalb auch an ein Mitglied der Familie vererbt werden soll. Meist wird es sich hierbei um ein Kind des Eigentümers handeln. Nicht immer steht dabei schon frühzeitig fest, welches von mehreren Kindern Hofnachfolger werden soll. Und selbst wenn dies doch der Fall sein sollte, können Ereignisse eintreten, die ein Umdenken geboten oder zweckmäßig erscheinen lassen oder – wie etwa Schicksalsschläge (Vorversterben, Krankheit, Unfall) – ein Umdenken erzwingen. Wird der Hofnachfolger durch Ehegatten in einem gemeinschaftlichen Testament oder in einem Erbvertrag bestimmt, so sollten deshalb Abänderungsbefugnisse in Bezug auf den Hofnachfolger bedacht und auch vorgesehen werden. Die einfachste und flexibelste Lösung wäre die, dass die Bestimmung zum Hofnachfolger nicht bindend, sondern mit lediglich einfacher testamentarischer Wirkung getroffen wird, so dass sie vom Längstlebenden der Eheleute, sofern dieser Hofeigentümer ist oder geworden ist, beliebig wieder geändert werden kann. Das setzt ein entsprechendes Vertrauen voraus, das auch enttäuscht werden kann. Wird daher eine bindende Einsetzung zum Hofnachfolger gewünscht, so sollten gleichwohl zumindest eingeschränkte Abänderungsbefugnisse vorbehalten werden, die auch die Bestimmung einer anderen Person zum Hofnachfolger ermöglichen, jedoch

den Kreis der berücksichtigungsfähigen Hofnachfolger begrenzen, z.B. auf gemeinsame Abkömmlinge der Ehegatten oder auf weitere Familienmitglieder.

II. Mitwirkung Dritter bei der Bestimmung des Hofnachfolgers

17 Insbesondere wenn der Eigentümer wegen des jugendlichen Alters seiner Kinder noch nicht übersehen kann, wer als Hofnachfolger in Betracht kommt, stellt sich die Frage, ob nicht durch Verfügung von Todes wegen einem **Dritten** die Bestimmung des Hofnachfolgers übertragen werden kann, damit dieser sie nach dem Tode des Erblassers vornehme, etwa unter den Abkömmlingen des Erblassers. Damit ist der **schwierige Problembereich** des § 2065 Abs. 2 BGB angesprochen. Nach dieser Vorschrift kann der Erblasser die Bestimmung der Person, die eine letztwillige Zuwendung erhalten soll, und damit auch die Bestimmung eines Erben nicht einem anderen überlassen. Ein Verstoß hiergegen führt **zur Nichtigkeit** der betreffenden letztwilligen Verfügung.[25]

18 Abweichend von § 2065 Abs. 2 BGB erlaubt § 14 Abs. 3 HöfeO bei Höfen im Sinne der HöfeO ein eingeschränktes Bestimmungsrecht Dritter. Nach § 14 Abs. 3 HöfeO kann der überlebende Ehegatte, wenn ihm der Eigentümer eine dahingehende Befugnis erteilt hat, unter den Abkömmlingen[26] des Erblassers den Hoferben bestimmen. Die Befugnis des überlebenden Ehegatten erlischt, wenn er sich wieder verheiratet oder der gesetzliche Hoferbe das 25. Lebensjahr vollendet. Die Vorschrift des § 14 Abs. 3 HöfeO hat nach ihrem Wortlaut den Fall vor Augen, dass der Erblasser selbst keinen Hoferben bestimmt hat und daher bei seinem Tod die gesetzliche Hoferbfolge eingetreten ist, sodass der kraft Gesetz als Hoferbe berufene Abkömmling mit dem Erbfall zunächst Hoferbe geworden ist.[27] Der durch die Erklärung[28] des überlebenden Ehegatten neu bestimmte Hoferbe tritt dann gemäß § 14 Abs. 3 S. 4 HöfeO hinsichtlich des Hofes in die Rechtsstellung des bisherigen gesetzlichen Hoferben ein. § 14 Abs. 3 HöfeO ist jedoch entsprechend auch dann anzuwenden, wenn der Hofeigentümer durch Verfügung von Todes wegen einen Hoferben eingesetzt hat und dem überlebenden Ehegatten die Befugnis erteilt hat, unter den Abkömmlingen des Eigentümers einen anderen Hoferben zu bestimmen.[29] § 14 Abs. 3

25 MüKo-BGB/*Leipold*, 10. Aufl. 2026, § 2065 Rn 47.

26 Nicht unter anderen Personen wie etwa Eltern, Geschwistern oder Geschwisterabkömmlingen des Erblassers, *Graß*, Landwirtschaftserbrecht, § 14 HöfeO, Rn 85; *Lückemeier*, in: Becker/Bolte/Lückemeier, HöfeO, 5. Aufl. 2023, § 14 HöfeO Rn 35.

27 BGH NJW 1966,1410; *Gehse*, RNotZ 2008, 339, 340.

28 Die Erklärung ist gemäß § 14 Abs. 3 S. 3 HöfeO entweder mündlich zur Niederschrift des Gerichts oder schriftlich in öffentlich beglaubigter Form abzugeben.

29 BGH NJW 1966, 1410,1411; *Geese*, RNotZ 2008, 339, 340; *Lückemeier*, in: Becker/Bolte/Lückemeier, HöfeO, 5. Aufl. 2023, § 14 HöfeO Rn 33; *Faßbender*, in: Faßbender/Hötzel/v. Jeinsen/Pikalo, HöfeO, 3. Aufl. 1994, § 14 HöfeO Rn 30.

HöfeO beruht auf dem Grundgedanken, dass ein Hofeigentümer, der im Zeitpunkt der Errichtung einer Verfügung von Todes wegen noch nicht übersehen kann, welcher seiner noch jugendlichen Abkömmlinge sich später einmal am besten für die Übernahme des Hofes eignet, die Möglichkeit haben soll, seinen überlebenden Ehegatten zu ermächtigen, unter den Abkömmlingen den Hoferben auszuwählen.[30] Dieser Grundgedanke des § 14 Abs. 3 HöfeO entspricht einem praktischen Bedürfnis. Ein solches Bedürfnis kann jedoch auch bei landwirtschaftlichen Betrieben bestehen, die nicht Hof im Sinne der HöfeO sind. Hier aber scheint § 2065 Abs. 2 BGB einer Bestimmung des Hofnachfolgers durch Dritte zwingend entgegenzustehen. Nach Rechtsprechung und Literatur ist von folgenden Grundsätzen auszugehen:[31]

Zwar kann der Erblasser nach § 2065 Abs. 2 BGB die Bestimmung des Erben keinem anderen überlassen. Er ist aber nicht gezwungen, seinen Erben namentlich zu bezeichnen. Vielmehr kann er, ohne Verstoß gegen § 2065 Abs. 2 BGB, sich damit begnügen, einen begrenzten Kreis von Personen zu bezeichnen, aus dem der Erbe nach bestimmten sachlichen Gesichtspunkten, z.B. seiner Eignung für eine bestimmte Aufgabe, durch einen Dritten ausgewählt werden soll. Es muss allerdings der Personenkreis so eng begrenzt sein[32] und die Gesichtspunkte für die Auswahl so genau festgelegt sein, dass für eine Willkür des Dritten kein Raum bleibt. Als zulässig angesehen wurde daher z.B. die Bestimmung, der Dritte solle diejenige Person aus dem Kreis der Kinder (Enkel, Neffen oder Nichten) des Erblassers als Erben bestimmen, die zur Bewirtschaftung des landwirtschaftlichen Betriebes am besten geeignet erscheine.[33]

30 BGH NJW 1966,1410; *Graß*, Landwirtschaftserbrecht, § 14 HöfeO Rn 82.

31 RGZ 159, 296, 299; OLG Celle NJW 1958, 953 m.Anm. *Rötelmann*; OLG Köln MittRhNotk 1994, 117; MüKo-BGB/*Leipold*, 10. Aufl. 2026, § 2065, Rn 35 ff.; *Geese*, RNotZ 2008, 339, 340.

32 Nach OLG Hamm RdL 1961, 45 soll ein eng begrenzter, überschaubarer Personenkreis nicht mehr vorliegen, wenn die Auswahl des Hoferben aus 19 Nachkommen von Halbgeschwistern des Erblassers getroffen werden soll.

33 RGZ 159, 296, 299; OLG Celle NJW 1958, 953; OLG Köln MittRhNotK 1994, 117; MüKo-BGB/*Leipold*, § 2065, Rn 39; *Geese*, RNotZ 2008, 339, 340. Anderer Ansicht BayOblG ZEV 2005, 27, 28 zu der Bestimmung, dass der „charaktervollste, tüchtigste und geeignetste" der drei Söhne den Hof erhalten solle; diese Anordnung sei zu unbestimmt und laufe auf ein gegen § 2065 Abs. 2 BGB verstoßendes freies Ermessen der Auswahlperson hinaus. Kritisch zu dieser Entscheidung des BayOblG aber MüKo-BGB/*Leipold*, § 2065, Rn 39, der darauf hinweist, dass in diesem Fall im Wege der Auslegung die Eignung für die Hofbewirtschaftung als das entscheidende und dann auch ausreichende Kriterium anzunehmen sei. Restriktiv BayOblG BeckRS 2004, 5044 = FamRZ 2005, 65, nach dem die Klausel, der Vorerbe solle berechtigt sein, „aus den Abkömmlingen den für die Erhaltung und Bewirtschaftung des Grundbesitzes geeignetsten Nacherben auszuwählen", gegen § 2065 Abs. 2 BGB verstoße, weil sie ein mitbestimmendes Auswahlermessen des Dritten eröffne.

D. Muster eines Einzeltestamentes des Eigentümers eines Hofes im Sinne der HöfeO

19 ▼

Muster 18.1: Einzeltestament des Eigentümers eines Hofes im Sinne der HöfeO

18.1 Verhandelt zu am

Vor mir, Notar mit dem Amtssitz in , erschien:

Herr , geboren am in (Geburtsregister-Nr. des Standesamtes).

Der Erschienene ist dem Notar von Person bekannt.

Der Notar überzeugte sich von der Testierfähigkeit des Erschienenen.

Der Erschienene erklärte:

Ich will ein Testament errichten und bin hieran weder durch frühere Verfügungen von Todes wegen (Erbvertrag oder gemeinschaftliches Testament) noch durch eine bindende formlose Hoferbenbestimmung nach Maßgabe des § 6 Abs. 1 S. 1 Nr. 1 und 2 HöfeO gehindert.

Ich bin verheiratet mit E. Mit ihr habe ich zwei gemeinsame Kinder, meinen Sohn S. und meine Tochter T. Weitere Kinder habe ich nicht.

Der Erschienene erklärte sodann mündlich folgendes Testament:

§ 1 Widerruf früherer Verfügungen von Todes wegen

Zunächst widerrufe ich hiermit alle bisher von mir errichteten Verfügungen von Todes wegen.

§ 2 Hoferbe

1. Ich bin Eigentümer eines Hofes im Sinne der HöfeO mit der Hofstelle in .

   Der hofzugehörige Grundbesitz ist eingetragen in den Grundbüchern des Amtsgerichts B. von Blatt-Nummern .

   Der zuletzt für den Hof festgestellte Grundsteuerwert des Betriebs der Land- und Forstwirtschaft beträgt 84.000 EUR.

   Der Hofvermerk ist in den Grundbüchern eingetragen.

2. Zum Hoferben berufe ich meinen Sohn S., geboren am

   Mein Sohn ist wirtschaftsfähig. Er hat eine Ausbildung zum Landwirtschaftsgehilfen abgeschlossen und absolviert derzeit einen Lehrgang zum Landwirtschaftsmeister.

§ 3 Ersatzhoferbe

Sollte mein Sohn vor mir versterben oder aus einem sonstigen Grund nicht mein Hoferbe werden, so berufe ich seinen ältesten wirtschaftsfähigen Abkömmling zum Ersatzhoferben. Ist ein Abkömmling nur aufgrund mangelnder Altersreife wirtschaftsunfähig, so steht dies seiner Berufung zum Ersatzhoferben nicht entgegen.

§ 4 Vermächtnis zugunsten des Hoferben

Der Hoferbe erhält als Vermächtnis auch sämtliche Gegenstände, die zwar nicht hofzugehörig im Sinne der HöfeO sind, aber zum steuerlichen Betriebsvermögen meines landwirtschaftlichen Betriebes gehören oder dazu geeignet und bestimmt sind, diesem Betrieb zu dienen. Das gilt unabhängig davon, ob es sich hierbei um notwendiges oder gewillkürtes Betriebsvermögen handelt. Ersatzvermächtnisnehmer ist der in § 3 bestimmte Ersatzhoferbe.

§ 5 Altenteilvermächtnis zugunsten der Ehefrau

1. Meine Ehefrau E erhält als Vermächtnis folgendes Altenteil, das der Hoferbe zu erfüllen hat:

   a) Ein lebenslängliches Wohnungsrecht an sämtlichen Räumen im Erdgeschoss des auf dem hofzugehörigen Grundstück Gemarkung   Flur   Flurstück   befindlichen Wohnhauses. Das Wohnungsrecht erstreckt sich auch auf die auf diesem Grundstück befindliche Garage sowie auf die Mitbenutzung der zum gemeinschaftlichen Gebrauch befindlichen Räume und Anlagen, insbesondere des Kellers, des Speichers und des Gartens. Die Kosten der Instandhaltung trägt der Eigentümer. Der Eigentümer hat ferner sämtliche Kosten der Versorgung- und Entsorgung der dem Wohnungsrecht unterliegenden Räume und der zum gemeinschaftlichen Gebrauch bestimmten Anlagen und Einrichtungen zu tragen, insbesondere die Kosten für Strom. Heizung, Gas, Wasser und Abwasser; dies gilt sowohl für die verbrauchsabhängigen wie auch die verbrauchsunabhängigen Kosten. Das Wohnungsrecht ist wie folgt auflösend bedingt: es erlischt, wenn die Wohnungsberechtigt die Wohnung nicht nur vorübergehend verlässt. Die Wohnungsberechtigte ist in diesem Fall verpflichtet, auf Kosten und aus Verlangen des Eigentümers die Löschung des Wohnungsrechts in grundbuchmäßiger Form zu bewilligen. Das Wohnungsrecht ist auf Kosten des Eigentümers im Grundbuch einzutragen.

b) Eine lebenslängliche Rente in Höhe von monatlich EUR. Die Rente ist jeweils monatlich im Voraus bis zum dritten Tag des Monats zu zahlen. Die Rente ist bis zu meinem Tode wie folgt wertgesichert: Sie erhöht oder ermäßigt sich ab dem heutigen Tag entsprechend den Änderungen des Verbraucherpreisindexes für Deutschland. Ab meinem Tode erfolgt keine automatische Anpassung an den Verbraucherpreisindex. Vielmehr kann ab meinem Tode bei einer wesentlichen Änderung der Verhältnisse, insbesondere des Bedarfs meiner Ehefrau, der Leistungsfähigkeit des Hoferben oder der Kaufkraft des Geldes eine Anpassung der monatlichen Zahlungen in entsprechender Anwendung von § 323a ZPO und § 239 FamFG verlangt werden. Ein Mehrbedarf meiner Ehefrau, der dadurch entsteht, dass diese den Hof verlässt, rechtfertigt kein Erhöhungsverlangen, es sei denn, der Eigentümer hätte den Wegzug zu vertreten.

   Die Rente ist im Grundbuch durch Eintragung einer Reallast auf den Grundstücken Gemarkung Flur Flurstücke dinglich zu sichern.

2. Das vorstehende Vermächtnis entfällt ersatzlos, wenn meine Ehefrau vor mir versterben oder das Vermächtnis ausschlagen sollte.
3. Ein Recht zur Verwaltung und Nutznießung gemäß § 14 HöfeO steht meiner Ehefrau nicht zu.

§ 6 Abfindungs- und Nachabfindungsansprüche

1. Abfindungs- und Nachabfindungsansprüche meiner Tochter und ihrer Abkömmlinge richten sich nach den gesetzlichen Bestimmungen der §§ 12 und 13 HöfeO.
2. Abfindungs- und Nachabfindungsansprüche meiner Ehefrau nach §§ 12 und 13 HöfeO schließe ich aus.

§ 7 Erben des hoffreien Vermögens

1. Zum alleinigen Erben meines hoffreien Vermögens berufe ich meine Ehefrau E.
2. Sollte meine Ehefrau vor mir versterben oder aus einem sonstigen Grund nicht mein Erbe werden, so berufe ich meine Tochter T. zum Ersatzerben des hoffreien Vermögens, wiederum ersatzweise deren Abkömmlinge, mehrere Abkömmlinge untereinander entsprechend den Regeln der gesetzlichen Erbfolge.

§ 8 Regelungen für den Fall des Wegfalls der Hofeigenschaft

Sollte meine landwirtschaftliche Besitzung im Zeitpunkt meines Todes aufgrund Wegfalls der Hofeigenschaft nicht mehr Hof im Sinne der HöfeO sein, so bestimme ich folgendes:

1. Erbeinsetzung

a) Zu meinem alleinigen Erben berufe ich meinen Sohn S.

b) Sollte mein Sohn vor mir versterben oder aus einem sonstigen Grund nicht mein Erbe werden, so berufe ich zum Ersatzerben seinen ältesten wirtschaftsfähigen Abkömmling. Ist ein Abkömmling nur wegen mangelnder Altersreife nicht wirtschaftsfähig, so ist dies unschädlich.

2. Vermächtnisse

a) Meine Ehefrau erhält als Vermächtnis das in § 5 dieses Testaments näher geregelte Altenteil.

b) Meiner Ehefrau vermache ich ferner mein gesamtes Vermögen, jedoch mit folgender **Ausnahme**:

Ausgenommen vom vorstehenden Vermächtnis ist mein landwirtschaftlicher Betrieb mit der Hofstelle in . Diesen Betrieb erhält mein vorstehend in Ziff. 1 zum Alleinerben eingesetzter Sohn S. Dieser Betrieb umfasst sämtliche zum Betrieb gehörenden Gegenstände, insbesondere den zu diesem Betrieb gehörenden Grundbesitz, derzeit eigetragen in den in § 2 genannten Grundbüchern, nebst allen Bestandteilen und dem Zubehör, darüber hinaus alle Vermögensgegenstände, die zum steuerlichen Betriebsvermögen dieses landwirtschaftlichen Betriebes gehören, sei es notwendiges oder gewillkürtes Betriebsvermögen, sowie überhaupt alle Aktiva und Passiva dieses Betriebes.

Diesen landwirtschaftlichen Betrieb im vorstehend beschrieben umfassenden Sinn erhält mein in Ziff. 1 berufener Sohn S. als mein Alleinerbe. Er hat die diesen Betrieb betreffenden Verbindlichkeiten zu übernehmen.

c) Meine Tochter T. erhält als Vermächtnis eine Abfindung in Höhe von 60 Prozent des Ertragswertes meines landwirtschaftlichen Betriebes. Das Vermächtnis hat mein Erbe zu erfüllen. Die Abfindung ist fällig in drei gleichen Jahresraten. Die erste Rate ist fällig innerhalb eines Jahres, gerechnet ab Eröffnung dieses Testaments, die Folgeraten sind fällig jeweils ein Jahr nach Fälligkeit der vorangegangenen Rate. Eine Sicherstellung der Abfindung kann nicht verlangt werden.

d) Das in Buchst. a) angeordnete Vermächtnis entfällt ersatzlos, wenn meine Ehefrau vor mir versterben oder das Vermächtnis ausschlagen sollte.

Ersatzvermächtnisnehmerin hinsichtlich des in Buchst. b) angeordneten Vermächtnisses ist meine Tochter T, ersatzweise deren Abkömmlinge, mehrere Abkömmlinge untereinander entsprechend den Regen der gesetzlichen Erbfolge.

Ersatzvermächtnisnehmer hinsichtlich des in Buchst. c) angeordneten Vermächtnisses sind die Abkömmlinge meiner Tochter T., mehrere Abkömmlinge untereinander entsprechend den Regeln der gesetzlichen Erbfolge.

3. Berechnung des Pflichtteils nach dem Ertragswert

Ich ordne an, dass für die Berechnung des Pflichtteils in Bezug auf meinen landwirtschaftlichen Betrieb der Ertragswert maßgeblich sein soll, sofern der Ertragswert niedriger als der Verkehrswert ist.

4. Nachabfindung

Auch wenn meine landwirtschaftliche Besitzung im Zeitpunkt meines Todes nicht mehr Hof im Sinne der HöfeO sein sollte, bestimme ich, dass meine Tochter und deren Abkömmlinge berechtigt sein sollen, unter den Voraussetzungen und nach Maßgabe des § 13 HöfeO in seiner heute geltenden Fassung eine Nachabfindung zu verlangen.

§ 8 Schlussbestimmungen

Alle Bestimmungen in dieser Urkunde sollen unabhängig davon gelten, ob und welche Pflichtteilsberechtigten bei meinem Tod vorhanden sein sollten.

Diese Niederschrift wurde dem Erschienen von dem Notar vorgelesen, von ihm genehmigt und von ihm und dem Notar wie folgt eigenhändig unterschrieben

▲

Stichwortverzeichnis

fette Zahlen = Paragrafen, magere Zahlen = Randnummern

Benutzerhinweise für den Download

Zur Nutzung des PDF-Musterverzeichnisses benötigen Sie einen **lokal installierten PDF-Reader**, da die Funktionalität über das reine Anzeigen einer PDF-Seite hinausgeht.

Den Download-Link (URL) finden Sie auf der Seite 4 (IV) des Werks (Impressum). Über diesen Link stellen wir Ihnen sämtliche im Werk enthaltenen Muster und Formulierungsbeispiele zur Verfügung. Zur Nutzung der Muster/Formulierungsbeispiele gehen Sie auf den Download-Link und laden die dort abgelegte zip-Datei auf Ihr Laufwerk herunter. Um den Ordner zu entpacken, klicken Sie mit der rechten Maustaste auf die Datei, wählen „**Alle extrahieren**" und folgen dann den Anweisungen. Die Nutzung der Muster ist unabhängig vom Betriebssystem Ihres Rechners.

Durch das Extrahieren werden ein **PDF-Musterverzeichnis** sowie die **Worddateien** der jeweiligen Muster auf dem von Ihnen gewählten Laufwerk Ihres Rechners abgelegt.

Zur Nutzung des PDF-Musterverzeichnisses benötigen Sie einen kostenlosen PDF-Reader. Das Musterverzeichnis gibt Ihnen einen Überblick über die enthaltenen Muster und erleichtert Ihnen den Zugang zu den Mustertexten. Beim Anklicken des gewünschten Musters in dem PDF-Musterverzeichnis öffnet sich der Text direkt in Microsoft Word oder in dem bei Ihnen eingesetzten Textverarbeitungsprogramm. Dann können Sie die Word-Datei direkt bearbeiten und unter einem neuen Dateinamen abspeichern. Bei Nutzern von Microsoft Word können Sicherheitshinweise auf dem Bildschirm erscheinen. Dort müssten Sie die Nutzung ggf. zulassen. Dies wird in den verschiedenen Wordversionen und Textverarbeitungsprogrammen unterschiedlich gehandhabt. In den einzelnen Word-Dateien sind keine Makros o.ä. eingebunden. Damit die Navigation über das PDF-Musterverzeichnis funktioniert dürfen der Ordner „Muster-Doks" und die ursprünglich gelieferten Dateien nicht umbenannt werden. Speichern Sie die bearbeiteten Worddateien daher stets unter einem neuen Dateinamen ab.

Die in einigen Word-Mustertexten vorhandenen **Formularfelder** können Sie markieren und überschreiben. Sie können sich die Bearbeitung erleichtern, indem Sie diese Formularfelder mit dem Default-Tastaturkürzel Ihres Textbearbeitungsprogrammes ansteuern. Für Microsoft Word ist dies i.d.R. das Tastaturkürzel F11, um zum nächsten Feld zu springen und „UMSCHALT+F11", um zum vorherigen zu springen. Diese Tastaturkürzel werden von der Arbeitsumgebung Ihres Textverarbeitungsprogramms und nicht durch die bereitgestellten Word-Muster-Dateien definiert. Daher können die Tastaturkürzel in alternativen Betriebssystemen und/oder Textbearbeitungsprogrammen (z.B. Libre-Office Writer) abweichen.

Bearbeiten der Muster/Formulierungsbeispiele mit einer anderen Textverarbeitung und/oder einem anderen Betriebssystem

Wenn Sie kein Microsoft Word, sondern ein anderes Textverarbeitungsprogramm auf Ihrem Rechner installiert haben, können Sie die Dateien trotzdem aufrufen und bearbeiten. Gehen Sie dazu direkt auf das gewünschte Muster in dem abgelegten Ordner „Muster-Doks". Über diesen Weg können Sie auch auf die Word-Dateien zugreifen, wenn Sie nicht über das mitgelieferte PDF-Musterverzeichnis navigieren möchten. Jedem Mustertext ist eine Nummer zugewiesen, die in dem Download-Symbol neben dem jeweiligen Formular/Mustertext im Buch abgedruckt ist. Über den Dateinamen (p = Paragraf und m = Muster) lässt sich die gewünschte Mustertext-Datei auffinden.